高校德育成果文库

GaoXiao DeYu
ChengGuo WenKu

铸魂育人　润物无声

新时代高校德育工作的理论与实践

李登万　主编

光明日报出版社

图书在版编目（CIP）数据

铸魂育人　润物无声：新时代高校德育工作的理论
与实践 / 李登万主编． --北京：光明日报出版社，
2022.10

ISBN 978-7-5194-6864-4

Ⅰ.①铸…　Ⅱ.①李…　Ⅲ.①高等职业教育—德育工
作—研究—中国　Ⅳ.①G711

中国版本图书馆 CIP 数据核字（2022）第 190841 号

铸魂育人　润物无声：新时代高校德育工作的理论与实践
ZHUHUN YUREN　RUNWU WUSHENG：XINSHIDAI GAOXIAO DEYU
GONGZUO DE LILUN YU SHIJIAN

主　　编：李登万

责任编辑：刘兴华　　　　　　　　　　责任校对：张慧芳
封面设计：中联华文　　　　　　　　　责任印制：曹　净

出版发行：光明日报出版社
地　　址：北京市西城区永安路 106 号，100050
电　　话：010-63169890（咨询），010-63131930（邮购）
传　　真：010-63131930
网　　址：http：//book. gmw. cn
E - mail：gmrbcbs@ gmw. cn
法律顾问：北京市兰台律师事务所龚柳方律师

印　　刷：三河市华东印刷有限公司
装　　订：三河市华东印刷有限公司
本书如有破损、缺页、装订错误，请与本社联系调换，电话：010-63131930

开　　本：170mm×240mm
字　　数：421 千字　　　　　　　　　印　　张：23.5
版　　次：2023 年 1 月第 1 版　　　　印　　次：2023 年 1 月第 1 次印刷
书　　号：ISBN 978-7-5194-6864-4
定　　价：99.00 元

编委会

主　编：李登万

副主编：肖　峰　郑辅春

　　　　倪　波　文志刚

序　言

　　四川工程职业技术学院是一所公办全日制普通高等学校，隶属于四川省经济和信息化厅。学校位于成都平原东北部的"国家重大技术装备制造业基地"——四川省德阳市，建于"中国人居环境范例"的旌湖之畔。1960年，老一辈无产阶级革命家、时任国家主席刘少奇在视察德阳工区时提出先建校后建厂，先培养人才后生产产品，实行厂校一体。60余年来，学校始终牢记党的嘱托，扎根西部大地，与重装企业唇齿相依、风雨同舟，积淀了深厚的办学底蕴和鲜明的重装特色，走出了一条具有中国特色的高职教育发展之路，成为全国综合实力最强、发展前景最好的高职院校之一。

　　近年来，学校深入挖掘学校历史文化蕴含的育人元素、各项工作蕴含的育人逻辑，将其融入整体制度设计和具体操作环节中，坚持以落实立德树人根本任务和推进"双高校"建设为目标，科学统筹各方面的育人资源和育人力量，创新育人形式、丰富育人内涵、拓宽育人外延，创建了一批德育新品牌，形成了一批德育新成果。

　　本书收录的德育论文是党的十八大以来，特别是2016年全国高校思想政治工作会议召开以来，学校德育工作的理论思考和实践的阶段性成果，包含文化育人篇、组织育人篇、管理育人篇、课程育人篇、实践育人篇、心理育人篇、科研育人篇、协同育人篇。论文以求实的态度和多层的视角梳理了学校德育工作中的积极探索，以详细的资料和丰富的案例介绍了学校丰富的德育实践，彰显了学校作为中国特色高水平高职学校建设单位的担当，也拓展和提升了新时代德育的"广度"和"温度"。

本书编撰工作时间紧、任务重，但却是一次对我校德育工作进行总结和回顾的良好契机，必然会对我校的德育实践工作起到积极的推进作用。让我们一起为培养可堪大用、能担重任的时代新人而努力！

党委书记：李登万

2022 年 7 月

目　录
CONTENTS

第一篇　文化育人篇

第二篇　组织育人篇

第三篇　管理育人篇

第四篇　课程育人篇

第五篇　实践育人篇

第六篇　心理育人篇

第七篇 科研育人篇

第八篇 协同育人篇

01

第一篇

文化育人篇

文化引领　实践创新　夯实大国工匠培育根基

——以四川工程职业技术学院文化建设实践为例

文志刚　张　倩　王　静　曹　阳

习近平总书记在党的十九大报告中指出："文化是一个国家、一个民族的灵魂。"大力加强高职院校文化建设，对推动学校培养高素质技术技能人才发挥着不可替代的重要作用。高职院校文化建设有其自身的规律和特点，其核心内涵和价值追求是为社会主义建设培养德智体美劳全面发展的高素质技术技能型人才，服务产业技术创新，追求个性、铸造品牌、彰显特色是校园文化的内在要求。当前，学校已经从规模化建设、全国示范性高职建设跃升到中国特色高水平高职院校建设，实现了从量的积累到质的提升，办学特色和优势日渐凸显。新形势下，学校以社会主义核心价值观为统领，弘扬中华优秀传统文化、革命文化和社会主义先进文化，培育学生的社会责任感和创新实践能力。学校文化建设要与时俱进、开放创新。长期以来，学校将文化强校作为发展战略，凝练核心文化理念，培育文化育人品牌，激励和引领师生为建成中国特色高水平高职院校接续奋斗。

一、深化制度建设，创新文化育人机制和体系

（一）坚持党对文化建设的领导，确保文化建设正确方向

在党的十九大报告中，习近平总书记强调："意识形态决定文化前进方向和发展道路。"作为文化传承与创新重要阵地的高校，对于传承中华优秀传统文化和革命文化、发展社会主义先进文化将起到关键作用。学校毫不动摇地坚持党对文化建设工作的领导，党委切实担负起意识形态工作主体责任，牢牢掌握意识形态领域的主动权、话语权、管理权，确保文化建设正确方向；坚持"从严治党、依法治校、立德树人"总要求，全面贯彻党委领导下的校长负责制，强化党建对文化建设的引领，切实推进校园文化建设。

（二）加强顶层设计，将文化建设作为学校事业发展的有机组成部分

学校文化是学校的"软实力"，是引领高职院校精神文明建设，推动学校高质量发展的核心竞争力，直接影响到高职人才培养质量。学校不断加强顶层设计，全面实施"文化强校"发展战略，将繁荣和发展学校文化作为提升学校核心竞争力的重要途径；将文化建设和学校中心工作有机结合起来，纳入学校事业发展规划和每年的工作要点，充分发挥文化的价值引领作用，以文化凝聚力量，净化心灵，不断提高学校教育教学质量和管理水平；全力构建学校特色文化，努力提升学校精神文化，健全完善学校制度文化，优化改善学校环境文化，努力塑造学校行为文化；制订学校文化建设规划，统筹布局，分步实施，常抓不懈，积极探索文化建设长效机制。

（三）构建以"333"铸魂赋能工程为核心的文化育人体系

聚焦学校首任党组织负责人曲波著作《林海雪原》代表的红色基因、"改革先锋"刘永好校友代表的创新精神、学校文明修身行动代表的传统美德教育三种文化形态，有机融入学校文化建设，即"三元"融合，培根铸魂，成为全体师生特有的标签。系统设计"党建+三个课堂"，用"大党建"思维统领第一课堂、第二课堂和网络第三课堂，拓展文化育人时空。实施"旗帜领航""修身力行""重装报国"三项行动策略，精准发力文化建设。

（四）深化制度建设，优化文化育人机制

学校文化建设涉及教育教学和管理、服务等方面。学校科学规划，合理安排，通过形成明确的培养目标和办学方针、完整的规章制度及严密的组织机构，促进良好品行和价值观念的形成，进而将制度内化为一种无须强制就能在代代师生中自然传承的精神文化传统。通过不断健全以学校章程为核心的制度体系，进一步完善大学治理结构，推进治理体系现代化和治理能力现代化。完善"三全育人"各项制度，健全产学研一体化人才培养模式，形成学校党委统一领导、党政合力，有关部门各负其责，师生全员参与，校风、教风、学风有机统一，协调发展，组织健全、保障有力的文化育人运行机制。

二、营造以文化人氛围，打造产教融合文化育人环境

（一）加强思想文化阵地规范管理

牢牢掌握意识形态工作的领导权、管理权和话语权，加强课堂、校报、校内出版物、宣传橱窗、公告栏、标识标牌、标语横幅、人文社科讲座等校园文化阵地的规范管理，加强校园网官网、二级网站、电子显示屏、校园广播台、

微信公众号、微信群、QQ群、移动终端等新媒体的管理，加强校内纪念馆等校园文化设施的管理，大力推进学校官网和微信公众号等新媒体建设，扩大网络文化覆盖面，营造积极向上的校园文化氛围，努力为建设中国特色高水平高职院校提供强大的舆论支持、精神动力和文化环境。

（二）打造优美校园环境

校园环境是学校文化核心理念的物质外化和载体，具有丰富的文化内涵。精心设计的校园环境能够对师生产生有利、积极的刺激，通过感染、模仿、从众、认同的心理机制，引起个人心理和行为的变化，以求与校园环境文化趋于一致。学校是"四川省普通高校园林式校园"，位于旌湖西岸，校园枕水而建，小桥流水、芳草萋萋、曲径通幽，营造了人文和谐的校园文化氛围，起到了润物无声的育人效果。

（三）营造共建共育共享文化育人氛围

学校结合自身文化底蕴，让每一堵墙都说话，让每一块石头都讲故事。学校精神融入校园景致，师生共同设计建设无言湖、集翠园、乐游轩等景观，《林海雪原》的作者曲波、第二重型机械厂党委书记景晓村两位老校首的塑像矗立校园，"晓村园"和"曲波湖"簇拥着学校教学楼，凝聚师生以校为荣的情感。校友刘永好捐建的"永好楼"旁，《永好楼记》默默诉说校友的拳拳之心与创新精神。我校离休老教师创作的《校园赋》守护在无言湖畔，讲述了代代师生惠民报国的情怀。校地共建德阳图书馆等公共文化平台，政校企研融合共建产学研育人平台，大学文化和产业文化相互交融，形成特色鲜明的产教融合文化。

（四）打造重装特色育人环境

学校位于因"三线建设"建市、兴市、强市的四川省德阳市，"三线精神"与"井冈山精神""黄继光精神""'两弹一星'精神"等一脉相承，是中国精神的重要组成部分，是不可多得的宝贵红色资源，是新时代提升职业教育适应性的优质资源库。学校从诞生之日起，就与国家装备制造业唇齿相依，这为校园文化建设烙下厚重的重装文化印记。把"三线建设"和抗震救灾中凝结的扎根西部、艰苦创业、报效祖国的红色基因融入曲波与景晓村校首雕像、"永好楼"等校园景致中，充分挖掘图书馆、校史馆、地震展览馆、文化体育场馆等的文化资源和育人元素。

（五）打造产教融合育人环境

立足高校、辐射地方、服务社会，校地共建共享文化场馆设施，校企协同搭建人才培养平台，创新文化育人实践，推动人文素质与工匠精神、职业素养有机融合，形成具有开放气质和创新精神的校园文化氛围。学校坚持走政产学研用深度融合的道路，主动对接产业，深化产教融合，与企业合作共建"校中厂""厂中校"，与科研院所共建产学研平台，将产业文化核心元素、大学精神、办学理念深深植入实训环节，着力培养学生职业素养和实践创新精神，凸显了高职校园文化与产教融合文化核心元素相互交融的新走向。

三、凝练核心文化理念，培育特色文化育人品牌

（一）凝练核心文化理念

无论是办中专、办大学还是办高职，学校始终与装备制造业同向同行。正是这种与行业和地方唇齿相依、休戚与共的紧密联系，在学校的办学历程中留下了校企合一、产教融合、相互依存、兴衰与共的深深烙印和根深蒂固的精神，这是学校独特而鲜明的文化根脉。

（1）"扎根西部、开放创新、服务重装、报效祖国"的核心理念，凝聚人心，汇聚力量，展示学校在文化传承、人才培养、科技创新、社会服务等方面的优势。

（2）"培养德技兼修人才、实现制造强国梦想"的使命，服务国家重点产业，培养数以千万计高素质技术技能人才，助力中国早日实现制造强国的梦想。

（3）"建中国特色高水平高职学校、为世界职教发展贡献中国智慧"的愿景，打造技术技能人才高地，为中国高职教育提供成功经验，为经济社会发展提供人才支撑。

（4）"科学、民主、求实、创新"的校训，坚持真理、实事求是、勇于探索、敢于创新，倡导科学民主精神与求实创新实践。

（5）"产教融合、校企合作、工学结合、知行合一"的办学方针，坚定不移服务国家战略和地方经济社会发展，坚定不移走政产学研用一体化道路。

（6）"体制创新、开放办学"的办学理念，围绕产业结构的调整升级和经济增长方式的转变，探索出"省市共建、资源整合、多方投入、社会共享"的办学机制。

（7）"崇德敬业，博学精技"的教风，以崇高的师德、敬业的精神、广博的学问、精湛的技能为学生传授新技术、新工艺、新方法和绝技绝活。

（8）"德技兼修，勤学力行"的学风，学习中勤于思考，实践中身体力行，涵养崇高品德，精进技术技能，在优良的学风中学习知识，传承美德。

（二）培育特色文化育人品牌

学校坚定以习近平新时代中国特色社会主义思想为指导，大力弘扬传承中

华优秀传统文化、革命文化和社会主义先进文化，将刘少奇主席"厂校一体"的指示精神、《林海雪原》代表的红色文化、改革先锋刘永好体现的创新精神融入学校文化建设中，积淀出"一句话、一个案例、一本书、一个人"的"四个一"文化品牌，在代代师生的意会、言传、行贯中，引领学校的价值追求、治校理念和行为导向。

1. 一句话与一个案例，见证初心与使命的代际传承

1960年，刘少奇同志来到热火朝天的德阳工区建设工地，视察国家三线建设的重要项目——中国第二重型机器厂、东方电机厂。在展开的规划图纸前，他提出先建校后建厂，先培养人才后生产产品，实行厂校一体。那时，二重厂的党委书记、厂长景晓村就在他的身旁，而景晓村也于次年成了"第一机械工业部德阳重型机器制造学校"（四川工程职业技术学院前身）的校长。厂校并举、共育人才就此成了四川工程的初生基因，奠定了学校矢志不渝的前进方向。60多年来，学校不忘嘱托，始终坚持为中国制造和中国创造培养更多更好的技术技能人才。

校企联合培养8万吨模锻压机操作手的案例。2017年9月，"四川工程职业技术学院学生在学习8万吨模锻压机操作"的照片入选中共中央宣传部、国家发改委等主办的"砥砺奋进的五年"大型成就展，2019年9月，该图片再次入选"伟大历程 辉煌成就——庆祝中华人民共和国成立70周年大型成就展"。图片反映的故事始于2007年年初。当时，中国二重向国家发展和改革委员会申报独立建造世界上最大的8万吨模锻压机项目。在我国0.6万吨以上大型模锻技能人才缺口近2万人的情况下，世界之最，谁来操作？同年9月，学校与二重签订成建制联合培养操作人才的协议。截至目前，8万吨大型模锻压机的3个主操手和操作班组大部分成员均为我校锻压技术专业毕业生。

从遵循党和国家领导人指示的"一句话"，到入选国家展览的"一个案例"，时空跨越60年，呼应着学校师生坚定不移的道路选择和使命担当。在具体实践中，学校将其细化形成了一种独具高职特色的向内深化、向外辐射的实训文化和服务文化。一是向内深化，完备产教融合的实训文化。在学校资源整合、开放共享的大平台上，构建产业对接的组织框架，形成设备人员共享、生产教学并行、培养培训兼顾、校企文化兼容的育人机制。将产业文化核心要素、大学精神引入试验实训基地，严格实施企业行为规范和实训教学规章制度。二是向外辐射，践行服务社会的报国初心。学校建有多个产学研育人平台，支教、支农等志愿者队伍的3000多名师生深入企业车间、田间地头、贫困山区开展服务。学校培养了一大批适应经济社会发展的高素质技术技能人才，曾获"高等

职业院校服务贡献50强"。"爱国奋斗、知行合一"的实践文化已成为新时代工程学院最鲜明的精神标识，指引着学校不断为党育人、为国育才。

2. 一本书和一个人，注解求实与创新的校训精神

一本书，即原学校党委书记曲波所著《林海雪原》。该书反映的革命英雄主义丰碑永存，"忠诚使命、求实挺进"的曲波精神丰富了学校文化的精神谱系。学校将"求实"载入校训，更将它"向上伸展、向下扎根"，把每个师生微小的力量汇聚起来，传续着红色革命文化的不竭能量。一是向上伸展，形成价值引领的制度文化。宏观层面上，坚持党的全面领导，形成以社会主义核心价值观统领校园文化方向的系统制度；微观层面上，创新制定"辅导员+班级导师"双轨育人制度，"导师引航"成为红色文化向下深深扎根的得力措施。二是向下扎根，建造情感唤醒的物质文化。促进共享文化空间的建造，将流动的历史凝固在建筑物中，让楼堂馆所、校园景致成了新的"校史"。校史文化濡染着师生心灵，传续着珍贵的时代记忆，让历史照进现实，用精神启迪着未来。

一个人，即"改革先锋"称号获得者刘永好。刘永好是我校1976届机械制造专业毕业生，作为工程学子的一员，他身上集中彰显着学校文化育人的成果，他"敢为人先、披荆斩棘"的精神也反哺着后续学子继往开来。学校将创新精神载入校训，"向前汇聚，向后发力"，构筑起现代先进文化的蓬勃力量。一是向前汇聚，弘扬艰苦奋斗、开放创新的精神文化。如今，在命名为"永好楼"的第一教学楼里，悬挂着历届"永好教师育人奖"获奖教职工的照片，"永好楼"旁的石雕《永好楼记》，诉说着刘永好慷慨捐资的拳拳报校之情与敢为人先的创新创业精神。一大批杰出校友返校开展励志演讲、报告会，生动讲述工程学子艰苦奋斗、开放创新的时代故事，成为激励奋进的不息动力。二是向后发力，培育务实至美、创新致远的行为文化。建立文化与行为的实践联系，大力实施大学生社会实践活动，形成了"三节一广场"等先进文化集中展示平台。

四、铭记办学初心，夯实大国工匠培育根基

（一）铭记办学初心

行为文化是校园文化核心理念的动态反映，也是其最活跃、最生动、最直接的显现。在60余年的办学历程中，学校铭记办学初心，始终坚守为党育人、为国育才，突出自身办学特色和优势，着力彰显行为文化，努力营造"立德树人、精益求精"的校风、"崇德敬业、博学精技"的教风和"德技兼修、勤学力行"的学风。

学校以培养高素质技术技能人才为目标，积极贯彻职教改革精神，紧紧依托和服务于行业和地方，努力引进企业理念，形成了适应并引领高职教育发展改革的人才培养模式。着眼于为高职人才"铸魂赋能"，学校牢牢把握文化建设的三个内核：一是拧紧"政治总开关"，擦亮政治底色，做红色基因的传承者和践行者；二是发挥以养成教育为核心的文明修身行动的辐射作用，弘扬传统美德，自觉肩负起传承弘扬中华优秀传统文化的责任；三是掌握过硬技术技能，鲜明职业特色，做现代工匠精神的坚守者和继承者。

（二）夯实大国工匠培育根基

在长期的办学实践中，学校坚持"扎根西部、开放创新、服务重装、报效祖国"的核心理念，有效发挥"一句话、一个案例、一本书、一个人"的"四个一"文化品牌作用，通过"三元"融合、"九措"并举、"两维"互动，在办学治校和文化育人上取得显著成效，夯实了大国工匠培育根基。

1. "三元"融合，促进学校改革发展

曲波著作《林海雪原》代表的红色基因、"改革先锋"刘永好校友代表的创新精神、文明修身行动代表的传统美德教育有机融入学校文化建设，成为全体师生共同的价值观念。学校坚持体制创新、开放办学，形成政产学研用一体化发展道路和育人模式，建立起全要素创新、全员参与、全过程控制的文化建设架构，构建起管理有序、机制顺畅、保障有力的文化建设体系，形成了治理体系与文化建设良性互动的长效机制，有效地激发了师生在示范建设、灾后重建、"双高"创建中攻坚克难的动力。学校被确定为全国首批国家示范高职和四川省唯一的国家级"双高"学校建设单位。

2. "九措"并举，培养高素质现代工匠

以重装文化为特色的红色基因、创新精神、传统美德三种形态滋养心灵，以"党建+三个课堂"拓展教育时空，以"旗帜领航""素质拓展""重装报国"三项行动提升综合素质，"333"铸魂赋能文化工程在实践中有序、有效、持续运行，关键技能与核心素养并重培养，显著提升了复合型技术技能人才的培养成效。学校形成的"1221""1331"人才培养模式先后两次获得国家级教学成果一等奖。近五年，学校为重大装备、航空航天、国防军工行业输送毕业生7000 余名。学校连续十年就业率保持在 98% 以上，获评教育部"全国毕业生就业典型经验高校"。

3. "两维"互动，托举新时代大国重器

产业文化和地域文化引入校园，大学文化与产教融合文化在教育教学、实训实践、环境建设中相互辉映、共同交织，培育师生开放共享的视野，唤醒报效祖国、崇德修身、知行合一的行动力。学校坚持政产学研用相结合，协同实施人才培养、技术研发和社会服务，在机械设计与制造、金属材料、智能装备、电子信息等领域积累了较强的科研与技术服务能力，为中国航空航天、燃气轮机、海洋工程、智能装备等作出了重要贡献。

五、结语

习近平总书记强调："没有高度的文化自信，没有文化的繁荣兴盛，就没有中华民族伟大复兴。"[2] "我们说要坚定中国特色社会主义道路自信、理论自信、制度自信，说到底是要坚定文化自信。"[3] 长期以来，学校坚持文化引领、实践创新，不断凝练核心文化理念，培育特色文化育人品牌，代表着学校为国家使命立心、为民族担当铸魂的不懈追求。学校以培养高素质技术技能人才为目标，不断夯实大国工匠培育的根基，为"托举大国重器、实现制造强国"提供了强大的心理动力和不竭的精神活力。60多年来，学校培育了11万余名毕业生，他们中有杰出企业家、知名作家、大国工匠、技术能手，还有更多的是奋斗在平凡岗位上的万千追梦人。

注释

[1] 以社会主义意识形态引领文化前进方向和发展道路 [EB/OL]. 人民网，2018-06-12.

[2] 坚定文化自信，推动社会主义文化繁荣兴盛 [EB/OL]. 人民网，2017-10-18.

[3] 习近平. 在哲学社会科学工作座谈会上的讲话 [EB/OL]. 新华网 2016-05-17.

参考文献

[1] 习近平. 决胜全面建成小康社会 夺取新时代中国特色社会主义伟大胜利 [M]. 北京：人民出版社，2017：10.

[2] 中共中央文献研究室. 习近平关于社会主义文化建设论述摘编 [M]. 北京：中央文献出版社，2017：10.

作者简介

文志刚（1963.11—），男，汉族，四川仁寿人，四川工程职业技术学院决策咨询顾问，副教授。研究方向：思想政治教育、文化建设。

张倩（1981—），女，汉族 四川南充人，美学硕士，四川工程职业技术学院，副教授。主要研究方向：审美教育学、汉语言文学。

王静（1974—），男，四川江安人，大学本科学历，四川工程职业技术学院党委常委、党委宣传部部长、政策法规处处长，副教授，主持完成省级高等教育教改重点项目《新时代高职"党建+"的现代服务业人才培养模式探索与实践》和省级职业教育教改重大项目《"党建+"赋能课堂提质培优实践》，带领经济管理系党总支被中共四川省委表彰为四川省先进党组织。

曹阳（1984—），男，四川江油人，现任四川工程职业技术学院团委副书记（主持工作）、兼学工部副部长、学生处副处长，硕士研究生学历，讲师。第一作者发表论文 10 余篇，参编党课、形势与政策教材 2 本。参与的课题先后荣获教育部"国家级教学成果"一等奖（排名第十五）、"四川省教育教学成果"二等奖（排名第四），荣获"2020 年四川省职业院校教师教学能力大赛（高职组）"二等奖。

传承传统美德　提升核心素养

——学生宿舍"双核三元促六维"文化育人的理念与实施

张　倩

　　随着职业教育综合改革的深入开展，培养具备更强竞争优势和发展潜力的高素质技术技能人才是提升我国教育国际竞争力的迫切需要。高职院校文化建设有其自身的规律和特点，其核心内涵和价值追求是为社会主义建设培养德智体美劳全面发展的高素质技术技能人才，服务产业技术创新和经济社会发展。新形势下，培育和践行社会主义核心价值观，就要求汲取优秀传统文化、传统美德与思想政治教育、职业素养养成之间的共性因子，形成高职学生核心素养培育的能力指标，让核心素养的培育载体和培养方式得到拓展和延伸，为学生核心素养和关键能力的提升提供有针对性、普适性、可借鉴与参考的完善路径。

一、研究背景

（一）核心素养的内涵要求

　　学生核心素养是指符合社会发展需要、能促进学生个人终身发展的必备品格与关键能力。"核心素养"的研究由国际经济合作和发展组织（OECD）在1997年启动，并引发了国际社会的研究热潮，但各国各地区对此的表述又各不相同，例如，欧盟称之为"关键能力"，美国21世纪技能合作组织将其称为"21世纪技能"，澳大利亚称其为"一般能力"。虽对此的表达不尽相同，但都着眼于对未来公民普适性素质的思考和关切。联合国教科文组织在《技术与职业教育及培训（TVET）建议书》中指出，技术与职业教育是整体性的，除了要培养学生与职场有关的知识、技能、能力外，还必须注重培育学生"通用技能和创业技能、促进健康和工作安全、文化发展、负责任感的公民意识以及可持续发展的技能，以及劳动权利等方面的知识"①。2014 年，我国教育部《关于全面深化课程改革落实立德树人根本任务的意见》中首次提出了"核心素养体系"一词，并于 2016 年发布了《中国学生发展核心素养》总体框架。在职业教育全面深化改革发展的大背景下，发展职业教育学生核心素养不仅是紧跟国际教育改革发展趋势，也是提升我国职业教育的国际竞争力、深化职教综合改革的内生需求，更是落实立德树人工程的根本需要。

（二）宿舍文化的不足表征

新时代，高素质高技能人才的培养需要"十大育人体系"协同发力，提升"三全育人"实效，这与核心素养的培育是相互呼应、一脉相承的。在"为谁培养人""培养什么人""怎么培养人"这一根本问题的破解上，大学宿舍具有不可小觑的作用。作为学生在校期间重要的生活起居、拓展学习、社会交际的场所，宿舍是大学生在校生活中最小的"单位"，是青年人走出家庭后面对的第一个社群，是教育工作中不可或缺的重要场域。然而，近年来高职宿舍建设却呈现出"走低"的趋势，普遍出现了以下三种不足。

1. 缺乏基于育人目标的体系建设

近年来，各高校涌起一股后勤社会化的浪潮，大学宿舍的功能定位发生了一些微妙的变化——以"服务优先"超越"管理为主"，与之相对应的，其工作考核机制更倚重于学生对服务满不满意，对环境建设是否赞许，而学生规矩意识是否建立、行为准则是否合规、审美趣味是否高雅等育人目标被淡化，学生宿舍缺乏一以贯之、多位一体的育人合力。这种管理主体的缺位很大程度上是一种主动的选择，究其背后的原因，是高校对宿舍育人作用认识的不到位。殊不知，审美情趣的健康与否、行为习惯的良好与否、生活作风的严谨与否、团队精神的形成与否也是个体成长的重要指标，更是社会主义合格接班人和建设者的必备条件。人才培育目标的不完整、不清晰是目前宿舍在育人和文化建设中的根本性问题。

2. 缺乏拥有明确内核的内涵指向

受"唯技为重"错误理念的影响，高职学生核心素养的培育多局限在"知识传授+技能培养"的过程中，宿舍这一育人阵地在培育学生核心素养方面的作用未得到充分重视。学生宿舍除了管理主体缺位、育人目标模糊、育人方式粗放等管理问题外，宿舍文化建设也多限于搞搞活动、开开会议，缺乏具有理论

---

① 联合国教科文组织. 关于职业技术教育与培训（TVET）的建议书［J］. 职业技术教育，2016，37（12）：76-79.

原点、核心语汇、素养目标、评价指标的文化育人体系，未能打通能力要点和实践载体之间的壁垒，形成全要素创新的文化育人体系。宿舍文化育人体系建什么、怎么建的问题亟待解决，宿舍的育人功能需进一步释放。

3. 缺乏富有时代精神的建设方略

媒体多有报道，走入某知名高校的宿舍，经常会被眼前的脏乱差惊呆，"室风"已经成为"校风"晴雨表。在现实中，宿管员、保洁员等宿舍一线工作人员的学识不高，素质参差，而与学生朝夕相伴的他们，其一言一行往往"润物无声"，如若无法有效解决学生的生活诉求，无法有针对性地开展思想教育，无法严格遵循育人目标去开展日常管理，宿舍管理人员易沦为琐碎事物的"管家婆"，而无法完成大学生"生活老师"的职业要求，令管理育人工作呈现粗放状态。着眼学生核心素养提升的文化建设需要融通设计、系统搭建，如何对接、怎么用、怎么管的问题需要破解，文化育人体系更好地服务于人才培养的作用需进一步增强。

二、目标、方法与原则

（一）目标与方法

根据高职教育的特点，确立了中国精神的时代精华为主线，以社会主义荣辱观教育为基础的基本方向，将宿舍定位为人才培养"第三课堂"，从思政品质、人文素养、科学素养三个维度共同着力，按照"德育为先、精心育人；管理有章、制度育人；强化素质、活动育人；学生为本、服务育人"的工作思路，促进高职学生的自我管理、劳动意识、审美情趣、探究精神、责任担当、和合情怀等核心素养的提升，全力打造"身心健康、作风优良、技能过硬、实践创新"的学生品牌。

（二）研究原则

1. 坚持科学性，以习近平新时代中国特色社会主义思想为指导

坚持德育为先、立德树人，以培养全面发展的终身发展的人为核心，坚守中华文化的立场，以增强学生思想品质、人文素养、科学素养为重点，全面贯彻落实社会主义核心价值观，实现思想政治教育主导校园文化方向的原则。

2. 坚持民族性，实现优秀中华传统文化的创造性转化

在我国学生的核心素养体系框架内，实现个人价值、适应社会需求的重要前提是社会个体的终身发展和社会参与能力的获得，而决定自主发展和参与社会成熟度的又是个体的文化修养。故，将学生核心素养链接起中华优秀传统文

化的生发，需建立起个体文化修养积累、自主发展能力提升为重要维度的支撑，并最终落实到学生个体参与社会活动和社会群体的实践过程中，使宿舍文化成为中华优秀传统文化和传统美德的实践转化。

3. 坚持时代性，完善文化育人的实现途径

根据高职教育规律和学生特性，把现代工匠精神、健康审美志趣、齐家处世哲学等作为学生核心素养培育的指标要点，将宿舍作为弘扬社会主义核心价值观的微观载体，通过创新实施三大行动工程，着力构建有明确目标的育人体系，在宿舍打通文化育人、管理育人、服务育人"最后一公里"。

三、实施策略

将中华优秀传统文化中的精神气韵、优秀品质、道德规范与宿舍文化建设的实施方法结合起来，确立中华传统文化、传统美德的双核心话语体系，系统设计"文明修身""文化滋养""人文雅舍"三大建设工程，实施"力行劳动生活""文艺风尚品鉴""体育健康脉动""社区邻里空间"等具体行动，形成宿舍文化建设中灌注传统文化和美德、对接思政教育、发挥育人功能的新框架。（如图1）

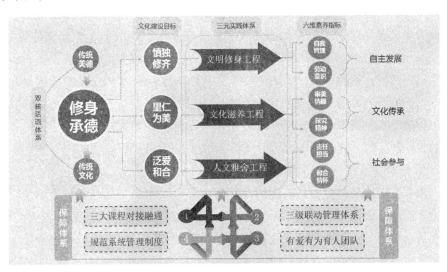

图1　学生宿舍"双核三元促六维"文化育人体系示意图

（一）保障支撑性建设

1. 实现三大课堂对接融通

坚持育人为本、德育为先，把思想品德作为学生核心素养的重要内容纳入

学习通道和质量整改体系，构建"三个课堂"融通的教育体系：通过"第一课堂"的课程学习扎实学识理论素养，用先进文化武装头脑；通过"第二课堂"的校园活动以高雅艺术陶冶情操，引领校园文化时尚；通过"第三课堂"的宿舍文化建设实现日常践行，打造素养教育品牌。三大课堂对接融通，实行积分换算，共促学生素养发展。

2. 建立三级联动管理体系

建立"学校科学统筹，部门协调联动，学生自我管理"的三级联动机制，设立稳定的宿舍文化建设管理和指导机构——学生宿舍管理与服务中心，设立宿舍管理委员会这一学生自我管理机构，形成校—中心—系—师生的垂直组织协调网络。日常运行中，在学院主管党委副书记、副院长的领导下，宿舍管理与服务中心代表学生工作部对工作总体部署和协调推进，对系部管理教育工作进行指导、检查和考核。各系党总支具体组织实施学生教育管理工作。全体辅导员、班级导师和宿舍管理工作人员是日常教育管理的具体组织者和实施者。宿管会协助老师开展日常管理并自主开展自我服务项目。通过紧凑的行政管理体系的构建，形成了职责清晰、分工明确、协作度高的宿舍联动管理体系。

3. 健全规范系统管理制度

发挥制度建设的保障和促进作用，把道德导向、文化导向贯穿到宿舍制度建设的全过程。健全《关于加强和改进新时期学生思想政治工作的实施意见》《学生教育管理规范》《第二课堂学分制实施办法》等规范文件。从学生行为管理、思想建设、后勤服务、团队建设等几方面构建宿舍文明建设系统制度。编制《宿舍管理与服务中心规章制度汇本》，从住宿管理、安全管理、文明建设、物资管理、人员管理等五方面形成体系，全方位指导师生工作、生活。完备翔实的管理制度以正式规范的效力形成行为约束力和良好风气。

4. 打造有爱有为育人团队

重视社群内公共政策和人际风尚对师生价值取向和文化判断的影响，以学生为重点建立荣辱与共的集体观念，以宿管员为重点建立协和友爱的职业文化。重视宿舍管理员队伍的建设，为每栋学生宿舍配齐楼长、宿管员、安全员、清洁员队伍。开展规范的教育管理培训，让一线宿舍管理人员成为"信息收集员""组织协调员""文化宣讲员""社区消防员"，有爱有为的宿管员团队打通服务育人的"最后一公里"，彰显管理育人、服务育人的价值导向，形成一批"楼妈"典范和故事，为学生提供温暖的情感供给。科学制定社群公约和从业人员准则，树立"让爱在宿舍流淌"的工作原则，制定宿舍《文明公约》，师生之间构建起自尊自律、宽和有礼、行为有度的社群关系。

（二）实施路径建设

1. 弘毅促行，实施文明修身工程，培养专注自律品德，形成严谨工作作风

瞄准"自我管理""劳动意识"的素养目标，构建完善制度体系，实施严格综合考评，持续开展文明修身工程，将考核结果与学生表现挂钩，影响个人成长全环节，让"修齐治平"的人生修养得到具体体现，在养成教育中培养学生精益求精的精神和严谨专注的品德，形成"慎独为要""修齐治平"的行动自律习惯。

（1）以"慎独"为要，严格综合考评激励。依托强有力的三级联动机制，严格按照宿舍管理制度的要求，持续实行星级评比工作，实施宿管员每天一检查、楼栋每月一评比、学校两月一奖励的奖励制度，以三级联动反馈机制督促落实。在系部学生工作和学生自我评价体系中，将宿舍文明建设情况与之挂钩，以此弘扬"慎独"、自律的精神，在细节养成教育中督促学生养成良好的生活卫生习惯，让懒散随意的寝室变身整洁文明的修炼场，让学生在未来的工作和生活中受益。

（2）倡"修齐"立身，坚持习惯养成教育。大力弘扬"修齐治平"的个人修养步骤。制定以清洁、规范、文明、美观、高雅为考核要点的评分细则，从军训的第一天开始，狠抓"四面光、六条线"的基本功。开展"力行劳动生活"行动，从入学到毕业，宿舍内务成为学生三年一贯的"课堂"标准，要求学生做到军被棱角分明、地板人影可鉴、日用品朝向一致、书柜上整齐划一。通过严格的考核，培育学生严谨的工作作风和一丝不苟的精神，让"扫天下之前的扫一屋"变得具体可行，让劳动光荣、持之以恒、精益求精、追求完美的品格培养得以落地。

2. 里仁为美，开展文化滋养工程，传承优秀文化基因，促成健康审美情趣

瞄准"审美情趣""探究精神"的素养目标，系统设计传统项目和创新项目，创新分门别类的"文化滋养"活动，在接受度更高、范围更广泛、影响力更持久的文化浸润中培育师生健康审美趣味和创新、笃志、勇于突破的精神，形成"兴艺乐学""余力学文"的文化氛围。

（1）兴艺而乐学，"传统项目+创新活动"激活美德因子。除学风建设、党团建设、文体联谊活动等传统项目外，要注重推陈出新、贴近时代脉搏。举办大型寝室文化节，创设宿舍故事汇、最美寝室路演、创意集市、最美人物评选、漫画比赛、空间设计大赛。传统的叠军被比赛、趣味运动会等项目，让学生在参与中体悟坚持不懈的品格、团结奋进的精神；最美寝室路演、创意集市上，

学生把 DIY 手工制品、变废为宝的实用小设计、艺术创作类作品进行置换或买卖，通过劳动和创意收获肯定；最美人物评选活动，以榜样的力量去影响带动更多的人……创新性活动线上与线下结合，活动吸引力和参与度大幅提升，为素质展示提供了舞台，实现了勤劳、坚持、创新、自强等民族传统美德与生活实践有机衔接、良性循环的目标。持续积累上述文化活动的成果，将出彩作品收纳形成"工院文创屋"，孕育"光影工院""指间记忆""家乡风味"等特色文创产品，实现了平台有新意、老师常引领、成果可展示的活动目标。

（2）有余力则学文，"文化滋养+人文微课堂"链接课内课外文化语境。坚持高雅文化品位和乐学善学的文化追求，倡导讲品位、讲格调，有目的地开设一批文艺活动项目，将活动参与度和持续度纳入文明建设和第二课堂考核，面向全校吸纳参与者，发挥文艺作品增进智慧、涵育心灵、引领风尚的作用。开设"雅舍微课堂"，邀请专家教师入舍开讲书法艺术、编织、扎染、茶艺等课程，理论+操作的小班课，让有兴趣爱好的师生体会到了送到家的高雅浸润。举办员工技能比武大赛，设立"文化滋养"项目，各楼栋以优秀文化的学习传承为主题，带动学生广泛开展文化素质类活动，形成了一批各具特色的文化微品牌：学生公寓 5 舍以"敛心养气，翰墨寄情"为主题，师生一起练字、作画、插花，平均每学期活动中共产生作品 320 余幅；学生公寓 9 舍以"为你读诗"为主题，每周两次师生朗读诗歌美文；学生 7 舍以"荐书交心"为主题，不时围桌畅谈读后感；8 舍和 13 舍以高雅器乐和流行音乐为媒介，全面活跃宿舍氛围……逐渐形成"文艺风尚品鉴""体育健康脉动"两张名片。

3. 仁者爱人，开展人文雅舍工程，倡导礼乐泛爱价值，促进团队互助精神

瞄准"责任担当""和合情怀"的素养目标，以中华传统文化的"和合"理念为要义，大力倡导"家和"文化，以学生为重点树立荣辱与共的集体观念，以宿管员为重点建立协和友爱的职业文化，形成家人亲善的和美人际状态，倡导形成崇礼尚和、自尊自律、宽和待人、文明礼貌的集体美德。

（1）勇担责任，开展弘扬时代新风行动。利用重大节庆、纪念日的契机，组织开展主题鲜明的多样实践活动，丰富道德体验、增进道德情感。在宿舍规范开展奏唱国歌、集中学习讲话、进行党团主题日活动等，增强师生对党和国家、对组织集体的认同感和归属感。以高雅、文明、和谐为内涵，针对空间配置、文化表达、示范情况进行打分，促进团队协作发展特色寝室文化，打造最具活力、绿色环保、最佳学风、心灵手巧、干部模范、党员示范、作风严谨、卫生示范寝室，形成特色寝室雅集。编写《公寓文明公约》，倡导交际准则，帮助学生正确处理人际关系："衣被床单，勤洗勤换。室内室外，整洁美观……"

让自我约束和包容他人相辅相成，培育宽和待人、积极友爱、奋发有为的品德。

（2）崇礼尚和，深化有爱社群创建。开展"社区邻里空间"行动，着力打造有爱团队，大力倡导家和文化。充分发挥礼仪礼节的教化作用，每逢传统佳节举办特色聚会，端午节师生共包同心粽，中秋节宿管员和没有回家的学生共聚过节。上下课时间，宿管员在门厅主动与学生打招呼，学生则进行回礼。宿舍内形成"让爱在宿舍流淌"的工作准则，学生头疼脑热了，宿管阿姨嘘寒问暖、叮嘱吃药；学生摔伤了，宿管员熬汤补充营养；学生迟迟不归了，"楼妈"会一个电话接一个电话地追踪安危。"告诉父母别牵挂，学校就是你的家。"学校拥有了管理育人队伍的鲜亮名片，也带动形成了社区邻里间温馨的生活氛围。

四、结语

学生宿舍"双核三元促六维"文化育人体系，以提高高职人才培养质量、提升高职校园文化水平、突破高职宿舍管理难题为目标，对30年来学校宿舍文化建设的做法进行系统整理归纳和创新性发展，构建出以传统美德和传统文化为内核的有主旨、有意味、有目标的高职院校宿舍文化建设体系，使宿舍文化建设成为传统文化创新性转化的实践载体，深化了高职学生核心素养培育的方法，拓展了学生全面发展和终身发展的培养路径，对我校人才培养质量的提升起到了积极的作用。该研究内容在全校推广实施，覆盖了100%的在校生。实施两年后，学生宿舍星级达标率达97.53%，优秀率突破42.08%，创历史新高。学生宿舍活跃度提高，学生自主参与文化活动的积极性由原来的23.46%上升至58.7%。宿舍综合管理效能提升，打架斗殴等违纪违规率大幅下降。学校毕业生多次因在员工宿舍的严谨作风被用人单位点名表扬或重用。学校每年接待近百余人次到舍参观交流。该育人成果荣获了教育部首届"奋进新时代，中华传统美德职教行"暨职业教育中华传统美德优秀成果奖，并在全国示范推广。

大学宿舍，方寸之地，但其文化建设可以载道、可以传情、可以植德。让宿舍文化与学生核心素养建设协同发力，共同涵育高素质高技能人才。

参考文献

［1］中华人民共和国教育部.关于全面深化课程改革落实立德树人根本任务的意见［EB/OL］.中国教育部网站，2014-04-24.

［2］联合国教科文组织.关于职业技术教育与培训（TVET）的建议书［J］.职业技术教育，2016，37（12）：76-79.

[3] 赵婳娜，赵婷玉. 中国学生发展核心素养 [N]. 人民日报，2016-09-13.

[4] 张倩. 从单一的物理寓所到多元的精神居处——打造文化育人"第三课堂"的探索研究 [C] //首届海峡两岸职业院校人文素质教育学术论坛优秀论文集（高校卷）. 惠州：首届海峡两岸职业院校人文素质教育学术论坛，2018.

作者简介

张倩（1981— ），女，汉族 四川南充人，美学硕士，四川工程职业技术学院副教授。主要研究方向：审美教育学、汉语言文学。

社会主义核心价值观融入高校学生公寓文化建设研究与实践

龙 斌 韩志敏 李 萌

高校学生公寓是全面提高学生综合素质的第二课堂，是学校思想政治教育的重要阵地，是构建协同育人体系，实现"三全育人"的有效载体。本文基于培育学生社会主义核心价值观的视角，探索学生公寓文化建设，结合学校实际，提出解决问题的方法与路径，以提升学生公寓文化育人效果。

一、引言

高校学生公寓（简称学生公寓）是提高学生综合素质的第二课堂，是学校思想政治教育的重要阵地，是实施"三全育人"、构建协同育人体系的有效载体。《关于培育和践行社会主义核心价值观的意见》强调：把社会主义核心价值观纳入国民教育总体规划，融入国民教育全过程，落实到教育教学和管理服务各环节，覆盖到所有学校和受教育者。《意见》是社会主义核心价值观融入学生公寓文化建设的依据和指引。

学生公寓是培育和践行社会主义核心价值观的重要阵地，在价值引领中发挥着重要作用。在具体工作实践中，部分高校出现了"偏科"现象，目前主要呈现出重管理、轻教育等趋势。有的甚至将学生公寓外包给物业公司，将学生公寓视为单一的学生生活场所，忽视了其育人功能，导致学生在寝室打架斗殴等事件时有发生，同学之间人际关系紧张、污言秽语不讲文明、寝室环境脏乱差等现象普遍存在。究其原因，除学校自身对公寓管理定位和育人模式存在认识偏差和管理松懈外，更重要的是没有将学生公寓视为社会主义核心价值观教育的重要阵地，没有充分认识到学生公寓是实现"三全育人"的有效载体。

二、学生公寓文化的内涵、特征和作用分析

（一）学生公寓文化的内涵

学生公寓文化是在校园文化大环境下，以学生公寓为阵地，以中华优秀传统文化为基础，以社会主义核心价值观为主线，以学生在公寓内的学习、生活和活动为主要内容的具有一定特殊性的校园文化。公寓文化是集多方面文化于一体的有机复合体。从宏观层面来看，包括公寓管理与服务体制、运行机制、支撑保障、环境建设、审美情趣以及以公寓为载体的各种文化活动等；从微观层面来讲，包括寝室内的空间布局、卫生状况、物品陈设、和谐的人际关系、良好的生活习惯、温馨的寝室氛围等。公寓文化建设要依托学校校园文化大环境，要优化使用学校各方面资源，形成以宿舍管理员、辅导员为主导，以学生干部为主干，以学生为主体的模式，将"三全育人"体系纳入其中，积极构建公寓文化，建设立体化的协同育人体系。

（二）学生公寓文化的基本特征

学生公寓文化具有四个显著特征：一是交融性。俗话说，"有缘千里来相会"。学生公寓是基于学生求学住宿需求会聚在一起的学生共同学习和生活的区域，因家庭背景、成长经历、生源地域等差异，来自天南地北的学生，思想相互碰撞、交流、融合，公寓文化呈现出多元交融、美美与共的特性。二是社会性。大学生既是具有独立个性的个体，又是思想活跃、自由奔放的群体。加之互联网的普及，学生校外社交活动、校内人际交往以及学生社团组织活动的交叉互动，使得学生公寓成为各类信息的汇聚地，具有广泛的社会性。三是教育性。学生公寓不仅是学生日常生活休息的重要场所，更是教师进行价值引领，学生接受教育、探讨问题、交流感情、个性发展、健全人格的主要场所。在这里，师生之间、同学之间进行思想碰撞、理念交流、生活互助，它影响和制约着学生的思想观念、价值取向，其教育性显而易见。四是约束性。无规矩不成方圆，学生公寓下的集体生活必须遵守集体的行为规范。学生公寓管理学生较多，青年学生较感性、易冲动，一旦出现危机事件，影响范围广而深。因此，高校学生公寓管理应按照严格的规章制度和管理办法，对学生行为予以约束和引导，从而对学生进行文明修身的养成教育，引导学生养成良好的行为习惯。

（三）学生公寓文化的育人功能

学生公寓文化承载着凝聚激励、价值导向和约束规范等育人功能，良好的公寓文化对培养学生树立正确的"三观"，形成优良的校风、学风、班风具有至

关重要的作用。一方面，学生公寓是学生在校期间的主要活动场地，是学生综合素养养成教育的重要阵地。学生公寓既可以成为文明修身的课堂，也可能成为陋习滋生的温床。因此，高雅、健康、文明、健康向上的公寓文化必将产生巨大的凝聚力和吸引力，帮助培养学生高尚的道德情操、良好的学习习惯、严谨的生活作风、健全的人格魅力等。另一方面，学生公寓文化不仅本身具有文化属性，同时还兼具文化选择与批判、文化传承与创新的使命。通过公寓文化的培育达到传承创新校园文化的效果。

三、社会主义核心价值观融入学生公寓文化建设的必要性和可行性

（一）学生公寓是社会主义核心价值观融入学生公寓文化建设的重要阵地

目前，高校社会主义核心价值观培育和践行成效显著。但是，也有少数高校忽略了学生公寓这一重要的阵地。

从本质上来说，高校的育人工作，就是教育者要将主流意识形态通过传承和创新的方式灌输给受教育者，从而对受教育者进行教化与提升。学生在校期间除了上课、户外活动外，其余大部分时间都在公寓，公寓是大学生社会交往和思想交流的主要场所。因此，将社会主义核心价值观有机融入学生公寓文化的建设中，有利于增强学生思想认识和价值认同，同时也可以丰富学生公寓文化建设内涵，提升高校育人工作实效。

（二）学生活动是社会主义核心价值观融入学生公寓文化建设的有效载体

学生活动在公寓文化建设中作用巨大。公寓不仅是学生休息的场所，更是学生课后学习生活的"家"。要重视学生公寓"家"的属性，打造和谐、高雅的"家"文化，充分发挥学生公寓活动育人、环境育人和文化育人的作用。只有将校园文化活动延伸到学生公寓，依托公寓这个平台，才能拓宽高校文化活动的宽度，推动社会主义核心价值观落地、落细、落实。具体而言，就是以社会主义核心价值观为指引，依托学生公寓组织开展丰富多彩的富有公寓特色的文化活动和主题教育实践活动，以文化活动浸润学生心灵，潜移默化地影响学生行为，充实学生的精神世界，实现学生的自我教育、自我管理、自我提升，将社会主义核心价值观内化于心、外化于行，从而提升高校铸魂育人的实效。

（三）学生党员是社会主义核心价值观融入学生公寓文化建设的骨干力量

学生公寓是高校党建工作的重要载体，在学生日常思想政治教育中发挥着

凝聚人、教育人和引导人的积极意义。学生党员政治立场坚定、品德修养良好，具有较强的组织协调、沟通交流和语言表达能力，其在公寓中展现的一言一行易被朋友辈模仿，因此，这支队伍在公寓中发挥着不可替代的作用。目前，高校学生党组织大多建在学校、二级院系，鲜建在学生公寓，公寓党建工作实践经验不够丰富，力量较为薄弱，还处于探索阶段。学生公寓文化建设要鼓励和支持学生党员参与其中。学生党员要发挥其模范带头作用，积极宣传和践行社会主义核心价值观，率先垂范，以点带面，以自己的感染力辐射影响身边同学，在学生公寓中形成良好的"雁阵"效应。

四、探索社会主义核心价值观融入学生公寓文化的新路径

（一）注重教育引导，强化环境育人

近年来，四川工程职业技术学院以学生公寓这个阵地为抓手，依托 30 年如一日的学生公寓文化建设实践，将社会主义核心价值观有机融入公寓文化建设中，充分发挥公寓的育人功能，注重教育引导，打通育人"最后一公里"，取得良好的育人效果。

发挥环境育人功能，实施文化滋养工程。以加强公寓文化的凝聚力和感染力为切入点，以培养学生正确的"三观"为目标，有的放矢，打造特色鲜明的公寓文化。注重价值引领，在公寓 LED 屏、文化墙、宣传栏等窗口和微博、微信公众号、QQ 群等融媒体，打造学生公寓"文化长廊"，多渠道、多视角、多维度进行宣传和渗透，用社会主义核心价值观引领学生主流思潮，营造健康向上的公寓文化氛围。

创建星级文明宿舍，实施文明修身工程。学校高度重视并始终致力于学生公寓文化育人，自 1991 年开始，30 年如一日实施宿舍文明修身工程，以创建星级文明寝室为牵引，以社会主义核心价值观为主线，在公寓中营造浓郁的文化氛围，打造风清气正、积极向上的公寓文化。通过日复一日的行为养成，塑造学生和谐的人际关系、良好的规范意识、严谨的生活作风。以高雅、文明、和谐为内涵，每年评选"最美""最具活力""绿色环保""最佳学风""心灵手巧""干部模范""党员示范""作风严谨"等各类示范寝室。倡导诚信、亲和、友善的公寓人际交往理念，让学生公寓整体呈现出整洁、健康、和谐、高雅的崭新面貌。每年来校学习考察的兄弟院校达数十所，学生公寓文化建设受到广泛好评。2020 年 11 月，四川省高职院校后勤工作推进培训会在学校公寓召开了"现场会"，学生宿舍已然成为各兄弟院校竞相学习的标杆。

统筹主题学习活动，推进公寓文化建设。每年的"寝室文化节"都把学习活动纳入公寓文化建设工作方案，按照"三个倡导"，分板块、分专题在公寓开展践行社会主义核心价值观的"微党课""党史故事分享"等活动，育人成效显著。

（二）丰富文化活动，聚焦实践育人

搭建育人平台，健全育人机制。以公寓活动为载体，增强社会主义核心价值观的感染力和吸引力，搭建育人平台。注重保障，增加学生公寓文化建设资金投入，每年着力打造2~3个在全校范围内有较大影响力和广泛参与度的品牌活动，寓教于乐，营造了特色鲜明又富有时代特征的公寓文化氛围，形成了以公寓"家文化"为主题的文化品牌。迄今，四川工程职业技术学院已连续成功举办了17届"寝室文化节"和9届"宿舍员工技能比武大赛"，通过依托学生公寓平台组织开展丰富多彩的文化活动，使学生在参与活动的过程中受到教育和熏陶，达到了入脑又入心的育人效果。

增进师生联动，打造特色文化。依托学生公寓，打造特色文化活动，培育和睦友善的寝室人际关系和公寓文明风尚。四川工程职业技术学院以学生公寓为单位，结合学生专业、特长和兴趣爱好，实施文化滋养工程，扎实开展"翰墨寄情""指尖上的绽放""妙笔丹青""掌上盆栽""书香雅舍""律动的青春"等特色文化活动。学生工作部门加强指导，定期对各公寓开展的文化滋养活动进行检查和考评，对优秀作品进行宣传和展示。利用传统节日、重要节庆日，线上线下相结合，开展师生"共包同心粽""中秋话团圆""情暖冬至"等特色鲜明的公寓文化活动。这些活动，因其契合学生的趣味和实际，达到了营造良好氛围、传播正能量的目的，彰显学生公寓文化育人功能，使得公寓成为学生素质拓展的重要平台，增强学生价值认同，促使学生自觉践行社会主义核心价值观。

（三）"红心"引领"匠心"，凸显榜样育人

通过学生党组织设置和工作机制的创新，将二级学院（系部）工作下沉，在学生公寓中设置学生党支部，通过把支部建在公寓中，让学生更加靠拢党组织并积极参加党组织开展的各类活动。同时，在学生公寓设置优秀党员示范岗，党员做好示范引领，让学生实现自我教育与自我管理，用一颗颗"红心"引领"匠心"，使"匠心"成为"红心"，充分发挥榜样示范作用，既能提高学生公寓管理水平和效率，又能提升学生综合素养。

完善制度保障，夯实党建基础。健全完善党建工作进公寓系列制度。如

《学生公寓党建工作值班制度》《思想政治工作进公寓制度》《学生党员责任寝室制度》等，通过强化制度建设，保障学生党员在公寓文化建设中发挥骨干作用。

创新机制模式，发挥党员示范。以楼栋为依托，成立学生公寓党支部。由教师和学生党员共同组建，教师党员担任支部书记，学生党员担任副书记和支部委员。在学生公寓中开展亮党员身份、树党员形象、尽党员义务活动，选聘具有一定党务工作经验的学生担任党支部组织委员，率先垂范、以点带面，引导其他学生勤奋学习、积极进取。学生党员既是公寓党建工作的对象，又是党建工作的骨干力量；既是公寓党建工作的参与者，又是公寓党建工作的受益者，日积月累循序渐进提升学生党员的党性修养。

发挥资源优势，营造文化氛围。利用学校良好的基础设施和丰富的教学资源，在学生公寓建设党团活动室、党课微课堂、思政工作入驻室等载体，邀请校内外专家开展文化教育讲座和读书交流会。同时在学生层面，通过学生党支部，定期在学生公寓活动室开展丰富多彩的学生活动和主题教育活动，学生公寓党建工作成为培育和践行社会主义核心价值观的重要阵地，学生公寓文化氛围浓郁。

五、结语

立德树人是高校的根本任务。坚持社会主义办学方向，加强公寓文化建设是发挥学生公寓育人功能的应有之义，更是新时代高校内部治理体系构建的必然要求。在学生公寓文化建设中，必须摒弃重管理、轻教育的思想，必须将学生公寓作为教育引导学生向上、向善、向美的重要阵地，牢牢掌握学生公寓的育人主动权。

深入挖掘学生公寓的育人价值，将社会主义核心价值观融入其中，不断提高大学生思想道德素质，需持之以恒方能达到春风化雨、润物无声的育人效果。2006 年 6 月，《中国青年报》以《小宿舍　大文章》为题，报道了四川工程职业技术学院建设文明寝室提高学生素质的情况。近年来，学生公寓文化建设坚持以立德树人为根本，持之以恒，传承创新，特色鲜明，学校先后 5 次获评"四川省高校后勤管理工作先进集体"。2019 年，四川工程职业技术学院宿舍文化育人成果《务实至美，行稳致远，打造文化育人第三课堂，涵育中华美德技能人才》获得首届全国职业院校"奋进新时代，中华传统美德职教行"职业教育中华传统美德优秀成果奖。

面临新时代学生公寓文化建设出现的新形势和新要求，把学生公寓作为文化建设的新领地，探索学生公寓的育人新渠道，对持续、深入地开展以学生公寓为阵地的社会主义核心价值观教育研究，具有重要的现实意义。学生公寓是提高学生综合素养的第二课堂，唯有深入推进学生公寓育人工作落地落细落实，方能更好地增强教育的亲和力和感染力，更好地促进学生全面发展、成长成才。

参考文献

［1］习近平. 之江新语，浙江人民出版社［M］. 杭州：2007：66.

［2］中共中央宣传部. 习近平总书记系列重要讲话读本［M］. 北京：学习出版社，2016：186-209.

［3］中共中央文献研究室. 习近平关于社会主义文化建设论述摘编［M］. 北京：中央文献出版社，2017：105-134.

［4］郁有凯. 培育社会主义核心价值观需要视觉思维——基于思维评价方式分析［J］. 重庆：重庆大学学报（社会科学版），2022，28（3）：155-156.

［5］张红波. 文化育人视角下大学生社会主义核心价值观培育研究［D］. 中国矿业大学，2018年.

［6］王晓晓，杨海. 中华优秀传统文化融入高校公寓文化建设研究［J］. 思想教育研究，2020（9）152-155.

作者简介

龙斌（1968—），男，四川工程职业技术学院学生处，副教授，研究方向：思想政治教育、党的建设。

韩志敏（1981—），女，硕士，四川工程职业技术学院学生处，教授，研究方向：思想政治教育。

李萌（1990—），女，硕士，四川工程职业技术学院党委组织部，讲师，研究方向：思想政治教育。

"三线精神"融入高职制造类专业人才培养的价值意蕴和路径选择

杨晓蕾*

当前，我国的制造业正处于结构调整转型和技术升级的关键时期，对作为产业重要支撑的技术技能人才提出了更高的要求。习近平总书记多次强调，高等职业教育要"坚持为党育人、为国育才""坚持正确办学方向，坚持立德树人""培养更多高素质技术技能人才、能工巧匠、大国工匠"。《国家职业教育改革实施方案》提出"深化办学体制改革和育人机制改革，以促进就业和适应产业发展需求为导向"，着力培养高素质劳动者和技术技能人才。然而实践中，人才短缺尤其是高技能人才短缺仍然是制约我国制造行业发展的最大难题之一，《制造业人才发展规划指南》预计，到 2025 年，全国制造业重点领域人才缺口将接近 3000 万人。

解决制造类行业"留不住人"的思想根源，具有三线建设背景的高职院校，探索将"三线精神"融入制造类专业人才培养过程，深入贯彻教育部关于"坚持把立德树人作为根本任务""构建德智体美劳全面发展的人才培养体系"的要求，有利于转变高职教育重知识技能、轻素质素养的传统育人观念，培养"素质、知识、能力"并举的高职制造类人才，引导制造类专业广大高职学生在面对待遇相对偏低、成长周期相对较长、晋升通道相对狭窄的产业环境时，提高对制造业服务国家发展战略的价值性认识，树立产业报国志向，在制造业一线努力成长为有理想守信念、懂技术会创新、敢担当讲奉献的中流砥柱，为区域经济和社会发展提供高质量人才支撑。

* 该论文系"四川省教育厅、高校思想政治工作队伍培训研修中心（西南交通大学）思想政治教育研究课题（高校辅导员专项）（CJSFZ22-64）研究成果"。

一、"三线精神"丰富内涵在制造类专业人才培养过程中凸显的育人价值

"三线精神"是指在20世纪60年代到80年代的三线建设时期，我们党领导人民在保家卫国、发展生产过程中形成的以"艰苦创业、无私奉献、团结协作、勇于创新"为主要内容的时代精神。因其丰富的内涵和深远的意义，2018年，"三线精神"被中宣部列为新时代需要大力弘扬的民族精神、奋斗精神，已然成为今天传统文化教育、爱国主义教育、社会主义核心价值观教育、"四史"教育的重要载体。学习和传承"三线精神"，对于高职制造类专业人才的培养，在"德育"和"劳育"方面价值突出。

（一）培养爱国主义情怀

"爱国，不能停留在口号上，而是要把自己的理想同祖国的前途、把自己的人生同民族的命运紧密联系在一起，扎根人民，奉献国家"，[1] 投身三线建设的无数工人、知识分子、军人、干部和民工，作出了最动情的演绎。中央一声令下，4000万人告别家乡奔赴边陲，十七年间跨越13个省（自治区）建成1100多个重大项目。建设者们之所以能够克服巨大困难、快速适应新环境，不断创造新业绩，有赖于内心对党和国家事业的绝对忠诚。实现社会主义现代化的梦想已启航，高职制造类专业学生学习和传承"三线精神"，就是要刻苦学习和钻研、勇于探索和实践，就是要愿意扎根基础制造、冲锋技术前沿，将个人事业投入到人民群众建设强大祖国的时代洪流中，做最美奋斗者。

（二）坚持集体主义观念

集体主义不仅是社会主义道德的基本原则，还是我们这个民族历经磨难、走向辉煌的基因密码。三线建设期间，全国一盘棋，坚持从全局出发对人、财、物进行统筹调配；"舍小家顾大家"，三线建设这个浩大工程就是依靠来自天南海北的建设大军齐心协力、艰苦奋斗完成的。高职制造类专业学生学习和传承"三线精神"，更能深刻理解，个人只有在投身集体事业中才能得到充分而完善的发展，我们的民族只有奉行集体主义，才能汇集磅礴力量去完成个人所无法完成的伟业。发展先进制造业，建设制造强国，实现民族伟大复兴，就必须充分发挥集体主义这一巨大优势，画好更圆满的同心圆。

（三）树立崇高理想信念

理想信念的高度决定人生的高度，三线建设者们能与严峻的国际环境、落后的国内经济、恶劣的自然条件进行抗争，不折不挠、坚定执着地创造出让世人震撼的成绩，最主要的原因就是他们怀揣改变祖国落后面貌、建设美好新中国的强烈愿望。今天，中国在向制造业强国迈进的过程中，还面临着不少"卡脖子"的领域，高职制造类专业学生学习和传承"三线精神"，就是要立足现在，认真耕读，就是要志存高远，树立"技能报国、强国有我"的抱负，学好知识、掌握技能，到祖国和人民最需要的地方去，立足基础制造、勇闯科技前沿，将"小我"融入振兴产业、建设祖国的"大我"中，去追求个人价值的实现。

（四）发扬艰苦奋斗精神

三线地区自然环境恶劣，建设者们住"干打垒""席棚子"，吃"窝窝头"甚至野菜，用智慧和汗水在高山深谷荒野滩涂中开矿山、修铁路、建工厂……夯实了祖国的工业基础，在不毛之地建起崭新的城市，六盘水的"江南煤都"，攀枝花的"百里钢城"相继诞生……清华大学绵阳分校，还孕育出了我国第一个激光测距仪、第一套数字通信系统等科研成果。[2] "新时代是奋斗者的时代"，奋斗离不开劳动。高职制造类专业学生学习和传承"三线精神"，就要在学习中克服困难、发扬拼搏精神、掌握过硬本领，在祖国崛起富强之时扛下历史重担，不怕吃苦、不计得失、耐住寂寞，深耕制造业，在奋力推进制造强国建设的征途中开创新局面。

（五）传承劳模工匠精神

"干一行爱一行，爱一行专一行，专一行成一行"，这是最朴素的劳动观，也是劳模和工匠身上最宝贵的品质。建设三线，有"两弹元勋"邓稼先、"攀枝花之父"的常隆庆、冶炼专家周传典这些响当当的名字，也有"铁牛"唐大黑、"运输尖兵"王树森、"铁姑娘"李祥志等数以万计的普通劳动者。劳动者撑起了我们民族工业发展的脊梁，从三线建设时期到今天，我国创造的超级工程、大国重器，没有哪一项能离开大国工匠们执着专注、精益求精的实干；产业的振兴、经济的腾飞，没有哪一次能离开千千万万在平凡岗位上脚踏实地的建设者。"三线精神"所蕴含的劳模和工匠精神，是今天制造类专业高职学生需要守护和传承的精神财富，是推动高质量发展、实现中国制造向中国创造转变的精神动能。

凝聚着三线建设者理想信念、情感寄托、精神追求和价值取向的"三线精神"，不仅是三线建设这场伟大历史实践所结出的精神硕果，因其丰富而深刻的思想内涵，突破了时空局限，与今天的时代主旋律、中国社会的主流价值观相唱和，有力地回应了新时代党和国家对高职制造类人才培养的期望，育人价值显而易见。

二、"三线精神"融入高职院校制造类人才培养过程的预期成效

"三线精神"融入高职制造类专业人才培养过程，将有助于高职制造类人才培育"技能成才、强国有我"的成才观，树立"劳动光荣、技能宝贵、创造伟大"的职业观和"勇于到艰苦地方和基层一线去"的择业观，有助于高职院校向社会输送能吃苦、留得住的优秀制造类人才。

（一）学习"三线精神"帮助制造类人才提高对专业的了解和喜爱度

热爱源于了解，激发干事创业的热情，需要真正了解和热爱本专业。在"三线建设"的过程中，不论是带有时代印记的遗迹遗址、留存完好的物证资料、口口相传的动人故事，还是凸显出的历史文化、涌现出的精神、展现出的人物风貌，都是后人探寻新中国国防科技工业振兴轨迹、触摸劳动者和创造者初心的宝贵财富。对身处物质富足、生活环境优渥并注重自我感受的高职学生来说，了解三线建设的历史背景、成就贡献、问题不足，体会"三线精神"中"工业立国、产业报国"的思想和行为，无疑能引导制造类学生树立起历史荣誉感、时代使命感和专业自豪感。

（二）传承"三线精神"指引高职制造类专业学生以敬业为支撑，科学谋划职业发展

依据马斯洛的需求层次理论，敬业可以划分为谋生敬业和人生敬业两个层次。个体的谋生敬业是一种低级阶段，主要是满足生理需要、安全需要，对自我实现的关注较少，人生敬业是一种更高级的阶段，首要的是超越自我的情怀，生理需要、安全需要屈居其后。在三线建设者的血与汗中淬炼出的敬业文化，是一种超越小我的人生敬业状态，不仅支撑着建设者们披荆斩棘、战天斗地，还对今天的大学生们影响深远。[3]把技能报国纳入高职制造类学生培养的核心素养目标，将习近平总书记关于新时代工业发展的重要论述作为思政课的重要内容，邀请三线建设时期的劳动模范、技术能手讲三线故事、红色家风，言传身教，把工匠精神、劳模精神融进课程思政，结合《大学生就业创业指导》《职业生涯规划》课程聘用技能大师、企业专家担任就业导师，与具有三线建设基因的企业联合加强顶岗实习学生思政教育，能引导学生树立"扎根制造业、十年磨一剑"的决心，科学规划职业生涯。

三、"三线精神"融入高职院校制造类人才培养过程的路径选择

具有三线建设背景的高职院校，可结合深化"三教改革"、推进"三全育

人"，通过三个"融入"将"三线精神"融入制造类人才培养过程，实现多空间多维度育人。

（一）融入课堂教学，"三教改革"中合理融入"三线精神"

信息时代，课堂教学仍然是育人最直接、最有效的载体。依据《国家职业教育改革实施方案》，"三教改革"即教师、教材、教法改革，对课堂教学提出了更高要求，那么该怎样科学、合理地融入"三线精神"呢？除了持续强化思想政治理论课的主阵地作用，依托课程思政在制造类专业"三教改革"中融入"三线精神"是其有效路径。

一是组建课程思政教学团队，组建思政教师与专业课教师"协同"、学校教师和企业专家"双元"的结构化教师团队，致力于优化制造类专业课程标准和人才培养方案、完善课程质量评价体系，纳入课程思政目标，实现"知识、能力、素质"三维并重，解决传统观念中对制造类专业学生的培养重知识技能、轻素质素养的问题；二是注重提高教师课程思政能力，开展新时代职教理念培训，全面强化教师对课程思政重要性的认识，引导专业课教师提升实施课程思政的教学能力，做到既是"工匠"之师，也是铸就学生"灵魂"的工程师，既能用专业术语讲授知识和文化，又能用"思政语言"传播社会主义核心价值观；三是形成课程思政教学案例库，组织团队成员全面收集"三线建设"典型故事和人物，围绕课程质量标准和人才培养方案深入挖掘思政元素，建成思政案例库，结合教学内容精选思政案例，精心设计"三线精神"在专业知识教学中的切入点，例如，中国制造的机床，从"十八罗汉布阵"到依葫芦画瓢照搬欧美，从开启数控时代但对国外技术依赖，到技术攻关却产业化发展缓慢，再到突破国外企业长期封锁、依靠核心技术谋求更大发展，几代制造类从业者孜孜以求、不懈奋斗的故事随处可见"三线精神"的传承；四是重构课程模块，对接企业岗位需求，引入"三线"企业的关键零部件制造等技术和工艺作为项目载体，真正做到"一任务一主题"，在任务和主题中感悟和淬炼"工匠"精神和劳模品质；五是改变课堂组织形式，加强教学方法改革，综合运用头脑风暴法、情境教学法、角色扮演法等，将"三线建设"人物和故事有机融入，引导学生沉浸式体验、自主式探究，提升课堂育人实效。

（二）融入校园文化，结合实际植入"三线精神"元素

校园文化包含物质基础和蕴含办学历史、教育理念、价值追求、育人氛围等非物质条件的精神内涵。在校园环境打造的过程中，具有"先天优势"的高职院校，例如，自身有"三线"背景或合作单位有"三线"背景的学校，可以

结合学校和制造类专业院系的实际，通过校史馆、院系文化长廊等展出物证史料，通过特别的命名和标识赋予历史建筑、雕塑等人文景观"三线"内涵，通过橱窗标语等大张旗鼓地宣传"三线精神"，让物质载体"开口发声"，强化校园环境的育人作用。有条件的职业院校还可以建设以"三线精神"为主题的数字资源库和 VR 场馆，为学生提供更为直观的沉浸式体验。

内涵建设方面，一是组建"红色引领"团队，邀请亲历"三线建设"的老同志、"三线"企业典型人物，到校为学生讲"三线"故事，定期邀请其开办各类讲座，把"三线精神"和重装文化带入校园，通过浸润式的教育，提高制造类专业学生的思想认识水平；二是对标"三全育人"要求，着力打造融入"三线精神"的"三全育人"方案，丰富制造类专业的学生素质的拓展模块，将其纳入"第二课堂"积分，并且与学生的操行等考核挂钩，使育人的"软指标"变为"硬约束"；三是加强"三项文化"建设，即加强专业文化、班级文化、实训基地文化建设，通过学生的入学教育、顶岗实习和就业指导等专业教育，通过先进个人评选和推优入党、企业奖学金评选、遴选学生参加技能大赛等班级事务，通过组织学生到制造类企业参观实训、与企业联合培养等实训安排，广泛开展体验式、浸润式、沉浸式"三式"教育，润物细无声地渗透"三线精神"；四是注重发挥典型示范作用，在全体师生中挖掘和培塑勤学苦练、攻坚克难、精益求精、志向高远、产业报国等新时代"三线精神"的典型人物，讲好先进故事，发挥其价值引领作用。

（三）融入校外实践，传承和赓续"三线精神"

读万卷书，也需要行万里路，社会实践是学校教育中不可替代的重要环节。通过"五进五送"计划，让制造类专业人才"进博物馆、进社区、进街道、进企业、进田间地头"，实现"送知识、送政策、送法规、送技术、送文化"，将学习和践行"三线精神"落实落好，让"三线精神"在新时代焕发新的生机和活力。

一是引导和带领制造类专业学生结合社会实践和志愿服务，到"中国三线建设研究会德阳基地"、攀枝花"中国三线建设博物馆"、绵阳"两弹城"等有大量"三线建设"遗址遗存的基地，参观学习那段波澜壮阔的历史，进而担任"红色宣讲员"，向社会公众宣讲三线文化，传播时代强音；二是结合社区建设需要，组织学生踊跃报名"文明引导员"，宣讲党的先进理论和方针政策，弘扬社会主义核心价值观，为创建文明社区、文明街道做贡献，并定期到敬老院、福利院、特殊教育学校开展服务活动；三是依托高职院校和院系的"对口帮扶"

工作、大学生暑期"三下乡"活动，走进乡村，利用高校的智力优势和制造类人才的技术优势，积极助力脱贫攻坚和乡村振兴；四是在教师团队的带领下，鼓励制造类专业的学生参加各级各类技能大赛和创新创业比赛，实现由"三创"到"三新"，通过创新、创业、创造，将新技术、新工艺、新规范融入知识和技能的运用中，融入助推制造业行业和企业发展中；五是依托校企合作、党组织共建等途径，紧密联系企业，让制造类专业学生在教师带领下，参与完成企业生产任务、技术攻关、共同课题，助力中小微企业转型升级，助推区域产业发展，将高校服务社会的功能落到实处，在此过程中切实培养不怕困难、艰苦奋斗、甘于奉献的坚毅品格。

"三线精神"是我国社会主义建设时期留下的一份宝贵精神财富，在新时代仍熠熠生辉。"三线精神"融入高职制造类专业人才培养的过程中，激励高职制造类人才强化职业荣誉感和使命感，引导他们做制造强国的追梦人和新时代的奋斗者，既是培养高素质制造类人才的需要，也是培养扎根基层、艰苦创业、建功一线的时代新人的需要。

参考文献

[1] 习近平爱国金句："精忠报国"是我一生的追求目标 [EB/OL]. 央广网，2018-09-30.

[2] 创造奇迹的三线精神 至今激励川人奋斗不息 [N]. 四川日报，2021-08-20.

[3] 何悦，朱云生. 三线精神与社会主义核心价值观的契合度研究 [J]. 理论观察，2020（2）：35-38.

作者简介

杨晓蕾（1981—），女，四川德阳人，四川工程职业技术学院艺术系党总支主持工作副书记，副教授，长期从事思想政治教育教学与研究。

第二篇

02

| 组织育人篇 |

党建引领高职"三全育人"的范式建构和方法创新

王　静　张志友　彭　洁

中国特色社会主义高职院校必须坚持党对学校事业发展的全面领导，必须坚持高质量党建引领高质量发展，也必须坚持以学生为中心的发展理念，提高毕业生核心竞争力，促进学生德智体美劳全面发展，服务更高水平的技能型社会建设。作为教育的一种类型，职业教育在新时代迎来改革开放后的又一个春天，新时代高职院校党的建设和学校全员全过程全方位育人面临新形势、新任务、新机遇，为高质量党建的职教实践注入强劲动力。

一、实践背景：党建与育人的相关论述

习近平总书记强调，未来属于青年，希望寄予青年。构建新时代人才培养体系核心在于"培养什么人、怎样培养人、为谁培养人"这个根本问题①。较长一个时期以来，高职院校发展迅速、办学规模突飞猛进，但素质教育还存在着内涵目标模糊、实践路径单一、运行机制不畅、评价认证缺位等问题。这影响着学生自身发展，也制约着高职院校人才培养质量的提高②。中国特色社会主义进入新时代，产业主导人才培养倒逼职业教育"回归职场"，毕业生核心竞争力更受关注；又因为职业教育对"岗课赛证"、产教融合等新兴领域越来越重视，育人阵地又不局限在学校，更不局限于传统的某个单一课堂。新时代对职业教育人才培养提出新的更高要求，但是高职人才培养同质化问题严重，难以形成比较优势；职业教育阵地呈现多元现状，学校、行业、企业培养和需求标

---

① 尚明瑞. 高校思想政治教育集成创新研究 [D]. 兰州：兰州大学，2021.
② 张斌，唐磊. 高职学生素质教育内涵目标与实践路径探索——以四川工程职业技术学院为例 [J]. 当代职业教育，2011（8）：84-87.

准各异，协同育人合力不足；互联网对传统第一、二课堂形成挑战，客观上成为第三课堂，如何赋能三个课堂融通提质迫在眉睫。

高职院校党的建设，事关学校发展的政治方向，事关立德树人的根本任务。中国特色高职院校，不同于德国的"双元制"、澳大利亚的 TAFE，而是坚持党的全面领导，扎根中国大地，致力于"三全育人"、致力于技能型社会建设、致力于民族伟大复兴的职业教育。新时代期盼职业教育高质量发展的政策、制度、标准体系更加成熟完善，形成中国特色职业教育发展模式，探索优质育人路径和典型范例尤为重要，也是提高职业教育适应性的重要支撑。

党建是学校办学治校的重要内容和基本功，同时学校要把立德树人的成效作为检查学校一切工作的根本标准。人才培养体系改革的出发点，必须坚持以学生为本的发展理念，必须着眼于培养"可靠接班人"这一目标[1]，以形成毕业生核心竞争力为重点，这事实上也是判断人才培养的各个环节是否做到高举旗帜的关键因素。大学生关键能力的培养是衡量核心竞争力有效的观测点，创新高职学生关键能力的培养是社会进步的必然选择。关键能力的概念是德国劳动力市场专家梅尔腾斯先生最早提出的，逐渐演化形成对职业行动能力的关注，它包括了关键能力的所有要素，如专业能力、方法能力、社会能力和个性能力[2]。坚定用习近平新时代中国特色社会主义思想铸魂育人，高质量党建引领、赋能、增值"三全育人"职教实践，项目驱动创新跨课堂育人实践，融入政治站位、国际视野和情商培养，统筹学生专业能力与方法能力、社会能力、个性能力培养，确保学生"新关键能力"的产出。

二、范式建构："党建+"赋能课堂提质培优

教育办得人民满不满意，说到底是人才培养质量及其发展的问题。在高职院校育人实践中，课堂的提质培优是职业教育增值赋能的基础，应当依据"大党建、大思政、大育人"的总体思路，立足立德树人根本任务和课堂这个基础，实施"党建+"措施——举旗帜、抓班子、带队伍、促融合，从引领到增值赋能三个课堂提质融通，培优育人矩阵。

"党建+"不是党建与思想政治工作、学科专业建设和网络育人等模块的简

---

① 张靖. 陶行知教育思想与基础教育课程改革 [J]. 教学与管理，2007（12）：6-7.
② 仇兰兰. 德国职业能力开发研究 [D]. 重庆：西南大学，2014.

单叠加，而是确保和加强党对高校的全面领导，坚持正确的办学方向，守正创新，将"四个自信""四个意识"和"两个维护"融入教育教学全过程，引导师生自觉捍卫"两个确立"这个党的十八大以来最重大的政治成果；是党建深度融入人才培养，突出党建统领、优化融入方式、区别简单叠加、"+"出乘法效应，促进学生全面、协调发展；是把党的组织优势转化为学校教育事业发展的动力和新优势，强调的是党建与三个课堂的深度融合，推动"三教"改革往深里走、实里走，形成"全链条"的立德树人乘法效应；注重的是方法创新，为新时代职业教育提供更多、更宽、更广思路，激发学校、行业、企业等多元主体育人内生动力，迸发活力，协同形成有效合力，培养适应新时代的高素质高技能人才，探索出"人人皆可成才、人人尽展其才"的高职院校育人路径优化范式。

（一）"党建+"赋能第一课堂，推进"三教"改革

党建建到学科专业协调发展中，实现全课程思政。坚定用马克思主义中国化的新理论成果指导"三教"改革，党建引领产教融合重构。突出政治建设，实现政治和学术双带头，管方向，谋长远，久久为功。高职院校，由于校企合作更加紧密，对实践动手能力的要求更高，再加上现代学徒制等一系列创新改革的实施，教育工作者与学生的联系更加密切，交流更多，学生受到的言传身教更明显。"传道授业解惑"是教育工作者的基本功，而信道、明道则显得尤为重要，"党建+第一课堂"的模块设计倡导教育工作者，按照"四有好老师"和"四个引路人"的要求和标准，顶天立地讲马克思主义信仰，理直气壮加强师生理想信念教育，旗帜鲜明讲清楚党的育人要求，润物细无声地传递党对青年的殷殷期盼，躬身践行新思想铸魂育人。

1. 优化院（系）党政联席会议制

《中国共产党普通高等学校基层组织工作条例》是高等学校基层组织工作长期以来的经验积累，其中明确了高校院（系）党政联席会制度，为高质量党建引领高职"三全育人"提供了理论依据。党政联席会议的形式、召开时间和频率以书面的形式进行固定，坚持个别协商与集体决策相结合，建优机制，夯实全课程思政的制度保障，自觉同党的基本理论、基本路线、基本方略对标对表，同党中央决策部署对标对表，思政课程和课程思政同向发力、同向同行、同频共振。

2. 选好学科专业"领头雁"

学校二级学院（系）院长（主任）是党员，原则上兼任院（系）党总支副书记，选拔分管专业、课程建设的党员干部或专业教研室主任担任师生融合型党支部书记。跨学科、专业、课程建立党员示范岗、党员先锋教学团队，团队负责人由政治素质过硬、年富力强的党员中青年骨干教师担任。

3. 双向培养教师党员和骨干

坚持政治标准，把有条件的骨干教师培养成有理想、信念坚定的党员，要特别重视培养高学历、海外留学归国或企业生产一线引进的教职工，把教工党员培养成为本单位思想政治工作，教学工作和管理、服务的骨干。教研室多措并举，实施"党员+用人单位""党员+兄弟院校""党员+重点任务"等措施，选苗子、交任务、压担子，干事创业正向引导。

4. 激活产教融合机制

引进优质企业入驻产学研平台，在平台建立联合党支部，教学院（系）分管领导担任支部书记，将党的工作、人才培养和提质增效在产教融合中实现三重覆盖，激活机制。按培育教学成果奖的目标导向倒逼破解校企深度合作难题，共建学校"创新中心"或"技术技能成果转移转化中心"，合作开展教材研发、教法创新、教师轮岗以及学生全真实训、创业实践和就业能力提升培训等，助力学校建成与地方经济社会发展紧密对接的人才孵化基地，如四川工程职业学院建成中国（德阳）跨境电商综试区人才孵化基地、德阳中科先进制造创新育成中心等。

（二）"党建+"赋能第二课堂，推进职业能力提升

党建建到项目里，强化全过程思政。"党建+第二课堂"的模块设计促进素质教育优化，项目驱动高职院校大学生思想政治工作创新，反哺一课堂，培养学生德技并修、知行合一。新时代高职院校素质教育是一种理想化的教育教学理念，而实施过程是一种创新过程。

1. 突出价值引领

实施"五个行动"。学校基层党组织要成为建战斗堡垒的表率，学校党员要成为价值引领的旗帜，通过固本强基建示范行动、学高身正比奉献行动、优化模式育英才行动、工学互动创佳绩行动和校园文化促和谐行动，把党员身份亮出来，旗帜鲜明地把坚定信仰作为高职院校久久为功的师生必修课。党建带团建、党建带群建、党建促人才培养改革、党建助推和谐校园文化建设等多措并

举，大学精神与社会主义核心价值观高度融合，党员走在前列、师生干事创业落到实处，提高人才培养质量。优化"4+1"机制。通过大学生党员培养、发展、教育、管理的"一表"，即《重点培养对象月考察表》；"一册"，即《学生党员培养教育手册》；"一卡"，即《顶岗实习学生党员管理卡》；"一集中评议"，即党员发展大会前公开集中评议，再嵌入"党员责任区"，丰富载体，将每一名学生党员和重点培养对象分到相应专业或班级，担任班级联络员，宣传党的主张和对青年的要求，带动大家共同进步，同时，也让这部分学生更多、更直接、更有导向性地接受指导，迅速成长为阳光、大气、正能量的"锋刃"，成为星星之火。把学生党员培养成为又红又专、德才兼备、全面发展的骨干，也抓早、抓实、抓细、抓好低年级优秀学生培养，助力党员先进性和纯洁性长效机制的良性循环。

2. 彰显文化力量

坚定文化育人正确方向。新时代高职院校文化育人的任务，既要从中华优秀传统文化和革命文化中寻找精神家园，又要用社会主义核心价值观固本；要挖掘职业教育的文化资源、阐释职业教育文化对中国发展进步的贡献、运用职业教育文化育人化人；要将职业技能和职业精神培养高度融合，让文化自信成为职教师生的高度自觉。当学生走入社会，真正在竞争中凸显出来的本领，更多的是学校文化烙印在学生内心激发出的正能量，以四川工程职业技术学院为例，在建校60多年的风雨历程中凝练"扎根西部、开放创新、服务重装、报效祖国"的大学精神，这种精神通过物化或者非物化的标识，应该成为学生未来发展进步的内生动力。其他高职院校行业背景、历史渊源、改革发展各异，但都在长期实践中积淀着自己"各美其美，美美与共"的精神内核，通过物质、精神、行为、制度等文化彰显的各个维度，在人才培养过程中发挥积极作用。一是做好文化育人的制度设计。在毕业条件中设置"第二课堂成绩单学分""中华优秀传统文化学分"等要求，从制度设计上确保学生在中华五千年文明史的浩瀚海洋中汲取营养。二是打造文化育人精品。以大学生综合素质 A 级证书、体育健身节、文化艺术节、科技节、周末文化广场、班级文化交流展示等项目为载体，将党建实施到项目上，开展到宿舍里。三是引入企业文化参与学校文化建设。校企融合"你中有我、我中有你"，高职院校不仅要强化学生技能培养，更要注重将优质企业文化融入校园文化建设之中，盘活企业文化，共建共享，实现校企文化有机交融。

3. 推动朋辈教育

充分发挥学生党员的榜样示范作用，实现从朋辈驱动到自我驱动，精准滴灌助力学生人生出彩。少数民族学生与汉族学生共同成长，学生与老师共同成长，师生与学校共同成长，培育各民族学生"两个坚决、三个自觉"意识。坚决听党指挥，永远跟党走；坚决完成学业，顺利毕业。自觉明辨是非，珍惜和维护民族团结；自觉遵纪守法，做合格的大学生；自觉向上、向善、向美，全面发展，让优秀成为一种习惯。针对体育特长生、家庭特贫学生、残疾学生，精准帮扶、一生一策，形成"榜样引领，个别关心，系统设计"的教育思路，凸显朋辈教育功能。在法治、心理、网络等领域探索"朋辈驱动"育人工作法，坚持党建引领，发挥朋辈力量，探索与跨课堂实践的融合路径，组建学生志愿者团队，打造"十佳青年评选""同阶审判""模拟法庭""心理剧展演""学长学姐有话说"等品牌。

（三）"党建+"赋能第三课堂，推进育人无缝浸润

党建建到网络，探索全时空思政。"党建+第三课堂"的模块设计用互联网思维服务学校改革发展大局，坚持正能量的总要求，把网络变量整合成立德树人增量，党员责任区建到网络，增强育人针对性和亲和力。党建引领网络环境营造，主动作为、顺势而兴，成为学生亲其师信其道的积极手段。将网络建成成果展示、倾听心声、记载成长、机制完善的平台，成为正能量汇聚的微社区、新讲坛。同时，育人实践通过互联网向已毕业的党员校友延伸，官网设立专栏，组建微信群，校友反哺参与学校"三全育人"，打造学生毕业不离校的网络交流平台，引导优秀校友在网络上"现身说法"，带动学弟学妹进步。党建和思想政治教育的亲和力通过网络这个"第三课堂"与传统第一、第二课堂联动，无缝实现信息交互、社会沟通、多元分享，密切师生、生生沟通，打造全时空、网格化线上思政大课堂。

三、方法创新：基于育人实践的党建工作法

学校党委抓统领、二级院（系）党组织抓融合、师生党支部抓落实，必须在支部工作法上做好系统设计。创建基于党建引领、赋能、增值高职"三全育人"的"334优"工作法，全员参与，树立标杆；夯实专业，拓展能力；立足校园，辐射社会；融通课堂，提质培优。

——"三思"引导师生"明辨"：一思是非，二思法纪，三思善恶。

擦亮立德树人初心，坚定职教惠民、职教报国的信心。日常教育教学中融合历史、国情、安全、法纪、心理健康和专业思想教育，增强学生思辨能力，坚定跟党走、爱祖国、爱家庭、懂感恩、奉献社会。

——"三有"引导学生"勤学""修德"：有梦想，有担当，有高情商。

坚持目标导向，勇担为党育人、为国育才使命。扎根中国大地办大学，把立校强校、示范建设、"双高"创建、抗灾减灾、疫情防控中形成的成功经验、典型案例成为鲜活的教育内容，让学生入脑、入心、入行；引导学生登高望远，立鸿鹄志，明确自己的理想和目标，将自己的梦想同历史使命、社会担当结合起来，把自己主动摆进中华民族伟大复兴的梦想实现的进程中，做追梦人，做接续奋斗者，做仰望星空的实干家。

——四维联动改进育人格局：思路、细节、品牌、新媒体。

坚持德技并修、知行合一。厘清思路，大处着眼，细节处入手，新媒体辅助与时俱进，实现全时空育人覆盖：党建带团建，党建带群建，"专业+""校园+"项目驱动创品牌、建机制；多维度发力、线上线下互动，构建有温度、有态度、有边界但善意无限的网格状育人格局。引导广大师生组建团队，走进社区、走进乡村、走进基层，到乡村振兴一线，零距离体验新发展理念，接受教育，贡献智慧，增长才干。

——让优秀成为一种习惯 。

营造向上、向善、向美的工学氛围，端正夯实人生观、世界观和价值观。厚植家国情怀，引导广大学生党员带动周围青年学生"拔节孕穗"，自觉践行社会主义核心价值观；探索多元评价学生体系建立，鼓励一专多能、彰显个性，勇立时代潮头。党员带头，大家参与，促使阳光、大气、正能量的导向成为广大青年学子的自觉选择。

"334优"工作法确保党建与"岗课赛证"融合、与"三全育人"融合，在一、二、三课堂中实现同课异构，形成"教学案例→实践项目→双创成果→教学案例"跨课堂衔接路径。以"互联网+"大赛为例，依托旅游管理、电子商务、市场营销、大数据与会计等专业，在脱贫攻坚和乡村振兴一线"专业嵌入式"开展产销对接、服务社区（乡村）治理能力提升，大力弘扬劳模精神、劳动精神、工匠精神，将劳动教育和专业教育结合起来，做优"青年红色筑梦之旅"项目，使之成为"大思政课"教育教学实践的典型经验。党建工作法彰显职教特色，助力教师进平台、学生进项目、教学进现场，三个课堂同向发力。

四、结语

建设教育强国是中华民族伟大复兴的基础工程，高质量的职业教育必将为促进经济社会发展和提高国家竞争力提供优质技术技能人才支撑。贯彻落实习近平总书记关于教育的重要论述，切实回答好"培养什么人、怎样培养人、为谁培养人"这个教育的根本性问题④，是新时代摆在教育工作者面前的最重大课题，职业教育更不例外。"党建+"切入三个课堂，激发学校、行业、企业等多元主体的内生动力，引导青年"用一生来践行跟党走的理想追求"，毕业生核心竞争力不断增强并养成终身学习习惯，更好地将全面发展的目标以职业教育形态落到实处；"党建+"关注高校重点工作、社会热点，也充分考虑学生实际，以学生为本，将党建与人才培养工作有机融合，为高职院校高质量党建搭建了鲜活的实践平台。以四川工程职业技术学院经济管理党总支为例，突出政治建设，构建高质量党建引领"三全育人"格局，干事创业全面进步，连续多年被评为学校先进基层党组织，2019年被中共四川省委表彰为省级先进党组织，是当年全省高职院校唯一受省委表彰的基层党组织。

从思政课程到全课程思政、全过程思政、全时空思政，高职院校必须在党史学习教育常态化、长效化的实践中汲取育人力量和智慧，做好党建示范创建和质量创优，在完善新时代职教高质量党建创建的体制机制、提升基层党组织组织力、加强师生融合型党支部建设、党建融入学校"双高"建设等方面，打出一套"组合拳"，在培育优秀支部工作法和党建工作品牌的同时推动"三教"改革取得新突破，推进新时代党的建设新的伟大工程引领高职"三全育人"实践结出更多硕果，促进职业教育人才培养体系更加科学完善，为建设技能型社会作出职教贡献。

参考文献

[1] 尚明瑞. 高校思想政治教育集成创新研究 [D]. 兰州：兰州大学，2021.

[2] 张斌，唐磊. 高职学生素质教育内涵目标与实践路径探索——以四川工程职业技术学院为例 [J]. 当代职业教育，2011（8）：84-87.

[3] 张靖. 陶行知教育思想与基础教育课程改革 [J]. 教学与管理，2007（12）：6-7.

[4] 仇兰兰. 德国职业能力开发研究 [D]. 重庆：西南大学，2014.

［5］关卉.新时代大学生劳动观教育研究［D］.兰州：兰州财经大学，2021.

［6］牛艺虹.党的十八大以来习近平高校思想政治教育思想研究［D］.南京：南京师范大学，2018.

作者简介

王静（1974—），男，四川江安人，大学本科学历，四川工程职业技术学院党委常委、党委宣传部部长、政策法规处处长，副教授，主持完成省级高等教育教改重点项目《新时代高职"党建+"的现代服务业人才培养模式探索与实践》和省级职业教育教改重大项目《"党建+"赋能课堂提质培优实践》，带领经济管理系党总支被中共四川省委表彰为四川省先进党组织。

张志友（1979—），男，四川盐亭人，大学本科学历，四川工程职业技术学院旅游管理系党总支书记，副教授，参与完成省级高等教育教改重点项目《新时代高职"党建+"的现代服务业人才培养模式探索与实践》和省级职业教育教改重大项目《"党建+"赋能课堂提质培优实践》，带领《英语二》教学团队获2021年四川省教师教学能力大赛一等奖。

彭洁（1981—），男，四川江油人，本科学历，四川工程职业技术学院副教授。主持完成省级精品资源共享课《电子商务概论》建设，参与省级职业教育教改重大项目《"党建+"赋能课堂提质培优实践》。

"1234"党建育人模式助力构建党员质量
提升路径的实践研究

张志友　曾维静　马白春　杨惠玲

一、研究背景

(一) 党员队伍建设意义重大

在高职院校党建工作中，学生党员队伍建设是极其关键的一环。新时代的大学生党员，在充实壮大党员队伍、增强基层党建活力与优化校园文化建设等方面，都发挥着重要作用。《中共中央组织部关于进一步做好新形势下发展党员工作的意见》中明确提出：高等职业院校党委，要高度重视大学生党员的发展工作[1]。基层党组织必须落实好"坚持标准，保证质量"的整体要求[2]，将政治合格、德智体美劳全面发展的优秀青年学生尽量吸纳到党组织来，这是新时代的重要要求。大学生党员作为中华民族实现"两个一百年"奋斗目标的未来主力军，是推动社会不断进步、民族伟大复兴的中坚力量，因此做好高职院校大学生党员发展工作，对抓好党员队伍建设、提升党员队伍整体质量至关重要。

(二) 党员教育管理中的现实问题

十八大以后，高职院校积极完善党员发展工作制度，为高职大学生党员的发展工作提供了强大的制度保障，但党员发展管理工作中仍存在一些不足。党员工作新十六字方针使组织发展工作更加规范和科学，发展质量不断提高；同时党员队伍的结构有了很大改善，整体素质有了明显提高。但是在发展中还存在一些不容忽视的问题：如入党动机多元；理想信念淡化，入党前后判若两人；对党认识不深入，作用发挥不明显等，这些都对高职大学生党员队伍质量产生了严重影响。

（三）新时代全面从严治党对党建工作提出了新要求

高校大学生党员在大学生群体中的优秀分子，也是高学历高素质党员群体的重要组成部分，是我国先进文化的实践者与开拓者，在未来的社会主义建设中将起到中流砥柱的作用[3]。国务院《关于进一步加强和改进大学生思想政治教育的意见》明确指出：要将加强大学生的思政教育工作摆在突出位置，高校党组织要高度重视学生党员的发展工作[4]。同时要把学生党员队伍建设作为校园安全稳定的重要力量和意识形态工作的重要参与力量，充分发挥学生党员在朋辈教育中的引导作用。进一步发挥群团组织在教育学生、团结学生和联系学生等方面的优势，竭诚为大学生的成长成才服务[5]。面对新形势与新要求，需要用党建来引领高职大学生的思想政治教育，也要对大学生党员队伍进行能满足与其成长成才需要相适应的思想政治教育。

二、党建工作中的问题

基于前期大量文献调研，并结合四川工程技术学院旅游管理系近几年学生党员发展培养工作的实际情况展开调研。通过对党总支、党支部和学生党员从三个不同层面对其思想理论水平、身份意识、作用发挥等方面开展调查，收集党员对我系党内质量评价标准、入党积极分子教育管理机制、发展党员的标准和程序、基层党务工作队伍建设等情况的反馈意见，较全面地了解学生党员整体状态以及学生党员教育管理中存在的问题和不足。同时通过座谈和面对面交流等形式征求团总支、各团支部、党小组长、班级培养联系人及企业联合培养人、校友等人员意见建议，从推动党员队伍质量提升出发，为我系学生党员进行整体画像，从培养机制到考评机制、从载体建设到作用发挥，暴露出党员发展、教育及管理工作中的诸多问题。

（一）高职大学生党员思想教育问题

思想入党是对党员永恒不变的要求，对于高职学生党员而言，教育与培养工作更是一个持续推进的动态过程。高职大学生文化理论课程学习较弱，政治理论素养综合较低，容易出现入党动机不纯洁、党性修养低、缺乏坚定的信仰等问题，因此要确保学生党建工作的质量首先要解决的就是学生的思想入党问题。

用科学的理论，特别是用习近平新时代中国特色社会主义思想，来武装青年大学生的头脑，帮助青年大学生牢固树立政治意识和正确的世界观、人生观与价值观[6]，通过外化的教育和内化的政治理论修养全面提升学生党员政治理论修养。

（二）基层党组织党员发展管理问题

高职院校基层党组织学生党员在发展的流程、制度、评价体系、党建队伍建设方面存在操作不规范、标准不够精确等问题，如对大学生党员进行吸纳时标准不够精准，注重显性量化指标的考核，忽视了对其道德品质、党性修养、入党动机等指标的综合考核；对党员的发展在制度和组织程序的操作上不够规范和精细；对大学生党员质量缺乏科学评价体系，未建立考核体系和成长记录；基层党务工作队伍人员配置不够专业，严重影响了党务工作的稳定性和连续性。

（三）党员作用发挥不明显、不充分的问题

党员不应只有身份，更要发挥作用。应积极搭建学生党员工作的载体和平台，努力让这些有志青年在校园安全稳定及疫情防控、系部党建宣传、对外社会服务、师生劳动教育、乡村振兴等方面发挥应有的示范带头作用。

三、新时代党建新要求

新时代全面从严治党对高职大学生党员发展工作提出了新要求，新时代基层党组织要着力把控大学生党员发展质量关，要进一步优化党员队伍的结构，提高党员发展的质量。要培养好社会主义事业的接班人，就必须要符合新时代对其提出的新要求。

（一）控制总量——科学规划重均衡"发展"

数量是质量的基础。近年来，高校学生党员发展数在基层组织发展总数的占比呈整体增长态势，党员发展年轻化、知识化为高校基层党组织队伍注入了新的生机与活力。与此同时，高校学生党员队伍建设和党员质量提升也面临一些新的挑战。面对新形势和新要求，做好科学规划尤其重要，不仅要做到宏观方面的科学预测，还要关注微观方面的具体调整，实现结构优化。通过总量控制、科学规划，努力打造一支结构合理、规模适度的学生党员队伍。

（二）优化结构——确定导向多渠道"选苗"

从党员队伍构成来看，近几年党员队伍结构日趋优化，但仍存在一定的结构性问题，加强改善党员队伍结构和分布尤为重要，要在发展导向、拓宽渠道上下功夫，把有向党组织靠拢意愿的优秀分子，及时纳入视野进行培训。

（三）提高质量——转变观念高标准"培养"

把坚持质量标准是底线作为正式党员发展工作的必要前提和重要基础，因

此加强对众多入党积极分子的培养教育是至关重要的。在对入党积极分子进行培养和教育的过程中，前置性启发他们的政治热情与入党愿望，坚持把好质量关和程序关，为组织努力培养一支拥有优良素质与严明纪律的党员队伍。

（四）发挥作用——坚守初心树队伍"形象"

发挥作用是守好党员队伍形象的根本。学生党员（入党积极分子）是青年中追求政治理想的先进分子代表，是党组织的未来主力军，如何充分发挥其先锋模范的带头作用，引导身边青年向上成长，是新时代党员发展工作中的重要研究内容之一。高职院校的基层党组织应积极建设大学生青年的实践活动平台，通过党建引领、群团共建的方式吸引他们在学习生活、服务奉献、干事创业的实践中争当排头兵，锤炼品格，提高其服务意识和能力。

四、构建党员质量提升路径

通过对四川工程职业技术学院旅游管理系学生党员发展质量的实证研究，结合新时代高职大学生党员发展质量新要求，深度剖析大学生党员发展质量的现状，构建党建引领、群团共建的新时代高职大学生党员质量提升路径，将基层党组织建设成战斗堡垒的表率，学生党员成长为政治引领的旗帜、作用发挥的表率，做到制度保障有力、教育管理精细，过程监督全覆盖、作用发挥更明显，探索形成了"1234"党建育人实践模式，为发挥学生党员的作用、提高党员发展质量起到了关键作用。

（一）完善党员发展制度

完善制度建设，构建包括入党积极分子培养教育和考察制度、政治审查制度、入党公示制度、不合格党员退出制度、基层党建工作责任制在内的制度保障体系。压实党建主体责任，将基层党建工作考核主动纳入系部党政目标考核体系，以"目标倒逼责任"。通过量化指标、明晰标准、确立时间表等增强党建工作的可操作性。规范党建活动阵地建设，夯实基层党建工作基础。创新党组织设置形式，特别是优化支部激励机制和经费保障制度，确保学习、活动、教育管理有序开展。制度保障体系要立足于调动学生入党积极分子、发展（考察）对象和预备党员的主动性和积极性，这样有助于以制度规范要求来促进整体学生党员质量的提高。

（二）优化党员教育培训

一方面加速党员教育培训内容更新，提高针对性和实效性。党员教育培训要体现时代要求和党员需求，不断充实培训内容。培训教育内容坚持贴近实践、贴近生活、贴近教育对象，引导学生党员深入学习社会主义核心价值体系、党性修养、作风建设和习近平新时代中国特色社会主义思想等内容。突出培训针对性和实效性，党支部认真制订学习计划、布置学习任务、进行学习考评、做好学习记录。党员学习有学习记录、有学习体会。同时加强党员教育学习网络资源建设。积极运用手机、论坛、互联网平台、在线会议等信息载体，利用"学习强国""青年大学习"App，通过"订单式"在线学习和讨论，提高教育培训的感染力和吸引力。

（三）实施党员发展、转正全过程监督

高职大学生党员的发展工作是一个复杂系统的工程，要明确发展工作中的三个重要环节：①确定为入党积极分子；②确定为发展对象；③由预备党员转为正式党员。严把程序，确保发展的每一个环节有监督，对确保高职大学生党员发展质量的不断提高起关键作用。结合旅游管理系自身情况，在发展党员、培养党员的过程中，以量化标准的方式对其进行合理的综合考核，质量考核覆盖思想品行、工作能力、工作态度、业绩、廉洁等多方面内容，完善团内推优、入党积极分子考察培养、预备党员转正式党员考核等量化标准细则。组织发展要把好这几大关卡：①首要任务是坚持质量标准和把好预备党员的发展关；②还需要抓实政治审查，将政治表现放在首位，严把考察关；③然后需要做的是强调讨论表决，把紧评议关；④最后就是要做好审议审批、把牢转正关。实施全过程监督，使其涵盖支部党员培养、考察、管理和转正工作的各个环节，最大限度地实现学生党员发展过程的公平、公正、公开，确保质量。

（四）探索党建育人实践模式

基层党组织通过扎实有效的固本强基示范行动，多措并举，依托党建带团建、党建带群建、党建促人才培养改革、党建助推和谐校园建设，积极搭建载体，让学生党员的作用得到长效发挥，探索形成"1234"党建育人实践模式。

1."1234"党建育人实践模式

"1234"党建育人实践模式是指搭建一个实践平台——党员责任区平台；聚焦两个主体建设——基层党组织（学生支部）和党员个人；立足三个阵地——学校、社区、对口帮扶点（新农村）；服务四个面向——乡村振兴（脱贫攻坚）、安全及疫情常态防控、党史学习教育、文化传承（如图1所示）。

"1234"党建育人实践模式是高校贯彻落实习近平总书记关于以人民为中心重要论述的必然要求，是充分发挥好基层党组织战斗堡垒作用和党员先锋模范作用的有效活动载体，是高校师生党员开展"我为群众办实事"、密切党同人民

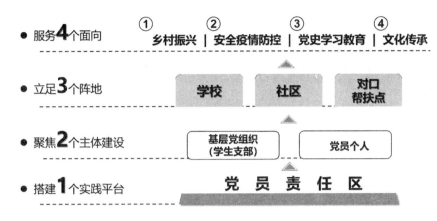

① ② ③ ④
服务4个面向 乡村振兴 | 安全疫情防控 | 党史学习教育 | 文化传承

立足3个阵地 学校 社区 对口帮扶点

聚焦2个主体建设 基层党组织（学生支部） 党员个人

搭建1个实践平台 党 员 责 任 区

图1 "1234"党建育人实践模式

群众的血肉联系的生动实践。践行初心使命，强化为民担当，确保党旗在基层一线高高飘扬。戴党员徽章、亮党员身份、当先锋模范，该模式引导党员围绕疫情防控、乡村振兴、文化传承、党史学习教育等需求，结合自身实际参与志愿服务活动。

2. "1234"党建育人实践模式的实践应用

（1）利用党员责任区工作模式，广泛开展在校园安全文明巡查、宿舍安全文明建设、社区传统文化传播、新农村建设形象宣传、红色文化传承等领域组建"党员责任区"，落实责任，实现作用发挥。

（2）按照《中国共产党支部工作条例》的要求，积极开展支部建设。开展师生联合党支部建设，聚焦党员个人主体作用发挥，搭建可供实践锻炼的平台，激发党员干事们的创业热情。抓好两个主体建设，形成支部堡垒作用保障有力、党员先进性旗帜高高飘扬的生动局面。

（3）拓宽阵地，积极围绕学校、社区、对口帮扶点（新农村）"三个阵地"开展形式多样的党建活动，形成系列成果。开展与社区支部党建共建活动，利用双方学习资源、社会资源加强党建合作，成效显著。围绕乡村振兴战略，通过专业赋能，积极开展对口帮扶点旅游规划和新农村建设。

（4）结合当前主要工作和面临任务，将雷锋精神、志愿服务和专业技能提升相结合，开展党员志愿服务活动，建立高素质专业志愿服务队伍，深入开展"四个面向"，即乡村振兴（脱贫攻坚）、安全及疫情常态防控、党史学习教育、文化传承的实践活动。结合"青年红色筑梦之旅"活动，引导广大师生组建团队，走进社区、走进乡村、走进基层，到脱贫攻坚一线接受教育，贡献智慧，增长才干。推动形成党建品牌，提升党建带团建能力，培养一批高水平志愿者，储备优质"红色筑梦"双创项目。

（五）群团共建促人才培养

旅游管理系党总支从提升党员质量、发挥党员作用出发，以服务师生、提升质量、锤炼队伍为目的，积极开展相关探索实践，将党建育人实践模式的具体细则和措施应用于2020—2021年旅游管理系学生党员培养和发展的全过程，并依托系列实践活动开展党建品牌创建。学生党员在实践探索中锻炼自我，并逐渐形成了一支政治素养高、业务能力强、道德品质好的学生党员先锋模范队伍，在旅游管理系聚起"一团火"、树起"一面旗"。首先，守好底线，营造良好校园环境：依托主题班会、网络安全宣传周等活动，加强安全宣传，提高学生安全意识；建立安全巡查制度，加强网络安全及舆情排查。其次，端正思想，坚守党员初心使命：学习习近平新时代中国特色社会主义思想，领悟和践行社会主义核心价值观；结合"读懂中国"主题活动，邀请"五老""杰出校友"开展人物访谈，学习他们在百年奋斗中的感人事迹和人生体验；开展朋辈教育，积极开展学习交流活动，向身边优秀学习，向身边伙伴学习。最后，注重实践，实现德智体美劳全面成长：以"劳动教育"为指引，将课堂学习和课外实践相贯通，以植树节、清明节、端午节和重阳节等重要节日为契机，开辟校内外劳动教育和学生实践活动基地，开展劳动教育和各类学生实践活动；与学校周边社区、单位结对共建，将茶艺、花艺等优秀传统文化带入社区，专业赋能社会服务和文化建设，争当社区服务的志愿者、优秀文化的传播者。

五、结语

"1234"党建育人实践模式以习近平新时代中国特色社会主义思想为引领，构建系统科学的高职大学生党员发展与培养路径。基于真实基层组织学生党建工作实践，对高职大学生党员发展从制度执行、程序操作环节进行优化。通过党建引领、群团共建方式搭建青年学生作用发挥和成长成才长效载体，有效解决学生党员发展前、考察中、发展后的系列问题，对确保党员先进性，提升高职大学生党员的发展质量，以及培养出优秀的社会主义事业建设者与接班人都具有极其重要的意义。

参考文献

［1］［4］谢标.铁人精神在高校学生党建工作中的功能与运用［J］.广东石油化工学院学报，2012，22（2）：21-24.

［2］中共湖南省省委 湖南省人民政府关于进一步加强和改进大学生思想政治教育的实施意见［EB/OL］.湖南工学院，2014-09-28.

［3］练小勃.以党员先进性教育促进大学生思想道德建设［J］.发展，2008（5）：116-117.

［5］杨煌，李剑泉，丁青.高校"三生教育"德育模式的构建［J］.新课程学习（下），2012（10）：6.

［6］杨大柱.基层党员党性修养状况调研及建议［J］.蚌埠党校，2018（4）：3.

作者简介

张志友（1979—），男，四川盐亭人，大学本科学历，四川工程职业技术学院旅游管理系党总支书记，副教授，参与完成省级高等教育教改重点项目《新时代高职"党建+"的现代服务业人才培养模式探索与实践》和省级职业教育教改重大项目《"党建+"赋能课堂提质培优实践》，带领《英语二》教学团队获2021年四川省教师教学能力大赛一等奖。

曾维静（1986—），女，四川德阳人，硕士研究生，四川工程职业技术学院旅游管理系专职组织员、党总支组织委员，讲师，四川省2020年、2021年职业院校教师教学能力比赛一等奖获得者，研学旅行指导师（高级），高级电子商务师和高级直播运营师。

马白春（1996—），女，四川成都人，硕士研究生学历，四川工程职业技术学院旅游管理系辅导员，助教。

杨惠玲（1981—），女，四川德阳人，大学本科学历，四川工程职业技术学院旅游管理系副主任，副教授，四川省课程思政示范课程《礼仪》负责人，四川省课程思政示范团队-酒店管理理实一体化课程教学团队负责人，四川省2020、2022年职业院校教师教学能力比赛一等奖获得者，德阳市妇联最受欢迎德慧讲师。

高职第二课堂成绩单制度实施现状、路径研究

——以四川工程职业技术学院为例

曹　阳　刘　浩

2018 年，共青团中央、教育部印发《关于在高校实施共青团"第二课堂成绩单"制度的意见》，明确了指导思想、基本原则、主要工作内容，为高校推进第二课堂建设提供了工作指引[1]。四川工程职业技术学院是四川省最早实行"第二课堂成绩单"制度的高职学校之一，自 2018 年以来，经过 4 年的探索与实践，积累了第二课堂建设的经验。本文以学校深入推进"第二课堂成绩单"制度建设为例，依托"到梦空间"信息管理平台，对实施过程中积累的信息数据进行深度整理、分析，阐述了学校在推进"第二课堂成绩单"制度建设过程中的现状、分析了制度推行过程中存在的问题和对进一步推进该制度的思考，以期推动学校第二课堂教育发展，进而为高职学校推进第二课堂建设提供借鉴参考。

一、"第二课堂成绩单"制度的实施现状

（一）实行学分制管理，第二课堂成为人才培养的重要组成部分

2018 年，学校先后制定了《四川工程职业技术学院共青团改革实施方案》《四川工程职业技术学院"第二课堂成绩单"实施办法（试行）》等系列文件，对"第二课堂"实行学分制管理、课程化管理，第二课堂成为学校人才培养方案的重要组成部分。按照办法，学校开设"实践限选课"，课程周期为三年，要求学生在三年期间参与第二课堂活动项目需获得最低 32 个积分才能达到学分合格标准。同时，以"到梦空间"作为学生活动记录平台，学生参加第二课堂活动情况转化为相应积分，经过教务处、团委共同审核认定，学生可获得 2 学分（必修）。

根据 2018—2021 年毕业生学分获得的统计数据看，学生第二课堂学分一次

性达标率超过96%。从学分达标率看，实行学分制管理，会让学生更加重视第二课堂，进一步提升了第二课堂的吸引力，也有效调动了学生参与第二课堂的积极性、主动性。

（二）建立完善制度和运行机制，第二课堂规范化、科学化实施

加强制度和组织机构建设。学校先后制定了《四川工程职业技术学院共青团改革实施方案》《四川工程职业技术学院"第二课堂成绩单"实施办法（试行）》《四川工程职业技术学院"第二课堂成绩单"积分认定标准》等多个规范性文件，学校把"第二课堂成绩单"制度与学校《四川工程职业技术学院加强和改进思想政治工作实施方案》等文件规定紧密结合，加强对推进第二课堂的顶层设计并全面实施。同时，学校成立"第二课堂成绩单实施工作指导委员会"，委员会下设"第二课堂成绩单管理中心"，由校团委牵头，配备专门的负责老师、学生负责人，负责第二课堂的日常管理和运行。通过建立相关完善的工作制度，成立第二课堂管理机构，使第二课堂有序推进，同时，第二课堂与第一课堂衔接更加紧密，共同促进学校人才培养。

完善第二课堂管理机制。从活动发布、活动开展、活动审批、积分发放等多方面，利用"到梦空间"信息化平台进行管理。通过对线上数据汇总进行定性和定量分析，研究学生参与第二课堂情况，实施改进实施策略。同时，依据"到梦空间"积累的实时数据，每学期定期开展学生参与活动情况分析，及时反馈学生积分情况，帮助学生准确了解自身的优势和不足，及时调整学习计划，引导学生更有针对性地参加活动，对提升学生综合素质发挥了重要作用。

通过不断完善制度和机制，明确了活动项目的种类、积分的赋分细则、操作流程，学生可通过定期反馈及时调整学习计划，提升了学生参与第二课堂活动的积极性和针对性。

（三）学生参与度高，促进学生实现综合素质全面发展

一是学生参与度高。从2018年试运行至今，从近三年"到梦空间"统计数据看，2018年（9—12月），"到梦空间"发起活动参与人次91548，2019年"到梦空间"发起活动参与人次160560，受疫情影响，2020年发起活动参与人次58394，2021年发起活动参与人次148633，学生在校期间参与活动年均达到13次以上。根据统计数据看，学生年均参与活动达到标准值（16积分）的超过90%，学生年均参与活动超过30次的达25%。2019年到2021年，按照年预警分值16分计算，达标人数逐年递增，全校2019年最高得分80.5分，2020年为75分，2021年为86分。在相同的一个时间段内，较晚入学的2021级学生得分

情况好于早入学的 2020 级和 2019 级学生。这些数据表明，学生参与活动的积极性逐渐提高，有助于实现学生全员参与第二课堂。

二是学生活动数量不断增加。将"第二课堂"分为思想成长、文体活动、实践实习、志愿公益、创新创业、技能项目、工作履历七个模块。其中，"思想成长"模块的主要内容是党、团校学习活动、宿舍文明、主题性教育活动，引导学生提升思想政治素质；"实践实习"模块的主要内容是寒暑假专项社会实践及其他各类社会实践，引导学生积极融入社会；"志愿公益"模块的主要内容是志愿服务公益活动，引导学生树立志愿奉献精神；"创新创业"模块的主要内容是专利发明、SYB 课程、发表论文、大学生创新创业立项、开办创新型企业；"文体活动"模块的主要内容是文体展演、宿舍文化滋养活动、社团活动等，侧重促进学生身心和谐发展；另外，工作履历模块、技能特长模块侧重引导学生提升职业能力、可持续发展能力。从统计数据看，2019 年发起活动 3155 次，受疫情影响，2020 年发起活动 1239 次，但 2021 年发起活动仍然达到了 3450 次，学生活动的供给数量不断提升。实施"第二课堂成绩单"制度以后，学校进一步加强了校园文化建设，搭建学生参与校园文化艺术、体育活动的平台，推进学生活动项目化、品牌化建设，学生活动种类、品质、效果不断提升。

经过四年的探索实践，学校第二课堂活动得到了蓬勃开展，学生参与活动的积极性和学生活动的质量、数量持续提升，第二课堂成了学生锤炼综合素质的重要平台。近三年，我校学生获得省级及以上文艺比赛、体育竞赛、创新创业大赛、"四川省大学生综合素质 A 级证书"的人数实现了大幅度增长。

二、"第二课堂成绩单"制度实施中存在的问题

（一）文体活动、思想成长类活动偏重，创新类、技能类活动发起比例、报名比率低

第二课堂成绩单七个模块包含了学生参与的所有活动类别，但是学生参与活动的覆盖面极不均衡。2019 年，思想成长类活动占比 55%，文体活动类占比 34%，志愿公益类占比 10%，创新创业类占比 0.3%，技能特长类占比 0.5%；2020 年，思想成长类活动占比 61%，文体活动类占比 28%，创新创业类占比 0.7%，技能特长类占比 1%；2021 年，思想成长活动占比 47%，文体活动占比 32%，志愿公益占 17%，创新创业板块占 1%，技能特长占 1%。以上数据表明，学校第二课堂发起的活动主要以思想成长、文体活动、志愿公益三个类型为主，占到 95% 左右。但是，对于专业性比较强和难度较大的科研、实践活动类别，活动发起率偏低，学生参与创新创业、实践实习类的活动不足，使得

学生在创新创业、技能特长模块获得的积分偏低。

学生参与活动的不平衡，第二课堂实践类、创新创业类活动比例偏低，以及第二课堂与第一课堂的有效融合不够，使得学生通过第二课堂培养职业能力的效果难以有效达成，也不利于高职培养高素质技术技能人才。第二课堂对于培养高素质技术技能人才的贡献度还有待进一步提升。

（二）学生参与第二课堂活动存在功利性，活动质量有待提升

实行学分制管理，虽能够促进学生积极参与第二课堂活动，但同时，部分学生参与二课积累积分也存在"功利性"思想，对二课的价值认同仅停留在挣够积分层面；部分学生并非是真心喜欢活动而参加，而是把参加活动当作完成任务，考虑的仅仅是如何获得积分，或者是尽可能参加容易获得积分、积分较多的项目，对于难度较大、获得积分较难的项目，参与率就明显偏低。学生没有意识到参与活动对提升自身素质能力带来的影响和帮助，尤其是一些科研学术类讲座，虽然学生积极报名，但是部分学生在参与活动中不认真听讲、应付了事，使学习效果大打折扣。

精品活动不够，学生喜爱的活动一经发布，经常出现盲目"抢活动"的情况。这种现象在新生中发生比较多，许多新生反映活动所需人数较少，活动刚刚发布就被一抢而光，降低了其参与活动的积极性。部分学生不考虑活动是否与自身兴趣爱好、专业素质对口，使得真正感兴趣的学生得不到参加活动的机会；而一部分得到活动名额的学生却不珍惜、消极应付，剥夺了真正想参与活动的学生的机会，造成了教学资源的浪费和使用效果不佳。对于学生而言，短时间完成第二课堂积分任务后，就不再积极参加活动。从统计数据来看，学生在校两年期间达到积分合格率的超过 83%，这一部分学生中，大三期间获得第二课堂积分的人数大幅度降低，近 30% 的学生获得的活动积分低于 10 分。学生无法形成持续参与第二课堂的积极性，也是一个难以回避的问题。

（三）学生参与第二课堂活动存在盲目性，缺乏对学生参与活动的指导

一是学生活动虽然呈现递增的趋势，但仍然存在活动无体系、随意性的问题，对活动的整体设计还不够。从发布的活动来看，仍然是传统的文体活动项目居多，基于学生成长需求的活动项目还需要进一步丰富。从学生获得积分的结构来看，存在学生仅参加思想成长类活动、文体活动的情况，对于"志愿公益""创新创业""实践实习"模块的活动参与较少甚至无相关参与的记录。

二是对学生指导不够。部分职能部门、二级教学单位，对第二课堂的重视程度不够，较少发布针对本专业学生的特色活动，对学生活动的指导主要是学

校重要的文体活动，其他学生活动指导较少。目前，大多数学校也没有针对"第二课堂成绩单"制度的开展配备高素质的师资队伍。另外，部分教师不能正确认识第二课堂对于人才培养的重要意义，教师更愿意承担第一课堂的教学任务，很少参与指导第二课堂活动，导致第二课堂师资队伍单一、力量薄弱，对学生活动的指导不够。以学校社团指导教师为例，学校现有45个学生社团，指导教师70余人，其中，绝大多数为团干部、青年教师，而高级职称教师、骨干教师的参与度还比较低。

三、"第二课堂成绩单"制度的优化举措

"第二课堂成绩单"制度的优化要围绕高职培养技术技能人才的目标，发挥高职学科专业优势和特色，加强制度和机制建设，系统设计科学合理的第二课堂，促进第二课堂与第一课堂有机融合，从而更好地实现高职人才培养目标。

（一）建立协同育人机制，促进第二课堂科学有序实施

第二课堂的实施涉及多个部门，要强化协同育人、整体联动。教务、团委作为管理部门，要加强第二课堂的学分制管理，进一步优化第二课堂实施办法，为第二课堂的运行制定更加科学、规范、可操作的标准；还要加强第二课堂教学资源建设力度，为第二课堂学分制的管理争取更多的教育资源，使其在第二课堂育人过程中更好地发挥作用。首先，学生工作的主要负责部门——教学系应加强对学生活动的管理和指导，开发符合高职学生特点的活动项目，增强第二课堂活动的供给能力，切实解决第二课堂活动针对性不足的问题，促进学生活动科学、有序地实施。其次，科研处、各类实验室等也可以开发科普教育、技能实践等第二课堂活动项目。最后，教师要重视第二课堂在学生成长成才中的作用，积极参与第二课堂的建设与管理[2]。

（二）系统设计第二课堂类型结构，递进式培养学生综合素质

一要实行差异化递进式的培养方式。对于高职学校来说，要立足学校、专业、年级特点，在第二课堂教育活动进程安排中，实行递进式培养，即从低年级到高年级的第二课堂活动应该根据培养目标和计划进行差异化递进式安排。针对大一学生，第二课堂应注重培养学生思想政治素质、职业生涯规划引导、学生兴趣和专业素养的培育；大二学生，第二课堂应注重专业、技术技能等关键能力的培养；大三学生，第二课堂应注重学生就业与创业能力、职业道德教育等，提升学生职业能力。通过差异化递进式的培养方式，增强学生参与第二课堂的针对性，促进学生综合素质的"精准"培养。

二要开发符合学生特点、紧扣学生专业的第二课堂项目。在建设课程项目和活动内容时，要坚持以学生为中心，紧紧围绕学生性格特点、成长需求，充分考虑学生的需要、兴趣，着眼于提升学生综合素质，注重提升学生职业意识、职业能力，充分发挥不同专业的学生在兴趣、爱好等方面的优势和特长。二级教学单位特别是教学系，要结合专业和学生特点，按专业进行系统设计，基于课程、基本素质、技能竞赛和专业层面发布第二课堂活动项目，提高二课项目与学生职业成长的匹配性。

（三）健全考核评价体系，激发学生参加第二课堂内生动力

一要完善评价标准。根据活动的规模大小、活动中的作用、难易程度、完成情况等环节设置评价标准，不单纯以参加活动时长等"机械化"的指标进行活动评价，更加突出育人导向和活动效果，使考核标准更加科学可操作、考核过程更加规范。比如，可增加发表专利、论文、创新创业类项目的活动赋分，基础性团务活动可着重以活动效果赋分。

二要优化评价方式。第二课堂活动多种多样，针对不同类型的项目，要选择不同的评价方式，使得学生参与"第二课堂"的效果得到有效衡量。比如，对于创新创业类、技能特长类活动，主要以结果评价为主，学生比赛取得了名次或者考取了相关的证书，即可认定达标；对于实践实习类、志愿公益类活动，主要以过程评价为主，参与活动达到一定次数、一定学时即可认定达标；对于思想成长类活动，则综合过程和结果评价，要考查学生各方面的表现，才能认定达标。在记录内容上，应突出写实性、价值性、简便性，兼具数量和质量要求，数量上体现次数、时长等，质量上体现课程项目级别、参与方式、荣誉奖励等。

三要开展结构化评价。"第二课堂成绩单"要加强硬约束，合理设置各模块达标值，各模块达标方可毕业，避免学生仅参加单一模块的活动或以功利性心态参加活动，引导学生更加全面地参加第二课堂各类活动。"第二课堂成绩单"要加强激励，将第二课堂参与情况作为学生评优选先、就业的重要依据，激发学生参加第二课堂的内生动力[3]。

通过健全考核评价体系，为学生形成一张"第二课堂成绩单"，全面准确反映其在校期间参与第二课堂的情况，同时，也引导学生更有针对性地参与第二课堂，促进学生综合素质得到全面提升。

"第二课堂成绩单"制度作为高等教育人才培养模式改革的重要举措，要不断总结探索实践过程中积累的好的做法，积极解决制度推行过程中遇到的问题。

高职第二课堂成绩单制度的建设，要注重发挥高职自身的优势和特色，通过建立完善协同育人机制、系统设计科学合理的第二课堂、完善考核评价方式，增强第二课堂人才培养的针对性，促进第二课堂与第一课堂有机融合，从而更好地发挥第二课堂的育人功能，达到提升高职人才培养质量和水平的目标。

参考文献

［1］共青团中央教育部.关于在高校实施共青团"第二课堂成绩单"制度的意见［J］.高校共青团研究，2018（3）：2-4.

［2］黄梨锦，庞汉彬，石月皎.高职院校第二课堂成绩单存在问题及对策研究［J］.轻工科技，2021，37（10）：171-172.

［3］陈刚，武国剑，杨乾坤."五育并举"视阈下高校第二课堂成绩单建设探索与实践［J］.合肥工业大学学报（社会科学版），2021，35（6）：129-132.

作者简介

曹阳（1984—），男，四川江油人，现任四川工程职业技术学院团委副书记（主持工作）、兼学工部副部长、学生处副处长，硕士研究生学历，讲师。第一作者发表论文10余篇，参编党课、形势与政策教材2本。参与的课题先后荣获教育部"国家级教学成果"一等奖（排名第十五）、"四川省教育教学成果"二等奖（排名第四），荣获"2020年四川省职业院校教师教学能力大赛（高职组）"二等奖。

刘浩（1988—），男，江西吉安人，硕士研究生，现任四川工程职业技术学院机械制造及自动化专业讲师。

高职院校党史学习教育的三重维度和实践路径

唐咏春　王　静　唐　鹏

开展党史学习教育是党中央作出的一项重大战略决策，党史学习教育的目的和高职院校的育人目标具有高度的一致性，对于青年人生观、世界观和价值观的引领具有积极意义。高职院校开展党史学习教育，内容上要注重党史学习的高度、深度、广度，方法上要注重空间和时间、理论和实践的纵横融通。从思想成长、实践实习、志愿公益、文体活动路径有机融入第二课堂实践，从而实现党史学习教育常态化、长效化目标和立德树人的根本任务。

中国共产党的百年历史，对于青年大学生而言是最生动的和最有说服力的教材，对于高职院校实现立德树人根本目标，引导青年大学生树立正确的人生观、世界观和价值观，坚定理想信念，将中国梦和青春梦在学习和实践过程中的有机融合具有重要意义。如何将党史学习教育和育人工作结合起来，形成常态化和长效化育人模式，在党史学习教育中重点学什么、怎么学，如何引导青年大学生切实做到学史明理、学史增信、学史崇德、学史力行①，高职院校需要立足学生实际情况，在学习内容、学习方法上不断优化和探索出适合新时代高职大学生特点的有效途径。

一、高职院校党史学习教育的三重维度

（一）目标维度：党史学习教育和高职院校在育人目标上的一致性

高职院校的育人目标是培养德智体美劳全面发展的社会主义建设者和接班人，服务技能型社会建设。党史学习教育中强调的大历史观，强调明理、增信、崇德、力行，从铸魂育人的视角看，在历史逻辑、理论逻辑和实践逻辑上都具备高度一致性。将党史学习教育融入高职院校育人工作，将有效助力学生增强

① 《人民日报》评论员. 推进党史学习教育常态化长效化 [J]. 理论导报, 2022 (1): 12-13.

马克思主义、共产主义的信仰，增强中国特色社会主义的信念，增强实现中华民族伟大复兴的信心①。将党史学习教育全过程、全方位的融入高职院校育人工作，引导新时代青年在党史学习教育和实践中不断坚定理想信念，将个人理想和社会理想统一起来，在实现社会理想的奋斗过程中成就个人理想。引导学生树立高尚的人生追求，把自己的人生目的与国家、民族和人民紧密联系在一起，在服务人民、奉献社会中不断成长和进步，从而实现自我的人生价值。引导学生确立积极进取的人生态度，学习党的百年历史中尤其是革命先烈大无畏的革命精神和积极乐观的人生态度，不断丰富自己的人生。以实践强化理论学习，进一步促进学思感悟，在党史学习教育的同时关注学生学习能力、宣传能力、实践能力的提升。引导新时代青年积极进取，不断增强本领，为实现中华民族伟大复兴的中国梦而不懈奋斗。

（二）内容维度：注重党史学习教育的高度、深度、广度

1. 认识"两个确立"的深刻意义，提升党史学习教育的"高度"

"两个确立"是党的十八大以来最重大的政治成果，也是党百年奋斗得出的科学结论。针对高职院校学生具体学情，结合党史的生动案例阐释为什么马克思主义是认识世界、把握规律、追求真理、改造世界的强大思想武器。围绕"两个确立"形成的历史基础、理论基础和实践基础，学懂弄通党百年奋斗的光辉历程，学懂弄通党坚守初心使命的执着奋斗，学懂弄通党百年奋斗的历史意义和历史经验，学懂弄通以史为鉴、开创未来的重要要求，进一步做到学史明理、学史增信、学史崇德、学史力行②。

2. 领会"十个坚持"的思想精髓，提升党史学习教育的"深度"

把握好中国共产党百年来的牺牲与奋斗就是为中国人民谋幸福、为中华民族谋复兴这个核心主题，以中国共产党的初心和使命为主线，从党百年奋斗的时代背景中认识马克思主义中国化、时代化的理论成果。结合党的百年光辉历程，深刻认识"进行伟大斗争、建设伟大工程、推进伟大事业、实现伟大梦想"③的重大意义。正确分析党百年奋斗历程中遭遇挫折和取得胜利的原因，汲取历史经验，带领学生以更加积极和昂扬的姿态，成为新时代中国特色社会主义事业的见证者和建设者。作为党百年奋斗历程总结出的宝贵历史经验，"十

① 肖扬伟，梁杰. 新时代树立正确党史观的三重维度论析 [J]. 江西广播电视大学学报，2021，23（3）：3-10.

② 黄建国. 党内政治文化的源头——革命文化探析 [J]. 创造，2020（4）：41-46.

③ 陈乾，张骥. 中国共产党的力量密码 [J]. 中共太原市委党校学报，2021（6）：9-12.

个坚持"是对过去我们党为什么能够带领中国人民取得革命和建设成功的深刻总结，也是面向未来，如何开拓和建设新时代中国特色社会主义新篇章的根本要求。深刻领会"十个坚持"是高职院校开展党史学习教育的重点，也是贯彻立德树人教育根本任务的落脚点。

3. 运用中国精神的教化功能，提升党史学习教育的"广度"

中国共产党在革命、建设和发展时期凝结出以伟大建党精神为源头的中国精神谱系，结合党史学习教育，弘扬中国共产党的先辈们坚持真理、坚守理想、践行初心、担当使命、不怕牺牲、英勇斗争、对党忠诚、不负人民的伟大精神。学习在中国革命、建设和改革的各个历史时期，一代又一代的共产党员顽强拼搏、不懈奋斗、忘我奉献所形成的一系列中国精神。弘扬以爱国主义为核心的民族精神和以改革创新为核心的时代精神，弘扬建党精神，引导学生将爱国、爱党和爱社会主义统一于实现中华民族伟大复兴的历史进程中；引导学生勇于担当时代使命，努力学习，增长本领，积极投身到改革创新的各项实践中去。

（三）方法维度：注重空间和时间纵横并举、理论和实践相互融通

1. 注重空间和时间层面纵横并举

从空间层面认识党的百年历史，带领学生分析和了解党史中重大事件发生的客观环境，深刻认识其产生的历史背景和原因，教育学生以唯物史观全面、科学、客观地评价历史，深刻认识党的百年奋斗历程所体现的伟大之处，不断筑牢理想信念，引导青年学生深刻认识其肩负的历史使命，培育能够担当民族复兴大任的时代新人；从时间层面认识党的百年历史，引领学生全面科学地学习中国近代历史、社会主义发展时期的历史和改革开放时期的历史，立足当下，深刻认识中国特色社会主义新时代的丰富内涵。通过时间轴串联起党的历史上发生的一系列重大事件，深刻认识马克思主义为什么是指导党取得革命胜利和新中国一系列建设发展成就的重要思想武器；深刻认识马克思主义中国化、时代化的一系列理论成果所产生的时代背景，中国共产党为什么能够带领中国人民实现民族独立和国家富强；深刻认识中国共产党为什么能，中国特色社会主义制度为什么好。引导学生坚定道路自信、理论自信、制度自信、文化自信。

2. 注重理论和实践学习相互融通

根据高职院校学生学习特点，在理论学习上采用任务驱动的方式，让学生带着目标任务去开展学习，在完成任务的过程中强化对理论知识的思考。通过任务驱动模式内化并提升学生对党史基本知识的掌握水平，培养提升学生宣传能力、组织协调能力和语言表达能力。采用同辈引领的方式开展理论学习，发

挥学生群体中的党员、重点培养对象、入党积极分子的引领示范作用，真正实现一个党员一面旗帜的先锋模范效应，以点带面，不断扩大影响范围，带领更多的学生积极参与到党史学习中来。注重理论学习和实践学习的有机融合，引领学生在实践过程中加深对理论内容的理解，通过实践有效促进和帮助提升理论学习。立足高职院校学生工作特点，带领学生参与社会实践，强化党史学习教育的各项成果。打造出一系列的实践品牌项目来发挥引领作用和示范效应，在实践过程中实现党史学习和立德树人的双重目标。

二、高职学生在党史学习教育中的实践路径

推动党史学习教育的常态化和长效化，用党百年奋斗的重大成就和历史经验帮助和引导青年学生增长智慧、增进团结、增加信心、增强斗志，在学习教育方法上除了立足第一课堂接受系统的理论知识，还需要结合我校的第二课堂成绩单制度，将党史学习教育全过程、全方位地融入第二课堂各项实践活动中，通过引导学生参与涉及思想成长、实践实习、志愿公益、文体活动四大类实践，使青年学生在党史学习过程中受到全面而深刻的政治教育、思想淬炼和精神洗礼。

（一）思想成长路径

思想成长路径主要包括帮助学生提升认识和思想的各类第二课堂的学习和实践，通过发挥优秀学生的同辈引领效应，以点带面营造党史学习教育氛围，对于促进学生全面参与党史学习教育具有积极作用。

1. 任务驱动多样化学习

围绕对"两个确立""十个坚持"和若干中国精神的认识和理解，翻转学习方式，从教师要求学生学习变为任务驱动式的主动学习。发挥学生党员、重点培养对象、入党积极分子的同辈引领效应，通过"我心中的思政课"微电影、"大学生讲思政课"、学生党员讲"微党课"、"党史故事汇"等实践任务，将理论课堂中的党史学习和实践活动相结合，引发同频共振，鼓励学生用多种表现形式展示党史学习成果，建立以微信、微博和网络短视频为渠道的网络学习和分享空间，将优秀作品和心得体会在网络平台共享，营造同辈引领的党史学习教育氛围，带领更多学生参与到党史学习中来，切实提升党史学习的育人实效。加强"青年大学习"和"学习强国"的线上学习过程管理，培养学生的主动学习习惯，将学习结果纳入入党积极分子、重点培养对象、预备党员和"新时代十佳青年"考察范围。

2. 丰富党校教学模式

改变过去单一的党校纯理论学习模式，采用理论课堂、线上资源和实践教学相结合的方式开展学习活动。在原有党校理论培训课程的基础上，设置线上学习和实践实习的考核。通过线上资源拓展理论学习范围，学生通过线上平台完成拓展书籍阅读和爱国主义影片观摩，并完成心得体会、电影观后感等的撰写。引导学生在党校学习的过程中主动转变角色，积极参与志愿者服务工作，将党校学习中的学思感悟转化落实于为人民服务的实际行动中，从党的百年奋斗历程中深刻认识中国共产党为什么能够带领中国人民实现中华民族伟大复兴的中国梦，引导青年学生感悟思想伟力，自觉提升新时代下的使命感与责任意识。

（二）实践实习路径

在党史学习教育中推动理论学习和实践活动的深度融合，结合本地资源进一步加强实践教学基地建设，深化与社区、乡村的党建共建，充分利用红色教育基地，结合暑期社会实践、三下乡等活动多样化地开展党史学习。

进一步深化与社区、乡村的党建共建，为学生拓展多样化的校外实践基地。笔者所在学生党支部在与大元街道武庙社区的党建共建过程中，教师多次带领学生走进社区参与党史学习交流活动，通过师生党员走进社区讲党史"微党课"，社区邀请本地退伍军人、老战士讲作战经历等，对学生而言都是非常有教育意义的实践经历。结合暑期社会实践、三下乡等常态化活动开展党史教育，带领学生走进社区、农村，深入人民群众，走进田间地头感受新时代的发展脉搏，深刻认识新时代中国特色社会主义，在实践中不断增强"四个意识"，坚定"四个自信"。正确认识和分析社会难点、痛点、热点问题，引导学生集思广益，积极为人民群众排忧解难，激活学生的使命感与责任感，鼓励青年学生积极投身于国家发展、社会进步的时代洪流中。

结合本地红色教育基地资源开展党史教育，带领学生深入黄继光纪念馆、德阳三线建设工业博物馆、天府家风馆等各类主题场馆，展览和纪念馆开展党史教育，通过参观场馆开展沉浸式学习，近距离接触历史，感悟当前幸福生活的来之不易，进一步强化党史学习的育人效果。

（三）志愿公益路径

大学生志愿者是社会志愿者的重要力量，在志愿者服务岗位上，大学生不仅可以更加深刻地认识社会、了解社会，也可以在为人民服务的过程中培养提升青年的综合能力，彰显当代青年的使命与担当。

　　将党史学习教育与学生志愿公益活动相结合，依托高校与社区、乡村共建的大学生志愿者服务平台，带领青年学生参与社区、乡村的各类志愿者服务，协助社区、乡村参与疫情常态化的治理和创建文明城市等工作，在重要时间节点走进社区和乡村开展相关主题宣传和宣讲，常态化开展"我为群众办实事"实践活动。带领学生在志愿者服务中深刻认识中国共产党的初心和使命，在实践中树立为人民服务的价值取向。

　　将党史学习教育与青年红色筑梦之旅项目相结合。青年红色筑梦之旅项目本身就是一堂融合了党史教育、国情教育、乡村振兴、创新创业为一体的思政大课，也是党史教育最好的实践平台。青年大学生深入乡村、走进社区，挖掘实现乡村振兴以及城乡社区治理中的热点、难点、痛点问题，结合专业优势，集思广益，探索解决方案，在做优青年红色筑梦之旅项目的过程中受到全面而深刻的政治教育、思想淬炼和精神洗礼。近年来，我校学生参与的《筑梦荷乡——农旅融合赋能秦巴山区（罗圈岩）乡村振兴》《习法明道——大学生普法新模态先行者》《微光如阳——大学生参与社区治理倡导者》等项目在不断的实践打磨过程中既取得了较好的比赛成绩，也在学生群体中发挥了一堂大思政课的效用。将党史学习教育和青年红色筑梦之旅的项目实践结合起来，实现党史学习教育常态化、长效化，推动党史学习入脑入心，在帮助青年大学生提升社会责任感、实践能力和"三创"能力等方面具有重要作用。

　　（四）文体活动路径

　　以党史学习教育为主线开展一系列的文体活动。结合我校的"第二课堂成绩单制度"，引导学生积极参与党史学习读书分享会或者学习沙龙，观看爱国主义影片、参与专家名师、劳模工匠、杰出校友的系列主题演讲、报告会等各类活动，以学生喜闻乐见的形式开展党史学习教育。立足党史学习教育主题，结合传统节日、特殊时间节点以丰富多样的形式开展宣传活动。结合线上资源，将党史融入各类形式的主题班会、主题团会中。继续做优学校文化艺术节的各类活动，将党史有机融入文化艺术节的节目、项目中，引领青年学生在活动中重温党史中的重要事件和历史人物，进一步深化党史学习的育人效用。

三、高职院校党史学习教育的制度保障

　　（一）推动师生融合型党支部建设

　　建设师生融合型党支部是党史学习教育常态化、长效化的制度基础，同时也为高职院校构建"三全育人"工作新格局提供了良好的制度保障。师生融合

型党支部对于学生和教师党员在组织结构上彼此分离、教师党员和学生党员缺乏频繁深入交流的平台、第二课堂实践活动项目缺乏本专业教师的深入指导等一系列问题的解决上具有积极意义。在推动师生融合型党支部建设的过程中按照专业类别将教师党员相对集中，合理搭配对应专业党员身份的辅导员、实验员，协助党支部日常工作的完成，保障党支部的高效运作，将本专业的学生党员、重点培养对象、入党积极分子纳入支部统一管理，构建以专业为单位的师生融合型党支部，以各类项目推动党支部的品牌化建设，从制度上保障党史学习教育的开展和"三全育人"格局的实现。

（二）完善学生党员培养教育管理

落实发展党员工作细则中关于"提高质量"和"发挥作用"的要求，通过制度确保党史学习教育的持续开展。在支部原有的《入党重点培养对象考察表》中，增加党史学习项目考察，在考察表中增填"学习强国"或"青年大学习"积分栏目，增加参与涉及思想成长、实践实习、志愿公益、文体活动的汇报栏目，引导学生主动开展党史学习，在工作中服务同学，在实践中发挥作用，通过《入党重点培养对象考察表》帮助入党培养联系人更加深入地了解学生，在培养过程中通过党史学习教育不断端正入党动机，深刻认识中国共产党的根本宗旨、初心和使命。

四、结语

高职院校推动党史学习教育常态化和长效化，实现党史学习教育与立德树人的根本目标深度融合，除了加强党史教育以思政课程和课程思政的形式进课堂、进教材，更需要将党史教育有机融入第二课堂，结合"第二课堂成绩单"制度推动党史学习入脑入心，打造质量高、品牌优的党史学习实践，在党史学习过程中引导学生学思践悟，在学习党的百年光辉历史的过程中能够更加清晰地认识到自己肩负的时代使命，树立远大志向，锤炼高尚品格，在学习和实践过程中不断增强本领和才干，成为能够堪当中华民族伟大复兴之大任的时代新人。

参考文献

［1］《人民日报》评论员.推进党史学习教育常态化长效化［J］.理论导报，2022（1）：12-13.

［2］肖扬伟，梁杰.新时代树立正确党史观的三重维度论析［J］.江西广播

电视大学学报, 2021, 23（3）：3-10.

[3] 黄建国.党内政治文化的源头——革命文化探析 [J].创造, 2020（4）：41-46.

[4] 陈乾, 张骥.中国共产党的力量密码 [J].中共太原市委党校学报, 2021（6）：9-12.

[5] 孙杰.党史学习中"大思政课"的价值旨向与实践进路 [J].教学与管理, 2021（19）：10-14.

[6] 刘思南, 李朝阳.青年党史教育常态化开展三维论析 [J].中学政治教学参考, 2021（36）：50-52.

[7] 赵玮.将"四史"教育融入高校学习型学生党支部建设的思考 [J].武夷学院学报, 2021, 40（1）：24-28.

作者简介

唐咏春（1982—），女，四川德阳人，大学本科学历，四川工程职业技术学院经济管理系辅导员、讲师，参与完成省级高等教育教改重点项目《新时代高职"党建+"的现代服务业人才培养模式探索与实践》和省级职业教育教改重大项目《"党建+"赋能课堂提质培优实践》。

王静（1974—），男，四川江安人，大学本科学历，四川工程职业技术学院党委常委、党委宣传部部长、政策法规处处长，副教授，主持完成省级高等教育教改重点项目《新时代高职"党建+"的现代服务业人才培养模式探索与实践》和省级职业教育教改重大项目《"党建+"赋能课堂提质培优实践》，带领经济管理系党总支被中共四川省委表彰为四川省先进党组织。

唐鹏（1982—），男，四川德阳人，大学本科学历，四川工程职业技术学院经济管理系干事、讲师，参与完成省级高等教育教改重点项目《新时代高职"党建+"的现代服务业人才培养模式探索与实践》和省级职业教育教改重大项目《"党建+"赋能课堂提质培优实践》。

"榜样引领"在高职大学生思想政治教育中的应用

柏　菁

列宁说："道德教育不能只灌溉'美丽动听的言语和准则'，还必须通过榜样的带动才能实现，榜样的力量是无穷的。"① 榜样具有强大的说服力和良好的感染力，是学习和效仿的楷模，具有强大的正能量。因此，"榜样引领"是高职大学生思想政治教育中的重要方式。在高职大学生思想政治教育实践中，四川工程职业技术学院结合当代高职大学生的特点，通过分析当前思想政治教育现状中"榜样引领"的不足，探索"榜样引领"在思想政治教育实践过程中的应用策略。通过充分发挥榜样的引领作用，本校思想政治教育取得了较为明显的成效。

一、"榜样引领"应用于高职大学生思想政治教育的现实意义

"榜样引领"就是通过选择和树立合理的榜样对大学生思想道德素质进行正确的示范引导，通过学习其优良品质和光荣事迹来引导大学生提高思想认识、规范自身行为，激发大学生的积极性，使大学生树立争做时代榜样的信念。② 如何更好地运用"榜样引领"提高高职院校大学生思想道德素质，对于推进高职院校思想政治教育的高质量发展具有重要的现实意义。

（一）"榜样引领"是坚定大学生理想信念的现实要求

理想信念是奋斗的源动力。坚定理想信念是新时代高职大学生思想政治教育的核心。然而，在经济全球化和网络迅速发展的影响下，当代高职大学生容易受到各种社会思潮和价值观念的影响，导致部分高职大学生理想信念不坚定、政治信仰迷茫。在西方所谓"人权""自由"思想的影响下，部分高职大学生

---

① 吴艳艳. 夯实养成教育的基础［J］. 全国优秀作文选（教师教育），2018，5（3）：7.
② 冯红，李彩丽. 论榜样示范法在大学生思想政治教育中的运用［J］. 哈尔滨职业技术学院学报，2021，4（6）：63.

将个人理想与社会理想剥离，存在过分追求个人理想的现象。在日常的学习生活中更多地强调个人主义和利己主义，缺乏集体主义精神和奉献精神。因此，将榜样的引领作用融入当代高职大学生思想政治教育，有利于高职大学生将榜样人物同主观自我高度融合，通过榜样来启迪思想并引导行为，实现自我思想的提高和行为的自觉，为高职大学生个人的发展提供更好的人生指引和价值引领。通过扩大榜样在高职大学生中的影响力，弘扬榜样的正能量，使大学生在汲取榜样力量的同时，自觉将个人理想融入社会理想中、将集体主义精神和奉献精神融入个人价值中，自觉做到坚定理想信念、抵御诱惑、坚守底线、奋勇前行，为实现中华民族的伟大复兴梦贡献自己的力量。

（二）"榜样引领"是培养大学生责任担当的客观选择

历史赋予使命，时代要求担当。习近平总书记在纪念五四运动100周年大会上号召新时代中国青年要珍惜这个时代、担负时代使命，在担当中历练，在尽责中成长。[①] 然而，当前高职大学生普遍存在自我责任意识不强、家庭责任意识淡漠、社会责任意识淡化、国家责任意识淡薄的现象。因此，在日常学习生活中，许多大学生面对国家大事不关心、对社会发展不了解、对家庭责任承担不多，对自身更是存在上课玩手机、下课打游戏、学习没兴趣、自身没能力、毕业迷茫又畏惧的不负责任的状态。因此，在思想政治教育中，要充分发挥榜样的引导作用，如利用虎门销烟的林则徐、以救国救民为己任的毛泽东、为抗击新冠肺炎疫情勇挑重担的钟南山等优秀榜样人物故事，形成强大的榜样力量和精神感召力，使高职大学生感受到个人与国家前途命运、与社会发展的密切关系，从而培养高职大学生对国家、社会、家庭及个人自身的责任感，激励当代高职大学生以榜样为标杆，发扬榜样敢于担当责任和使命的精神，奋发进取，自觉肩负起实现中华民族伟大复兴的历史使命，勇于担当并积极作为，以坚韧的意志和无畏的勇气战胜一切艰难险阻，勇往直前。

（三）"榜样引领"是激发大学生斗争精神的时代需要

新时代大学生的斗争精神是指大学生要为国家富强、民族振兴和人民幸福发扬不畏艰险、勇往直前、敢于拼搏的奋斗精神。然而，当代高职大学生基本都是00后，从小就有较好的物质生活条件，因此，当代高职大学生中存在着"佛系""躺平""啃老"等现象，部分高职大学生没有较强的抗压能力，不能吃苦，遇到困难就退缩，甚至陷入放弃竞争、逃避社会、自我消沉的恶性循环。

---

① 袁宗虎. 新时代青年的使命与担当［N］. 光明日报：2019-5-24（1）.

很多高职大学生对学习、生活和未来工作期待值高、行动力低，导致其存在对现实不满意、对未来很迷茫的困惑心态。所有问题归结到一起，都是因为当代高职大学生缺乏勇于突破自我、敢于斗争的精神。当今社会日新月异，国家的发展需要更多的创新型人才，这就需要当代高职大学生要具有敢于吃苦、敢于挑战、敢于拼搏、敢于突破的勇气和能力。因此，将具有时代精神的创新创业榜样融入高职思想政治教育工作中，可以为当代高职大学生树立新的时代标杆，为高职大学生们指引奋斗的目标和方向，并有助于激发他们的内在驱动力，使其主动拒绝"佛系"和"躺平"，不做"啃老族"，自觉做到"做有标尺，干有方向，赶有目标"，敢于拥有梦想并追求梦想，从而推动中国特色社会主义事业不断向前发展。

二、"榜样引领"在高职大学生思想政治教育中的应用现状

（一）"榜样引领"内容缺乏个性

目前，高职院校树立的榜样具有普遍适用性，缺乏针对不同系部、不同专业、不同性别学生的榜样挖掘，宣传和树立的榜样典型不能满足高职大学生的个性需求，使学生难以在榜样身上找到契合点，也难以与榜样精神产生共鸣，从而降低"榜样引领"的影响力，不能达到预期的思政效果。因此，"榜样引领"内容的选择至关重要，要与"高职"这个特殊的大学生群体相结合、要与高职大学生的实际学习生活、心理态度和心理特点相结合。个性化的"榜样引领"内容才能具有强大的吸引力，使大学生有兴趣去走近榜样的世界、倾听榜样的故事、感悟榜样的精神力量，从而实现自我教育。

（二）"榜样引领"反馈缺乏及时性

当前高职院校"榜样引领"更多流于形式，对于榜样的推广和宣传更多的只是完成任务，缺乏对教育的后续跟踪，使学生对榜样的学习教育也产生麻木的心理，容易出现"受教育时很感动，受教育后原地不动"的现象。老师对于学生的受教育成果和内化转变关注不够，不能够给予及时的肯定和激励反馈，使学生也容易从心理和行为上产生懈怠。从心理学角度来说，每一个学生都期望自己的进步和转变能得到老师的认可和鼓励，这是激发学生进步的动力。而在思想政治教育过程中，老师忽视了跟踪反馈的及时性，会让学生认为老师是利用榜样故事来说教，并不要求具体的学习行动，使"榜样引领"起不到最好的激励效果。

（三）"榜样引领"手段缺乏多样性

"榜样引领"手段的多样性主要是指宣传的多途径和学习活动的多元化。当前高职院校"榜样引领"主要采用网络新闻、宣传海报的方式，学习活动以课堂讲授、开展主题班会为主。宣传方式比较单一，创新思路不够，宣传效果不佳。当代的高职大学生思维活跃，更喜欢有创意、互动感强的宣传方式，因此，应将传统与现代相结合，开辟新的宣传渠道和路径，增强"榜样引领"在学生生活中的渗透性。同时，学习活动也缺乏具体的实践活动，使"榜样引领"教育活动的开展不够直观、生动，更甚于流于表面功夫，教育意义不大。某些高职院校由于地域原因和资源限制，以及高职大学生人身安全等诸多因素，也限制和阻挠了更多实践活动的开展。

三、"榜样引领"在高职大学生思想政治教育中的应用策略

针对当前"榜样引领"在高职大学生思想政治教育中的应用现状，结合当代高职大学生特点和学校实际，我们从榜样人物挖掘、榜样宣传路径、榜样实践行为三个维度来加强"榜样引领"在高职大学生思想政治教育中的导向作用。

（一）挖掘榜样人物，树立榜样典型

要使"榜样引领"在高职大学生思想政治教育中发挥作用，榜样人物的挖掘十分重要。为了适应社会发展对人才提出的多元化要求，在榜样人物的挖掘上，我们同样体现个性化和多元化的特点。

1. 五育并举，拓展多元化榜样典型

对于榜样的挖掘，我们坚持多样性原则，从"德育""智育""体育""美育""劳育"五方面共同着手，将激励目标细化，为学生树立标杆，强化"榜样引领"作用效果。如选取以具有时代担当的抗疫英雄钟南山为代表的德育榜样、以行业发展领军人物任正非为代表的智育榜样、奥运赛场的优秀运动员武大靖为代表的体育榜样、以时代楷模黄文秀为代表的美育榜样、以优秀劳动模范张桂梅为代表的劳育榜样。同时，我们还创新开展了"新兵入伍仪式"，树立勇于参军报国的时代青年榜样，等等。榜样人物的具象化使榜样具有更加鲜明的特点，其示范作用指向更明确，更易于被高职大学生认可和接受。高职大学生更易在思想和情感上与榜样产生共鸣，榜样才能更好地发挥对高职大学生思想的引领作用。

2. 校内外并重，挖掘榜样人物资源

榜样人物的选择还体现了亲和力和个性化。我们从校内外入手，结合学院

发展特色、系部和专业的发展特点、学生的个性特征等，挖掘不同的榜样人物资源。如在校外榜样人物资源的挖掘中，树立优秀企业家以刘永好为代表的校友榜样；结合系部和专业发展特色挖掘了以高凤林、邹峰为代表的大国工匠榜样。校外榜样资源的挖掘和利用为高职大学生提供榜样参考，激发学生努力的方向和前进的动力。在校内的资源挖掘中，挖掘以获得"永好教师育人奖"的朱英老师为代表的教师榜样、以获得五四"十佳青年"的黄梅同学为代表的学生榜样等各种榜样人物。教师和学生榜样拉近了与高职大学生的距离，更有利于榜样与大学生之间的沟通与交流，也更有利于榜样在学生中良好示范作用的发挥，更能带动大学生向榜样看齐、模仿和学习，实现"立德树人"的思政目标。

（二）讲好榜样故事，弘扬榜样力量

"榜样引领"的作用关键在于如何更好地宣传榜样人物，讲好榜样故事，弘扬榜样精神。具体体现在榜样宣传机制的构建和榜样学习活动的开展两方面。

1. 构建多维度的榜样宣传机制，增强示范效应

首先，通过开展"四个一"文化育人活动，构建"学习榜样、争当先进"的浓厚校园氛围，形成"身边有榜样、时时有标杆"的积极向上的良好风气；其次，不断创新宣传方式，拓宽宣传渠道，扩大榜样的影响力和渗透力。在原有的网络新闻、海报宣传、主题班会学习的基础上，利用校园广播开辟"榜样故事"专栏，利用QQ、微信、小视频等方式多维度多形式地进行宣传，增强榜样的辐射力度，增强榜样的影响力和示范效应；最后，通过加大宣传的频率，使"向榜样学习"深入人心。"向榜样学习"不是偶然的活动形式，而是长期存在的良好风尚。通过保持宣传榜样的常态化，使学生自觉保持"时时心中有榜样，事事追赶榜样"的精神追求，使"榜样引领"成为高职大学生积极上进的内在动力。

2. 开展多样化的榜样学习活动，强化践行力度

多样化活动的开展是"榜样引领"的最好实践。活动是最好的宣传载体和学习途径，开展一系列丰富多样的榜样学习活动，能促进大学生们身体力行地去感受榜样的力量，明确前进的方向。在实践中，我们通过开展以荣获"中华技能大奖"的何波为代表的"优秀校友进课堂"系列活动，激励高职大学生们勇于尝试、勇于拼搏；通过开展励志感恩教育、国家奖学金、励志奖学金、"新希望奖学金""十佳青年"获得者的分享交流会，为高职大学生树立学习榜样，明确奋斗目标；通过开展优秀班集体宣讲会，激发高职大学生的集体主义精神，

为形成良好班风、学风而努力；通过开展退伍复学军人宣讲会，进一步树立大局意识、危机意识和忧患意识，激发大学生的爱国主义热情；通过榜样故事阅读分享和视频讨论的方式，增强对榜样的深刻理解；通过开展"寻找身边榜样"的主题教育活动，发现身边的优秀人物及其身上的榜样特质，为自身的发展提供借鉴和参照；通过建立榜样资源库，收集榜样资源，感受榜样的精神魅力，激励自身前行力量，等等。

（三）内化榜样行为，争做时代榜样

"榜样引领"应用到高职大学生思想政治教育的最终目的，就是使高职大学生在学习榜样的过程中，以榜样为引领，不断将榜样行为内化于心、外化于行，并不断激励自己成为时代榜样，促进自我教育的实现。

1. 学榜样，树理想

在实践探索中，我们通过榜样人物的挖掘、榜样事迹的宣传、学习榜样活动的开展，为高职大学生树立了学习榜样，并营造了良好的学习氛围。高职大学生在"学榜样、树理想"的良好校园氛围中，逐渐被榜样崇高的道德品质所感召和激励，潜移默化中将榜样作为自己行为的标杆和指引方向的旗帜，激励自己奋勇前进。高职大学生通过汲取榜样力量，不断坚定理想信念，并结合自身的专业特点和兴趣爱好，为自己确立远大的职业理想、制订长远的发展规划、制定短期学习的发展目标，使自己在日常的学习生活中奋斗有目标、人生有方向、进步有力量。榜样的力量也激励着高职大学生的爱国情怀和使命担当，使大学生自觉将个人理想与国家的前途命运紧密结合起来，在日常学习生活中，不断丰富自己的学识，培养良好的个人道德修养和无私的奉献精神，在实际行动中，不断追寻榜样脚步，为实现中华民族的伟大复兴而奋斗。

2. 悟精神，践行动

当代高职大学生向榜样学习，就是要感悟榜样力量、践行榜样精神。首先，我们开辟了"第二课堂成绩单制度"，促使高职大学生发扬榜样精神，帮助大学生不断突破自我，实现德、智、体、美、劳全面发展。其次，着重强调学生的自觉行为。在实践中，高职大学生积极参加志愿者服务活动，践行服务社会、乐于奉献的榜样精神；积极参加"党员先锋模范岗""1+1互助学习小组"等活动，践行榜样精神，奉献社会、帮助他人；积极加入"听潮学社"等社团组织，发扬爱国主义精神和提升自己的综合能力；主动加入各种团学组织，发扬爱岗敬业的精神，立足本职工作，埋头苦干，服务他人等。与此同时，高职大学生还在学习上发扬勇于拼搏的精神，吃苦耐劳、力争上游；在生活上发扬艰苦奋斗、勤俭节约的精神，抵御拜金主义、享乐主义等不良作风等。总之，高职大学生积极投身到各种社会实践活动中，不断发现优秀的榜样事迹，汲取着榜样力量，践行着榜样行为。

3. 争先进，创优秀

当代高职大学生向榜样学习，就是要敢于超越榜样、争当先进，努力让自己成为新的时代榜样。成为榜样是一个长期的过程，也是高职大学生成长成才的过程。首先，我们在给学生树立广泛的学习榜样时，要根据每位高职大学生的实际情况，帮助他们选定合适的榜样目标。榜样目标可以是"五育"榜样中的一方面、可以是校外行业优秀代表、可以是校内优秀教师代表、也可以是身边的优秀同学等。学生通过对标学习，确定自己努力的方向。可以是通过学习上的进步获得各类奖学金；可以是综合能力的提高，争取五四"十佳青年"的称号；也可以是积极服务大家，组织管理能力的提升，争取获得"优秀学生干部"的肯定等。其次，在这个过程中，教师也要及时跟踪到学生的学习情况，并给予及时的反馈与鼓励，激励和辅导学生完成自我的激励学习，帮助学生快速建设榜样力量，实现自身的突破和提高，形成属于自己独特的榜样精神，使学生自己成为具有健康身心、良好品格的时代新人。

总之，榜样的力量是无穷的，榜样的人物是鲜活的，榜样的事迹是真实生动的。将"榜样引领"融入高职大学生思想政治教育中更能触动学生的心灵，使学生在情感上产生共鸣，使高职大学生思想政治教育更有实效性和更具感召力。在高职大学生思想政治教育中应充分发挥"榜样引领"的作用，引导学生"学榜样、赶榜样、做榜样"，为共筑中国梦培养更多的"榜样"人才和提供强大的精神力量。

参考文献

[1] 吴艳艳. 夯实养成教育的基础 [J]. 全国优秀作文选（教师教育），2018，5（3）：7.

[2] 冯红，李彩丽. 论榜样示范法在大学生思想政治教育中的运用 [J]. 哈尔滨职业技术学院学报，2021，4（6）：63.

[3] 袁宗虎. 新时代青年的使命与担当 [N]. 光明日报：2019-5-24（1）.

[4] 李馨雨. 榜样激励在大学生思政教育中的运用 [J]. 江西电子职业技术学院学报，2021，34（6）：92-93.

[5] 陈瑜. 给予"榜样激励"的高校学生思想政治教育问题探索与实践. [J]. 职教通讯，2015（2）：68-70.

［6］孙琦. 榜样激励法在大学生思想政治教育中的应用分析［J］. 文化创新比较研究，2020，4（32）：19-21.

作者简介

柏菁（1983—），女，硕士研究生，讲师，四川工程职业技术学院马克思主义学院专任教师。曾参与省、市、院级课题 5 项，参与写教材编 2 本，公开发表论文 14 篇。论文《当代大学生社会责任感培养研究》获四川高校学生思想政治工作研究会高职高专专委会 2016—2017 年会一等奖。曾多次被评为"优秀共产党员""优秀辅导员"，曾获四川工程职业技术学院"永好教师育人奖"。

第三篇 03

管理育人篇

高职院校少数民族大学生教育培养工作的思考

张　友

党和国家历来高度重视少数民族高等教育和人才培养。随着社会对技术技能型人才需求的日益增长，越来越多的少数民族大学生进入了高等职业院校学习，成了学校大学生中的特色群体。高等职业院校要深入学习贯彻习近平总书记关于民族团结进步的重要论述，筑牢中华民族共同体意识，深刻认识到新时代少数民族大学生教育培养工作的重要性和紧迫性，强化责任担当，立足少数民族大学生生源特点，主动分析问题、破解难题，积极探索少数民族大学生特色培养路径，努力提高少数民族大学生人才培养质量。

一、少数民族大学生生源基本情况

教育部、国家民族事务委员会等部门发出的招生文件中，对高等学校招生录取少数民族大学生均有明确规定，各省（市）教育厅和招生考试院发布的《普通高等学校录取新生办法》中对少数民族大学生招生录取工作更有具体的招生录取办法。总体而言，高考招生对少数民族大学生实行择优录取与适当倾斜相结合的办法，除用少数民族语言进行教学的民族考生、民族地区用本民族语言授课的高等学校或院（系）招生录取有特殊的办法外，主要有学科成绩达到最低录取标准优先录取、适当放宽最低录取分数线及录取分数段录取、参考少数民族人口比例设定录取比例录取等招生录取政策。

高等职业院校对少数民族大学生招生录取，一方面是通过高考招生批次录取，另一方面通过高等职业院校单独招生考试录取，其中部分高等职业院校单独招生考试录取中又单列"面向涉藏地区和大小凉山彝区'9+3'毕业生单独招生"考试录取类别等。不同批次和不同类别招生录取的少数民族大学生，因在地域特点、教育层次水平、生源的综合素质等方面存在较大的差异，使得高等职业院校中少数民族大学生整体情况呈现出较明显的不均衡状态，具体而言，同一所学校中的少数民族大学生在民族文化、性格特点、行为习惯、知识水平、素质能力等方面存在明显的差异。

二、少数民族大学生教育培养面临的主要困难

（一）文化环境差异

不同民族、特定区域与生活环境形成独特的地域文化，其语言、民俗、传统、习惯、生态等文明往往表现出明显的地域特征，人们的社会思维、行为活动、伦理道德和价值观念等甚至有很大的差异。当少数民族大学生从一个熟悉而极具浓郁地域文化和传统习俗的环境，进入到一个陌生而具有开放多元文化的现代城市环境，会面临存在感、认同感、适应性方面的困境。

典型表现在个人穿戴、饮食、卫生、言语、姿态、行为等社会生活方式和习惯等方面的不适应、不习惯，在面对现代城市生活中社会交往和生活差距时，会比较敏感，有时会在言语和行为上产生强烈反应甚至矛盾冲突。而且一部分少数民族大学生民族和宗教意识强烈，自尊心极强，在面对融入新环境的困难时，他们常常更愿意寻找有共同生活环境、语言思维、行为习惯的同学相处，形成他们自己的小圈子、小团体。如果缺乏及时正确的引导，长期的小圈子、小团体生活，一方面会不利于他们与其他同学的交流交往，影响大学学习生活，制约他们的进步和发展；另一方面，小圈子、小团体中如果滋生一些不良思想和行为，很可能会引发上课迟到、旷课、喝酒、打架、滋事等违纪违法事件，给学校带来一些难以预料的安全隐患和管理中的困难。

（二）学业基础薄弱

在高等职业院校少数民族大学生中，通过省（市）高考统招录取的学生学业水平总体较好。但各学校单独招生，尤其是"面向涉藏地区和大小凉山彝区'9+3'毕业生单独招生"录取的学生数量相对较多，有不少学生客观上受到地区教育条件、教学资源和师资力量薄弱等诸多因素影响，他们的学业水平和综合素质相对其他同学差距较大。

在大学学习生活中，凸显出语言表达能力不强、文化基础知识积累不够、知识面窄、思维局限、自主学习能力较弱，在面对数学、英语、计算机等语言类、理工科类的课程学习尤为吃力。部分少数民族大学生在遇到学习困难和问题的时候，不善于交流、甚至不愿意主动与老师和同学交流以寻求帮助，学习过程中困难和问题不断增多，继而出现消极情绪，个别学生甚至出现厌学情绪和逃避学习的行为，导致课程考试不及格、不合格课程不断累积，直至无法正

常完成学业。

（三）目标规划缺乏

艾默生有句名言："一心向着自己目标前进的人，全世界都会给他让路。"一个人有了明确的目标和追求时，心灵深处会自觉塑造起一个执着、勇敢、勤勉的"我"，就能在有限的时间和空间中最大限度地释放出能量。

在最近10余年的教育教学管理和一线教学工作经历中，本人曾与不同届少数民族大学生就"为什么来到这所学校，想要在学校里学（做）些什么，毕业后希望（能）做什么"三个课题进行过较多、较深入的交流和探讨。除了少部分优秀学生能够结合自己的成长经历、家乡的发展变化、城市的生活体会、大学的学习收获等，展开思考、谈论感受、制订规划，积极展望大学学习生活，并对未来发展充满信心，而大部分少数民族大学生表现出的却是茫然、疑惑，甚至轻描淡写。他们不了解专业，盲目选择专业，甚至不太关心专业，对当地人才计划、人才需求、人才政策也知之甚少，这也是导致一部分少数民族大学生在面对大学生活要求、遇到学习困难、应对社会生活困境时，出现进取心不强烈、不主动寻求进步、学习缺乏韧性，行为不遵守规范等消极思想行为表现的重要原因。

三、少数民族大学生教育培养工作的切入点

（一）及时纾困解难

每一座城市、每一所高校都有不同特色的主流文化，生活其中的个体都会受到影响、制约，并需要去适应和遵从其中的规则。少数民族大学生进入高校后，面临个体异域文化融入城市高校主流文化的现实问题，在一段时间内，因环境显著改变、生活习惯迥异、学习面临压力、社会交往困难、管理规则制约等，容易引发身心不畅，继而出现孤独、压抑、焦虑、无安全感、自我封闭、对外排斥等心理问题。

学校、院系、班级、老师需要站在落实立德树人工作，本着以人为本、助力少数民族大学生成长成才的高度，完善工作机制，建立工作台账，强化责任和爱心，像对待自己的孩子一样，尊重他们的文化，倾听他们的声音，了解他们的需求。在严格要求、一视同仁的前提下，给予他们生活上细致关心、学习上热情帮助、活动中积极支持、社会交往中充分鼓励，对于困惑及时引导、出现困难及时帮助、发现问题及时解决。对违反学校管理制度的行为、受到纪律处分的学生，要帮助他们找到问题根源，耐心进行教育，持续深入跟进。当发

现少数民族大学生群体中的新情况、新问题时，要通过快速响应机制，做到准确研判，正确应对，及时处理等。清楚掌握并及时解决少数民族大学生学校生活中的痛点和难点，使他们充分感受到来自学校、老师、同学的温暖，不仅能增进其内心的认同感、亲近感，而且能使他们更快更好地融入集体生活、适应学校管理、建立人际关系、提振学业信心，而且能最大程度上降低少数民族大学生教育管理工作中的风险挑战，对于构建和谐校园具有非常重要的意义。

（二）充分激发活力

一个好的微小的机制，只要正确指引，经过一段时间的努力，将会产生轰动效应。现实生活中也常常说，给我一个微笑，还你一个灿烂；给我一个舞台，还你一个精彩。处在成长中的每一个青年学生，无一例外地都希望得到肯定、获得赞扬、能够出彩。少数民族大学生都是当地的优秀青年，他们思想淳朴、性格豪爽、个性鲜明，具备艺术、体育、民族文化遗产项目特长的学生比例较高。发现他们的优点，展示他们的特长，释放出他们的热情与活力，不仅能丰富校园文化生活，增进各民族文化之间的交流和交融，促进各民族师生之间的相互了解和加深他们之间的友谊，而且能极大增强少数民族大学生的自信心、责任心和荣誉感，继而激励他们全面进步。

在少数民族大学生教育培养工作中，一是需要随时关注并记录每一位少数民族大学生取得的每一次进步（哪怕是某一个细节上的进步），在第一时间多给予肯定和表扬；二是注重发现并挖掘民族文化赋予他们的某些特色和亮点，在学校育人工作中针对性设计特色内容和环节，给予积极支持、用心培育和帮助发展；三是对具备一定特长的学生，要为其搭建学习平台和展示舞台，帮助他们进社团、运动队、艺术团、非遗工作室去培养特长，在校园内外文化活动中去展示风采等。如我院通过学生艺术团、艺术节培养和展示了少数民族大学生文艺特长，少数民族大学生多次在四川爱乐乐团交响音乐会上合作表演，与凉山州、阿坝州民族歌舞团专业演员同台献艺，引起了全院师生的强烈反响，极大地激励了少数民族大学生参与校园学习活动的热情和信心，形成了少数民族大学生群体积极向上的"蝴蝶效应"，并成为我院在少数民族大学生身上挖潜特长、激发活力方面的成功案例。

四、少数民族大学生教育培养工作特色举措

（一）文化引领开展思想政治教育

高校思想政治工作必须坚持正确政治方向。只有坚持以马克思主义思想为指导，坚持不懈传播马克思主义科学理论、培育和弘扬社会主义核心价值观、促进高校和谐稳定、培育优良校风和学风，才能为高校导正办学方向、筑牢思想基础、提供价值引领，培养大批中国特色社会主义事业合格建设者和可靠接班人[1]。高等职业院校少数民族大学生思想政治工作，需要针对少数民族大学生文化环境、思维方式、伦理道德、行为习惯等方面的差异，坚持以习近平新时代中国特色社会主义思想为引领，将社会主义核心价值观、马克思主义民族观与少数民族优秀文化相结合，注重在释疑解惑、凝聚共识中源源不断地给予思想启迪和文化滋养。

一是开发具有深刻民族文化思想内涵的教学案例，将大量口口相传的民间故事、少数民族经典文学作品、少数民族地区红色资源、少数民族先进典型真人真事（如少数民族中的道德模范、感动中国人物）等融入课堂教学和日常德育教育工作；二是搭建具有民族特色的校园文化育人平台，将少数民族优秀文化资源融入校园文化内涵建设，针对少数民族大学生群体特点，系统化"向心设计"校园文化活动内容，开展蕴含丰富思政元素的民族特色校园文化活动和实践育人活动；三是与民族高校和民族地区合作共建校外思想政治教育实践基地，学习借鉴民族高校思想政治教育实践工作经验，挖掘利用民族地区党史、革命史、新中国史、改革开放史等实践育人资源，开展社会实践活动；四是深入推进"互联网+文化育人"平台建设，利用网络大数据，通过多民族语言和丰富多彩的民族文化网络资源，开展宣传工作，占领网络话语高地，引导少数民族大学生思想转变，促进少数民族大学生对伟大祖国、中华民族、中华文化、中国共产党、中国特色社会主义等"五个认同"思想观念的形成。

（二）需求导向优化专业培养方案

高等职业院校对少数民族大学生的人才培养，要始终坚持以少数民族地区乡村振兴和现代化建设人才需求为导向，以满足少数民族大学生学习成长和职业发展实际需要为中心，制订专业人才培养方案；要始终坚持依法治教，在学校教育培养制度框架内，落实以人为本、因材施教。

第一，要深入少数民族地区开展专业调研，了解民族地区经济发展和产业特点，因地制宜开发专业（专业方向），制订专业人才培养方案，并结合少数民族大学生入学时的语言能力、学业基础、综合素质等情况，指导专业选择，开展专业教育。第二，在制订专业培养计划时，既要按照文化基础、专业知识和专业技能培养基本要求，设置课程体系和学分统一标准，又充分考虑到少数民族大学生个体差异和个性发展，扩大选修课程和专业知识技能选项，增设特色课程，探索弹性学分、替代学分管理制度，给予更多的学习自主权、选择权。第三，坚持问题导向，着眼教育教学"供给侧"因素和举措[2]，尽可能结合少数民族大学生学习基础和学习能力，着重直观形象、通俗易懂的表达，多以实物图形、视频图像和模拟仿真等手段表达课程教学内容，优化知识技能模块，开发个性化活页讲义和课程辅导资源等。第四，对文化基础知识要求较高、理论性较强、有一定深度和难度的课程，灵活设计教学环节，调整理论知识学习要求，加大实践动手能力的培养，通过课程调研、技能训练、岗位实践等弥补理论知识的不足。第五，在严格考核评价体系基础上，建立多元化、多维度的学习考核评价机制，探索学习态度与能力、过程与结果、理论与实践、短期要求与长期发展相结合的评价体系，实施学生自评、同学互评、教师考评、企业测试等多向考核评价方法。

（三）多措并举加强创新创业教育

创新创业教育是指各高校通过课程理论教学、实践教学等教学方式，让大学生了解创新创业内涵，获得创新创业的知识和经验，继而产生积极应对创新和实践创业的心理状态[3]。虽然少数民族地区经济欠发达，但大多具有地域特色与资源优势，随着少数民族大学生越来越多，少数民族地区人力资源不断聚集，少数民族大学生就业环境在不断变化，就业难度也日益增加。只有不断加强少数民族大学生创新创业工作，培养独立思考、积极实践、不惧困难、敢于创新、勇于创造的实干人才，才能够为少数民族地区乡村振兴、现代化建设和特色发展输送大批合格的建设者。

一要围绕"知识学习—思维培养—能力训练—项目实践"四方面完善课程体系、建立培育机制、健全管理制度、整合多方资源，构建起适合少数民族大学生创新创业教育完整体系；二要围绕校内经验丰富的专业教师和教辅人员、少数民族地区挂职干部和教师、少数民族成功创业者和企业家等打造专业化的创新创业教育教学团队，精心组织教学，进行实践指导；三要加强少数民族地区特色文化、特色资源、特色产业、特殊政策与创新创业教育实践相融合，建设实践基地，开发特色教材，策划活动内容、开展项目训练，举办创新创业竞赛等；四要通过参观引导、成果展示、荣誉表彰、学分奖励、扶持基金、专项奖学金等方式，建立少数民族大学生创新创业激励机制，营造良好创新创业环境氛围，激发少数民族大学生参与创新创业活动的内生动力，增强他们参与创新创业活动的自信心、积极性。

（四）四维联动构建育人共同体

习近平总书记在中央民族工作会议上的重要讲话指出：民族团结是我国各

族人民的生命线，我国56个民族都是中华民族大家庭的平等一员，共同构成了你中有我、我中有你、谁也离不开谁的中华民族命运共同体。高等职业院校要落实好少数民族大学生教育培养主体责任，教师要做好少数民族大学生健康成长的指导者和引路人，学校、部门、老师、同学要形成协同效应，构建起四维一体育人共同体，共同促进少数民族大学生全面进步，成长成才。

第一是成立由学校党委领导、马克思主义学院、教务处、学工部、二级院系负责人和援藏、援疆干部组成的少数民族大学生工作领导小组，开展与民族地区政府、民族高校交流合作，加强少数民族大学生日常教育管理工作干部、辅导员业务交流、培训和研讨，整体提升少数民族大学生教育培养工作水平。第二是建设一支高素质的二级院（系）少数民族大学生日常教育管理工作队伍，选配经验丰富的基层管理干部、思政课教师、心理咨询老师、优秀辅导员组成团队，加强入学教育、思想政治教育、学习活动、职业规划等专题育人工作研讨，指导辅导员（班主任）开展少数民族大学生日常教育管理工作。第三是建立少数民族大学生培养"联系导师"制度，选拔德才兼备的专业教师作为少数民族大学生培养联系导师，从思想思维、学习学业、纾困挖潜、人生规划、就业指导等方面实现一对一精准帮扶和指导。第四是建立"朋辈结对，榜样带动"机制，一方面选拔优秀的学生干部、学生党员与少数民族大学生结对，作为少数民族大学生学习、生活的向导，在行为规范、学习方法、社会交往、实践活动等方面实现点对点的带动影响，帮助少数民族大学生更好、更快地融入学校生活和社会活动；另一方面不断培养少数民族大学生入党积极分子，加大优秀少数民族大学生党员发展力度，吸纳优秀少数民族大学生充实到院系团组织、学生会干部队伍，通过朋辈榜样带动少数民族大学生健康成长和立志成才。

五、结语

少数民族大学生是建设少数民族地区及推进民族地区经济、政治、文化、社会、生态全面协调发展，实现民族地区和谐、繁荣的生力军。少数民族大学生教育培养工作责任重大，使命光荣，高等职业院校只有坚定不移地贯彻党的教育方针，坚持立德树人，加强和改进少数民族大学生教育培养工作，不断实践总结少数民族大学生教育培养工作经验，实现对少数民族大学生精准培养，才能培养出一批又一批爱党爱国、具有社会主义核心价值观和民族观，能够下得去、用得上、留得住的高素质人才，才能更好地为实现少数民族地区长期稳定繁荣、实现中华民族伟大复兴的中国梦提供强大的人才支撑。

参考文献

[1] 新华社评论员. 立德树人, 为民族复兴提供人才支撑——学习贯彻习近平总书记在全国高校思想政治工作会议重要讲话 [EB/OL]. 新华社, 2016-12-08.

[2] 赵竹村. 关于高校少数民族大学生教育培养工作的思考 [J]. 北京教育 (高教版), 2021 (3): 4.

[3] 杜磊, 李猛. 能力提升视域下高校少数民族大学生创新创业教育研究 [J]. 大学, 2021 (42): 147-152.

[4] 赵新勇, 刘甜甜. 少数民族内地班生源大学生的管理工作 [J]. 黑龙江民族丛刊, 2013 (1): 183-187.

作者简介

张友 (1971—), 男, 大学本科学历, 四川工程职业技术学院电气系党总支书记, 副教授。

高校行使惩戒权过程中育人目的的实现路径

——以四川工程职业技术学院为例

肖永蓉　李　高

　　高校惩戒权是指高校在实施教育教学活动过程中，为了实现立德树人的根本目的，根据法律和学校教育管理制度的规定，对行为违反相应规范或达不到相应要求的学生，单方面实施的非难性或惩罚性措施的权力；从性质上看，高校惩戒权是一种行政性、实体性、自由裁量性的权力；从后果来看，高校惩戒使大学生受到责难或非难，或给大学生增加学业负担，或限制甚至剥夺大学生的受教育权利或受教育机会，彻底改变大学生的身份，或致使大学生的学历、学术水平或专业技术水平得不到认可，因而非常容易对学生权利构成损害，最终影响教育目的的实现。

　　四川工程职业技术学院（以下简称工程学院）基于现代行政法治和现代教育的基本理念，结合学校管理的现实背景，在行使惩戒权时，注重惩戒主体合法、依据合法、对象合法、措施合法，惩戒符合大学生身心发展规律，符合教育目的，符合人权观念和伦理要求，符合正当程序，取得了比较良好的育人效果，为高校惩戒实现育人目的开辟了现实可行的路径。

一、高校惩戒应遵循合法性原则

　　工程学院在行使惩戒权的过程中，对如何有效避免惩戒权的滥用；如何让教育惩戒经得起学生、家长、社会的质疑，最大限度地减少因惩戒而引发的争议；如何使学生真正因惩戒而受到教育，避免类似行为再次发生，以达成育人之目的进行了有益探索，形成了"四合法规则"，为高校惩戒遵循合法性原则提供了实现路径。

（一）惩戒主体合法

　　高校惩戒权有其特定的实施主体，并非任何人都可以实施该权力。根据我国在教育领域，特别是高等教育领域的相关法律规定，只有高校和高校教师是高校惩戒的合法权力主体。高校是国家高等教育的执行机构，高校教师是国家教育意志的代言人，因此惩戒权的行使往往以高校的名义出现，高校教师并不直接以自己的名义对大学生进行惩戒。在此，我们应特别注意的是，惩戒必须以高校的名义作出，而不能以其系、部、处等内部机构的名义作出。对此，发生在 2000 年的杨金德案就很具有代表性。当时，杨金德就上海财经大学研究生部对其硕士研究生学业的处理决定，将上海财经大学诉至法院。法院通过审理，最后认定，上海财经大学研究生部对杨金德的学业处理决定属于无效行政行为。其原因在于，相关法律明确规定，硕士研究生学业的最终结论应该由授权的学校作出。就本案来讲，有权对原告杨金德作出硕士研究生结业处理决定的是上海财经大学，而不是其内部机构——上海财经大学研究生部。上海财经大学研究生部的行为显然超越了自己的职权。因此，其对原告杨金德的处理决定属于无效行政行为。

工程学院在自己的《学生违纪处理办法》中明确提出，本办法是依据 2017 年《普通高等学校学生管理规定》制定的。而该学生管理规定第五章明确指出有权对学生作出惩处的是学校。根据《学生违纪处理办法》之规定，学校在实施惩戒权时，对于受到非开除学籍的处分，先由相关院系或学生处在调查核实的基础上提出初步处理意见，然后报请分管院领导审批；对于开除学籍的处分，先由学生处在调查核实的基础上请示分管院领导，提出初步处理意见，再由院长办公会或院长授权、委托分管院领导主持的专门会议审批。最后，学生的处分文件由学校签发并送达本人。工程学院始终坚持惩戒主体为学校，其系、部、处等内部机构不能以自己的名义对学生进行惩戒，因此，在近 20 年的治校实践中，无一例教育纠纷由此引发。

（二）惩戒具体依据合法

在法治社会里，惩戒权的行使有其必要前提。那就是要做到"有法可依、有章可循"，并彰显惩戒制度的可预测性。因此，我们应该清楚明确地对高校惩戒作出规定。这就要求要有高校惩戒的具体法律依据，使高校惩戒制度化。也只有这样，才能使大学生能够了解什么样的行为是高校期待的行为，什么样的行为是高校禁止的行为，从而趋利避害。值得注意的是，尽管我们的《教育法》《高等教育法》《教师法》《普通高等教育学生管理规定》等都为高校惩戒权的行使提供了法律依据，但是，这些依据的原则性太强，宏观而不具体，无法直接拿来为高校所用。

　　工程学院结合自身教育教学和校园管理的实际需要，依据学生的具体情况，因地制宜地制定了《学生手册》并将其作为行使高校惩戒权的依据。既然《学生手册》成为工程学院惩戒的直接依据，那么，其惩戒是否合法必将受到《学生手册》是否合法的影响。学生手册共有八个部分，第一部是国家政策法规，这是整本手册制定的法律依据；第二部分至第八部分是关于班级社团管理、学籍和教学管理、心理健康管理、学生宿舍管理、校园环境与安全管理、学生权益救济制定等方面的管理办法或规章制度，这七个方面所包含的每一个具体的管理办法或规章制度都载明了自己具体的法律依据，与我国的法律或政策的基本原则和精神相契合。同时，学校制定的惩戒措施，与学生的违纪违规行为一一对应，惩戒的性质及轻重与受惩戒行为的性质及轻重相当，从而避免了惩戒权实施过程中的随意性。① 由此，工程学院作出的每一个惩戒决定，都有确定的、清楚的、合法的依据，充分体现了依法惩戒、依法治校的精神。

（三）惩戒的对象法定

　　高校惩戒的对象必须而且只能是大学生的问题行为。即高校惩戒措施针对的不是大学生本人，而是大学生特定的错误行为、不良行为或违规行为本身。

　　工程学院在行使教育惩戒前，要求相关机构要先对学生的违纪违规事实进行核查。只有经过核实的违纪违规学生，学校才会对其进行惩戒。同时，学校坚持惩戒不是对智力问题或认知领域所出现的过失进行惩戒，也不因其他人的过错而惩戒无辜的学生。例如，《学生违纪处理办法》中载明"他人拿自己的答卷或草稿纸未加拒绝者""强拿他人答卷、草稿纸者"均违反了考试纪律，应该进行惩戒。这两条规定表明，学校不因他人过错惩戒无辜学生，惩戒一定是针对学生的问题行为。正因如此，学校没有发生一起因惩戒对象错误而引发的教育纠纷。

（四）惩戒的措施合法

　　高校行使惩戒权必须圈定在法律赋予的权限内。

　　工程学院根据相关法律规定，因地制宜地制定了自己的《学生手册》，并报

---

① 例如，四川工程职业技术学院《学生手册》中《学生违纪处理办法》第六条规定：违反教学、考试纪律及公益劳动、集体活动、自习（含晚自习）纪律者，视其情节，分别给予以下处分。（一）在一学期内上课、公益劳动、集体活动、自习（含晚自习）累计旷课达 12~24 学时者，给予警告处分；达 25~36 学时者，给予严重警告处分；达 37~54 学时者，给予记过处分；达 55 学时及以上者，给予留校察看处分；多次因旷课受到处分且经教育不改者，给予开除学籍处分。（每天按 6 学时计算，超过 6 学时的按实际学时计算）连续旷课达 2 周及以上的，予以退学处理。

四川省教育厅备案。新生入学时，《学生手册》人手一册。学生通过自学、新生入学教育、班会主题教育等多种方式深入学习《学生手册》，了解学校的各种管理办法和规章制度，清楚学校的各项惩戒措施。一旦学生出现违规违纪行为，学校必须依照《学生手册》的规定进行惩戒，没有权力临时创设新的惩戒措施。多年来，工程学院行使惩戒权都在法律赋予的权限内，公开公平，经得起学生、家长的质疑，社会的检验，因此，从未有因此类纠纷而坐上法庭被告席。

工程学院的治校经验表明，高校行使惩戒权要从惩戒的主体、依据、对象、措施四大方面遵循合法性原则，这样既有利于保护大学生、高校及教师的合法权益，也有利于贯彻高校"依法治校""依法治教"的精神，夯实法治校园的基础。

二、高校惩戒应坚持合理性原则

高校惩戒权尽管是一种自由裁量权，但它不是独断专行的、模棱两可的、捉摸不透的权力，而应是法定的，有一定制约的权力。因此，要求高校惩戒在形式合法的前提下应尽可能合理、适当和公正。工程学院在行使惩戒权的过程中，力求做到"四符合规则"，为高校惩戒坚持合理性原则提供了良好的范例。

（一）符合大学生身心发展规律

心理学家研究并提出，每一个人的成长都会经历一个持续的呈阶段性发展的过程，每一个阶段的道德、情感、认知和行为的发展都和其他阶段有着明显的区别，具有各自的独特性。大学生的独特性在于生理成熟、心理发展滞后；情绪波动大；主观意识强、看问题比较片面；爱面子等。因此，高校的惩戒教育就必须要充分尊重大学生成长过程中的阶段性特征，采取行之有效的惩戒手段。

工程学院在实施惩戒时，以尊重和把握学生的身心发展规律为基础，把受惩戒人的性别、个性、心理状况、环境和过去的表现等纳入考察评判的范围进行综合考虑，不简单处理，坚决杜绝"考试作弊者一律开除"式的粗暴处理方法。学校在进行惩戒时要始终坚持：①既可以惩戒也可以不惩戒的，不予惩戒；②惩戒可以轻也可以重的，选择较轻的惩戒；③惩戒及时，不延迟；④受惩戒人所受的惩戒必须要和他问题行径的性质、动机、目的以及平时的表现相适应。这样的惩戒，使受惩戒的学生降低了抵触心理，易于从内心接受惩戒、改正错误，最终达成育人的目的。

（二）符合现代教育目的

立德树人是教育的根本目的。具体说来教育是为了促进受教育者个性得到全面的发展，激发受教育者的创造性智慧，培养和提升受教育者的创造能力和实践能力，通过惩戒让受教育者认识到自己的错误并能及时纠正错误，为受教育者创造发展机会和提供宽松自由的环境。

工程学院的《学生违纪处理办法》中明确规定："为……建立良好的校风学风，树立正确的育人导向，促进学生健康成长，保障学生合法权益，培养德、智、体、美、劳等方面全面发展的社会主义建设者和接班人……特制定本办法。"可见，学校一开始就明确了惩戒的目的是使大学生改正错误行为，作出符合社会规范的行为，帮助其全面发展，健康成长，顺利成才，而非为了惩罚而去惩罚。学校在对问题学生进行惩戒以后，辅导员、班导师会跟进该学生的后续教育引导，帮助其正确认识学校对自己的惩戒，监督其改正错误，回到自我发展的正确轨道上。在工程学院看来，"以惩代教，一惩了事"的传统惩戒方式是对惩戒目的的亵渎，根本无助于大学生不当行为的矫正。正如孔子所说："道之以政，齐之以刑，民免而无耻；道之以德，齐之以礼，有耻且格。"①

（三）符合人权观念和伦理要求

社会发展到今天，我们也已经由原来"从身份到契约"② 的历史走到了"从契约到人权"③ 的时代。人权理论的勃兴使得人们的主体意识、平等意识和权利观念更加浓厚。同时，高校拥有对大学生的惩戒权，是基于二者之间有着教育与被教育的关系。此关系实质上就是人和人之间的伦理关系。因此，人权观念和伦理要求自然就成为行使高校惩戒权所要遵循的理念。

工程学院从尊重学生、信任学生、关爱学生出发，不仅惩戒制度的制定"以学生为本"，惩戒的具体实施也体现了"依法治校"和对大学生的人文关怀。例如，《学生手册》的制定充分考虑了学生的权益，每一项规章制度办法的制定都立足于服务学生、培养学生。惩戒过程中充分尊重学生，切实保障学生陈述和申辩的权利，惩戒以后，有危机干预机制，辅导员、班导师跟进教育引导机制，随时关注受惩戒学生的动态。这一系列措施无不体现"以学生为中心"的理念。因同一原因再受惩戒的学生几乎没有，工程学院对学生的惩戒效果基本达到了育人目的。

① 孔子. 论语 [M] //王立民. 中国法学经典解读. 上海：上海教育出版社，2006：24.

② 梅因. 古代法 [M]. 北京：商务印书馆，1995：97.

③ 邱本. 从契约到人权：法学研究 [J]. 北京：中国社会科学院法学研究所，1998 (6)：37.

（四）符合正当程序

正当程序乃行为人实施某项有意识的行为时必须遵守的步骤，就高校惩戒而言，就是高校惩戒理应受到程序上的监控。也就是说，要通过一定的民主程序、控权手段等控制高校权力，防止滥用高校惩戒权，避免对大学生的合法权益造成损害。然而法律对高校惩戒程序的规定比较粗疏，而高校教育管理的复杂性以及具体惩戒方式的多样性，使得法律没有办法、也不可能对每一种惩戒作出细致而全面的程序规定。因而，高校需要自己探索行使惩戒权的正当程序。

"正当程序的公众参与性、过程公开性以及角色分化独立所带来的抗辩性和交涉性等特点，从而使公众有机会通过公开方式与官员进行说理、争论、协商、抗辩和交涉，以防止官员滥用权力践踏自己的正当权利。"① 工程学院在制度建设和具体实施上都强调惩戒权的行使要遵循正当程序原则。在制度建设上，《学生违纪处理办法》中明确规定对学生实施惩戒，先要按规定进行违纪事实核查，然后学校作出惩戒决定之前，要告知学生作出决定的事实、理由及依据，并告知学生享有陈述和申辩的权利，学校作出惩戒决定之后，惩戒文件要送达给学生本人。《学生手册》第五部分"学生权益救济制度"中，《学生申诉处理办法》明确告知学生申诉的程序及要求。在具体实施上，工程学院坚持做到：第一，公开惩戒办法；第二，查明符合惩戒的行为，做到事实清楚，证据充分，经得起任何人的推敲论证；第三，分级负责审核确定惩戒决定；第四，对于惩戒依据的事实和理由，以书面形式送达被惩戒人及相关人员，并且告知其权利救济的途径。在第二和第三个程序中，要求有被惩戒人和第三人参与。工程学院的这些做法，实际上是在强调被惩戒人的程序主体身份和保障其程序性权利，这有利于改进和提高学校自由裁量的质量，有利于增加学生对学校及其教育、管理、惩戒的信任，提高惩戒的公信力。

工程学院深谙：实施惩戒的核心要义是"教育"，高校行使惩戒权的最终目的是实现教育立德树人。因此，在行使高校惩戒权的过程中，在惩戒主体、惩戒依据、惩戒对象、惩戒措施四方面遵循惩戒合法性原则；在大学生身心发展规律、教育目的、人权观念和伦理要求、正当程序四方面遵循惩戒合理性原则，对学生的惩戒有理有据、有情有义、有风有化，为高校在行使惩戒权过程中实现育人目的开辟了现实可行的路径。

---

① 葛洪义. 法理学［M］. 北京：中国政法大学出版社，2002：79.

参考文献

[1] 孔子. 论语 [M] //王立民. 中国法学经典解读. 上海：上海教育出版社，2006：24.

[2] 陈燕雯，许其勇. 现代司法理念的重塑——回归程序正义 [D]. 南京：南京工业大学，2005.

[3] 雷槟硕. 论高校惩戒权与学生权利保护之平衡：思想理论教育 [J]. 上海：思想理论教育出版社，2019 (11)：101-106.

[4] 杨韬. 思想政治教育视角下的高校惩戒权研究 [D]. 湖北：湖北经济学院，2020.

作者简介

肖永蓉 (1980—)，女，法律硕士，四川工程职业技术学院马克思主义学院院长助理，讲师，参与编写《形势与政策》《高职院校心理委员培训教程》等多部教材，主持校级重点课程建设和优质课程建设，主持《高职大学生生命教育研究》市级课题，公开发表论文近 10 篇，2019 年获四川省教师教学能力大赛三等奖，2019 年指导学生参加第三届全国高校大学生讲思政课公开课展示获四川省二等奖，2021 年获四川省教师教学能力大赛三等奖、2022 年获四川省教师教学能力大赛二等奖。

李高 (1971—)，男，法律硕士，四川工程职业技术学院副教授、法律顾问，执业律师，四川省教育法律咨询专家库成员，德阳市首批法律人才专家库成员，人事考试命 (审) 题专家，现任德阳市人大常委会立法咨询专家，德阳市人民政府行政复议委员会委员，德阳市行政执法特邀监督员，德阳仲裁委员会仲裁员等职务，发表《论学生伤害事故的归责》等多篇学术论文。

第四篇 04

课程育人篇

致广大而尽精微

——"大思政课"视野下思政课创新的思考与实践

邓小燕

习近平总书记指出:"'致广大而尽精微'是成事之道。"[1]"致广大而尽精微"意即达到广大之境而又深入精微之处。高校思想政治理论课(以下简称"思政课")作为对学生进行思想政治教育的主渠道、主阵地,是立德树人的关键课程,也是启人大智、育人大德、引人大道的"人生大课"。既要胸怀全局、高瞻远瞩,又要积微成著、落实落小。2021年在看望参加全国政协会议的医药卫生界教育界委员时,习近平明确提出:"'大思政课'我们要善用之,一定要跟现实结合起来"[2],强调"思政课不仅应该在课堂上讲,也应该在社会生活中来讲"[3]。为思政课摆脱照本宣科、单调灌输的模式,从"没有生命"和"干巴巴"转变为"有意义"与"有意思"明确了要求、深化了内涵。也为思政课改革提供了新动力和新要求,对解决思政课教学的痛点和难点指明了方向。

一、厘清"大思政课"的丰富内涵

(一)"大思政课"内涵的界定

"大思政课"作为思政课新形态,同传统思政课比,最鲜明的特质就是"大",厘清"大思政课"的内涵,是善用"大思政课"的前提。"大思政课"之"大"在于它"肩负攸关'国之大者'的课程责任和历史使命;是引领青年、武装头脑的'人生大课';具有贯通古今中西、联结理论实际的大视野。"[4]"大思政课"的内涵既包括宏大的时代,又涵盖鲜活的实践和生动的现实。社会生活是思政课强有力的双腿,"大思政课"需从理论王国向全部生活开放,推动思政课向社会延伸。"大思政课""既是一种育人理念,也是一种工作方法。更加突出了对思政育人的重视;更加凸显了对育人规律的尊重;更加强调了对育人方式的创新；更加提高了对教师队伍的规范要求；更加体现了对育人合力的要求。"[5]依循习近平总书记重要论述及相关学者对这一概念的解读，"大思政课"可界定为：立足世界百年未有之大变局和中华民族伟大复兴战略全局，贯彻落实习近平新时代中国特色社会主义思想，以铸魂育人为目标，突破时空场域限制，善用历史资源、国际比较、社会资源等富含思政元素的教育素材，整合教学要素，注重社会大课堂，多元主体协同育人，开展立德树人大模式的教育教学实践活动。

（二）明晰"大思政课"与思政课之"大"的交互关系

一是有关思政课"大小"说法其实均为形象化的表述。"大思政课"并不与"思政课"相互对立，它远远溢出了思政课传统的视野、范围和格局，"充分把握了思政课的社会属性，是一种将课程设置与课程建设向社会敞开、扩容的思政课形态"[6]。二是"大思政课"是思政课题中的要义。思政课更多局限于课堂时空，育人目标突出，是有规范且集中的课程形态。思政课本身也是一门"大"课，具有宏大视野，不但肩负传道、授业、解惑的教育使命，也肩负培养建设者和接班人的政治使命。可以说，"大思政课"是根植于思政课之"大"的。三是作为主渠道和主阵地，思政课是"大思政课"得以实现的主要载体。思政课的源泉是丰富多彩的现实生活。比如解读当代中国实践鲜活的案例，可以使青年学生感悟到人民至上、命运与共、爱国主义是现实而具体的，避免出现"空洞化"理论，让学生真正入脑、印心。"'大思政课'之'大'不能简单地认定为'外延式扩容'，而是尊重思政课作为'大课'属性的'内涵式回归'。"[7]

二、探微"大思政课"的价值意蕴

（一）肩负关乎"国之大者"的价值导向和历史使命

"大思政课"是思政教育规律认识深化和思政课高质量发展的成果。进入新发展阶段，"大思政课"受到党和国家高度重视和不断强调，其作为课程的特殊地位和作用得到充分显现。"大思政课"应与中华民族伟大复兴目标和"国之大者"的理论视野紧密联系。2020年以来，习近平总书记在多个场合多次谈到"国之大者"。"七一"重要讲话中，他再次强调要牢记"国之大者"，站在"国之大者"的战略高度，做到对"'国之大者'要心中有数"。他尤其强调高等教育要心怀"国之大者"，立足"两个大局"，识大势、敢担当、善作为。他勉励青年要心怀"国之大者"，肩负历史使命，努力成为堪当民族复兴重任的时代新人。"大思政课"对"国之大者"明确的价值引领，旗帜鲜明地为"国之大者"找准了方向，为凝聚中国力量作出了应有的贡献。

（二）赋能思政课改革向纵深推进

思政课改革是提高思想政治教育工作实效性的重中之重。善用"大思政课"的三个着力点，可破解制约思政课教学质量提升的深层次问题。一是善用历史资源。"大思政课"要求我们拥有贯通古今的大历史观。思政课教师要充分了解中华文明史、近现代史、社会主义史、中国共产党史、中华人民共和国史和改革开放史，让青年学生通过历史不忘初心、坚定信念、汲取智慧、汇聚力量。达到"学史明理、学史增信、学史崇德、学史力行"[8]的基本目的；二是善用国际比较。"大思政课"要善于结合全球视野，在人类发展坐标系中解读中国问题。紧贴国际国内新动向，引导学生正确认识中国与世界，善用辩证思维去理解"能、行、好"等重大问题，在批判鉴别中明辨是非，以培养全球视野和中国情怀；三是善用社会资源。思政课性质宗旨和目标任务决定了它必须从书斋里缺乏"烟火气"的"纯理论"转向活泼的现实世界，展现其实践品格。世界格局变化，为思政课教学提供了大量的"硬核"素材，中国与西方某些国家的鲜明对比，制度优劣何在不言自明。思政素材社会化有力拓展了思政课建设理路。这也是"'大思政课'我们要善用之，一定要跟现实结合起来"[9]给予的重大启示。

三、善用"大思政课"破解思政课教学难题

思政课教学包括教学主体、学习主体、教学内容、教学环境等要素，科学利用各要素将直接提升教学质量。目前思政课面临"四难"：有"深度"难、有"厚度"难、有"温度"难、有"力度"难。以教学要素为路径，善用"大思政课"的理念和方法，为破解"四难"提供了价值和方向指导。

（一）破解"深度"难题：潜心问道、纵横拓展，打造以理服人的思政课

1. 政治要强：让有信仰的人讲信仰

习近平多次提出教师要做大先生。"大先生是社会的尊者，是心怀国之大者，是立德树人之能者，对国家民族具有大格局、葆有大情怀。"[10]无论是"六要"和"大先生"，都对思政课教师的要求与规范提到了更高的高度，政治要强更处在"六要"之首。思政课有别于其他专业课，其政治属性极强，必需立意远、站位高。思政课教师必须政治态度鲜明、政治方向明确、政治意识清晰、

政治底线牢固。政治强方能提高教学自觉性，理直气壮讲好思政课；政治强方能提高教学针对性，提升学生价值判断能力；政治强才能提高教学实效性，以科学理论带动学生主动进行社会实践。政治强是思政课教师必备的素质，让有信仰的人讲信仰，当好学生表率，关爱学生进步，做学生为人、为学、为事之示范，促进学生全面发展。

2. 理论要透：知识储备库有一潭水

善用"大思政课"，思政课教师首先要过理论素养关。思政课教师要具备"贯通中西古今的大视野，要做理论联系实际的大先生"[11]。"大视野"即知识视野、国际视野和历史视野。"大视野"要求教师用理论武装学生前先武装好自己，坚决杜绝教学中不同程度的"本领恐慌"：理论和实践脱离、案例和观点脱节等。俗语说理论要"透"不要"秀"，思政课教师要善把"天边"事与学生"身边"事联动，拉近理论与学生的距离，切忌对理论一知半解，要让学生感受到治国理政战略与智慧可转化为自己成长成才的科学思想根基。要扎实强化理论基本功，思政课教师需久久为功，研读经典，跟读总书记最新论述，及时更新知识，打破学科壁垒。"为了使学生获得一点知识的亮光，教师应吸进整个光的海洋。"①

（二）破解"温度"难题：有声有色、春风化雨，打造惠风和畅的思政课

1. 认识青年，探问需求

青年时代是世界观、人生观、价值观的"拔节孕穗期"。这一阶段学生对思政课的需求具有多元性特征。作为"网络原住民"，他们涉猎广泛、思想灵活、精力旺盛，对国家政治、道德情怀、明辨是非具有天然的诉求，这既令人惊喜又有待于进一步进行价值引领；这一阶段学生对思政课的需求具有多变性特征。表现在他们价值观不稳、思想自觉和政治自觉不成熟，当面临利益冲突时，往往会选择个体感性愉悦和自我利益的满足，学习需求上变动较大；这一阶段学生汲取知识信息的特点是碎片而非整体的、孤立而非系统的，思辨能力的缺失往往使他们更易受到不良信息和错误思潮的干扰而困惑无解，而这里正好可以体现思政课传道解惑的优势，但因传统"知识范式"逻辑，消解了其社会实践本质，无法满足学生对思政教学的多方期待，造成教学供给与学习者需求的异位。

---

① 人民网. 习近平同北京师范大学师生代表座谈时的讲话（全文）[EB/OL]. 人民网，2014-09-10.

2. 贴近生活，回应关切

（1）走进生活：让思政课具有现实温度。在教学实践中，教师要针对学生特点，充分挖掘贴近生活的思政资源。以学习者的生存、安全、自尊、学习、发展等需要为教学内容，改"大水漫灌"为"精准滴灌"，使学生在教学中品尝丰盛的"生活大餐"，涵养他们的社会关怀意识、爱国主义精神、创新精神等宝贵的社会品质。

（2）生命叙事：回归"走心"课堂。思政课要走出"没有生命"和"干巴巴的"境况，需回归生活和体验，激活思政课堂的生命叙事，深度发掘伟大社会实践中的思政富矿。生命叙事既包括对惊天动地的宏大主题的叙事，亦包括对具体"小人物"的叙事。生命叙事的自我性、现实性和生成性特征有别于一般案例教学，更有助于激活、生成或满足学生的道德和价值需要、国家认同和民族自豪。

（3）巧用表达：打通"进头脑"的最后一公里。上好思政课是一门艺术，表达方式不灵活难以增强思政课的感召力。教师要在表达上敢于创新：一是用教学研究支撑教学表达。教学表达要出彩，根本不在口齿是否伶俐而在教学研究要到位。教学研究涉及对信仰、情怀、思维、视野格局、自我管理、亲和力等问题的追问。未基于教学研究的表达对学生毫无价值的引领；二是用好教学表达可助力讲透理论。"教学表达是思政课教师与学生沟通的重要桥梁，是影响思政课教学效果的直接因素。"[①] 有效的表达主题、多样的表达风格和"主体性与主导性相统一"的话语路径有利于将学生由单独的情意世界导向"情""理"结合的价值世界。

（三）破解"厚度"难题：回望历史，展望未来，打造耐人寻味的思政课

1. 善用历史变焦镜：史论结合汲取智慧和力量

历史是最好的老师，也是思政课教学非常重要的一个维度。思政课教师要善用历史知识，贯通历史逻辑，科学运用历史分析方法，纵横比较，"讲清楚、讲明白"我们"道路"选择的"理由"和"道理"。思政课教师历史功底越厚，通过变焦镜回望历史的距离就越远，历史成像就看得细、看得清、看得透。思政课教学需要带学生回到历史"现场"和历史"深处"，通过史论结合，充分挖掘和利用历史"原材料"，加之理论"调味料"，有理有据、科学配比，给学生提供"香味形"俱佳的精神盛宴，深刻认识"能、行、好"等重大问题，增

---

① 易刚. 让思政课成为一门有温度的课［EB/OL］. 中国网，2020-09-08.

强做中国人的志气、骨气和底气。

2. 活用思想透视镜：国际比较把握发展大势

思想是有力量的。人们认识问题、分析问题就是要揭示事物内在的规律，思政课更要重视培养学生透过现象看本质的能力。认识事物本质通常是不容易发现的，本质往往被干扰性因素裹挟与遮蔽，这就要求思政课教学要有足够的思想穿透力，避免在教学中只堆砌故事和资料，只会单纯描述现象和单调的举例。正如习近平所指出的："学生经常会把国外的事情同国内的情况联系起来，这个过程就会产生一些疑惑。学生的疑惑就是思政课要讲清楚的重点。"[12]思政课教学要引导学生认识经济全球化大势，中华民族伟大复兴进程不可逆，回应学生对世界和中国大势的深度关切。

3. 巧用时代反光镜：生动实践开创更好未来

思政课也是一门时代大课。随着时代高速发展，人们要认识并跟上时代，必须投入时代的火热实践中，做时代的领跑者而不是被时代抛弃的落伍者。处在"大变局"时代，只有"善察""明道"，才能打开未来之门。紧握时代发展脉搏，用时代丰富的"营养剂"上好每一堂思政课。"教学内容必须紧跟时代，紧扣社会现实，在其中挖掘学生'看见过'的典型事例和人物，捕捉学生'经历过'的社会热点和问题，用以服务教学内容。"[13]2021年是开启第二个百年奋斗的目标之年，也是实施"十四五"规划的开局之年，思政课要善用波澜壮阔的发展蓝图，把教学与落实"十四五"规划结合起来，正确认识新发展阶段的奋斗宗旨和前进方向，积极回应国家召唤，努力勤奋、淬炼品格、增强本领，早日成为中国特色社会主义事业的合格建设者和可靠接班人。

（四）破解"力度"难题：沉下去创新，走出去体验，打造意趣盎然的思政课

1. 单向说理塑骨骼：让思政课立起来

坚持灌输性和启发性相统一，为灌输性提供了在思政课中合理的存在依据。灌输性强调"大水漫灌"，是教育者单向供给知识和价值，通常在传统课堂中得到有效实现。思政课固有的政治性、理论性和思想性，教师单向灌输说理更容易达到把握航向、坚守旗帜的作用，单向说理要求要将理说透，充分发挥教师主导性，理直气壮讲好思政课。为了将理说透，"要坚持集中研讨提问题、集中培训提素质、集中备课提质量，组织思政课教师定期开展集中培训，学习党的理论创新成果、交流先进经验，把教学难题找准，增强教学针对性。"[14]提升理论教学效果，真正将思政课"立起来"。

2. 多元创新通经络：让思政课动起来

（1）以互动课堂凝聚人。思政课更注重启发性教育，启发性教育采用"滴灌"式以满足受教育者需求。"滴灌的过程就是基于受教育者的问题意识，逐一揭开知识的深井、解开价值观的迷茫。"① 这就是"问题链"教学，用问题启发激活学生、点燃课堂，把单向的教师"论道"转为师生双向流动的"悟道、行道"，把学生由"课堂的旁观者"转为"课堂的主人"。

（2）以智慧课堂吸引人。思政课教学"要紧紧抓住提高教学能力这个牛鼻子，着力提升思政课教师'内功'。"[15]今天，信息化已深度浸润于思政课堂，移动互联网和智慧软件在大班课上深度融合、相互赋能，"配方"新颖、"工艺"精湛、"包装"时尚，改变了"言者谆谆，听者藐藐"的课堂状况，构建起"三化"教学流程："课前导学网络化""课中探究混合化""课后拓展评价精准化"，记录学生学习全过程，形成过程考核动态化。

（3）以延展课堂升华人。"大思政课"要求思政课具有广适性和延展性。思政课教学需要向课堂外延伸。借力青马工程、学习强国和青年大学习平台，指导并引导学生了解世情、国情、党情、民情。借力"领航计划"，指导并引导学生坚定不移听党话、跟党走。借力"青年红色筑梦之旅"和"网上重走长征路"等系列活动，指导并引导学生开展重大政策宣讲、革命故事演绎等活动，拓展思政课的深度和广度，提升学生对思政课的喜爱。

3. 盘活实践铸血肉：让思政课活起来

实践育人是"大思政课"题中之义，也是思政课创新的突破口。思政课既要在学校课堂上讲，也要搬进社会大课堂讲，为此，一是实践教学中要坚持问题导向与目标导向相统一，避免实践教学"娱乐化"和"空心化"现象的出现，达成"理论—实践—理论"闭环，反哺思政理论教学，提升实践教学效度；二是"跳出思政学思政"，社会生活是思政课的沃土，思政课是移动的课堂。实践教学需紧抓理论与实践契合点、紧跟时代步伐、紧扣地方和学校特色，拓展地方历史文化和红色育人资源，搭建实践基地，开展项目研究；三是推进实践教学课程体系规范化，拓宽实践教学途径，扩大和盘活实践教学，进一步解决思政课教学"学而不知""知而不信"和"信而不行"等难题。

四、"大思政课"视野下的"思政课样式"实践

一堂课就是一个系统工程。2020 年脱贫攻坚取得了全面胜利，中国创造了又

---

① 杨云霞. 坚持"八个统一"上好思政理论课［EB/OL］. 人民网，2019-04-08.

一个彪炳史册的人间奇迹。习近平总书记指出，"脱贫攻坚不仅要做得好，而且要讲得好"，[16]但如何讲得好是摆在思政课教师面前的课题。细品"大思政课"意蕴，依循"八个统一"要求，备课于"四难"处用力，精心构建"1233X"教学方案（注："一个目标"即教学目标+"两个课堂"即理论课堂和实践课堂+"三个着力点"即善用历史资源、社会资源和国际比较+"三化"教学流程（见前文）+X即运用多种教学方法）开展理论教学和实践教学。首先，于理论课堂讲好"天边事"。教学中运用历史与现实分析、国际与国内比较，采纳访谈式、分享式互动、生命叙事、问题链等教学方法，以学习通运用为辅，坚持内容为王，讲清"一部中国史，就是一部中华民族同贫困作斗争的历史"；[17]讲清十八大以来中国脱贫攻坚递进线及中国特色反贫困理论；讲清脱贫攻坚伟大历史成就及世界意义；讲清贫困是世界问题、用国际比较展现中国制度的优越性；讲清脱贫攻坚的精神内涵和感人的英雄事迹，坚定学生的"四个自信"、激发学生更大的爱国热情；其次，于实践课堂讲好"身边事"。以微电影《岭上花开》为例，实践教学中依托"第五届全国高校大学生微电影大赛"平台，引导学生以小切口讲大主题，记录母校通过"帮扶"履行"国之大者"的历史使命，演绎母校三位教师以脱贫攻坚行动践行"大先生"的情怀和担当，事迹真实感人、鲜活生动。评比中，《岭上花开》分别荣获省赛特等奖和国赛优秀奖，师生们获得了真知、增长了才干、磨砺了心智、受到了教育，也得到学校的广泛关注和社会的充分认可，产生了良好的教育辐射效应，体现了"大思政课"视野下思政课的社会实践本质；最后，于思政课中实现"大思政课"。比如前文指出，"大思政课"得以实现依赖于思政课的落实、落细：这堂课内容上贴近学生和现实、场域中融入社会和生活、过程里坚持教师主导和学生主体相统一、载体上运用新的技术平台和手段。又如前文指出，"大思政课"更加体现对"育人合力"的要求：这堂课在教育环境中呈现出了资源整合与协同育人的良性状态。"学校思想政治工作不是单纯一条线的工作，而应该是全方位的"[18]多主体共同参与的工作格局，比如《岭上花开》取得的成绩就得力于学院领导的引领、来自部门的支持、社会力量的参与以及制度物质的保障。这种良好协同育人的状态，突破了时空场域，共建了思政课教师互通、合作、交流的新平台，为师生团队能"走出去"学，并推动思政课从"理论思政"向"实践思政"的创新转化，达成显性育人与隐性育人相统一的效果，实现思政课与社会大课堂成功对接提供了全面的保障。

参考文献

［1］陈凌."'致广大而尽精微'是成事之道"［EB/OL］.人民网，2021-12-15.

［2］［3］［9］杜尚泽."'大思政课'我们要善用之微镜头·习近平总书记两会下团组"·两会现场观察［N］.人民日报，2021-03-07.

［4］［11］冯秀军.善用大思政课的三个维度［J］.思想理论教育导刊，2021（8）：103-109.

［5］夏永林.对"大思政课"内涵的多维解读［J］.思想理论教育导刊，2021（8）：5.

［6］［7］叶方兴.大思政课：推动思想政治理论课的社会延展［J］.思想理论教育，2021（10）：66-71.

［8］习近平.在党史学习教育动员大会上的讲话［J］.求知，2021（4）：4-11.

［10］谢维和.大先生的样子［J］.光明日报，2021-09-14.

［12］习近平.论党的宣传思想工作［M］.北京：中央文献出版社，2020：381.

［13］周文.教学要素视角下"大思政课"的建设路径［J］.思想理论教育，2021（12）：75-79.

［14］［15］陈宝生.用习近平新时代中国特色社会主义思想铸魂育人［N］.人民日报，2019-04-23.

［16］习近平.在决战决胜脱贫攻坚座谈会上的讲话［EB/OL］.新华网，2020-03-06.

［17］习近平.在全国脱贫攻坚总结表彰大会上的讲话［EB/OL］.新华网，2021-02-25.

［18］习近平.思政课是落实立德树人根本任务的关键课程［J］.求是，2020（17）：13.

作者简介

邓小燕（1969—），女，大学教师，副教授，发表论文：《对高校思想政治理论课教学定位的思考》《"走心"：青少年思想政治教育路径创新探析》。主持项目：德阳市社科联课题《"走心"：青少年思想政治教育路径创新探析》、四川省"思想道德修养与法律基础"示范课程建设。2020四川省"课程思政"示范教学团队，第二名。2021她是首席指导老师，"我心中的思政课微电影。"

推进地方"四史"教育资源有机融入高职院校思政课教学实践

——以德阳为例

张芙蓉　刘亮

2020年1月，习近平总书记在"不忘初心、牢记使命"主题教育总结大会上指出："要把学习贯彻党的创新理论作为思想武装的重中之重，同学习马克思主义基本原理贯通起来，同学习党史、新中国史、改革开放史、社会主义发展史结合起来。"2021年5月，中共中央办公厅印发《关于在全社会开展党史、新中国史、改革开放史、社会主义发展史宣传教育的通知》，要求组织好青少年"四史"学习教育，厚植爱党爱国爱社会主义的情怀。高校思政课是对大学生进行思想政治教育的主阵地。推进"四史"教育有机融入高校思政课是落实党中央重大决策部署的具体体现，又是创新高校思政课从平面化教材体系向立体化教学体系转化、深化思政课教学内容改革、提升思政课育人实效的重要举措。地方蕴含的"四史"教育资源是高职院校推进"四史"教育有机融入思政课的鲜活载体，可使学生在直观、形象、生动、逼真的历史环境中接受具有浓郁地域色彩的历史文化的感染与熏陶，这对拓展思政课教学的理论深度、历史厚度和实践广度，提升思政课教学的感染力和铸魂育人实效具有重要的意义。

一、挖掘地方"四史"教育资源融入思政课教学的价值意蕴

习近平总书记指出："历史是最好的教科书。"地方蕴含的"四史"教育资源是悠久的社会主义发展史、伟大的党史、厚重的新中国史、鲜活的改革开放史重要的组成部分。赋有鲜明地方特色的"四史"教育资源承载着当地人民不灭的历史记忆，凝结着伟大的历史智慧，蕴含着深刻的历史规律，是高校思政课程育人的优质资源和重要载体。全面梳理并深入挖掘其在思想政治教育中的价值，不仅可以为高职院校思政课教学建构更具真实感的历史情境，同时还可以为思政课提供更具亲和力和针对性的价值引领。

（一）有利于使高职院校思政课的教学内容具象化

较本科大学生而言，高职院校大学生在人文素养、理论知识和学习积极性等方面存在不足之处，而我们使用的教材却是国家统编教材，教材内容存在理论性较强、普适化有余但个性化不足的缺陷，不能很好地满足各地方各层次高校学生的需求。高职大学生的知识水平、学习特点和接受能力与统编教材不相适应直接影响思政课课堂教学的实效性地发挥。依托地方"四史"教育资源，将"四史"所蕴含的家国情怀、中国精神、时代价值有机融入思政课教学，把极具地域色彩的伟大成就、历史事件、英雄故事和先锋人物等穿插在课程基本理论内容教学之中，并挖掘其背后的价值和内在的规律，使思政课平面化教材体系有效转化为立体化教学体系，使教学内容更具体化、具象化，理论内容更具说服力。如在《思想道德与法治》课程的教学过程中，挖掘、凝练德阳抗美援朝特级英雄黄继光背后所蕴含的精神、价值理念、信仰等，让学生从他的故事中传承红色基因，汲取革命精神力量，并将它们潜移默化地转化成大学生所需要的理想信念、人生观、道德品质等，在教学实践中运用身边历史故事讲清道理，用道理赢得学生认同，让高职院校思政课堂真正生动、鲜活起来。

（二）有助于提升高职院校思政课的现实感染力，厚植大学生爱国情怀

根据 2021 年 6 月中国青年报向全国大学生发起《大学生心目中的思政课》的问卷调查的结果显示：超过 80% 的大学生喜欢生动而深刻的思政课，目前全国高校思政课的教学质量得到了很大的提高，但思政课不受欢迎、认同感不强的现象依然普遍存在。究其原因，很多大学生认为思政课"高大上"，甚至还有"假大空"的错觉，理论性强，空而不实，和自己的学习生活有距离感。将地方蕴含的"四史"教育资源融入思政课教学是破解这个难题的有效途径，教师依托历史去诠释抽象的理论，让学生沉浸在历史情境、时代发展背景中去领会理论知识、感悟理论的真谛。在教学中挖掘地方"四史"教育资源，将本乡本土有血有肉的历史人物、生动的历史故事、重大的历史事件和辉煌的历史成就融入课堂，最具现实感，教学内容学生可亲、可感、可触、可品，极大地拉近教材理论和社会现实的距离，增强了学生对思政课的认同感，提升了课堂的感染力，激发了学生爱国、爱党、爱家乡的历史责任感和使命感。如在讲授改革创新为核心的时代精神这部分内容时，通过回顾 20 世纪 80 年代向阳党员干部用壮士断腕的决心穿越体制"禁区"，拿掉人民公社的牌子，换上乡人民政府的牌子，让向阳成为"中国农村改革第一乡"这一段历史，让同学们从发生在身边的鲜活史实中去感悟家乡人民敢为人先、开拓进取的气魄和精神，点燃学生爱

国、爱家乡的激情，激励学生勇做弘扬和践行时代精神的先锋。

（三）有助于加强高职大学生的价值引领，筑牢信仰之基

理想信念教育是思想政治教育的核心。当前国际国内形势严峻复杂，各种社会思潮特别是历史虚无主义的蔓延给大学生科学的理想信念的确立提出了新的挑战。作为大学生主体的"00 后"，他们成长在国家飞速发展、综合国力不断增强、人们生活水平显著提高的社会大背景之中，一些被其父辈视作"裂变性""颠覆性"的环境、物质生活改天换地的变化对他们来说都是先天的、先验的、理所当然的，因此，这一代孩子相对而言他们的历史意识普遍比较淡薄，但他们却又是市场化、城镇化、全球化、网络化社会的"原住民"，独特的生存环境和时代际遇使得他们容易成为各种社会思潮、价值观念的直接影响和传播者。当今时代"历史虚无主义"沉渣泛起，甚至有抬头蔓延的趋势，它们通过制造历史假象和有目的地歪曲历史来达到不可告人的目的，其形式具有极大的隐秘性。由于高职大学生对历史缺乏科学性、系统性认识，他们在接触到历史虚无主义思想渗透时，思想防线很容易被攻破。对此，在教学中将地方蕴含的"四史"教育资源融入课堂，讲好德阳故事、中国故事，把历史虚无主义传播的"碎片"放在史实中去验证，激活历史的能量去唤醒学生，可以提升学生对历史虚无主义的甄别能力，提高其政治敏锐性和判断力，引导他们树立正确的历史观，增强历史自信，最大限度地挤压历史虚无主义存在的空间，加强大学生的价值引领，筑牢大学生的信仰之基。如在讲述中国制度自信时，可以组织学生参观汉旺地震遗址博物馆，通过图片、文字和影像资料，让学生更直观地了解在党的领导下，极重灾区绵竹依托江苏的对口援建，迅速从废墟上站立，在灾难中重生的历程。依托这些鲜活的史实，学生可更加深刻地领会我党以人民为中心的执政理念，更加深入地理解中国特色社会主义制度集中力量办大事的优势，而网络上那些否定中国共产党、丑化中国特色社会主义制度的不实言论便会不攻自破，从而达到以史明理、以史增信的教学目的。

二、高职院校思政课教学选用地方"四史"教育资源应把握的原则

依托地方"四史"教育资源，推进"四史"教育有机融入高职院校思政课是当前思政课改革的重要诉求，但在教学实践中地方"四史"教育资源的选择、融入却面临着诸多问题。比如思政课和"四史"教育本末倒置，将思政课上成了"四史"课，课程政治教育功能减弱；思政课和"四史"教育两张皮，找不到两者之间的有效融入点，"四史"教育资源融入的作用和意义减弱；地方"四

史"教育资源的融入对思政课课时安排的冲击等。因此，将地方"四史"教育资源融入思政课教学应坚持一定的原则，实现两者的深度融合。

（一）目的性原则

高职思政课对地方"四史"教育资源的选择、利用应遵循"有的放矢"的原则。思政课与四史教育相互联系、不可分割，但两者关系必须是以思政课为主、"四史"教育为辅，将地方"四史"资源融入思政课是以历史为基础的政治教育。我们所选择、利用的地方"四史"教育资源这个"矢"需服务于思政课的教学目标和教学内容这个"的"。在教学实践中需要从地方"四史"教育资源中的历史人物、历史事件、历史文物等去挖掘其中蕴含的道德品质、精神特质等政治教育元素深化思政课宏大的理论学习。只有这样才能最大限度地提高思政课教学的针对性和实效性，起到良好的教学效果。

（二）高效性原则

为避免思政课和"四史"教育两张皮现象的出现，必须在素材的高效融入上下功夫。地方"四史"教育资源的选择和利用要注重素材的典型性和针对性，真正架起思政课和"四史"教育之间相互贯通的桥梁，做到有理有据、论从史出，达到依托地方"四史"教育资源强化学生对思政课理论学习的初衷，从而实现地方"四史"教育资源的高效运用与学生学史增信、学史明理、学史崇德、学史力行的和谐统一。

（三）适度性原则

思政课普遍存在教学内容多、课时少的矛盾，在教学过程中融入地方"四史"教育资源给教学内容、教学课时安排带来压力，虽然地方"四史"教育资源有机融入思政课是提升思政课教学实效性的有效举措，但并不意味着资源的选取、利用多多益善，机械化地将其融入教材的每一个章节、每一个专题、每一个知识点，甚至让学生产生了自己置身于历史课堂的错觉。作为思政课理论教学的历史支撑素材和实践教学的资源拓展，始终坚持适度性原则，勉强或过度使用不但不利于教学实效的提升，反而还可能弱化思政课的教育价值和魅力。

三、吸纳德阳蕴含的"四史"教育资源进教学、进课堂的路径探索

（一）依托德阳蕴含的"四史"教育资源的重要史实增加思政课的历史厚度

习近平总书记指出："历史是最好的教科书"，也是最好的清醒剂"，"四史"凝聚着中国共产党百年辉煌历程中的精神瑰宝。《中国共产党德阳百年图史》记

录了 1921 年至 2021 年，中国共产党领导德阳人民进行革命、建设和开放的伟大进程，从新民主主义革命胜利到开创中国特色社会主义新时代，以德阳的百年巨变彰显了党的百年成就，这里面蕴含着很多具有德阳印记的生动、鲜活、具有感染力的德阳故事和中国故事，都是对学生进行"四史"教育的优质资源、生动载体。在教学中我们将其作为支撑教材理论知识的经典案例和证据融入其中，增加思政教学的历史厚度，避免教学的鸡汤化和空泛化，引导学生从重要史实中汲取精神、力量和智慧。在教学中可以从两个方面着手：第一，挖掘德阳"四史"资源中蕴含的历史人物、历史故事、历史精神有机融入课堂教学。历史人物、历史故事、历史精神都是红色基因、道德品质、人文精神的有形载体，将其融入课程为思政课堂注入了新鲜的血液和丰满的灵魂，容易引起学生的情感共鸣。如在讲授树立正确的价值观时可以融入体现党史、新中国史的特级英雄黄继光为保家卫国而演绎的精彩人生故事，在讲授中国精神时可以融入体现德阳重装发展历程的工匠精神、三线精神，绵竹的抗震救灾精神等；第二，挖掘校史助力四史教育。校史资源能够赋予思政课教学极强的时代感和地域感，每个学生对自己的母校又怀有天然的亲近感，将"四史"和校史内容浑然结合有机融合到思政课教学中，让学生通过身边的校史开始去感受国家建设与改革的社会历程，通过校史去感受在学校的建设、改革的道路上校友和前辈们的使命和担当，既增强了"四史"教育的真实性，同时大大激发了学生爱校、爱党、爱国的情怀，点燃了学生奋进的激情。笔者所在学校是依托国家的三线建设的重大国家战略，学校的发展始终与国家建设和改革的社会历程同频共振。在教学中带领学生走进校史馆，讲好学院传承的红色基因、讲好学院发展的故事、讲好杰出校友鲜活的故事。通过了解学校的建设和改革的历程，让学生去感受校友前辈们如"改革先锋"荣誉称号获得者刘永好、国家科技进步一等奖获得者魏力行、巧手玩转"巨无霸"的青年工匠叶林伟的使命和担当，从而增强学生以校为荣的责任感，激发学生为新时代的建设和发展贡献自己力量的自觉性和主动性。

（二）挖掘德阳"四史"教育资源的内在价值提升思政课的理论深度

依托德阳蕴含的"四史"教育资源，特别是在红色资源中去深入挖掘英雄人物的精神品质，着力探究英雄人物、历史事件背后的深层次含义，总结提炼中国共产党在为人民谋幸福、为民族谋复兴的历史征程中的价值追求，在薪火传承中给予大学生的精神感召和指引。依托德阳蕴含的"四史"教育资源，挖掘其内在价值，为思政课补充"四史"的发展脉络与血肉，加强学生对"三大"规律即党的执政规律、中国特色社会主义建设规律、人类社会发展规律的认识，不断强化其思想渗透力和理论说服力，破解教学实践中课堂生动性有余，思想性、理论性、意识形态性不足的问题，提升思政课的理论深度。如在教学中深入挖掘习近平总书记两次入川、三顾德阳"取火取图"，带动陕北人民办沼气的故事引导学生深刻感悟习近平总书记心系群众、为民担当的情怀。通过选取十集文献专题片《党旗引征程——中国共产党 100 年德阳印记》相关影像资料，依托中国共产党组织领导德阳人民进行革命、改革和建设的生动史实，引导学生去认识中国社会主义道路的选择与开拓；通过高槐村从典型贫困村到谱写乡村振兴的典范、黄许从不知名的小镇到精准对接国家"一带一路"建设国际物流港，这一段段波澜壮阔的改革史让学生去感受中国特色社会主义制度的逐步发展和完善；通过挖掘三星堆古蜀文化、孔庙的儒家文化、孝泉德孝文化和白马关的三国文化以及德阳潮扇、绵竹年画等非物质文化遗产去体悟中国特色社会主义文化的丰富和彰显。依托并挖掘这些资源背后的内在价值是讲清中国共产党为什么"能"、马克思主义为什么"行"、中国特色社会主义为什么"好"的思想根基和理论指导，是深化学生对党的创新理论的信服、认同和内化的有效途径，大大增强了思政课堂的理论深度。

（三）善用德阳"四史"教育资源拓展思政课教学的实践广度

习近平总书记指出，思政课教学要"坚持理论性和实践性相统一"。思政课教学要善用社会资源从丰富的社会实践中汲取营养，充分彰显思政课教学的实践品格和现实关怀。在实践教学过程中，依托德阳"四史"教育资源，融通思政"小课堂"和社会"大课堂"，结合教学目标和相关教学专题，探究这些资源融入点，精心设计实践教学主题和实践样态，构建课内认知性实践、校内体验式实践、校外反思性实践三位一体的实践教学模式，通过课堂、学校、社会层层推进，为思政课实践教学注入鲜活的地域元素和提供广阔的实践空间。首先，依托信息化教学手段，借助德阳"四史"教育资源开展课内认知性实践。在课堂教学过程中，依托网络，借助德阳"四史"教育资源如浏览相关红色网站，从问题出发，通过小组合作探究学习、分享学习成果，实现学生自我教育。如以"捍卫英烈尊严，抵制历史虚无主义"为实践教学主题，教师针对网络上对黄继光堵枪眼是军队为了鼓舞士气而虚构的"光荣事迹"这一错误观点让学生带着问题浏览黄继光纪念馆官网去寻找答案，在学习成果分享中，学生从信仰、人性甚至物理实验分析等多个视角加以反击使谣言不攻自破。其次，推进德阳"四史"教育资源进校园，开展校内体验式实践。通过将德阳"四史"教育资源以大学生易于接受的形式"引进"校园开展体验式实践活动,将思想道德教育和法制教育依托校园文化活动这个载体展开,既丰富了校园文化,又使学生在切身体验中体悟真理,从而强化教学效果。如以"走近德阳非物质文化遗产,体悟工匠精神"为主题,将德阳潮扇的第四代传人杨占勇请进学校,让学生了解潮扇的历史由来和传承发展的现状,观摩潮扇的制作流程,亲身体验潮扇的制作,让学生亲身体验"精于工、匠于心、品于行、化于文"的工匠精神,引导学生传承德阳优秀的传统文化,增强文化自信。最后,依托德阳"四史"教育资源开展校外反思性实践。理论引领思想,校外实践更能使理论深入人心。在实践教学中充分利用课余时间组织学生走出去,引导学生把课本理论知识与社会实践有机结合起来,使学生在社会实践活动中深刻反思、反省,从而实现知行合一。如以"重温三线建设的峥嵘岁月,弘扬三线精神"为实践主题,组织学生以小组为单位实地考察参观国机重装和东方汽轮机等三线建设企业厂史馆,了解德阳在国家三线建设战略的推动下从建国初一个西部小县城发展成为中国重大技术装备制造业基地和全国三大动力设备制造基地之一这段波澜壮阔的历史,让学生在德阳重装发展的历史中去领会三线建设精神所释放的巨大能量,激励学生将三线精神化为青春的行动,勇做弘扬和践行中国精神的时代先锋。

综上,依托地方"四史"教育资源,推进"四史"教育有机融入高职院校思政课对提升教学的针对性和感染力具有显著意义,在教学实践中努力探求地方"四史"教育资源与思政课教学内容的契合点,挖掘其背后蕴含的精神品质、内在规律和价值追求,将其适时、高效、精准地融入思政课课堂,将地方"四史"教育资源所蕴含的磅礴之力转化为思政课育人的效能,着力培养"胸有大志、心有大我、肩有大任、行有大德"的时代新人。

参考文献

[1] 樊梦吟."四史"教育融入高校思想政治理论课的价值意蕴与实践路径[J].无锡商业职业技术学院学报,2021,21(05):10-14.

[2] 王重阳.将"四史"教育融入高校思想政治理论课教学的探究[J].太原城市职业技术学院学报,2021(10):170-172.

[3] 邢亮."四史"教育融入高校思政课教学体系探究[J].思想政治课研究,2021(3):92-101.

[4] 王燕茹.新时代厚植大学生爱国主义情怀的路径审思[J].石家庄铁道大学学报(社会科学版),2020,14(04):75-80.

[5] 谭文翰，谭吉华，周晨曦. 思想政治理论课亲和力要具有"五性"[J]. 高教学刊，2019（22）：161-163.

[6] 杨晓光，伊梦田. 历史虚无主义思潮对大学生意识形态的影响及其对策分析 [J]. 科教导刊（下旬），2018（12）：4-5.

[7] 毛春雷. 高校思想政治教育应对历史虚无主义的策略 [J]. 淮海工学院学报（人文社会科学版），2018，16（4）：5-8.

[8] 黄泰岩. 大学生要以史为鉴，筑牢信仰基石 [N]. 人民日报，2020-9-27.

[9] 习近平. 在"不忘初心、牢记使命"主题教育总结大会上的讲话 [EB/OL]. 人民网，2020-07-01.

[10] 历史是最好的清醒剂！习近平这样谈铭记历史珍惜和平 [EB/OL]. 人民网，2019-12-13.

[11] 中共中央办公厅. 关于在全社会开展党史、新中国史、改革开放史、社会主义发展史宣传教育的通知 [EB/OL]. 新华网，2021-05-25.

[12] 德阳市委党史研究室.《中国共产党德阳百年图史》出版 [EB/OL]. 四川党史文献网，2021-07-12.

作者简介

张芙蓉（1979—），女，硕士研究生，四川工程职业技术学院马克思主义学院的专任教师，副教授，参与出版：《形势与政策》教材（参编）、《大学生时政教育教程》教材（副主编），在《学校党建与思想教育》《学理论》等杂志发表论文10余篇，其中北大核心2篇，主持项目：参与省市、校级课题10余项，其中主持6项。

刘亮（1986—），男，硕士研究生，四川工程职业技术学院党委宣传部、政策法规处副处长，参编教材《形势与政策》教材（参编），在《亚太教育》《中外企业家》等杂志发表论文5篇，主持、参与市、校级课题4项。

德阳地方历史文化资源融入高校思政课实践教学探析

贾芳琴

2005年教育部出台的《关于进一步加强和改进高等学校思想政治理论课的意见》明确指出："高校思想政治理论课所有课程都要加强实践环节""要通过形式多样的实践教学活动提高学生思想政治素质和观察分析社会现象的能力，深化教育教学效果。"[1]2019年习近平总书记在"3.18座谈会"上再次强调"要高度重视高校思政课的实践性"。[2]实践教学是思政教学的一个重要方面，也是提高高校思政课教学质量的关键。为了丰富教学内容、吸引学生兴趣、提高高校思政课的实效性，推动高校思政课实践教学的改革与创新，本文将围绕德阳历史文化资源融入高校思政课实践教学做以下探讨。

一、德阳历史文化资源概况

明确历史文化资源、地方历史文化资源的含义是对德阳历史文化资源进行梳理和分类的前提，也是深入挖掘德阳历史文化资源的首要前提。

（一）历史文化资源及地方历史文化资源的概念

关于历史文化资源的概念，学者们从不同的视角或侧重点进行了不同的阐述。例如有学者认为历史文化资源是以文化形态存在的社会资源，它是人类社会进步的纪录，是人类社会文明的结晶。① 有学者认为历史文化资源是人类遗存下来的诸多实体中的、有独特功能的、能够合理开发利用的部分。② 有学者认为历史文化资源是物质文化资源和精神文化资源的总和③。

---

① 赵汕，赵康：历史文化资源的开发与二十一世纪的史学发展［J］. 云南：云南学术探索，1998（01）：93-96.
② 向志学，向东：谈谈资源和历史文化资源［J］. 武汉：武汉大学学报（人文科学版），2006，59（3）：6.
③ 董雪梅：公共历史文化资源的产业开发［D］. 山东：山东大学，2008.

历史文化资源，顾名思义，是关于历史和文化内容的资源。从其属性看，既有承载历史文化的物质型资源或称物质财富，也有蕴含文化因素的精神型资源或称精神财富，还有二者交叉型资源。综上所述，历史文化资源是指人类不同时期在改造自然世界与人类社会的过程中，通过实践活动创造地对人们有利用价值的，内容丰富、形式多样的，蕴含着文化因素的物质资源和精神资源的总和。

（二）地方历史文化资源的概念

各个地方的历史文化资源构成了我国历史文化资源的宝库，它与地方人民的生产生活有密切的联系，集中反映了当地人们的性格特征和精神风貌，具有鲜明的地方特色。地方历史文化资源是指各个地方在历史发展过程中，逐步形成的凝结在地方的历史、风土人情、时代风貌中的地域精神，以及承载了这些精神的历史遗迹、博物馆、纪念馆、展览馆、杰出人物等。[①]

（三）德阳历史文化资源概况

德阳历史悠久，文化沉淀深厚，在历史发展过程中，一代又一代德阳人创造了灿烂辉煌的文化，留下了宝贵的历史文化遗产。

历史遗迹类：主要有古蜀文化遗址三星堆遗址、古代战场遗址白马关古蜀文化遗址、广汉雒城遗址、三国历史文化遗址、古蜀道金牛古道遗址、中江铜山文化遗址、名人遗迹李调元故里、黄继光故居、工业遗址绵竹市汉旺镇东汽厂区遗址、"三线"建设工业遗址、绵竹市汉旺地震遗址公园、汉旺老城地震遗址、什邡穿心店地震遗址、纪念性建筑"七·四"烈士[②]纪念碑广场、纪念"戊戌六君子"[③] 之一杨锐的杨锐纪念馆、广汉抗战阵亡将士纪念碑[④]等；陵墓类：主要有绵竹双忠祠和诸葛瞻父子墓、罗江庞统祠墓、王干青烈士墓；城镇类：主要有德孝名城孝泉古镇、三国倒湾古镇、绵竹年画村、中江挂面村、剑南老街等；宗教文化类：主要有德阳文庙博物馆、德阳潮扇制作工艺、绵竹年

---

① 刘勇，张军. 地方历史文化资源融入高校思政课实践教学的探讨 [J]. 北京：教育现代化，2019，6（33）：191-192，210.

② 1928 年，中共四川省委决定组织春荒暴动，派黎灌英、王干青、李晏蟠等人组成的春荒暴动行动委员会，并对暴动骨干进行了军事培训。7 月 3 日晚至 4 日凌晨暴动开始，因暴动计划泄露，敌强我弱，暴动失败，黎灌英、李晏蟠、张民宽等人被地方反动武装杀害。

③ 指维新派志士谭嗣同、杨锐、林旭、刘光第、杨深秀、康广仁。

④ 1941 年 7 月 7 日"七七事变"四周年之际，广汉县为纪念在抗战中牺牲的将士树立此碑。

画制作工艺、中江挂面制作工艺、川菜川剧文化、德阳石刻公园等。可见，德阳历史文化资源内容丰富，涉及古蜀文明、中华传统文化、三国文化、革命文化、文学、艺术、宗教等，形式多样，有历史遗迹、重要遗址、纪念馆、古建筑、名人故里等。[3]

二、地方历史文化资源与高校思政课在育人目标和育人内容上具有高度一致性

对高校大学生进行历史文化教育与思想政治理论教育同属中国特色社会主义精神文明建设的重要内容，历史文化教育与思政教育二者在育人目标和育人内容上具有高度的一致性。

（一）二者在育人目标上具有高度一致性

1. 高校思政课程的育人目标

立德树人是高校的根本任务，高校思政课是高校思想政治理论教育的主渠道。习近平总书记在"3.18座谈会"上指出，高校思政课教师要用新时代中国特色社会主义思想铸魂育人，引导学生增强"四个自信"，厚植爱国主义情怀，引导学生把爱国情、强国志、报国行主动融入实现中华民族伟大复兴的奋斗之中。

2020年国家制定的《新时代学校思想政治理论课改革创新实施方案》明确了大学阶段的思政课重在增强学生的使命担当，重点引导大学生系统掌握马克思主义中国化的理论成果；了解党史、新中国史、改革开放史、社会主义发展史；自觉践行社会主义核心价值观，帮助学生确立正确的世界观、人生观、价值观，增强学生的"四个自信"。简言之，高校思政课旨在培养听党话跟党走，能够担当民族复兴大任的，德智体美劳全面发展的社会主义合格建设者和可靠接班人。

2. 历史文化资源的育人目标

"历史文化遗产不仅生动述说着过去，也深刻影响着当下和未来。"[3] "在5000多年文明发展中孕育的中华优秀传统文化，在党和人民伟大斗争中孕育的革命文化和社会主义先进文化，积淀着中华民族最深层的精神追求，代表着中华民族独特的精神标识"[4]，中华传统美德是中华民族的根和魂，我们"要从优秀传统文化中汲取营养和智慧，延续文化基因，萃取思想精华，展现精神魅力。"[5]革命文化是我党在长期革命斗争中形成的宝贵精神财富，"中国革命历史是最好的营养剂。"[6]学史明智、鉴古至今。习近平总书记指出，地方历史文化

资源中有丰富的红色资源，我们要善于挖掘、梳理、总结，利用好当地红色资源，引导学生更好地知史爱党、知史爱国。所以，加强历史文化教育旨在厚植学生对党和国家的深厚情感、增强民族认同感和归属感，引导学生树立正确的历史观、民族观、文化观，主动抵制"历史虚无主义"，激励学生主动传承红色基因，延续中华文明，争做以德为先全面发展的时代新人。这与高校思政课的育人目标不谋而合。

（二）在育人内容上具有高度一致性

1. 德阳历史文化资源蕴含着丰富的思想政治教育元素

一蕴含了长江流域的古文明、古巴蜀文化，体现了中国古人的智慧和中华文明的源远流长。例如三星堆国家考古遗址公园和三星堆博物馆、古蜀道金牛古道遗址；二蕴含了三国文化，体现了中华民族崇尚"忠""勇""正直""重义轻利"的价值取向。例如绵竹双忠祠和诸葛瞻父子墓、庞统祠和庞统墓；三蕴含了革命文化，例如中江黄继光纪念馆；四蕴含了中华传统美德，反映了中国人孝老爱亲、重视孝道的品质。例如德阳孝泉"三孝园"①；五蕴含了包括儒家文化、诗歌文化、饮食文化等在内的中华传统文化，例如德阳的文庙博物馆、德阳罗江李调元纪念馆；六蕴含了伟大的抗震救灾精神。例如德阳绵竹汉旺地震遗址；七蕴含了"三线建设"②精神，例如绵竹市汉旺镇东汽厂区遗址。可见，德阳历史文化资源中蕴含着丰富的思政因素，可以为高校思政课实践教学提供丰富的教学资源。

2. 高校思想政治理论课涉及的内容广泛，与德阳历史文化资源的内容具有高度一致性

高校思政课主要有《思想道德与法治》《毛泽东思想和中国特色社会主义理论体系概论》《马克思主义基本原理》《中国近现代史纲要》等，内容涵盖人生观、价值观、道德观、法治观、马克思主义基本原理、中华传统美德、革命文化、爱国主义思想、"四史"等内容。思政课开展实践教学是以教材的理论知识为依据进行设计的。通过研究对比，我们发现高校思政课教材中的理论知识与德阳地方历史文化资源中蕴含的精神内涵高度契合，这非常有利于德阳地方历

---

① 东汉时，在今孝泉镇住着姜诗一家人。姜诗和他的妻子庞行、儿子姜安安都以孝行著称，远近闻名，被称为"一门三孝"。为了宣传孝道，历代都为姜诗立祠祭祀。姜诗祠也就是现在的三孝园。

② 三线建设：19世纪50年代末期至19世纪70年代中期，在我国西南、西北内陆地区进行的一次大规模的经济建设称为三线建设。这是为了改善当时工业布局不合理，建设好战略大后方基地的重大举措。

史文化资源与高校思政课相结合。例如，老师在讲授当代大学生的责任和使命担当时，可以引入德阳籍抗英英雄雷正芳的英勇事迹、"戊戌六君子"杨锐的生平事迹、德阳保路同志军的英勇事迹等；在讲授中国精神时，可以给学生播放由"5.12"汶川大地震后发生在德阳什邡罗汉寺的真实故事改编而成的电影《一百零八》。

三、历史文化资源融入高校思政课实践教学价值探析

从高校思政课的维度看，将德阳历史文化资源与高校思政课实践教学相结合，有利于丰富实践教学内容资源、吸引学生兴趣、提高教学效果；从地方历史文化资源的维度看，有利于历史文化资源的开发、利用、保护和传承。

（一）从高校思政课的维度看：有利于丰富实践教学内容资源；有利于吸引学生兴趣；有利于提高教学效果

1. 有利于丰富实践教学的内容资源，拓展实践教学资源库

一方面德阳历史文化资源蕴含着丰富的思想政治教育元素，为利用当地历史文化资源开展实践教学提供了可能。通过前面的分析，我们知道高校思政课与德阳历史文化资源无论是在育人目标还是育人内容上都高度契合；另一方面，高校思政课要坚持理论与实践性相统一。习近平总书记指出："要把思政小课堂同社会大课堂结合起来。"[7]利用地方资源，发挥地方优势，将学生从教室的"小课堂"带进社会的"大课堂"，既有效整合了地方历史文化资源，又拓展了高校思政课实践教学的资源库。例如：德阳罗江李调元纪念馆已被列为罗江青少年教育基地、罗江县爱国主义教育基地等，德阳孝泉古镇，已被列为四川青少年传统文化教育基地和四川大学的社会实践地。所以，依托地方历史文化资源开展高校思政课实践教学，可以充实思政课实践教学的内容，进一步拓展实践教学资源库。

2. 有利于吸引学生兴趣，提高学生的积极性、主动性

在校大学生几乎都是"00"后，"00"后大学生"求新""求变"的愿望强烈，自主意识较高、但"三观"尚未完全形成，客观辩证地看待问题的能力不足。如果对其一味地进行理论灌输，会适得其反。思政课教师要想"抓住"学生，提高课堂"抬头率"，增加课堂"点头率"，一定要让课堂"活"起来，善用学生喜闻乐见的方式讲跟学生息息相关的事情，拉近老师与学生的距离。历史文化资源具有现实性、具体性、生动性等特点，它不是空洞的理论和说教，而是反映地方人们生产、生活的一些故事、风俗、人物、社会活动等鲜活的东西，而这些恰巧与大学生的学习、生活密切相关，加之，地方历史文化资源内

容非常丰富，几乎涉及人们生活的方方面面，既有物质资源也有精神资源，呈现的形式也是多种多样的，有历史古遗址、古代建筑、博物馆、纪念馆等。所以，在高校思政课实践教学中，教师有意识地引入地方历史文化资源必然会大大吸引学生注意、引起学生兴趣、调动起学生学习的积极性和主动性。

3. 有利于提高教学效果，增强教育实效性

一堂好的思政课一定要有课堂上的良性互动，或"师生"之间、或"生生"之间，在一堂好的思政课上无论是老师还是学生都是心情愉悦、收获满满的。教学效果的好坏取决于多种因素，但一定与教学资源的丰富还是匮乏、教学方式的多样还是单一、教学环境的多样还是单一有关。在高校思政课实践教学中，融入地方历史文化资源有助于实现教学内容的丰富化、教学方法的多样化、教学环境的多样化，既立足教材，又不单单局限于教材；既发挥老师的组织、引导作用，又吸引学生参与进来；既保留传统授课方式的优势，又采用多样的教学方式。依托地方历史文化资源开展高校思政课实践教学，尤其是校外实践教学，一方面有利于学生理论联系实际，更好地理解教材上的理论知识，更深刻地认识和感悟生活；另一方面有利于老师增加对学生的了解，增强对学生的信心和信任。所以，将地方历史文化资源与高校思政课实践教学结合起来，无论是学生还是老师的主观能动性被调动起来了，都全身心地投入课堂，这样的课堂效果定会大大提高，教育的实效性也会大大增强。

（二）从地方历史文化资源的维度看：有利于地方历史文化资源的开发、利用、保护和传承

党和国家重视历史文化资源的开发、利用、保护和传承。习近平总书记指出："保护好、传承好历史文化遗产是对历史负责、对人民负责"[8]，并强调我们要深入挖掘历史文化遗产背后蕴含的思想内涵。一段时间以来，一些地方历史文化资源由于缺乏相关理论的支撑和当地对其重要价值的认识不足，导致没有对其进行应有的开发、利用、保护，也使得其价值没能得到应有的发挥。开展高校思政课实践教学，促进了当地对其起历史文化资源的梳理、整合和有效保护，也促使对其所蕴含的思想内涵，文化、社会价值进行深入挖掘和系统阐释。习近平总书记指出要让"博物馆里的文物""广阔大地的遗产""古籍里的文字"都"活起来"，从而丰富历史文化滋养。[9]让历史文化遗产真正"活起来"，由"静"变"动"，将它与思想活跃、求知欲望强的青年学生结合起来是重要的途径。习近平总书记曾指出新时代的大学生是可爱、可信、可为的一代。新时代大学生敢于表达自己，善于利用自媒体，通过 QQ、微信、微博、抖音、知乎等平台分享自己的所见、所闻、所感，这非常有助于当地历史文化资源的

传播，有助于大学生更好地传承中国历史文化。

四、德阳地方历史文化资源融入高校思政课实践教学的路径探索

德阳历史文化资源融入高校思政课实践教学要从以下三个方面着手：一是历史文化资源所在地相关部门和高校要高度重视，发挥双方的积极主动性，通力合作，形成教育合力；二是校内校外两种实践模式协调推动，利用好地方历史文化资源，服务于思政课实践教学；三是充分依托科技力量，创新教育教学模式。

（一）地方和高校高度重视，实现校地联动，形成育人合力

充分利用地方历史文化资源开展高校思政课实践教学，无论对于地方还是高校都是"双赢"。但要真正做实做细，需要地方和高校的共同努力。首先，地方和高校领导思想上要高度重视。地方政府要充分认识到发挥地方历史文化资源的价值；高校要充分认识到高校开展思政课实践教学的重要意义；地方和高校都要认识到地方历史文化资源的育人作用。其次，做好人才保障、资金支持、物力支持。人力方面，当地相关部门要有专门研究当地历史文化资源的人才，研究其背后蕴含的思想内涵，进一步挖掘出其与思想政治教育的内在联系；还需要配备专人负责与高校联络，协助开展实践教学。高校也需要设立协同开展校外实践活动的机构或研究所，要有相关方面学科背景的老师，要配备与当地相关部门联系的人员。物力方面，当地需要加强对历史文化资源的保护、修缮、管理；高校需要为开展校外实践教学提供交通工具，为校内实践教学提供场所、设备等。财力方面，无论是地方还是高校都需要为顺利开展实践教学提供资金的支持。高校发挥主导和主要作用，地方配合高校，协调各方力量，校内校外，群策群力合力发挥高校思政课"第二课堂"的作用，形成育人合力。

（二）校内、校外两种实践模式协调推进，用好地方资源，服务思政教学

理论知识与实际生活结合起来更容易让学生感觉真实、可信，让理论知识更有说服力。高校思政课教学有理论和实践两部分，实践教学又分为校内实践和校外实践两种模式：一校内实践教学。首先要立足教材理论知识点，选择跟教材理论知识相匹配的历史文化资源；其次要选好实践活动开展的时间节点；再次，展示实践活动的成果，并评选出优秀作品；最后，老师对实践活动进行教学反思。利用地方历史文化资源，可开展内容丰富、形式多样的校内实践活动。例如，在抗日战争胜利纪念日前，老师可布置学生上网收集德阳近代历史

上的抗日英雄和抗日活动，讲述英雄人物的英勇事迹；可根据英雄的英勇事迹编排情景剧；可以围绕主题创作手抄报；可以观看关于抗日战争的影片；教师还可以将革命先烈的后人邀请到学校给学生进行座谈。二校外实践教学。地方的重要历史遗址、历史文化博物馆、英雄人物纪念馆、名人故居、重大历史事件发生地等可以为地方高校开展实践教学提供基地。开展校外实践教学同样要以教材理论知识为依据，在同类资源中选择典型的、具有代表性的。例如：反映我国传统道德的，可选择孝泉镇的"孝泉三孝园"；反映"三线"建设工业文化的，可选择绵竹市汉旺镇东汽厂区遗址；反映改革创新的，可选择广汉向阳镇博物馆。总之，高校开展思政课实践教学要围绕着"立德育人"的根本任务，充分利用社会一切有利资源，厚植大学生的爱国主义情感，激励大学生主动投身到文化强国的建设实践中。

（三）依托科技力量，创新教学模式，提升教学质量

社会在发展，时代在进步，如今人类已进入第四次工业革命时代，5G技术、人工智能、虚拟仿真技术发展迅猛，应用广泛。运用信息化手段进行教学是新时代教师必备的基本能力。新时代的大学生是"互联网原住民"，他们对网络技术、信息化手段兴趣浓厚，"短视频""微电影""虚拟现实"等形式深受学生喜欢，通过信息化手段连接地方历史文化资源和高校思政课实践教学，会大大提升高校思政课的趣味性、吸引力。例如：老师可根据授课内容，在地方历史文化资源中查找与之相匹配的资源，然后运用技术手段制作成课件、微视频等给学生展示；学生也可以利用信息化手段在云班课、学习通等教学互动平台上传形式多样的实践作业，如拍摄的图片、制作的PPT、微电影等，同学之间还可以相互点赞作品。智慧课堂、虚拟现实等信息化手段的运用，可以激励学生自主学习、合作学习，提高学生的动手能力，增强学生的团队合作意识，提高教学效果。随着科学技术的进步，思想政治教育在教学理念、教学手段、教学模式等方面定会与时俱进，高校思政课的实效性也会大大提高。

将地方历史文化资源与高校思政课实践教学结合起来，既是高校思政课实践教学改革的有益探索，也是更好地保护地方历史文化资源的一个路径探索。每个地方都有自己独特的历史文化资源，高校应该以此为依托，拓宽高校思政课课堂，丰富高校思政课教学资源，从而提高高校思政课的教学实效性，努力让思政课成为大学生真心喜欢、终身受益的"金课"。

参考文献

[1] 中共中央宣传部 教育部. 关于进一步加强和改进高等学校思想政治理

论课的意见［EB/OL］. 中华人民共和国教育部网站，2005-03-02.

［2］［7］习近平. 思政课是落实立德树人根本任务的关键课程［J］. 求是，2020（17）：13.

［3］［8］［9］习近平. 保护好传承好历史文化遗产［N］. 人民日报，2020-11-20（1）.

［4］习近平. 在庆祝中国共产党成立95周年大会上的讲话［J］. 求知，2021（5）：4-12.

［5］习近平主持中共中央政治局第二十九次集体学习［EB/OL］. 新华网，2015-12-13.

［6］习近平. 在党史学习教育动员大会上的讲话［J］. 求知，2021（4）：4-11.

［10］刘勇. 地方优秀历史文化资源引入高校思想政治理论课的探索与思考［J］. 学校党建与思想教育，2018（23）：47-48，51.

［11］中共中央办公厅 国务院办公厅. 关于深化新时代学校思想政治理论课改革创新的若干意见［N］. 人民日报，2019-8-15（1）.

作者简介

贾芳琴（1983—），女，汉族，山西汾西人，法学硕士，讲师，四川省德阳市委讲师团成员。参编教材4部。第一作者发表文章7篇，主持课题3项，参与课题10余项。主要研究方向：马克思主义理论教育、思想政治教育。

本文为2021年度学校思想政治教育研究课题"德阳地方历史文化资源在高职院校思政课实践教学中的运用研究"的研究成果。

新时代高职院校思政课混合式教学模式的构建探究

——以超星学习通平台为例

何 煦

当前，混合式教学已成为高职院校应对新冠肺炎疫情防控常态化的教学新模式，积极探索指向深度融合的思政课混合式教学模式已成为推进思政课改革创新面临的重要课题。2020年新冠肺炎疫情期间"停课不停学"的线上教学，促使思政课教师在信息化教学方面已有了较多尝试，对混合式教学模式进行了初探，并取得一定成效，但与信息化技术和教学深度融合的要求尚有较大差距。在后疫情时代，如何创设新兴媒体技术与高校思政课教育教学深度融合，形成线上线下混合式教学的合力矩阵；如何打造学生参与课堂、教师引导课堂，实现由知识习得到价值塑造的教学新生态；如何让思政课成为学生真正入耳、入脑、入心的课程，切实提升育人成效，是思政教师面临的亟须破解的难题。

一、思政课混合式教学模式实施现状调查

在本项目研究实施前，对本校思政课混合式教学实施现状进行前期分析探究。通过对本校思政课教师进行走访座谈。了解到各任课教师均有尝试使用信息化教学平台，如中国大学MOOC、云班课、雨课堂等，但存在线上教学使用频率不高，线下教学使用仅局限于平台基本功能，如常规化签到、课堂提问等，线上平台资源搭建不足等问题。在教学中更倾向于传统教学方式，对混合式教学模式的框架、设计原则等理解不全面，但表示愿意改革创新教学理念，深耕教材内容、结合高职学生学习特征、信息资源和优势等特点进行合理教学设计，实现最优的教学法。切实提高教学质量，努力打造立德树人"金课"。

面向大一学生发放调查问卷，收回问卷的有效率为97.4%。经数据分析得知，78.6%的同学高中阶段有使用线上平台上网课的经历，但对信息软件的辅助学习功能使用较少，对思政课存在枯燥刻板认知，对大学思政课学习兴趣度不高。大部分学生能够按照教师要求参与已有的线上学习，但学习内驱力不足，

缺乏自主探究意识。98.5%的学生赞成并期待教师能改变传统灌输式教学模式，希望能够运用信息化平台参与课堂互动，形成探究性社群，同时增加专题化实践教学环节。

二、思政课混合式教学模式建构的现实意义

混合式学习模式既契合信息化时代"00后"学生乐于采用信息化学习的兴趣，又克服了传统教学模式的不足，同时立足于线下教学实效提升，打造以学生为中心的高效课堂，具有自己独特的优势，成为新时代思政课教学模式改革创新的指向。

（一）混合式教学模式有助于优化课程体系，提升教学内容的整体性

混合式教学模式由线上教学、线下教学组成。线上教学侧重理论基础知识，线下教学旨在破解重难点、突出价值引领、热点问题探究研讨。在思政课的混合式教学中融入实践教学模块，将线上课堂、线下课堂和实践课堂有机衔接，引导学生达成理论认知、能力培养、价值塑造的三维教学目标。基于这一教学目标，教师须全面准确把握教材逻辑体系和价值主线，坚持政治性和学理性相统一。同时基于学情分析、教学目标分析，深耕教材，对教学内容进行二次开发，构建递进式线上、线下、实践相融合的教学体系，实现教学效果的最优化。

（二）混合式教学模式有助于打通以学生发展为中心理念的"最后一公里"

混合式教学模式的关键思想包括：彻底反思课程设计，最大限度地提升学生参与度、精心整合面对面学习与在线学习、重构并替代传统课堂的交流时间。思政课混合式教学模式的建构，实现了多重教学空间的协调整合，为学生提供了便捷、高效、多样的课堂参与平台和表达平台，满足了学生渴望自由表达和自主学习的主体性诉求。同时以任务驱动式、探究式教学法，注重启发式教育，让学生在启发中思考，在思考中获得，在获得中真学、真懂、真信、真用。提升学生学习的意义感、自我感和效能感。

（三）混合式教学模式有助于建设高素质专业化思政课教师队伍

混合式教学的设计和实施过程，使得教师拥有较大的创新空间，增强了自由设计教学模式和过程化教学的体验感，同时也拉近了师生间的距离，更好地了解学生主体需求和对教学情况的实时反馈。与此同时，混合式教学模式也对教师教学能力有着更高的要求。思政课教师应在信仰坚定、理论功底深厚的基础上提升对新兴信息化技术的运用能力，保持学科的敏锐度，增强对课堂教学

的把控力和组织力，做到守正创新。

（四）混合式教学模式有助于精准思政，提高教育针对性

精准思政作为新时代思想政治教育工作创新发展的新样态，需要切实抓住提质增效的"硬核"问题，在"内容为王"思想的指导下，推进思想政治教育精准供给。混合式教学模式以现代信息技术为支撑，通过大数据、云平台即能实现对学生学习情况的精准分析，准确掌握学生的思想脉搏，实现精准画像，为个性化教学提供参考。在线上课堂教学中，信息化技术为学生构建了庞大优质的学习资源平台，充分关照了学生个体学习差异。在线下课堂和实践课堂教学中，注重师生面对面沟通和交流、形成探究性社群，为教师密切关注学生的学习情况和思想动态，以及生生间的相互协作交流提供了时空和契机。

（五）混合式教学模式有助于实现思政课全程教学全程育人

在传统的思政课教学中，由于时空限制，教师难以在课后对学生进行有效学习辅导，也无法对能力目标、素质目标是否达成进行追踪。大数据时代，便捷的信息技术为向课前、课中、课后联通全程的思政课教学模式转变提供了条件。课前，教师可通过信息化教学辅助平台发布新课学习任务，实时了解学生线上学习情况，以便及时调整线下教学策略。课中，借助信息化平台实现网络留痕，打造互动参与式课堂。课后通过信息技术助力实现拓展延伸和项目跟进，实现育人全程化模式。

三、思政课混合式教学模式的构建路径

思政课混合式教学模式有力回应现实要求，改变疫情初期线上单一的视听授课模式，转化为线上、线下混合式教学模式，并集实践课堂为一体。引导青年学生把爱国情、强国志、报国行融入实现中华民族伟大复兴的中国梦中。

（一）思政课混合式教学模式设计应遵循的原理

思政课混合式教学模式深入推进思政课教学方法改革，坚持信息技术与思政课有机结合，在以坚持"八个相统一"的基础上，可遵循以下四个原理。

1. 把握时代性

习近平总书记在全国高校思想政治工作会议中强调："要运用新媒体新技术使工作活起来，推动思想政治工作传统优势同信息技术高度融合，增强时代感和吸引力。"思政课混合式教学设计应切合时代需求，着眼时代格局，把握"事、时、势"，从多维度激发教学合力，形成全新、高效、多元、彰显时代特色的教学策略。在教学设计中要坚持用习近平新时代中国特色社会主义思想铸

魂育人，加强"四个自信"教育，将最新理论成果、国际国内热点问题、行业知识、先进理念等贯穿于教学目标分析、教学内容设计、教学实施的全过程。

2. 教学高效性

思政课混合式教学力图突破传统"教—学—考"的单一教学模式，创新教学方法，线上线下同步发力实现教学高效。线上教学旨在激发学生自主学习和管理潜能，提升学生自我信息化素养和综合分析问题能力，增强教师对信息化教学技术的有效应用。线下教学，旨在优化知识结构体系，弥补线上不足。实现教学重难点突破，推动师生间、生生间深度交流互动。实现从以"知识教学"为重点到以"能力提升、素质养成"为重点的转变，全面提升教学实效。

3. 资源创新性

以"学习通"平台为载体，结合高职特点、专业特色和"三教改革"要求，搭建集学生线上学习资源平台，教师教学能力提升平台，师生与生生深度交流互动平台为一体的综合性、创新性资源平台，实现线上资源的最大优化。充分挖掘校园内的显性和隐性教育元素打造校内产学研实践基地。结合地方文化资源和乡村建设资源，打造校外实践教学基地，实现理论课堂的多方位拓展延伸。

4. 考核多元性

考核作为检验教学效果的终端环节，是对教学系统的构成、作用、过程、效果等以及对各个教学有关事物进行科学的价值判断。思政课混合式教学模式应实现由传统结果性评价为主到以综合性评价为主的考评方式，通过线上线下并举实施诊断性评价、过程性评价、总结性评价，实现评价方式多维化、评价主体多元化、评价体系全面化。

（二）基于"学习通"平台的思政课混合式教学模式构建路径

基于"学习通"平台，将教学设计、资源整合、情感体验三者有机统一起来。坚持知识理论供给、价值引领与学生个体需要相结合，全面提升思政课的质量和水平。

1. 精准"定位"，实现教学模式供给侧优化

在学情分析中，运用"学习通"平台问卷功能对学情进行精准调查分析。当前，思政课的受众者年龄结构和接受习惯已经发生了颠覆性的变化，其思维、情感、意识呈现出多元化特点，通过大数据精准"画像"，掌握学生学习基础、学习行为、学习结果等数据，并进行归纳提炼，描绘出大学生"知、情、意、行"图谱，在为学生精准"画像"的基础上，实现一班一策、一生一策。

在教学目标分析中，凸显本课程鲜明的思想性、政治性、理论性、科学性和实践性特征，以《关于深化新时代学校思想政治理论课改革创新的若干意见》《国家职业教育改革实施方案》等文件精神为统领，依据思政课课程标准和学院各专业人才培养方案，形成知识、能力、素质三维度教学目标。结合具体的教学目标，发挥信息技术优势，助力目标达成。

在教学内容分析中，思政课融理论教育与价值引领两种教学话语体系为一体，要精准把握教材的逻辑体系和价值主线，体现内容教学的层次性和体系性。紧扣新时代理论热点和学科前沿，既要坚持政治性和学理性相统一，又要立足混合式设计做到虚实互融，使教学内容既饱含学理又体现哲思、既丰富又充满趣味。

2. 精准"教学"，实现思政课全程教学模式的搭建

构建线上课堂、线下课堂、实践课堂"三位一体"的立体化教学体系，实现线上、线下有效衔接。以《思想道德与法治》课程第六章〈学习法治思想 提升法治素养〉章节混合式教学设计实施为例，为思政课混合式教学模式提供逻辑构建与高效的应用策略。

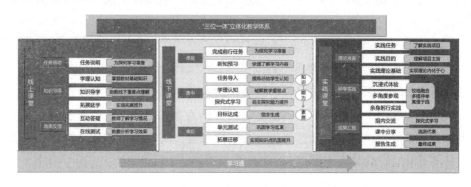

图1 "三位一体"立体化教学体系

（1）线上课堂

根据学生认知规律和学习规律，对教材知识点进行有效拆分，在"学习通"平台搭建线上教学模块。以"学理认知"模块实现基础理论知识的课前掌握，以"知识导学"模块构筑破解教学重难点的前行框架，以"拓展延学"模块实现拓宽知识点的深度和广度。

教师主导：在第六章混合式教学设计与实施中，教师录制了线上教学视频《法律是什么》《我国的实体法律部门》《我国的程序法律部门》对应"学理认知"模块；《社会主义法律的运行》《宪法至上：认识宪法》《情理与法》对应

"知识导学"模块；《解读民法典》《刑法小课堂》对应"拓展延学"教学模块。改变了传统教学内容的呈现方式，既体现了课程内容的逻辑性、规范性，又体现了课层内容的层次性和针对性。同时布置第六章线上学习测试栏目，教师对学生线上学习数据进行详实记录，并将此数据作为过程化评价的必要指标。运用"学习通"平台的直播功能，定时为学生展开互动答疑，启发学生对理论知识进行深度思考，并实时监测学生学习效果。

学生主体：在教师预设的学习框架范围内，运用碎片化时间登录"学习通"平台开展线上学习，完成线上组内讨论、研学等活动，并完成在线测试，检测学习效果。此环节为学生自主学习阶段，学生可根据自我学习规律进行合理规划，自由选择最佳的学习方式，进一步提升自我学习、自我管理、自我激励的能力。在本章节线上视频的学习中，学生完成度百分百，小组讨论、研学参与率达 97.9%。

（2）线下课堂

与线上教学密切衔接，在秉承教学体系的完整性和系统性、教学内容的学理性和政治性的基础上，对教学章节知识点进行重构，形成专题化教学模块。专题一：法治之道——与法治中国共成长。在教学中，注重学思兼备，既体现法学理论的知识性，又体现其鲜明的意识形态性。专题二：守法之道——让法治精神落地生根。本专题实现由知到行的延伸，强化内容推进的逻辑性和提高学生法治素养的目的性。

在课堂教学实施中，按照课前—课中—课后三步骤进行。

①课前，教师以任务驱动为导向，在"学习通"平台为学生预留课前任务，如"法治在身边，你了解吗""如何从法律的角度破解电车难题""死刑存废问题之我思"等课前任务，学生须积极思考或自主探究或小组协作完成，增强学生关照现实的能力。

②课中，教师就学生所形成的浅表化理论认识加以总结提炼，促进学生从整体上把握法律体系、法治体系和法治道路的精髓要义。通过课堂辩论赛项目：道德 VS 法律、探究式学习项目：案例分析——牛刀小试、小组学习项目：今天我是'法'言人等方式，结合学习通随堂互动讨论等功能，打破传统教学关系的滞化状态，发挥学生主体性作用，进一步升华理论知识点，提升学生尊法学法守法用法的法治素养，增强推动法治中国建设的实践本领。

③课后，学生借助教师前期搭建的拓展延伸资料库，完成延伸学习，不受时空限制，实现理论知识的巩固提升。在第六章学习拓展延学资料库中，教师构建了"法律大课堂"线上学习资源模块，并针对不同专业学生人才的培养规

格，增设了与专业相契合的法律知识普及资料，如针对建筑类学生增设了《中华人民共和国建筑法》《建筑工程质量管理条例》等内容，针对旅游管理类学生增设了《中华人民共和国旅游法》《旅行社条例》等。在完成拓展学习的同时，学生进入单元测试模块中完成单元习题，"学习通"平台实时评价，以检验和反馈学习效果。在前行任务模块中，学生可以接收新课任务，为下一次教学环节做准备。

（3）实践课堂

实践教学属于"行"的教学课堂，是对"知"的理论课堂的行动化。将理论寓于实践之中，将"思政小课堂"与"社会大课堂"相结合。切实打造多元化、生动化、生活化的实践课堂。如与学校办学特色相结合的实践项目"参观校史馆，回望来时路——传承技能报国初心"、与乡村振兴相结合的实践项目"走进高槐村——在田间、在草地奏响时代之歌"、与学生日常生活场景相结合的实践项目"小食堂大世界——富强之路、创新之道、劳动之美、奋斗之歌"、与地方文化资源相结合的实践项目"德阳文庙——文化之魂、道德之源、匠心之韵"、与法治素养培育相结合的实践项目"模拟法庭——以案释法，'宪'在进行"等。

在第六章教学中，实践教学项目即为"模拟法庭——以案释法，'宪'在进行"。学生通过案情分析、角色划分、法律文书准备、预演、正式开庭等环节模拟审判及仲裁的过程，展开体验式、沉浸式学习，从而更加深刻地理解法治思想，增强法律知识的自主学习意识和服务社会的能力，全面提高法治素养，达成知行合一的教学目标。

3. 精准"评价"，研判教学效果提升思政育人水平

构建与混合式教学模式理念相一致的评价体系是做好课程改革创新的关键环节。思政课混合式教学模式既保留了传统的统一考核，同时融入了过程化和诊断性评价，形成多元多维的教学评价体系，且评价实时进行，以便激励和指导学生进一步的学习，为其调整学习状态和方法提供参考依据。在线学习，教师从学生视频学习情况、讨论参与度、在线测试完成度等方面记录数据。线下学习，教师从课堂出勤、课堂互动参与、小组探究学习情况、作品呈现等方面进行评价把握，实现评价方式的多维化。同时实现评价主体的多元化，即自我评价、组内评价、组间评价、教师评价、平台评价为一体的评价模式。

四、基于"学习通"平台的思政课混合式教学模式优化策略

本项目自 2020 年实施以来，经过两轮教学实践，切实将线上与线下教学有

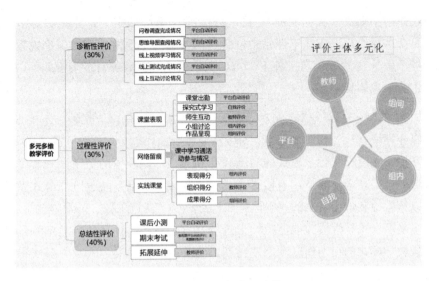

图 2　多元多维教学评价体系

效衔接，使信息技术与课堂教学深度融合，营造了以学生为中心的全程育人的教学新生态。学生线上、线下课堂学习能够积极参与，切实提升了思政课的抬头率和满意度，综合性评价提高了学生的学习获得感，学习成绩大幅度提升。"学习通"平台为教师教学带来了切实的便捷。但仍存在一些问题，如线上教学平台缺少相应约束手段，使得线上自主学习存在自由化、散漫化倾向。线上课堂吸引力不足、教师对混合式教学课堂的把控能力还有待强化等。针对现实困境思政课混合式教学模式还应从以下三方面进行教学策略优化。

（一）融合教学内容、探索符合思政课教学特点的最优混合式教学模式

思政课混合式教学不能直接套用其他科目混合式教学的统一模式。基于其在教育体系中的特殊育人作用，在构建线上教学内容模块时，应进一步强化与线下课堂理论教学内容的互补衔接，彰显高职特色、专业特点，以案释理、以学生喜闻乐见的方式呈现，凸显教学的生动性和灵活性；在线下课堂教学环节，教师应在强化理论认知的基础上着力提升学生分析和解决问题的能力，引导学生通过思考、自主探究等方式，以促进信念生成和价值塑造。融合多种教学方法，切实把握线上、线下资源合理应用，打造符合思政课教学特征的最优教学模式。

（二）坚持主体性和主导性相统一，促进教与学的良性互动

结合思政课课程特点，坚持主体性和主导性相统一，是实现提升学生学习主动性、教师教学高效性、教学内容深度性的重要契合点。教师应在探究学生

学习规律的基础上从自身理论学习、教材研读、教学设计、课堂把控等多方面入手发挥主导作用，在线下课堂中避免"满堂灌""填鸭式"的理论说教，同时引导学生重视大学学习、善于学习，化被动为主动、采用灵活的学习方式，实现主导与主体相融合。

（三）强化制度保障，营造思政课混合式教学最优环境

媒介环境、认知环境和心理环境是思政课混合式教学中不可或缺的要素。媒介环境，既混合式教学模式的实施媒介和通道，此环境的稳定性和流畅性是思政课混合式教学能够持续有效推进的外界保障。认知环境，既混合式教学模式可以给教师和学生带来的直观体验和切身感受，营造乐教、乐学的教学氛围，此环境是混合式教学模式能够持续推进的基础力量。心理环境既教师和学生对混合式教学模式的接纳程度和心理预期，此环境是保障混合式教学模式得以推行的核心。思政课混合式教学模式的持续优化可从组织、管理、激励机制等方面进行研究，增强教师队伍培育、建立适宜的教学团队，促进教师个体的专业化分工。加强对校园网络全覆盖建设，实现学生随时随地皆可学，提升对学生群体的人文关怀，关注其思想、心理发展情况。完善智慧教室建设，推进智慧课堂的实施，为思政课混合式教学模式营造最优的教学环境。

五、结语

基于"学习通"平台的思政课混合式教学模式的构建研究，是切合时代需要，推动思政课教学质量提高、学生学习能力提升和教师综合能力发展的有力路径。将信息化技术与思政课程高度融合，即保留了传统的教学优势，又赋予了教学方式新的时代内涵，实现了教学效果的最优化，提升了课程育人品质。

参考文献

［1］李军刚，王瑶. 高校思政课"混合式"教学模式设计研究［J］. 长春大学学报，2018，28（8）：4.

［2］朱光婷. 基于慕课的高校思政课混合式教学改革探究［J］. 教育评论，2019（7）：6.

［3］孙玲. "论高职院校思政课线上线下混合式教学"［J］. 大学：思政教研，2021（8）：79-80.

作者简介

何煦（1987—），女，本科，四川工程职业技术学院专任教师，讲师。参编

教材《大学生时政教育教程》《大学生法纪安全教育》《大学生思想政治理论课实践教程》，近两年发表《打造思政课"线上+线下"高校课堂的实践与反思》等四篇文章。主持完成科研项目：四川省教育厅青年课题《思政课混合式教学策略优化研究》，项目编号SZQ2021073。获奖情况：2016年四川省思想政治理论课"精彩一课"教学比赛二等奖；2020年四川省高等职业院校教师教学能力大赛公共基础课组赛项二等奖。

基于"对分课堂"教学模式探索高职思政课教学改革

李 立 银 燕

一、引言

"对分课堂"是一种崭新的中国原创性教育方法，是由我国心理学教授提出并发起设计的教学模式，在部分高校应用后取得良好的教学效果，之后被越来越多的高职院校所推广。"对分课堂"教学模式的使用为枯燥的思政教学带来全新的机会与方向，使用"对分课堂"教学模式讲授思政课程，学生的身份发生转变，学生不再是被动的教学客体，他们除了接受知识以外，其思维模式与运用知识的习惯的能力也发生深刻转变[1]。"对分课堂"教学模式将课堂的权利与职责平分，使得课堂环境更加和谐自由，有利于加强师生沟通，拉近师生关系，从而推动学生对于思政知识学习产生兴趣。对于"对分课堂"教学模式，近年来我国学者已经作出多方面研究，例如袁娅娅从"学案导学"角度研究"对分课堂"并且取得一定成就[2]；任爱华等学者以"税收筹划"课程作为基础，深入研究"对分课堂"教学对于人才培养的影响，其研究成果极具参考价值[3]。

本文从高职思政课教学的视角，探讨"对分课堂"教学模式下思政课教学的改革路径，分析思政课程使用"对分课堂"教学模式的可行性。

---

① 丁利娟. "微时代"视域下高职院校思政课现状及"三维"教学模式探析［J］，福建茶叶，2019（07）：197-198.

② 袁娅娅. 基于"学案导学"的高职对分课堂教学对策研究［J］，职教论坛，2020（09）：71-77.

③ 任爱华，赵蔚蔚. 创新型人才培养的"对分课堂"教学模式研究——以"税收筹划"课程为例，河北农业大学报（社会科学版），2019（02）：111-115.

二、"对分课堂"教学模式内涵

"对分课堂"是由复旦大学张学新教授于 2014 年提出的全新教学模式,该教学模式涵盖合作主义、行为主义、建构主义、经验主义等多种教育学理论知识,是目前比较新颖的教学法。该模式是世界范围内继慕课、翻转课堂之后的第三大课堂改革模式,旨在突破原有的基于灌输式的传统讲授法,让教师和学生都成为教育的双主体。从字面意思上来看,"对分课堂"教学模式首先将二分之一的课堂时间用于教师主导教学,然后再利用剩余的课堂时间由学生自主讨论学习,两种不同的教育学习方式相互弥补共同工作,最大效率地激发学生学习课程的主动性与积极性[3]。"对分课堂"教学模式的核心步骤可以划分成三部分,分别为教师授课(Presentation)、学生理解(Assimilation)以及课上讨论(Discussion),简称 PAD 教学模式。具体分为四环节:讲授、独学、讨论和对话。使用"对分课堂"教学模式的教师从有限的教学时间中预留部分时间让学生掌握,形成教师与学生对分课堂,改变传统教学模式。"对分课堂"教学模式之下教师授课环节只需要将教学内容框架和重难点讲授出来,其余时间由学生自己消化,独自思考与完成作业,主要是"亮考帮"作业和传统作业。自学完成后,学生带着自己理解的课程内容以及存在的问题参与小组讨论,讨论过程中教师适当给予答疑解惑、引导、点评的帮助。"对分课堂"教学模式是将师生作为对立统一的两个主体,以科学的方式分配教学活动的掌控权,构建真正的师生共同体,使学生变被动学习为主动学习,不但能显著提高学生成绩,而且能全面培养学生创新意识、思辨能力、合作能力等核心素养,让教育教学获得最大程度的价值体现,"对分课堂"最核心的理念是对权力地对分,是蕴含中庸智慧、中西合璧的本土教学模式。

三、高职院校思政课教学现状

近年来,高校思政课紧密结合青年学生思想实际,不断探索和改进教学方法和教学手段,力求充分发挥思政课主渠道作用,取得了不俗的成果,但也存在一些亟待解决的问题:

(一)学生对思政课缺乏重视

由于高职院校更注重学生专业技能的培养,在这种情况下,学校也更加突出了人才培养目标中专业技能的导向。因此大部分学生将全部注意力放在专业课程之中，对于思政课程缺乏足够的重视。同时，高职院校相当部分学生缺乏良好的学习习惯和理论修养，对语言晦涩、理论性较强的思政课缺乏兴趣。个别学生自我管理能力较差，上课仅仅为了应付学校考勤和考试过关，另外，学校方面也多使用大班教学方式开设思政课程，各个班级思政课程的成绩考核也缺乏系统性和严谨性。

（二）教师教学能力有待提升

教师是思政教学的主导，把控整个课程的实施。高职院校对于从事思政教学的教师在教学经验、理论知识、课程设计等方面均有较高要求。但是在目前思政教学环境中，由于思政课作为一门公共课程，面向的学生群体庞大，教师将更多的精力放在课堂授课之中，缺乏足够的课余时间深入探索、钻研，构思教学设计，教学研究和改革的能力不足。有部分教师仅仅使用现有的材料照本宣科，既缺乏趣味性，也缺乏吸引力。也有部分教师存在教学两张皮，只管自己"教"，而忽视学生"学"，对学生是否学到知识，学得如何，以及知识吸收内化升华的情况缺乏重视，育人效果不理想。

（三）学生核心素养培育不足

思政课是落实立德树人根本任务的关键课程，培育学生核心素养是落实立德树人的一项重要举措，思政课必须重视学生核心素养的培育。反观当下高职思政课，大部分采用传统教学模式，教师主动教，学生被动学，师生之间的责任划分泾渭分明，在这种情况下，忽略学生也是课程的中心和主体，学生的内在活力没有被激发，学生处以低阶的模仿阶段，而创新能力、思考能力以及沟通能力、协作能力都没有得到培养，学生只能按照老师的安排被动地完成学习内容，不利于学生核心素养的培育。

四、高职思政课"对分课堂"教学研究

高职院校实现思政课程教学改革，解决现有教学过程中可能遇到的问题，正在兴起的"对分课堂"教学模式给我们带来了新的启发，注入了新的智慧，研究探索如下：

（一）"以学定教"——创新传统教学模式

传统高职思政课教学多采用三元模式，即：教师讲授、学生独学或作业、教师答疑，通常情况下教师主要通过讲授方式来实现思政教学，教师作为课堂的主导，缺乏生生互动，不能很好地提升学生的综合能力。随着近几年高职扩

招，学生数量陡然增加，各高职院校不得不采用同专业大班集体授课的方式，导致思政课堂人数过多，教学资源不足，在这种情况下，原有的三元教学模式渐渐退化为一元教学，课堂教学演变成思政教师的独角戏，育人效果较差。由此可以看出，这种传统的教学模式已经不适用于谋求改革的思政课堂教学，需要创新原有教学模式。"对分课堂"教学模式遵循了四元教学理念，主要包括：教师讲授（精讲留白）、学生独学（内化吸收）、小组讨论（生生互动）、全班对话（教师答疑）四个环节。"对分课堂"教学模式仍然会使用讲授形式开展教学，但只是把这种教学模式作为基础，同时创新讲授法，将讲授和讨论有机结合，教学过程中充分考虑学情，开展较为有层次的教学方式，保证教学具有实际效果。该教学模式充分利用多种信息化平台提供可利用资源，便于学生自主学习。"对分课堂"教学模式会大量节省课堂教学时间，教师是整个课堂的把控者，需要在较短的教学时间中将思政课程教学重难点表达出来，保证在较短时间内将教学精华内容传递给学生，同时，教师对整体课堂的把控能力、对教材内容的重构水平在一定程度上决定了对分的成败，这在一定程度上促进了教师深入钻研教学。

（二）"靶向施治"——强化学生自主独立学习内核

"对分课堂"教学模式尤为重视学生对于课堂上思政知识的掌握情况，学生对分学习后，确保学生能够充分掌握思政教学的重点及难点内容，这样才能完善后续教学。由于高职学生部分学习基础较弱，独立学习意识不强，教师采用"对分课堂"模式教学，在学生学习基本课堂知识以后，要求学生自行消化、理解，也就是教师需要给予学生充足的自习时间，让学生按照自己的学习习惯吸收课堂上传授的思政知识，来夯实原有的基础。教师改变传统教学模式，优化学生的学习方法，除了课堂讲授思政知识以外，还需要设置与本堂课程相关的问题，要求学生通过教学资料与课本内容获得问题答案，同时要求学生参加实践，将实践内容与课程内容相联系，理论学习和实践拓展相结合，保证学生对知识形成立体的概念，通过课堂独立学习和实践，发挥内化和提升双核联动，培育学生多方面的能力，帮助学生通过学习思政课程得到成长。

（三）"以生为本"——重视课堂生生、师生互动

"对分课堂"弥补了传统教学课堂培育学生综合素质能力不足的缺点，充分利用教学讨论实现深度的学生合作，更注重高职学生核心素养的培养。教学讨论是"对分课堂"教学模式中的重要组成部分之一，和传统讨论不同，这种讨

论是建立在上一环节学生独立学习内化的基础上，每个学生都必须参与讨论，尊重了学习的基本规律，是更为有效的讨论。交流学习能够促进学生进一步掌握思政课程知识，如果学生在上一个学习过程中存在问题，可以通过交流讨论探索问题的答案，提升学生讨论的积极性并加深学生的记忆。这种教学模式还能极大程度地增加课堂的活跃程度，也能提升高职院校思政课程的教学效果。"对分课堂"教学模式是一种较为科学性的教学方式，可以弥补目前高职院校中的思政教学弊端，充分发挥学生的主体作用。学生在讨论过程中，将被动接受的知识内化为学生的自觉行为，通过小组协作提升学生的合作精神、创造性思维、沟通能力、批判性思维等，潜移默化地提高高职思政课的整体育人效果。

五、"对分课堂"教学模式在思政课的实践改革

"对分课堂"作为一种全新的教学方法，也引发了当下思政课的"课堂革命"，目前国内有众多高校试点、应用和实践，四川工程职业技术学院在教学实践过程中也进行了有益的尝试和探索。

（一）"对分课堂"教学实践应用

马克思主义学院概论教研室老师们经过长期准备，精心策划，于2019年秋季在《毛泽东思想和中国特色社会主义理论体系概论》的课堂中，充分结合我校校本案例库和该门课程省级示范课程的线上优质资源，应用学习通学习平台创新混合对分模式，推进6个班级实施实践"对分课堂"教学法。

以一个授课教学班、具体教学单元为例，学生共计59人，包含两个行政班级，采用当堂对分模式进行。该教学班每周一节，分为上、下两个连续小节，共计90分钟。该班级设置每个小组4至5人。分组采用ABBC的方式，对每个小组学生的学习能力进行均衡配置，学习能力强的占比25%，中等50%，较弱占比25%。老师按照"对分课堂"教学模式的四个环节来展开教学。分别为教师讲授（45分钟）；学生独学、完成亮考帮（15分钟）；小组讨论（20分钟）；全班对话（10分钟）。教师在对分过程中，根据教学内容可以灵活掌握对分的时间，但是必须给学生留足内化和充分讨论的时间，不能忽略对分的四个步骤。具体教学流程如图1所示。

以教材第九章"坚持和发展中国特色社会主义的总任务"的第一节"实现中华民族伟大复兴的中国梦"为例，运用"对分课堂"教学模式，组织实施教学。

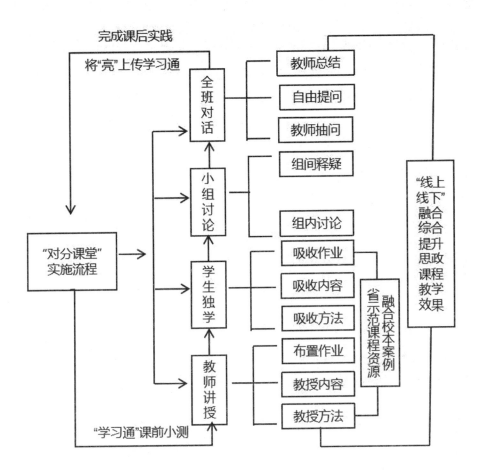

图1　我校思政课"对分课堂"教学流程设计

课前，教师做好充分的准备，熟悉学情、教学大纲和教学资料，细化教学内容。在"学习通"平台发布课前小测，预知学情，不设置课程预习内容。

课中，遵循"对分课堂"四个环节，打造高效课堂。

1. 教师讲授环节

在此环节，我们注重精讲留白，不面面俱到。首先向学生阐述本节内容整体教学框架，这一节内容包含三个方面：中华民族近代以来最伟大的梦想；中国梦的科学内涵；奋力实现中国梦。逻辑框架为：中国梦从何而来；中国梦是什么梦；中国梦是谁的梦；如何实现中国梦。其次讲清楚本节内容的重难点。重点讲授内容为如何奋力实现中国梦。难点讲授内容为中国梦的科学内涵、如何理解中国是谁的梦。教师结合校本案例"我校建校史""八万吨第一操作手叶

139

林伟"以及袁隆平的"两个梦"向学生讲清楚中国梦是个人梦、民族梦和国家梦的有机统一，中国梦是个人梦和群体梦的辩证统一。随后教师向学生布置作业任务，包括传统作业、特色作业"亮考帮"、拓展作业。在本节内容中，向学生布置传统作业：随堂小测。特色作业"亮考帮"包括了"亮闪闪"：这节课的最大收获；"考考你"：自己掌握了哪些，而你觉得别人没有掌握的知识点；"帮帮我"：自己不明白需要其他人帮助解答的问题。拓展作业主要针对学有余力的同学，本次课请同学们思考：为什么近代中国会衰落？

2. 学生独学环节

教师充分利用教学资源，向学生推送学习资料《习近平在新中国成立 70 周年讲话（片段）》、"概论课"示范课程资源包 PPT 课件。这一阶段要求学生独立完成学习，不要求学生进行相互交流讨论，而是指导他们阅读教材相关内容并浏览延伸资料，学生在独学阶段完成教师布置的作业任务。其中特色作业"亮考帮"为必做作业，传统作业尽力做，拓展作业选做。

3. 小组讨论环节

这一环节，学生主要依托"亮考帮"作业，以各学习小组的形式开展讨论学习，并指定一位小组长，小组成员分别交流自己的学习心得以及作业中难以解决的问题。组内有疑惑无法解决的问题可跨组解决，在学生内部解决学生的个性或者部分共性疑惑。在这个过程中，我们督促学生认真地参与课堂讨论，当个别小组有疑惑需要老师协助时我们给予他们一定的帮助，但不过多干涉。同时我们也会注意倾听各个小组的疑惑，为后面的全班对话做准备。

4. 全班对话环节

在全班对话阶段，教师首先表扬在作业和讨论阶段表现优秀的同学，随后抽问其中三个小组，由三个小组的代表分别就本组的讨论情况做分享，这时个人的"亮考帮"已经上升到小组的"亮考帮"，针对这三个小组提出的疑惑问题，由其他小组来解决。接着进入到自由提问，在这个过程中，老师梳理到本节课学生共性的疑惑：中国梦和美国梦的差异。教师从梦想的出发点、价值和内涵以及实现途径为同学们解答疑惑。最后教师针对本次课做简要总结，引导学生树立个人梦想，将个人梦融入民族梦和国家梦中，将自身的发展融入国家和民族的发展之中，提高社会责任感和使命感。

课后，我们发布实践任务：寻访身边的中国梦，并将视频或者图片和本节课的收获一起上传至学习通，进一步巩固所学知识，坚定学生的理想信念。

通过马克思主义学院"对分课堂"教学团队两年多的教学实践，我们高度重视课堂上的师生全员、全程、全方位共同参与，学生对课堂的心理投入、价值预判、展示表达、知识掌握都有了改进，上课的积极性明显提高。最突出的是学生学习成绩显著的提升，不及格率明显下降，应用"对分课堂"模式的班级《毛泽东思想和中国特色社会主义理论体系概论》的成绩不及格率纵向对比由原来的5.3%下降至2%，应用"对分课堂"教学模式的班级比未应用此教学模式的班级平均分高4.2分。通过问卷调查和访谈发现学生的思考、沟通、表达、合作能力也明显增强，对分课堂教学模式极大提高了学生的综合素质。在学校组织的"大学生讲思政课"以及"大学生微电影"选拔赛中，"对分课堂"班级的学生优势明显，并最终突围，获得了2021年"大学生讲思政课"高职组省赛一等奖、"大学生微电影"比赛全国优秀奖。学生能力得到提高的同时，教师的教学水平也得到提升，4名教师参加2021年学院和省级教师教学能力大赛获得省级三等奖和学院二等奖，1名教师参加"精彩一课"比赛获得省级二等奖。

（二）"对分课堂"教学模式需要注意的问题

在思政课堂中使用"对分课堂"教学模式，需要更新教学的过程、想法与方法，由此才能形成一种全新的思政教学模式。通过我校"对分课堂"教学模式的实践，我们认为在实际应用时需要注意以下三个问题才能取得较为良好的教学效果。

1. 课前不布置预习内容

常见的教学模式都会在课前向学生布置预习作业，让学生先了解教材中的内容，大多数教师都认为，使用课前预习方法，能够帮助学生更深入地掌握教学内容，学生初步了解教学内容后，教师在课堂上教学也可以加快速度，也能一定程度上降低教学难度。这种要求学生预习的传统教学方式只能适应常见的课堂环境，但是不适合"对分课堂"教学模式。对于知识预习工作，并不是每个学生都会完成，这样就会出现，一部分学生完成预习，但是仍然有一部分学生没有预习，这就导致学生之间对于思政知识的掌握有一定差异。学生之间存在差异，会导致没有预习的学生产生心理压力，降低学生在课堂上的积极表现，而且已经预习的学生，认为自己已经掌握这部分知识，对于学习这部分思政知识失去兴趣。所以使用"对分课堂"教授思政知识时避免使用课前预习的教学方式，保证每个学生保持在相同的起跑线上，使每个学生都能将注意力集中在新课程的学习中。

2. 课堂讲授要"精讲留白"

讲授是课堂教学的重要环节，在传统课堂中，教师往往面面俱到，事无巨细，一般认为，教师讲的越全面、越深刻、越详细越好。在对分课堂中，这些观念被颠覆，对分课堂讲授部分注重的是精讲和留白，让学生知道"学什么""为何学""如何学"，更加注重宏观层面的把握，教师只需要讲清楚框架和重难点，并提供学习方法、技巧和策略，不需要讲得太系统全面，不需要讲透每个教学内容。对分课堂的授课环节直接决定着教学目标是否有效达成，决定着后续讨论的成败，教师由传统课堂转向对分课堂，必须转换传统讲授的固有思维定式，需要充分了解学情和教学大纲，对授课内容进行有效取舍。

3. 注重教师课堂引导行为

"对分课堂"教学模式中教师发挥着引导作用，教师对整个课堂的把控能力至关重要。无论是授课阶段还是讨论阶段，教师需要对每个环节都熟记于心，把控到位，教师需要引导学生收集资料、确定讨论内容等，尤其是在学生讨论阶段，教师需要走动观察学生的讨论情况，避免学生脱离讨论主题，同时还要点拨学生思路，避免学生未经思考随意提问的情况出现，提升学生思考问题的深度，使讨论结果更加具有质量。

六、结语

高校思想政治课教学的最终目的和目标就是要解决好培养什么样的人、如何培养人以及为谁培养人这个根本问题。"对分课堂"教学模式为高职院校"如何培养人"开辟了一条新路，为思政课教师们推进课堂革命提供了教学改革的方向、路径和方案，突破了以往探索思政课教学改革只从内容选取和教学方法的改变去寻求突破的困境，为进一步提升高职院校人才培养质量提供了新的思路。我校思政课会继续推进"对分课堂"教学实践创新，不断解决在教学中遇到的问题，助力新时代思政课程建设，培育时代新人。

参考文献

［1］李晓莉."对分课堂"教学模式在大学生心理健康教育课程中的应用研究［J］.现代职业教育，2018（5）：1.

［2］袁娅娅.基于"学案导学"的高职对分课堂教学对策研究［J］.职教论坛，2020（9）：7.

［3］陈娟.高职院校思政课培育工匠精神：维度与路径［J］.职业技术教

育，2019，40（20）：5.

作者简介

李立（1985—），女，硕士研究生学历，四川工程职业技术学院思政课专任教师，讲师。参编教材：《形势与政策》。发表论文《论如何在教务工作中融合学生思想政治教育》《高校马克思主义理论课程改革的进程及创新路径探析》等10余篇论文。主持项目：校级课题1项。获奖情况：2021年四川省教师教学能力大赛（高职组）三等奖；2021年指导四川省第五届高校大学生（高职组）讲思政课公开课比赛一等奖。

银燕（1965—），女，本科，四川工程职业技术学院思政课专任教师，教授。主编教材《形势与政策》。发表论文《人文关怀视域下高校德育工作路径探析》《构建高校主体性思想政治教育模式的思考》等30余篇，主持项目：《新时期高校思想政治教育主客体关系研究》《新媒体环境下党的群众工作路径探析》等省、市、校级课题10余项。获奖情况：2015年论文《构建高校主体性思想政治教育模式的思考》获德阳市第七届哲学社会科学优秀科研成果二等奖。

课程改革与课堂革命：阅读教学育人路径优化聚焦

邓朝晖[*]

　　课程思政理念的提出，让我们深刻反思：大学阶段的语文教学，如何才能促进学生更好地发展，实现"立德树人"目标？"教育最根本的途径是阅读。""教师在课堂上无论多么细致地讲解名家名作，无论讲得多么精彩，都只能是启发，而不能代替学生的阅读。"[1]思想政治素养与语文能力的提升，都必须以阅读为基础，只有学生积极主动的广泛阅读，具备读懂读深的能力，学生的全面发展才有保障。高职阶段的语文教育，最终必须落实到学生自己阅读质量的提高，必须顺利过渡到自主阅读。2016年北京师范大学教育创新研究院发布的《面向未来：21世纪核心素养教育的全球经验》报告中，发展的三个方面是"文化基础""自主发展""社会参与"；六种基本素养中，有"人文底蕴"和"学会学习"[2]，这些都必须以阅读为基础。所以，关注学生的发展，首先就要关注学生的阅读问题。

　　目前语文教学中，阅读教育与阅读教学非常不足。传统语文教学侧重于文本内容分析，缺乏针对阅读的指导。高职院校的语文教学，多年来沿用中学单篇分析讲解模式，不再适合高职阶段学生发展的需要，无论是教材还是教法，语文课程需要改革，语文课堂亟待课堂革命。要真正变"教"为"学"，要以激发学生主动阅读的意愿为基础，并教会学生读懂文本的基本方法。这一阶段的阅读教学，要帮助学生树立自主阅读和终生阅读的意识，提高主动阅读的意愿，提升阅读能力，实现自主阅读。要帮助学生从以前的"应试"，过渡到"应用"，开始有意识地用好语文。阅读教学改革基于课程思政的核心理念，以立德树人为教学根本任务，拓宽教学内容，改革教学方法，利用语文学科丰富的思

　　* 基金项目：四川省教育厅2018—2020年高等教育人才培养质量和教学改革项目"课程思政视阈下《大学语文》母语阅读教学模式研究"课题编号：JG2018-994。

想文化资源，引导广泛阅读，实现"立德"目标；发挥专业优势，做好阅读指导，提升语文素养和语文能力，实现"树人"目标。

有必要重新审视阅读教学。长期喂养式的教学，使得高职学生在阅读理解方面缺乏主动性，对老师的讲解分析依赖性很强，读不懂文意，抓不到重点，不想读与读不懂互为因果，成为制约学生发展的重要因素。"阅读不是天生的，需要后天教育。"学校的阅读教育首先要培养学生的阅读兴趣，学习各种阅读方法，通过阅读训练，提高阅读能力，培养阅读信仰。半个世纪前的美国，就有超过一半的学生需要接受阅读训练，"教育者也开始觉察到，不能再假设所有的学生都能做到有效的阅读。""教导年轻人阅读，以最基本的阅读概念来阅读，成了最重要的教育问题。"[3]

一、让阅读成为落实课程思政、促进学生发展的重要途径

习近平总书记在全国高校思想政治工作会议上强调，把"立德树人"作为教育的根本任务，用好课堂教学这个主渠道，各类课程都要与思想政治理论课同向同行，形成协同效应。构建全员、全程、全课程育人格局，把"立德树人"作为教育的根本任务。

我们的思考一：语文教学中如何融合思想政治教育元素，有效落实"立德树人"目标。

课程思政的核心理念是"立德树人"，"立德树人"是所有教育的根本任务。一方面，语文学科在发扬爱国主义精神、家国情怀、人文底蕴、价值观引领、培养文化自信等方面具有潜移默化的优势功能；另一方面，作为专业育人，语文学科承担着提升学生阅读理解能力，为其他学科提供重要支撑的任务。

大学阶段是世界观、人生观、价值观形成的关键时期，在这一时期学生对社会人生思考最多，政治思想教育必须走深走实，有必要让他们通过阅读、思辨，从思想深处认同核心价值观；有必要引导深度阅读、多元思考，带领学生深入了解中华优秀传统文化、革命文化和社会主义先进文化。

2014 年开始，国家大力倡导和努力推进"全民阅读"。党的十八大报告提出"开展全民阅读活动"。2014 年至 2016 年，"倡导全民阅读"连续 3 年写入国务院政府工作报告。2017 年起，政府工作报告又提出"大力推动全民阅读"。从过去的"倡导"升级为"大力推动"，全民阅读已经提升到了国家战略层面，成了政府的重要执政责任。习近平总书记也强调："要提倡多读书，建设书香社会，不断提升人民思想境界、增强人民精神力量，中华民族的精神世界就能更加厚重深邃。"

我们的思考二：高校阅读教学在"推进全民阅读"过程中应该发挥怎样的作用。

高校作为学生进入社会前的最后一公里，对培养学生终生学习的理念、增强学生终生学习的能力极为重要。终生学习首先要以自主学习能力为基础，自主学习必须以阅读能力为保障。高职阶段语文专业教育，要总结语文学科知识，解决好"为什么读""读什么""怎么读"的问题，为学生进入社会后的自我教育打下基础。

高职学生在现实生活中的理解能力与表达能力达不到要求。在长期的语文学习中，往往是为了应试，从书本到书本，和运用脱节。高职学生很快要进入社会，面临在生活工作中运用语文的现实问题，这是大学阶段语文应该解决的又一问题。

我们的思考三：如何提高高职学生在工作生活中的阅读能力、认知能力和表达能力。

课堂革命就是要强调课堂的"生活"属性，彻底改变学习就是为了应试的观念，要让学生深刻感受到语文与社会生活的密切联系，从学语文过渡到"用语文"，自觉广泛阅读，提高认知社会人生的能力和阅读、理解、表达的能力。

二、阅读教学要探索阅读规律，解决阅读问题，提升学生阅读能力

《中国大百科全书》（教育卷）对阅读的定义性解释是："阅读是一种从印的或写的语言符合中取得意义的心理过程。阅读也是一种基本的智力技能，这种技能是取得学业成功的先决条件，它是由一系列的过程和行为构成的总和。"范多伦在《如何阅读一本书》中说："阅读是一个凭借头脑运作，除了玩味读物中的字句外，不假任何外助，以一己之力来提升自我的过程。你的头脑会从粗浅的了解推进到深入的理解。"[3]教师要研究、探索阅读的本质属性和规律，帮助学生更好地阅读，真正实现"以一己之力来提升自我"。

我们对四川工程职业技术学院的学生进行了调查。通过问卷星设计问题，同时参考了图书馆书籍借阅统计资料，调查了学生阅读习惯、阅读内容和阅读方法等情况。了解到学生在阅读活动中存在的几个主要问题。这些问题也是高职阶段的阅读教学要解决的主要问题：首先是阅读意愿问题。学生重视阅读的少，借阅量小，有的完全缺乏课外阅读；碎片化阅读、浅阅读问题突出，大量的网络资讯降低了学生的阅读意愿，占据了本该用于阅读的时间。其次是阅读内容问题，很多学生不清楚该读什么。从借阅情况看，小说借阅量最大，其他文本借阅量非常小，在借阅中随意性很大。另外，阅读能力差，很多学生读不

懂就更不愿读。在阅读中很难准确的把握文段的主要含义，从中获得价值和意义。比如在《如何阅读一本书》中，作者引述的詹姆斯·墨塞尔在《学校教育的失败》中的两段话，其中说到"有人证明过，要一般中学生掌握一段文字的中心思想是什么，或是论述文的重点及次要重点在哪里，简直就是难上加难"。

高职阶段的阅读教学，必须要解决好上面三个问题，同时还必须重视另外两个问题：一是要面向学生未来发展，养成学生自主阅读的能力，为期终生阅读打下基础。大学阶段是学生发展中重要的转折点，初等教育阶段，学生年龄小，对老师的依赖多，一路学习过来，又多以应试为主，读什么、怎么读的问题他们基本不需要考虑。一旦喂养式的教育结束，似乎也走到了受教育的尽头。因此，对学生自主学习能力、自主阅读能力的培养就显得特别重要。二是引导学生从书本到生活、从应试到应用的转换。明确阅读与自身发展的密切关系，努力提升自己思想品德、人文素养、审美能力和语言运用能力；通过阅读找到人格榜样，探寻更美的人生境界；通过阅读了解社会人生，从而更好地认识生活、表达生活，在工作生活中，很好地与人沟通。

（一）解决高职学生在阅读中存在的问题，为其"终生阅读"打下基础。

1. 帮助学生明确"为什么读"，树立阅读信仰，养成习惯

学生阅读意愿不强是最根本的问题。阅读要凭一己之力从语言符号中取得意义，不假任何外力，需要学生开动大脑积极思考，仔细玩味字句中的意义，通过想象、推理等，充分把握文本的含义和文本背后的隐藏含义，体味作者要传递的思想和情感。所以，阅读意义教育很重要，只有激发学生阅读需求，才可能引导他们认真去读。高职学生"存在自学能力差、独立思考和独立支配时间能力差的问题，因此其阅读目的多为满足好奇和消遣"。"阅读种类多是文艺、期刊、青年类，很少涉及专业书籍。他们的借阅特点是广泛涉猎，随机性很多，容易受社会潮流影响。他们选择书籍的依次顺序是时事报刊、中外名著、计算机和外语、专业书籍等。"[4]高职阅读教学必须承担起这一极其重要的任务：引导并培养其主动阅读的意愿和兴趣。

首先，激发阅读内在需求的主要途径是让学生明确阅读对自身发展的意义，树立起对阅读的信仰，从而使其重视阅读，并在未来人生中坚持阅读。"阅读是人类所有行为中最富有尊严和道德的行为，是人类追寻世界本源、反思生存意义、澄明不确定性、征服恐惧和无知的不二法门""人类所有区别于动物的理性、思考和情感，都源于阅读"[5]，学生在思想上开始重视阅读，有了一定的阅读意愿，便有可能开始大学阶段看似漫无目的广泛阅读了，这就是自主阅读的

开始，是一生阅读之旅的起航。所以，如何让学生重视阅读，重新审视阅读，主动阅读，开启自主阅读，是阅读教学中非常重要的一课；其次，必须教给学生主动阅读的方法。比如阅读时以问题为导向，不断提出问题，并在阅读中试着解决这些问题，作者要表达什么，他是如何论证的？作者的看法与传统观念有何区别，诸如此类，学会提问，并带着问题阅读。项目任务驱动，也是推进学生主动阅读的方法：选择好一个议题或设置一种情景，自己查阅书籍给予解决，主动思考，寻找最具说服力的认识，也能助推学生主动阅读；最后，尊重学生学习的主体地位，给予学生选择文本的自主性，阅读过程的自主性，理解感悟的自主性，在交流分享中多给学生一些鼓励，让学生在阅读中有成就感，也有利于培养阅读兴趣。

2. "读什么"解决两个问题：引导方向和拓宽视野

首先，以社会主义核心价值观为导向。社会主义核心价值观凝练了古今中外的优秀文化，一方面可以在孔子儒家思想中看到理论渊源；另一方面以马克思科学社会主义理论作基石，涉及众多学科和无数经典名著，可读的书籍很多。"通识教育最重要的功能是凝聚社会共识……在最广泛的层面上凝聚起社会对中华文明、改革开放、中国特色社会主义和实现中华民族伟大复兴的共识。""帮助学生建立起中国人的价值观"[6]，这是阅读的导向。遵循"育人"这一基本思路，引导学生思考如何做人，如何与他人相处，如何解决社会问题等，通过阅读去探寻中国几千年来是运用怎样的智慧来解决这些问题的，中国社会主义理论又是怎样从社会发展规律和社会实践中建立起来的。这样引导学生去阅读、去深刻思考，从而从思想根源上认同传统优秀文化、革命文化和社会主义先进文化。

其次，大学阶段是拓宽视野的重要阶段。有必要引导学生熟悉中图法分类，结合自身专业，广泛阅读历史、哲学、社会科学、实用文本等各类文本。在结束应试后，不能再局限于教材，让学生重复中学时期的单篇阅读，有必要让学生了解未来发展所需要的全面阅读，只有拓宽阅读范围，才能拓宽视野，开阔心胸，增长见识，才能促进其心智的进一步发展。

最后，构建知识体系也很重要。大学阶段也是学生认知体系建立的关键时期。中国图书馆分类法，包括马列主义、毛泽东思想、哲学、社会科学、自然科学、综合性图书五大部类。这五大部类，包含了人类文明的所有方面，也是人类文明的具体分类。大学阶段如果都对此一无所知，那就很难让他们对人类文明有一个系统地了解了。

3. 研究与实践"怎么读"的问题，让学生学会阅读，有效提升阅读能力大学阶段的阅读教学，不能只停留在做阅读推广上，更要做好专业的阅读指导。大学阶段的阅读教学，重点在引导学生阅读、总结和深度学习各类文本阅读策略、掌握阅读方法、提升阅读能力上，最终让学生自己去读懂文本。著名语文教育家、文坛前辈叶圣陶先生在《大力研究语文教学，尽快改进语文教学》中曾精辟地指出："语文教材无非是例子，凭这个例子要使学生能够举一反三，练成阅读和作文的熟练技能。"阅读是一种技能，它需要学习并反复练习。比如如何准确提取信息并对信息归类，判断作者真实意图，区分观点和事实等，都需要指导和训练。无论中学阶段这类指导是否缺失，大学阶段都应该有属于这一阶段的指导与训练。

中国是读书大国。最早有季札的《观乐》；而后有荀子的《劝学》，其"积土成山"的观念深入人心；后来有韩愈的"提要钩玄"、柳宗元的"旁推交通"，苏轼的"博观约取""八面受敌"，及章学诚的"以史解经"，前人给我们留下许多宝贵经验。

基本的阅读方法很多，西方学者多侧重于心理、心智发展对阅读进行科学研究。美国学者珍妮佛·塞拉瓦洛在《阅读技能训练》一书中从幼儿阅读开始，详细总结出许多具体且行之有效的方法，比如"让手指停留一会儿""回顾前文的内容并修正想法""带着问题深入理解""运用想象力来集中注意力"[7]，都对阅读非常有效。

阅读的层次有浅有深。按照艾德勒的说法，阅读有四个层次，即基础阅读、检视阅读、分析阅读和主题阅读。不同阅读层次解决不同的问题，随着层次渐深，理解也就深入下去，学生的认知也不断深入。高职阶段的阅读教学必须引导学生精读、细读，之后走向深度阅读。

大学阶段的阅读教学，必须在总结前人经验的基础上，深入探索这一阶段的阅读特点，引导学生找到解读各类文本的钥匙与路径，自己去读懂文本。要学习各种阅读方法，培养自主阅读的能力，熟练运用不同的阅读策略，养成阅读技能。要训练学生以查阅资料、提问、质疑、讨论的方式不断深入阅读下去。

（二）研究高职阶段学生阅读特点和任务，寻找实现学生政治思想觉悟与语文能力的"双提升"的有效路径。

不同年龄阶段有不同的阅读特点和阅读要求，因此，阅读教学的内容和方式也不一样。粗略来看，小学开始识字，培养基础阅读；初高中深入了解不同文体文章，分析篇章结构，已具备必要的阅读能力；而高职阶段的阅读教学应该是一个过渡，过渡到真正的自主阅读。在这一时期有必要总结以往的语文知识，对表达方式、文章体裁和文学类别有清晰、全面的认识，从而可以从更加理性、更高视阈的角度对人类表达有一个整体认知。在此基础上开启自我阅读之旅：自己去选择优秀读物，去阅读、去查阅资料、去思考。在语文能力发展方面，高职应该起到强化和推进的作用。一方面更好地继续从"语言建构与运用""思维发展与提升""审美鉴赏与创造"和"文化传承与理解"四个方面提升语文核心能力；另一方面，高职语文教学还需考虑帮助学生立足社会、面向未来。既要考虑学生的职业特点，更要关心学生如何将已有的语文知识和语文素养应用于以后的社会实践中，能够更好地表达自己，有效地与人沟通，处理好个人与社会的关系。

这一阶段，要特别重视阅读、理解、表达的引导和训练。

高职阶段的阅读，是在"阅读教学"中授学生以"渔"，教授阅读方法，引导学生自主阅读，尊重学生个性化阅读。突破教材限制，重构和整合教学内容，按中图法分类和文体类别，选择文本广泛阅读，激发学生积极探索文本的深层意义，接受文本中思想文化的熏陶。在教学中尊重学生学习的主体地位，认同杜威的反传统教学模式，注重直接经验，注重与生活的联系。

高职阶段的理解，是指通过阅读建立起自己与书籍之间的联系，加深对社会人生的认知。一方面，要让学生明白，书中的精华正是前人探索得来的经验，让他们深切感受书中的世界与自己生活的密切关系，进而知道可以通过读书走进他人内心，借鉴他们对社会问题的思考，帮助自己做出正确的人生选择。另一方面，建立起生活与书籍之间的联系，也有利于学生加深对文本的理解。教育心理学家奥苏贝尔"有意义学习"理论，重视将新知识与已有知识建立起实质性的联系。其机理都是要激发学生的认知内驱力，增强获得知识、了解周围世界、阐明问题和解决问题的动机和能力。

高职阶段的表达，既是指对祖国语言文字的运用，也是指在阅读、理解的基础上与世界的友好沟通。语言文字是思想情感的载体，只有当一个人眼界开阔了，思想境界提高了，他才能处理好个人与他人与社会的关系，担当责任、无私奉献。

阅读教学越来越受到重视。湖南大学2021年3月开始开设阅读课程，指导学生阅读。老师们积极探索探索"批判性阅读""生活化阅读"[8]"复义性阅读"[9]，努力提升学生的阅读能力。

（三）强化文体意识，研究和实践不同文本的阅读策略。

"凡得到公认的文体，都有它们的法则，都有它们的个性特征。如文章的客观实在性和文学的艺术虚构性……这些文体法则和特征，制约着阅读的目标和效应，影响着阅读的思路和方法。""古代文论家一向重视文体法则对阅读的指导作用。"[10]

了解文体特点，强化文体意识，有利于提升学生阅读能力。所以要注重学生文体意识的养成。大学阶段，学生有必要对文本内容种类和文体种类有一个明确的、理性的认知。在单本阅读时先进行文本内容归类，可以降低阅读难度，加强对文本内容的有效理解。了解不同文体特点，是自主理解文本的最佳路径。以诗歌为例，深刻理解诗歌抒情性、形象性、音乐性、语言精练的基本特征后，引导学生通过形象、意象、意境的分析，发挥想象，再造风景，准确把握诗歌表达的诗人的内心世界。文学类重在总结诗歌、小说、散文文本特点，探索不同的阅读方法；非文学类文本分为叙述类、说理类、抒情类和实用类，每类文体都有它不同的表达诉求，总结出不同文本的内容侧重，有利于学生更准确地把握主题。

三、探寻高职语文课程改革之路，实践语文教学的课堂革命

（一）积极探索《大学语文》教学改革，建立适合高职学生的阅读教学模式

高职学生普遍存在的阅读意愿低、阅读面窄、理解能力差等阅读问题，应试结束后对为什么还要读、读什么、怎么读感到很迷茫；语文学习也多是从书本到书本，与生活脱节，运用语文的能力差；认知能力不够，思想政治教育难以走深走实。针对这些问题，我们申报了四川省 2018—2020 年高等教育人才培养质量和教学改革项目，对大学语文课程进行深度教学改革探索，构建"阅读教学模式"。在教学内容和教学方法上有了根本性地改变：

1. 创新教学理念

以深耕阅读教学优化育人路径。通过学生阅读能力的提升，带动学生思考能力、理解能力、表达能力的全面提升；促进学生思想道德水平的提高，实现"立德"和"树人"目标。把高职阶段的语文教学作为一种过渡，引导学生从书本到生活、从应试到应用的转变，提升学生在生活工作中阅读、理解、表达的能力。为学生的终生学习打好基础。

2. 创新教学内容

尝试"三教改革"，突破教材限制，引导学生结合自身专业与发展所需，自主选择课外文本；在文学作品外，根据中图法分类，广泛阅读哲学、历史、美学、社会学，以及实用类等不同类别的文本。教学内容的重点放在文本解读的途径、方法等策略的总结和实践上。引导学生找到解读各类文本的钥匙与路径，

自己去读懂文本。进而掌握不同文本的阅读规律，提高阅读能力。

3. 教学模式创新

以学生学习为中心，采用学生自主阅读——互动式交流——成果态呈现模式。引导学生归纳文本含义，分析文本意义；教师做阅读方法指导，帮助学生发现和突破阅读瓶颈，找到自主读懂文本的方法；通过层层设计提问，以问题为导向引导学生有效阅读、深度阅读。采用启发式引导，共同探讨、提问质疑、案例分析等开放式教学。重视学生的推介、陈述、评论、感悟、讨论、辩论以及小论文、PPT、小视频等作品成果态呈现。采用线上线下教学相结合，线下阅读交流，线上查阅资料、推介评论文本、发表观点、展示作品。

4. 过程管理和评价创新

重视阅读过程管理和学生阅读成果，将其纳入考核范畴。学生平时阅读的数量、质量，成果态水平等都是其成绩的一部分。尝试非统一内容和非统一答案的个性化考试，如一对一答辩式考核。

（二）开设公选课，引导整书阅读、经典阅读；在分享与讨论中实现思想碰撞、认知深化，让学生真正成为学习主体

开设《〈论语〉与孔门儒学》引导阅读经典。"经典阅读能够帮助每一个普通人开发自己的人生潜能，对学生心智的启迪具有重要的作用，""高职院校的经典阅读教学并不只是让学生提高自己的语文素养，更是希望让学生通过对经典图书作品的阅读来体会人生百味，洞悉世事变迁，站在更高的格局和视角来审视自己的人生。"[11] 课程引导学生通读《论语》，深入了解儒家思想，探讨个人修身、社会治理、社会发展等问题。在教学中积极促进阅读分享，通过讨论、辩论、对比思考，联系社会历史发展规律，引导学生从所学知识中深刻认识社会主义核心价值观的文化渊源。

同时熟悉整书阅读的基本要求，从题目、逻辑框架、作者阐述的观点和对观点的陈述等基本问题开始，尽快把握主旨，进而精读深思，理解文本的价值和意义。

开设《阅读与交流》面向全院学生指导阅读。引导学生学会分析阅读，尝试主题阅读，进行整书阅读。探索了全班"共读一本书"和每位学生"精读一本书"的活动，形成了"检视阅读——整书通读——章节细读——读后感想"的阅读步骤。引导学生广泛阅读、思考，着力提升学生的阅读理解能力，推进校园阅读。

（三）拓展第二课堂平台，开设系列阅读活动，以多方式多渠道推进"校园阅读"

开设《再造风景—文学作品阅读策略学习》《实用类文本的阅读策略及运用》《整书阅读策略》等讲座，指导学生阅读。打造"课堂学习—校园活动"的延伸学习平台，与学校图书馆合作，开展"师生共读一本书"等活动，助推校园阅读。

四、结语

"一个人的精神发育史就是他的阅读史；一个民族的精神境界取决于这个民族的阅读水平"[12]。大学阶段的阅读教育对学生的发展至关重要，必须帮助学生完成两个重要转变：从在老师指导下的学习过渡到自主学习；语文学习从以往的"应试"，过渡到"应用"。必须从根本上提升学生阅读能力，帮助他们找到读懂文本、体悟文本精华的途径，能够在阅读中感悟人世百态，心动于前人智慧，心仪于更加美好的人生境界。必须从根本上让学生树立起阅读信仰、养成阅读习惯、掌握有效的阅读方法，从而保持终生阅读。

在全民阅读的背景下，阅读越来越受到重视，阅读推广也取得一定的成果，高校阅读教学更应做好专业的阅读指导，在提升全民阅读水平上起到其他阶段教育不可替代的作用。

参考文献

[1] 任翔. 阅读的力量 [J]. 中国教师，2018（4）：29-33.

[2] 北京师范大学中国教育创新研究院. 面向未来：21 世纪核心素养教育的全球经验，2016

[3] 莫提默·J. 艾德勒. 如何阅读一本书 [M]. 北京：商务印书馆，2018：11.

[4] 陈璐. 读者阅读倾向之影响因素浅析 [J]. 内蒙古科技与经济，2009（2）：2.

[5] 王涛. 把阅读作为信仰 [N]. 光明日报，2017-04-23（12）.

[6] 秦春华. 通识教育还需创造性转换 [N]. 光明日报，2017-4-11（13）.

[7] 珍妮佛·塞拉瓦洛. 阅读技能训练 [M]. 北京：北京科学技术出版社，2018：1.

[8] 李巍. 高职语文阅读生活化教学探究 [J]. 文科爱好者（教育教学），2021（4）：14-15.

［9］吴伟宁.高职语文文学作品的复义性阅读教学［J］.青春岁月，2015（23）：209.

［10］曾祥芹.文体阅读法［M］.郑州：大象出版社，2002：4-5.

［11］李珊.高职院校语文经典阅读教学改革研究［J］.新阅读，2020（12）：64-65.

［12］陈香.朱永新：让阅读奔涌，形塑中国价值社会［N］.中华读书报，2020-7-15（6）.

作者简介

邓朝晖（1964—），女，大学本科，文学学士，副教授。主持四川省第二批全省高校思想政治工作精品项目：《思政教育主题引导"式的〈大学语文〉阅读教学改革探索与实践》。合著《论语知识知多少》2019 年 12 月在四川大学出版社出版。论文"《大学语文》的育人功能研究"发表于中国人文社会核心期刊《西南科技大学》学报 2019 年第 5 期。主持项目：2018—2020 四川省高等教育人才培养质量和教学改革项目"课程思政视阈下《大学语文》母语阅读教学模式研究"课题编号：JG2018-994。

"慢经典"与"快分享"

——浅论中国传统修心文化在大数据时代与会计智慧传承教学的融合探索

曹　丹　郭友晋　刘　剑　曾　敏

曾经，"慢工出细活"似乎代表了会计智慧值得信赖的"可靠与谨慎"；不知不觉间，大数据时代悄然而至，"慢经典"迅速转变为"快分享"：一夜之间，会计机器人横空出世，智慧财税、人工智能全面覆盖我们以往的认知，恍惚间，似乎曾经引以为傲的行业经验瞬间变得灰飞烟灭……在时空转换的维度里，作为一名会计专业专任教师，面对初入专业领域却充满惶惑与焦虑的会计学子，该如何引导他们树立正确的三观来面对瞬息万变的世界，在"快"与"慢"之间适时抉择切换，可能是当前会计智慧传承教学中需要考虑的关键问题之一。

一、目前会计智慧传承教学的现状分析：中国传统修心文化的传承教学缺失

（一）"快""慢"组合：会计智慧与中国传统修心文化

何谓智慧？一解释为聪明才智，是一种高级的创造思维能力，包含对自然与人文的感知、记忆、理解、分析、判断、升华等所有能力。另一解释是梵语"般若"的意译，是佛教谓超越世俗虚幻的认识，达到把握真理的能力。简言之，智慧不仅包含智力和情商，也不仅包含技能，它是一种基于文化内涵而不断成长的、综合的、融会贯通的能力。

何谓会计智慧？会计智慧与会计文化是什么关系？解释清楚前者的内涵，就捋清了两者之间的关系。可是，"会计智慧"并没有找到非常完整的定义和解释。但就现代会计发展看起来，会计智慧的提升主要依靠科技进步、经济转型和文化发展这三个方面。科技进步与经济转型所反映的会计智慧发展看得见、摸得着，但是文化积淀所展现的会计智慧却常常被人忽略。现代会计智慧应该是一种动态的、不断发展的能力，其首先应基于一种信仰与价值观而存在，任

何智慧都是一种包容力极强的文化，在这种意识形态的引领下，会计智慧才能形成一种宏观与微观并存、推动社会经济发展的大格局。同时，还能融入日常工作，落地生根，解决实际问题，形成日常可见的综合能力，这就是所谓的"本立而道生"。大数据时代的"快分享"面对瞬息万变的巨量信息，这个过程本身就意味着不断淘汰、不断抛弃，在这个快速变幻中，很多人会迷失自我。甚至有人说，在 4V 时代，遗忘是常态，记忆却是例外。其实，越是处在"快"的时代，有文化的智慧才是"有本之木"，才有一种务本务实的淡定与从容，有处事不惊的综合能力。大数据时代，会计传统文化作为会计智慧的源头，与科学技术的发展绝对不是对立和互斥的，运用得当，就会成为"快分享"时代的"润滑剂"。

中国传统修心文化与会计智慧传承有必然的联系吗？纵观人类的发展史，有文化内涵的智慧才是真正的智慧。科学技术不断淘汰更替，而会计智慧中的精华文化却能传承至今，这是历史的选择。任何文化都不是独立存在的，会计文化传承至今的部分是中国传统文化中熠熠闪光的一部分。任何文化从初期发展到鼎盛，智者们都在追求内心的修为，会计智慧在社会经济中处于敏感而关键的地位，那么对于文化的内涵建设更是不可或缺。纵观中国传统文化，古代圣贤追求的"修身养性"，归结起来都是"修心"，以心为归宿。"逝者如斯乎"，历史车轮滚滚向前，就时空范围而言，其抛却的内容远远超过大数据时代删除的信息量，但是传统文化中的以修心为根本的"慢经典"却能逐渐沉淀至今，成为瑰宝，其修心精华已经自然而然地上升到智慧的高度，如果我们将这种修心智慧融入我们的会计智慧中，就可以帮助我们在瞬息万变的数字时代，把握根本，帮助我们一方面与时俱进，一方面快慢有度，张弛有力，减少焦虑与困惑。

归纳起来，会计智慧的提升既离不开"快分享"的科技创新与经济转型，也离不开对于"慢经典"的中国传统修心文化的传承与创新。

（二）重"快"轻"慢"——行业现状：重视科技创新与经济转型，忽略会计传统文化的智慧传承

众所周知，会计是一门传承与创新并重的综合学科。但是，如前所述，大部分研究者都侧重在科技创新与经济转型两方面，对于会计传统文化中精华部分的传承与创新却普遍有所忽略，而将中国传统修心文化融入会计智慧传承更是少之再少。这种"侧重"在我们传统的会计教学中已经有所体现，其带来的短期和长期的行业发展弊端让业内外的有识之士已经感到担忧。尤其是对于初入专业领域的会计学子，对于优秀传统文化传承的缺失将会直接影响他们将来

在专业领域的发展——进门时的初心与格局，将决定这些孩子在今后职业发展道路上前行的方向，如果缺少智慧传承的引导，他们的三观就像缺乏养料的根茎，在物欲横流的高速空间维度里，没有修心修养，那么迷惑与焦虑共生，无法平和地面对快与慢的切换，正确进行得与失的抉择，他们的职场将会形成一种熙来攘往的无序场面。

（三）"美玉于斯"——我校会计传统智慧教学的现状分析

1. 中国传统修心文化在会计智慧传承教学中的缺失

我校的会计智慧传承教学目前仅保留了珠算及数码字的书写，此外针对大数据时代会计专业信仰的缺乏，已经将"会计职业道德"在《财经法规》课程中纳入教学内容，但是就教学效果看，略显单薄。会计智慧传承内容博大精深，仅在某门课程中安排几个学时学习是不可能帮助学生解决这个时代的会计人修身养性的问题。而身心修为就如同一株参天大树，播种发芽、生根抽枝都需要时间，这是一个潜移默化和特别注重时宜的过程：

（1）关于"时宜"。专业信仰的建立，青春年少正当时，在最合适的时候引入最恰当的文化，对于青年学生形成正确的三观有"四两拨千斤"的重要意义。这样，即使面对风云变幻的各种未知世界，他们也能进行正确的判断与取舍，不会"雾里看花，水中望月"，更不会一味求"快"或"利"，而是在日积月累的"慢经典"学习中，形成稳定的人生观和价值观。"少年强则中国强"，很多孩子就是一块块未经雕琢的璞玉，"美玉于斯"，蕴含着前辈没有的潜能和惊喜，只要引领得当，他们将成为大数据时代的"新新会计人"。

（2）关于"潜移默化"与"水滴石穿"。首先，中国传统修心文化的智慧传承并不是高高在上、束之高阁的，她可以与我们的很多基础知识点相融合。例如，我们在讲解库存商品及原材料台账的登记时，就引用了孔子的话："会计，当而已矣。"这是孔子在结束其"库管"工作时的由衷感慨。我们让学生猜一下，孔圣人彼时的心意？学生说："库管嘛，当（dāng）当就可以了"。其实，这里的"当"（dàng）是"恰当与准确"的意思，即使是会计基层工作也不可以轻视。——学生在一阵哄笑声中，明白了"万丈高楼平地起"，理解了"会计工作无小事"。其次，中国传统文化的智慧传承既可以与专业理论相融合，还可以与学生的品行相联系。例如，有些学生上课姗姗来迟还一副无所谓的态度，我们就借此机会讲了会计一词的由来。"会计"一词最早见于《史记》：禹会诸侯江南，计功而崩，因葬焉，命曰会稽，"会稽"者，会计也。大禹晚年在会稽山上大会诸侯，稽核他们的功劳，并杀了迟到且因居功自傲而无礼的防风氏，这个行动称为会稽（会计）——态度决定人生命运，位处敏感环节的职业会计人在大数据时代的职业态度更是如此。美玉于斯，中国传统文化的智慧一直都在，如何有效借力于她，助力于我们大数据时代的会计教学呢？这不是依靠一门课程就可以达到的，传统修心文化的传承其实是一种熏陶与感染的过程，是贯穿于我们专业学习的始终。"慢经典"在于"随风潜入夜，润物细无声"。

"慢经典"与"快智慧"并不总是互相矛盾的，如果我们在会计专业教学中，将中国传统修心文化中的精华融入其中，就能产生的意想不到的"化学反应"。

2. 会计专业生源差异分析

我校的会计专业的生源分为两类，一类是中职的学生，一类是普通高考考生。前一类有一定的会计基础，后者跨越借贷分录这个门槛有一定难度，但后劲儿较足。

我校目前是高职院校，就历年会计专业新生来看，除极个别学生外，大多数学生对于中国传统文化的领悟能力不强，大部分学生喜欢玩手机、打游戏，超过半数的学生不喜欢体育运动，没有多少团队意识，但是大部分学生有从众意识，愿意跟从老师或同学的意识行动。对于将来，大多数的学生没有明确的打算，基本是走一步看一步的心态，但是无一例外地对赚"快钱"充满期待，在校打工期间，都期望赚"轻松钱"，希望不要"烧脑"。此外，远超半数的学生升本意识极为强烈，但是一个班最多有 2 成左右的学生会将这个想法付诸行动。

下图是我们追踪 2015—2017 级会计（三专）学生大一至大三阶段的焦虑度调查分布图：

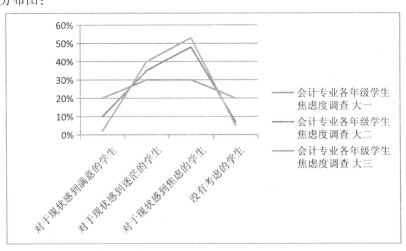

图 1　2015—2017 级会计（三专）学生大一至大三阶段的焦虑度调查分析

"慢条斯理"的实践力+毫无章法的"快想家"——这两个矛盾体在目前高职会计专业学生身上综合体现为：焦虑与困惑。

二、"移花接木，双向奔赴"——"快分享"时代，如何将中国传统文化融入会计智慧传承教学

将中国传统修心文化融入日常的会计教学，让其成为会计智慧传承的一部分，最基本的前提是对于这两个方面都要深刻理解，"知其然，知其所以然"，这个过程就是一个双向学习的过程。在选择"慢经典"的内容上，我们基于三个基本原则：

（一）"木"的选择

首先，确定"木"的主干。如前所述，中国传统修心文化的智慧传承不仅仅体现在一门课程上，在我们的很多理论教学中均有相关性。但是，万事开头难，请经验丰富的老师先选择一门成熟的课程来作为会计传统智慧传承教学的承载主体。其次，根据教学内容，在适当的位置进行切插留口，为移花做好准备。

那如何选择作为"木"的课程，以及"扦插口"的位置呢？有三个关键点必须注意：

一是"木"必须是经过多轮教学探索的成熟课程，最好是专业理论课的起点课程，譬如会计学原理；

二是"扦插口"有较好的延展性，可以恰到好处得进行案例延伸，譬如我们在讲借贷记账法的记账规则"有借必有贷，借贷必相等"时，用老师自身的工作经历讲述了"付出与回报"的关系，正所谓"春种一粒粟，秋收万颗子"，告诉学生"书到用时方恨少"，千万不要"少壮不努力，老大徒伤悲"；

三是授课老师要有"扦插"的想法，并且乐于去做探索实践——这是一个急不得的"慢"过程，而且这个过程中，需要多名老师进行头脑风暴和"快分享"，才能不断进行改进。

（二）"花"的选择

在确定了作为承载的主体内容后，下一步就是寻找"慢经典"的会计传统智慧经典案例。

这部分的探索分为两个阶段：

第一阶段，我们直接选择了《中国会计文化》《中国金融文化》等教材，但是，很快发现这个拿来主义虽然很迅速，但是其内容只能作为"花"的一部

分案例，并没有达到我们想帮助学生树立专业信仰、承载职业理想的目的。

第二阶段，我们考虑从中国传统文化的经典之作中去选择能够扦插的"花朵"。在几经比较选择后，一方面要考虑到"花木"的契合程度，另一方面也要想到学生的接受能力，最为重要的是必须考虑到智慧传承教学对学生三观的影响。最后，我们选择了《论语》《弟子规》《史记》等传统经典名著。例如，我们在给学生讲"不相容岗位相分离"时，举例说到，重控必须要由不同的人进行保管。学生问，领导把所有的印鉴章都放在我这里，是对我的信任啊，我怎么能辜负领导的信任呢？我们引用了"君子不立危墙之下"的典故来进行解释；学生又进一步延展提问：那我如何拒绝呢？我们借用了"躬自厚而薄责于人"这句话来引导学生学会换位思考：作为大数据时代的职业会计人，懂原则、有底线、会做事、会说话，既是对自己负责，也是对单位负责。

（三）对于传统经典的解读程度判断。

这些传统文化的经典巨著，博大精深，不同的人在不同阶段针对不同角度都会有不同的理解和感悟。我们引入中国传统修心文化的主要目的是"解惑"和"排忧"，帮助孩子们修身养性，所以，如何解读，解读到哪种程度，完全要围绕目的来进行解读。

我们制定了两个原则：首先尊重史实；其次，应木生花——即在尊重史实的基础上，根据课程内容要求从不同角度正能量地去解读经典。例如，我们在讲解会计科目的分类时，有学生问"本年利润"在利润表上，为什么是静态的所有者权益类科目，而不是动态的损益类科目？我们引用了《木兰辞》中的"雄兔脚扑朔，雌兔眼迷离，双兔傍地走，安能辨我是雄雌"，然后询问学生动态的净利润最后去到哪里呢？从之后的练习情况看来，这个知识点学生已经完全掌握了。传统经典本来是静态的，但如果用来解读经济业务就可以变成动态的，当然也可以根据具体情况折返回静态，或者临界点，这个解读过程，既需要授课老师慢慢地琢磨，也需要不断与学生互动，了解他们的所思所想，才能有的放矢地对症下药。

三、共同进步，相得益彰——"快分享"与"慢经典"的"化学反应"

（一）借鉴经典，因材施教，分层次教学效果显著

就目前我校会计专业学生的现状，如果在一堂课上讲相同的内容，势必引起不同学生的不满，但是目前的师资又无法进行分班教学，这种情况如何解决，一直是我们头疼的问题。在探索传统修心文化与会计智慧传承教学的融合过程

中，我们发现《论语》中记载着许多孔子回答弟子们问"仁"的言论："颜渊问仁""仲弓问仁""樊迟问仁"等，针对不同弟子的特点，老夫子给予了不同回复，这些答复给了我们新的启发：针对差异与需求，分门别类，即使是相同的案例可也以从不同的角度来解析它所涉及的知识点或者要求掌握的专业技能。经过几轮教学实践，效果显著。

1. "横看成岭侧成峰，远近高低各不同"——套表教学

以《电子表格在财务会计中的应用》这门课程为例，我们在教学中首创了套表模式。即相关知识点定制一套表格，页签顺序由浅入深，从单个函数到复合函数，不同水平的学生要求不同，但是知识点基本一致，只是难易程度不同而已——这样一套表格可以满足整个课堂不同水平学生的要求。一方面我会邀请操作能力强的学生来做小老师，辅导和帮助落后的同学，和我一起帮助每一个同学在课堂上解决应当解决的问题。另一方面，对于相同的知识点，不同的侧重：对于水平较弱的学生，只强调会用；而对于水平中等的学生，要求其理解什么时候用；对于水平超前的同学，则要求其复合使用，多途径求解……一套表格解决了一堂课程的分层次教学难题。

目前，《电子表格在财务会计中的应用》课程的套表教学模式已经贯穿整个教学内容，建立套表教学模块 20 个。我们针对 2018—2020 级会计专业的学生，就套表教学满意度进行了调查，调查结果如下图所示：

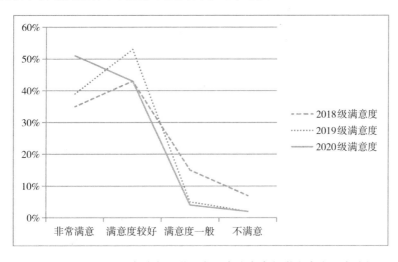

图 2 2018—2020 级会计专业学生电子表格套表教学满意度调查分析

从上图可以发现：对于套表教学的"非常满意"和"满意度较好"的比例在逐渐上升，而且还有提升的空间。

"一刀切"这种快刀斩乱麻的"快"处理方式，在中国传统修心文化中鲜有出现，更多提倡"因材施教"，强调由内而外的"慢修心"。

2. 因材施教，对症下药——账户结构法与从量变到质变

在教学中，对于中职学生和普高学生的侧重点有较大的差异。

（1）中职生：很多中职生把基础会计分录背得朗朗上口，但是经济业务略加变化，就会不知所措。学生说，中学老师基本上是要求死记硬背会计分录。但是接下来，再进一步讲解会计账户基本结构时，一部分中职生却又露出了"早就学过"的表情。

古人云："学而不思则罔"——作为一个会计人，如果只会死记硬背会计分录是永远不能独当一面的。针对中职学生，我们引导其利用已知的账户结构来推导和验证会计分录。账户结构法是我们根据会计要素的性质分类，利用会计简易账户的基本结构，将一般规律应用于特殊业务而创建的一种新型实用方法。这是我们将传统会计文化的丰富内涵活学活用于当下复杂多变的会计审计实务工作中的一种体现。我们通过这件事提醒学生："温故而知新"。

"慢经典"的优势是不需要说太多，顺理成章，水到渠成。

（2）普高生：《会计学原理》基本是全程案例教学，施行的是以启发引导为主的"三阶教育"模式——即第一步抛出生活案例引导学生直觉思考，第二步针对案例讲解基本理论，第三步延伸练习复杂案例。一方面，为增加直觉判断的公平度，我们基本采用贴合课程需求的原创案例；另一方面引入了愚公移山和"欲速则不达"的故事，告诉他们：学习新的知识是一个从量变到质变的过程。中国传统修心文化可以有效帮助他们做好心理建设，有条不紊地去完成专业起步阶段的跨越，这样才能真正体会到那一层窗户纸被捅开后，茅塞顿开的狂喜之情。

"慢经典"的优势就是"此时无声胜有声"。

我们在 2019、2020 级会计专业，2021 大数据与会计专业的学生中，就中华传统修心文化引入前后的学习效果进行了调查，分析如图 3 所示：

"慢经典"的"慢"只是表象。

3. 大数据时代，心随境变——不固守陈规，借力经典引入管理会计思维

将中国传统文化经典引入会计智慧传承教学，我们并没有盲从，例如案例选择的原则是在尊重史实的基础上"应木生花"。在引入管理会计思维的"业财融合"时，我们将"不在其位不谋其政"变为"在其位谋其政"，引导学生不仅仅囿于办公室的账本和凭证这一亩三分地，要多向业务渗透，了解财务核算的前端及业务流程，因为"人无远虑必有近忧"。

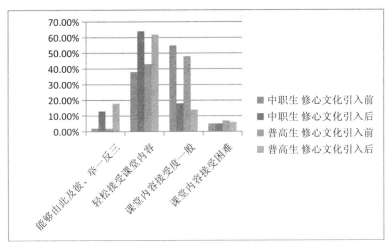

图3　2019—2021级中华传统修心文化引入前后的学习效果

世易时移，变法宜也，"慢经典"并不是一成不变的。

我们追踪了2019级、2020级会计专业和2021大数据与会计专业大一新生，就引入中华传统修心文化前后的思想及学习现状进行了对比分析，如图4所示：

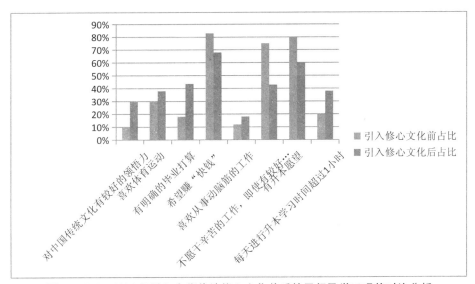

图4　2019—2021级引入中华传统修心文化前后的思想及学习现状对比分析

虽然中华修心文化引入会计智慧传承不能包治百病，但是其潜移默化的效果还是让人感到惊喜。

（三）将中国传统修心文化经典引入会计智慧传承教学在大数据时代的教学使命：缓冲焦虑、减少困惑

大数据时代的到来，万事求快；但对于刚刚跨入专业领域的会计学子们而言，焦虑如影随形。作为一名会计老师，在探索中国传统文化与会计智慧传承融合的过程中，发现"慢经典"教学不仅仅是一种多元化的教学模式，它还承载着大数据时代特有的教学使命。

下图是我们在引入中华传统修心文化之后，追踪 2018—2020 级会计（三专）学生大一至大三（二）阶段的焦虑度调查分布图：

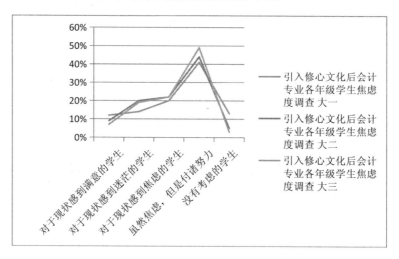

图 5 引入中华传统修心文化之后，追踪 2018—2020 级会计（三专）学生大一至大三（二）阶段的焦虑度调查分析

对比前文，可以看到在会计智慧传承教学中，修心文化的引入可以帮助学生把更多的时间和精力放到实际行动上，能够较大程度地缓冲焦虑、减少困惑。

四、结语

不念过往，不惧将来。未来已来，作为新时代的职业会计人，深切懂得，顺应大数据时代的瞬息万变是大势所趋，在这个时代转折的路口，将"慢经典"与"快分享"合理搭配，将中国传统修心文化融入我们的会计日常教学中，有效减少莘莘会计学子的焦虑和困惑，用会计智慧的传承与创新来助力这些后生起步腾飞。

路漫漫其修远兮，吾将上下而求索！

作者简介

曹丹（1976—）女，中共党员，高级会计师，注册会计师，四川省会计高端人才（行政事业类第二期），中国教育会计学会内控与财务风险管理专业委员会成员，四川工程职业技术学院经管系专任教师。

郭友晋（1974—），男，中共党员，工学硕士，高级工程师，四川工程职业技术学院机电一体化技术专业专任教师。

刘剑（1976—），女，中共党员，四川工程职业技术学院纪委办副主任、监审处副处长。

曾敏（1983—），女，中共党员，会计师，四川工程职业技术学院计财处会计。

单片机课程教学中价值塑造的探索与实践

施芸 郭欣 赖诚 唐伟 钟伟

2017 年中共教育部党组关于印发《高校思想政治工作质量提升工程实施纲要》的通知中将课程育人作为十大育人体系中的第一位，足显其重要程度。[1]课程是人才培养的核心要素，是落实"立德树人"根本任务的具体化、操作化和目标化。近年来，广大高校教师在工程技术类专业课程中如何挖掘思政元素，并在将其自然融入专业教学，提升专业人才培养质量方面，已形成很多好的经验和做法。[2-4]我校单片机课程在多年的课程改革实践中，将价值塑造作为课程育人的主要抓手，在课程目标的确立、教学内容的开发、课堂教学的实施等方面，用价值塑造践行育人初心，持续推进课程建设，育人成效明显。

一、关于单片机及我校单片机课程

单片机又称单片微型控制器，是把 CPU、存储器、I/O 接口等计算机系统必备功能部件集成到一块芯片上的微型计算机。经过 40 多年的发展，单片机已被广泛应用于工业自动化、汽车电子、消费电子、通信和物联网等各个领域，全球年出货量高达近 400 亿片（数据来源于 IC Insights）。大到飞机、高铁，小到电子玩具，单片机无处不在，单片机应用开发的人才需求尤为旺盛。我校于2001 年起，陆续开发了《单片机应用技术》《单片机 C 语言程序设计》《嵌入式系统》等系列课程，这些课程作为自动化、电子信息、电力电子、新能源等相关专业的专业核心课程，旨在培养学生单片机系统应用开发能力。2005 年，我校单片机课程通过"三化"（复杂问题简单化、抽象问题形象化、枯燥问题趣味化）课程改革，较好地解决了教学内容、教学方法、教学资源和实训载体等问题，被评为四川省精品课程。经过十年持续迭代，课程建设质量和教学质量大幅提高，但由于此轮课程改革更加侧重于兴趣激发、知识传授和能力培养，而在学生的价值引领方面深入不够，对学生的学习动机、钻研精神和技术专注度激发不足，职业认同及理想信念的培养没有与课程教学紧密结合起来，学生培养质量逐渐遭遇天花板，毕业生在单片机应用领域成长成才率低于预期。2013年，清华大学在第 24 次教育工作讨论会上确立了"价值塑造、能力培养与知识传授""三位一体"的教育理念。[5-6]受此启发，我校单片机教学团队于 2015 年启动新一轮课改，将价值塑造作为核心任务，将其与能力培养和知识传授并举，并落实到课程教学设计、教学资源建设、教学活动组织、课程质量管控和师资队伍培养中，努力做到课程思政如盐入水、润物无声。

二、确立单片机系列课程特色的价值塑造目标

高校大学生是青年群体中的中坚力量，也是整个社会力量中最积极、最有生气的力量。2021 年 4 月 19 日，习近平总书记在清华大学考察时强调："广大青年要肩负历史使命，坚定前进信心，立大志、明大德、成大才、担大任，努力成为堪当民族复兴重任的时代新人，让青春在为祖国、为民族、为人民、为人类的不懈奋斗中绽放绚丽之花。"[7]这是总书记的号召，也是国家、民族、社会和家庭的期盼。面对价值观尚未成型、思想很不稳定的青年学生，在其专业课程的教学中，在传授知识、培养技能的同时，更应该努力引导他们把个人成长与民族振兴、国家富强、人们幸福紧密联系起来。结合电子信息类、自动化类等专业人才培养方案和国家教学标准，根据单片机系列课程的培养目标，充分挖掘课程前期、同期开设的相关思政课程中与单片机课程教学内容相关的思政元素，确定单片机类课程在育人中的价值塑造目标。

我们提出将"学好单片机技术，做一个有梦想、有思想、有能力、有定力的中华民族伟大复兴的参与者、奋斗者、成就者"作为课程价值塑造的主要目标，引导学生勤学、修德、明辨、笃实，成为社会主义核心价值观的坚定信仰者、积极传播者和模范践行者。希望能为国家培养出一批又一批扎实掌握单片机应用开发技术、熟悉国际国内技术动向、善于观察分析解决问题、有理想信念、刻苦钻研、善于协作、精益求精、德才兼备的后备单片机应用开发人才，在建设社会主义强国的奋斗中坚定科技报国理想、坚守技术方向、坚持创新创造，成为一个于己有业、于家有成、于民有利、于国有功的人。

三、单片机课程中实现价值塑造的实施路径及方法

（一）整合教学内容，规划育人要点

在单片机系列课程开发过程中，教学团队立足于电子、电气类学科特色和优势，充分结合单片机课程理实一体的特点，把价值塑造目标与课程教学内容

有机融合，系统规划课程的教学目标，整合教学内容，将价值塑造与知识传授和技能培养形成有机整体，每一个学习任务中所蕴含的育人要点都与课程内容密切相关。随着课程知识的不断深入，技能训练的层层递进，课程育人目标也逐步达成。以《单片机 C 语言程序设计》课程教学模块一为例，教学内容的设置以及所蕴含的育人要点如图1所示。从任务1到任务4，教学内容从一颗小小的芯片到单片机应用系统的开发流程，在帮助同学们掌握单片机基础知识、初步熟悉单片机应用系统开发流程的同时，也帮助同学们了解我国集成电路的发展历程和所面临的机遇及挑战，帮助同学们初步树立职业信念和理想，初步了解行业相关设计规范和标准。

教学模块	教学情境	教学任务	育人元素	育人点
模块一 流水灯亮灭控制	广州塔	任务1：初识单片机	• 改革开放以来，我国集成电路发展 • 华为芯片事件	• 爱国情怀 • 使命担当
		任务2：单片机最小系统	• 《毛泽东选集》第一卷的《星星之火，可以燎原》	• 职业理想
		任务3：点亮发光二极管	• 发光二极管发明故事	• 自我实现 • 创新思维
		任务4：花式流水灯	• 璀璨夺目的"广州塔" • 单片机实际应用系统开发流程	• 以美育德 • 行业规范

图1 《单片机 C 语言程序设计》课程模块一

（二）做优教学资源，建强育人平台

教学资源是课程教学目标达成的有力支撑。单片机课程自 2005 年上线以来，教学团队紧跟行业"三新"（新技术、新工艺、新规范），更新迭代实训平台，持续开展配套资源建设，包括活页式教材（导学单、课堂学案、任务单等）、微课视频、在线测试、试题库等线上和线下资源。持续更新的教学资源为单片机课程"线上线下，理实一体"混合式教学提供了充分的包装，也为育人平台注入活力，育人效果提升明显。

（三）创新组织形式，培养职业精神

价值塑造不是空中楼阁，必须建立在知识传授与能力培养的基础之上，而课堂教学则是实现知识传授和能力培养的最主要途径。[8]充分发挥课堂教学"主渠道"作用，要以教学活动为抓手和落脚点，坚持高标准和严要求，加强时代感和互动性，不断促进比较与交流，在丰富的教学实践中有效落实"三位一体"育人理念。[9-13]单片机课程教学过程中，采取多样的教学组织形式、创新的教学方法，旨在激发学生学习兴趣，引导学生深入思考、提升学习体验，最大限度地发挥专业课程的价值引领和价值塑造作用。下面就以课程教学中的一些做法为例进行探讨。

1. 开展技术市场调研，教育学生直面差距、树立信心

单片机经过近半个世纪的发展，已经壮大形成了大大小小几十个"家族"，从位宽来看，常见的有 8bit、16bit、32bit，从品牌来看，影响力较大的有 Micro-Chip、TI、Atmel、NXP、ST 等，美欧国家处于主导地位，尤其是在 32bit 高端芯片领域，从 2007 年到 2017 年，仅 STM32 的出货量就高达 20 亿颗（数据来源于 STM 2017 亚太峰会）。我国的单片机芯片设计制造业起步晚，但进入 21 世纪以来，我国民族企业奋起直追，在单片机设计、制造和外围电路开发方面均取得长足进步，除了像华为、中芯这样的龙头企业，也造就了像兆易创新、中颖电子、华大半导体、广州周立功、宏晶科技这样的专精特新企业，使得国产单片机占据了 8bit 超 50%、16/32bit 达到 20% 的国内市场份额。在单片机课程中，我们均安排了 1—2 次不同主题的技术市场调研分析作业和讨论，目的有三：其一，让学生了解目前单片机相关技术领域的发展历史、现状和趋势，看清过去、现在和将来，能让学生明辨未来发展方向；其二，让学生看清国内在单片机方面存在的差距，直面现实、承认差距，知己知彼方能激发潜心钻研、奋起直追的勇气和决心；其三，让学生看到近 20 年来，特别是 2018 年"芯片危机"事件发酵以来我国民族科技力量在"危"与"机"面前，卧薪尝胆、奋发图强所取得的显著成绩，深切感受到我国科技工作者们不断追求科技自主、科技创新的决心和毅力，以及体现出的深厚爱国情怀和不懈追求的精神，以此坚定学生持之以恒、后来居上的信心。

2. 及时跟进行业动态，选择国产芯片，教育学生认同国货正自强

最初我们选择了 Philips 公司（现恩智浦 NXP）的 51 内核 8bit 增强型单片机 P89V51RD2 作为核心控制器，以此开发了智能小车作为实验开发平台，那时国内单片机研发才刚刚起步。2015 年，通用单片机领域，宏晶科技的 STC 系列增强型 51 单片机已经日渐成熟，高抗干扰能力和独特的 ISP（在系统可编程）功能以及低门槛得到业界普遍认可。尽管当时在产品系列完整性、片上资源和技术资料等方面还不够理想，甚至在网站资源和技术支持上备受诟病，但选择国产芯片、推广国产芯片、用好国产芯片，实现国家科技自立自强是教育的责任，因此在最新的一轮课改中，我们断然放弃了国外芯片，选择国产 STC15W4K61S4 单片机作为核心控制器，重新开发了全套实训平台和教学资源，并与宏晶公司共同筹建了校企合作的 STC 高性能单片机实验室，以此激励同学们国货当自强、国货正自强。在宏晶科技和众多国内高校的共同努力下，STC 如今正逐渐成为一个庞大的单片机家族，在中低端应用领域足以抗衡国外竞争对手。在这一过程中，同学们也充分意识到单片机的应用开发不只是芯片选择

这么简单，还需要熟练掌握单片机基础知识、C 语言编程调试、各种接口电路设计和仿真，甚至还应掌握 PCB 的设计等基础知识和专业技能，尽管这当中还有很多核心技术、开发工具软件、外围芯片目前仍由国外把控，我们还不得不用"中国芯"去"接口"世界，但只要我们设计好、开发好、应用好"中国芯"，世界"接口"中国的时代将很快来临。

3. 发挥榜样力量，持续激发学生的斗志和热情

榜样在价值塑造过程中的示范作用是巨大的，每一个民族科技企业成长壮大的背后都是一部可歌可泣的励志故事，都是人才培养的鲜活教材。宏晶科技在其官网主页上一直保留着一句话："如果每个中国人都力争在一个方向做到世界第一，我们中国就强大了！"在课程建设中，我们搜集了很多单片机领域的代表性人物带领公司成立、成长的心路历程和奋斗过程的点滴故事，以此作为案例供学生课后学习和讨论。比如，我们实训平台有很多外围接口电路和评估板采用的是广州致远电子的产品，因此我们特意收集整理了致远电子创始人周立功先生的生平和事迹，以及他对教育和单片机教学方面的论述。周立功先生是国内单片机界鼎鼎大名的风云人物，他在 17 岁读技校时接触微控制器，在东华大学上学时接触单片机，30 岁借 2 万元创立第一家公司，从事单片机开发和代理工作，35 岁（1999 年）创立广州周立功单片机发展有限公司，从事单片机销售工作，2001 年注册广州致远电子公司，开始单片机应用解决方案自主研发，历经 20 年成为国内最顶尖的应用方案供应商。[14] 榜样们对技术创新的执着、对创业的坚守、对发展民族科技的情怀深深地感染和激励了学生，也让他们更加理解习近平总书记之"人生在勤、勤则不匮""功崇惟志，业广惟勤""志之所趋，无远弗届，穷山距海，不能限也""空谈误国、实干兴邦"和"幸福是奋斗出来的"等金句的深刻内涵。

4. 发挥课堂优势，培养学生的职业技能和职业精神

单片机课程在教学内容的组织方面，主要采用基于问题导向的项目驱动法进行教学，所设计的教学项目结合教学情境，从单片机典型应用领域入手，以培养学生单片机开发能力为主线，分别从硬件电路设计、软件程序两方面达到传授专业知识和培养实践技能的目的。而教学情境的创设可根据时下的热点事件和专业领域的新技术等随时进行调整，以此持续激发学生的学习热情，培养学生热爱专业、积极探索的精神。在教学活动的开展方面，遵循学习者认知规律，力求构建真正意义上的以学习者为中心的课堂，在具体的教学过程中变"先教后学、以教定学、多教少学"为"先学后教、以学定教、少教多学"。[15-18] 每个教学模块遵循单片机应用项目设计开发流程，将设计项目从整体

到局部，分解为若干个小的设计任务，通过课堂小组讨论、基础单人任务、小组扩展协作任务等多种教学组织形式，不仅全面考核了同学们的知识掌握情况和技能训练情况，还通过各种协作任务培养了同学们的团队意识和团结协作的能力，极大地提升了同学们的集体凝聚力和荣誉感。教学中竞赛环节的引入，培养了同学们综合应用所学知识解决实际问题的职业能力，也在一次次的对抗中培养了同学们勇于挑战、精益求精的意志品质和不断追求卓越的创新精神。

（四）科教协同育人，提升育人成效

对于专业课程阶段学习的大学生而言，适当参与科研实践，对价值塑造和技能提升方面的作用尤为明显。近年来，我校高度重视发展科研与技术服务，把坚定不移走产学研一体化发展道路作为学校发展的基本理念，先后打造了四个四川省工程实验室，组建若干科研团队，按照"四个面向"总体要求，大力发展应用技术研发和成果转移转化。单片机教学团队十余名教师大多数都是科研骨干，近5年共计承担四川省重点研发项目3项，各种市、校级规划科研项目和横向科研项目21项，科研经费超过500万元。

对于学习完《单片机C语言程序设计》的学生，已具备一定的单片机应用技术开发基础，适度参与一些实际的开发工作，不仅有利于加强学生对知识的理解，更有利于加快提高学生分析实际问题、解决实际问题的能力，有利于激发学生创新创造的兴趣和动力，有利于培养学生对单片机开发发自内心的热爱，有利于培养学生刻苦钻研、一丝不苟、精益求精的科学态度和工匠精神，有利于树立学生科技报国的理想和信心。为此，我们重点通过多个途径，将科研和教学相结合，实现科教协同育人。一是将实际科研项目中涉及智能控制领域的任务进行分解，编写成若干工程案例，进入资源库或作为实习实训任务交由学生完成；二是在假期和顶岗实习期间吸纳部分学生做教师科研助手，协助教师完成与单片机应用相关的项目；三是定期组织教师开展项目研究分享活动；四是充分利用学院"科技节""学院智能控制大赛""电气协会"等多种渠道和活动展现学生在单片机学习方面的创新学习成果。以上这些举措经过近几年的实践，在学生的人才培养方面取得了一定效果，但鉴于高职学生三年学制的确太紧，学习任务太重，如何进一步充分发挥科教协同育人作用，探索出有效的实施途径将是教学团队后期的研究重点之一。

（五）教师身体力行，做好示范表率

德高为师、身正为范，在学生的价值塑造中，教师是"主力军"。"一个优秀的老师，应该是'经师'和'人师'的统一，既要精于'授业''解惑'，更要以'传道'为责任和使命。"[19]十几年来，我校单片机课程教学团队按照"四有教师"标准不断加强团队建设，坚持以立德树人为根本，努力做学生为学、为事、为人的示范，努力担负传播知识、传播思想、传播真理，塑造灵魂、塑造时代新人的责任，教研不辍、科研不停。在教学团队的努力下，持续开展课程建设，其间共计对包含智能小车、物料分拣装置在内的实训平台进行了5次改版，所有实训平台均为自主研发、安装和调试。教学内容持续优化、教学方法持续改进、教学资源持续完善、育人效果稳步提高，继2005年被评为省级精品课程之后，2012年被评为省级精品资源共享课程，2017年被评为省级精品在线开放课程，团队成员在2014年获得全国职业院校教学能力大赛二等奖，2020、2021连续两年获得四川省职业院校技能大赛教学能力比赛一等奖，团队中有6名教师先后获得学校最高荣誉的"永好育人奖"。老师们团结奋斗、乐于奉献，刻苦钻研、开拓创新，久久为功、持之以恒，满腔真情做学生成长成才的引路人，用实际行动向学生们生动诠释了对讲台的敬畏和对教育事业的执着。

四、结语

习近平总书记反复强调，青年的价值取向决定了未来整个社会的价值取向。价值养成是引领青年学生人生航向的"定盘星"，而价值塑造是人才培养的核心和第一要务。立德树人的核心就是将价值塑造融于知识传授和能力培养的全过程，其目的在培养体现时代精神、符合时代需要的人才。通过多年教改探索与实践，我们在单片机系列课程教学中就如何将价值塑造、能力培养和知识传授有机融合上取得一点经验，在课程育人上取得一定成效。学生的进取心、责任心整体上有明显增强，能力培养和知识传授的达成度有较大改善，学生参加各种学科竞赛成绩显著进步，7年中，5次参加Intel杯职业技能大赛，3次获得全省冠军、2次获得全省亚军；6次参加全国大学生电子设计大赛，1次获全国二等奖、9次获省赛一等奖。价值塑造应该贯穿教育全过程，我们对在课程教学中如何进行价值塑造，不断注入新的时代内涵，充分发挥课程育人作用，也还有很多理解不够深刻地方，还需不断学习和思考，期待能与更多同人共同探讨、一同进步。

参考文献

[1] 中共教育部党组关于印发《高校思想政治工作质量提升工程实施纲要》的通知 [EB/OL]. 中华人民共和国教育部，2017-12-05.

[2] 杨秀萍. 课程思政与思政课程协同育人：前提、途径与机制 [J]. 黑

龙江高教研究，2021，39（12）：87-91.

[3] 富海鹰，杨成，李丹妮，等."三全育人"视角下工科课程思政实践探究 [J]. 高等工程教育研究，2021（5）：94-99，165.

[4] 梅鲁海."课程思政"+"产教融合"协同育人主体的交互共生和价值耦合 [J]. 中国职业技术教育，2021（29）：18-21，26.

[5] 陈吉宁. 全面深化教育教学改革 大力提升人才培养质量 [J]. 清华大学教育研究，2014，35（6）：1-5.

[6] 杨斌. 践行"三位一体"教育理念 全面建设一流人才培养模式 [J]. 清华大学教育研究，2018，39（3）：1-6.

[7] 习近平总书记在清华大学考察时的重要讲话激励高校师生砥砺前行 [EB/OL]. 新华网，2021-04-19.

[8] 陈旭：让"三位一体"内化为每一位教师的教育理念 [EB/OL]. 新浪新闻，2018-05-25.

[9] 高德毅，宗爱东. 课程思政：有效发挥课堂育人主渠道作用的必然选择 [J]. 思想理论教育导刊，2017（1）：31-34.

[10] 杨兴坤，王英. 论三位一体的本科应用型人才培养模式 [J]. 教育与职业，2016（17）：42-45.

[11] 李臻，于歆杰，王桂萍. 等，在生产实习中践行"三位一体"教育理念 [J]. 实验技术与管理，2020，37（3）：196-199.

[12] 李红娟，帅琪，徐勇前，等. 无机及分析化学"价值塑造—能力培养—知识传授"三位一体教学模式探索 [J]. 广东化工，2021，48（21）：177-179.

[13] 习伟波. 课堂深度变革：学习中心、课程立意、育人本位 [J]. 人民教育，2021（20）：70-72.

[14] 单片机大师——周立功的别样人生 [EB/OL]. 电子发烧友，2017-01-12.

[15] 徐国庆. 能力本位课程模式的当代意义与发展 [J]. 职教论坛，2022，38（1）：57-64.

[16] 邓泽民. 以学习者为中心的职业院校人才培养模式的研究 [J]. 中国职业技术教育，2017（31）：36-49.

[17] 王小明. 布卢姆认知目标分类学（修订版）的课堂观及其应用 [J]. 东北师大学报（哲学社会科学版），2018（2）：172-177.

[18] 李芳. 布鲁姆分类学与美国大学 TBL 应用——基于美国德克萨斯大学

TBL 经验 [J]. 比较教育研究, 2014, 36 (5): 59-64.

[19] 习近平. 做党和人民满意的好老师——同北京师范大学师生代表座谈时的讲话 [EB/OL]. 新华网, 2014-09-10.

作者简介

施芸 (1975—)，女，硕士，副教授。四川工程职业技术学院四川省装备制造业机器人应用技术工程实验室专职研究人员。四川省精品资源共享课《单片机应用技术》课程负责人，国家级职业教育工业机器人应用与维护领域教师教学创新团队成员。参与完成四川省科技计划重点研发项目 3 项，主持完成 5 项院级及以上教研及科研课题工作。获全国职业院校教学能力大赛二等奖 1 次，四川省教学能力大赛一等奖 2 次，四川省教学成果奖 1 项。获评德阳市"优秀共产党员"，学院"永好育人奖"，多次获评院级"优秀教师"和"优秀共产党员"。

郭欣 (1982—)，女，硕士，副教授。四川工程职业技术学院四川省装备制造业机器人应用技术工程实验室专职研究人员。国家级职业教育工业机器人应用与维护领域教师教学创新团队成员。参与完成四川省科技计划重点研发项目 3 项。获四川省教学能力大赛一等奖 2 次，多次获评院级"优秀教师"、"优秀共产党员"和"优秀辅导员"。

赖诚 (1972—)，男，硕士，教授。四川工程职业技术学院电气信息工程系副主任。主持完成四川省教育教学改革研究项目 1 项，四川省精品课程 1 门，市级及以上科研和社会研究课题 2 项，主持完成的教育教学改革课题获全国机械行业教育教学成果二等奖。获得学院首届"永好育人奖"，多次荣获院级"优秀教师"称号。

唐伟 (1976—)，男，硕士，讲师，四川工程职业技术学院电气信息工程系教师。主持完成省科技厅"苗子工程"项目 1 项，主持完成院级科研、教研课题 3 项，指导学生申报四川省教育厅创新创业科技项目 2 项，指导学生参加全国及四川省大学生电子设计竞赛获全国二等奖 1 项，四川省一等奖 9 项，多次获评院级"优秀教师"和"优秀共产党员"。

钟伟 (1974—)，男，硕士，副教授，四川工程职业技术学院电气信息工程系电子教研室主任。主持和参与完成多项省级、院级课程建设工作，主持和参与十余项省级、院级科研及教研课题研究工作，指导学生参加全国及四川省大学生电子设计竞赛获全国二等奖 1 项，四川省一等奖十余项，多次获评院级"优秀教师"。

"大思政课"视域下公共体育"神骨血肉经"课程思政教学理念探微

——以《定向运动》为例

邓　勇

一、前言

习近平总书记指出，思政课不仅应该在课堂上讲，也应该在社会生活中来讲。"大思政课"我们要善用之，一定要跟现实结合起来。上思政课不能拿着文件宣读，没有生命、干巴巴的。[1]要用好课堂教学这个主渠道，其他各门课都要守好一段渠、种好责任田，使各类课程与思想政治理论课同向同行，形成协同效应。[2]公共体育课相对于思政课有其独特的优势，经可体验、可实践，某些抽象的思政理论可以通过亲身参与体育实践活动去体验、去感悟，从而加深理解、提高认识、进而认同，切实落实立德树人根本任务，实现课程思政目标，也是对思政课的很好补充。

"体育+思政"的研究与实践，在体育教学领域蓬勃开展，但多涉及宏观的如公共体育教学与课程思政的融合、价值意蕴、目标指向等方面的研究，或微观的如实践及途径，甚至针对某一节课如何实行课程思政的具体方法与手段的研究。这些或偏重理论、缺乏实践、不便操作；或聚焦于某一点，缺乏体系和理念指引，对课程整体的立德树人目标来说过于碎片化、具有临时性的特点，不利于借鉴与推广。以上问题导致公共体育课程思政的执行环节，诸如教学目标的制定、教学内容的优化、教学方法的改进等方面，急需解决的问题凸显，[3]亟须从课程体系出发，把教学目标、教学内容、教学方法与手段、教学评价与管控等方面结合起来研究，形成完整的课程思政、立德树人的教学理念，系统地指导整门课的课程思政教学实践。公共体育课《定向运动》通过多年的教学探索与实践，总结提炼出了"神骨血肉经"的教学理念，构建了完整的立德树人育人课程体系，在指导教学方面取得了不错的成效。在此抛砖引玉，为"体育+思政"的教学策略研究提供借鉴与参考。

二、"神、骨、血、肉、经"公共体育课程思政教学理念设计及释义

（一）设计思路

依据《定向运动》课程特点采用任务驱动教学法，设定了两项任务：一是利用地图在固定线路上定向找点，二是在指定点位上定点闯关，这构成了课程的"骨架"；根据任务需要，设计了"组员""裁判员""守点员""检查员"的课堂角色，为课程添加了丰满的"血、肉"；根据对课堂角色管控的需要，又设计了"全过程考核体系"，对个人、团队及各角色的随堂考核，有效的管控课堂，布控了串联课堂的"经络"；在整个教学活动的基础上，提炼出"规则意识""团队协作精神""职业道德"三项主要课程思政要素，结合体育教学的最终目标，紧扣课程思政、立德树人根本任务，赋予课程总的"神韵"。（见图1）

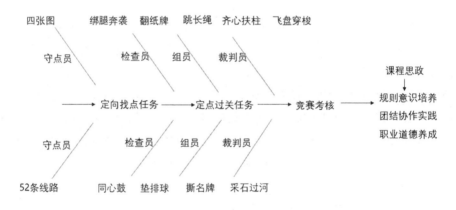

图1　公共体育课《定向运动》课程示意图

（二）理念释义

1. 教学目标，即课堂的"神韵"

锻炼身体，增强体质；学习运动技能；通过角色体验，融入"规则意识""团队协作精神""职业道德"三项主要课程思政要素。

2. 教学内容，即课堂的"骨架"

制作了四张校园定向越野地图，共规划了52条线路，每条线路上设置了13—18个点位，学生按图索骥，完成定向找点任务；设计10项定点过关任务："采石过河""绑腿翻纸牌""跳长绳""垫排球计数""齐心扶柱""同心鼓""绑腿奔袭""飞盘计数""撕名牌""踢毽计数"。

3. 巧用教学方法与手段，为课堂添加"血肉"

根据课程特点及教学需要，采用了任务驱动、分组教学、小组对抗竞赛、角色扮演、深化总结等教学方法；设定了四种角色：找点打点的"组员"、负责监督组员找点打点的"守点员"、负责检查守点员履职情况的"检查员"、负责定点任务裁判工作的"裁判员"[4]。

4. 考核评价体系，即管控课堂的"经络"

课程采用随堂考核、每课必考、全过程考核的方式，将期末考试分数的60分平均分配到15节课中，每节课占4分；将全班分成人数尽量均等的4个组，各组男女尽量均等，视情况随机调整；每节课4个小组间进行竞赛比拼，竞赛内容为定向找点任务及定点闯关任务，按照各组完成两项任务的平均时间快慢排定名次，根据名次给予各小组对应的分数。

（1）对"裁判员""组员"的考核：各组按完成"定向找点任务"及"定点闯关任务"的快慢排定名次，第一名的小组得4分，第二名3分，以此类推。

（2）对"守点员"的考核：满分4分，视履职情况扣分，如在岗情况、检查"组员"打点情况、布置点位的准确情况等。

（3）对"检查员"的考核："检查员"由教师随机秘密指定，视履职情况酌情奖分，如发现"守点员"渎职等并及时上报教师。将各组15次课的得分累加即为各组最终得分。

三、"神、骨、血、肉、经"教学理念的实施路径、方法及效果

该理念的实施主要基于体育课可体验、可实践的特点，让学生在体育课程的身体参与中体会和学习、思考与反思，积极培育学生"能吃苦、敢胜利、勇拼搏、守规则、有目标、善合作、知礼仪"等体育中蕴含的优秀品质，实现认知、情感、理性和行为认同。促使作为受教者的大学生在体育运动过程中潜移默化地接受教育，更好的接纳教育内容。[5]

（一）实施路径

1. 总体原则

根据大纲要求和课程特点把课程思政、立德树人列为主要任务，通过15次课反复体验、考核引导、总结升华，切实落实立德树人根本任务。

2. 课堂实施

根据课程内容和课程特点，将课堂实施分为小组竞赛、角色扮演、总结评价三个环节。

小组竞赛：15 次课里，各小组要参加四张地图包含 52 条线路的定向找点打点竞赛。在找点打点过程中，在规定任务点，各小组还要参加"踩石过河"等 10 个项目的定点过关任务竞争。在完成任务的过程中，每项任务被赋予团结协作、严守纪律、奋勇拼搏、敢于胜利的精神，激发学生学习先烈战胜困难的斗志。同时，通过分组竞赛的教学手段，让时间竞争—排名竞争—分数竞争的竞争机制贯穿始终，形成时时竞争、处处竞争的氛围，让学生身陷其中、无暇懈怠，达到个人找点争先、小组过关争优的目的，学生完全掌握了快速完成找点任务及高质量完成过关任务的教学重点。（见图 2）

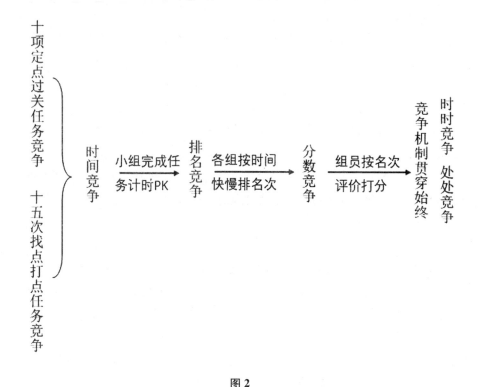

图 2

角色扮演：课程设计了组员、守点员、裁判员、检查员四种角色，为课程添加丰满的"血肉"。在 15 次课里，各组组员反复地参与体验定向找点及定点过关任务，培养学生遵规守纪的规则意识和团队协作、顽强拼搏的精神；15 次课里，每人都要扮演 1—2 次守点员，监督组员打点，拒绝没按由小到大顺序打点的组员打点，体验人在岗在、仔细检查、有原则、认真负责的岗位职责，培养爱岗敬业的职业精神。杜绝定向找点和定点过关时的违规现象；在小组闯关过程中，各组选派一名裁判，小组间交叉执裁，监督组员闯关，维持现场秩序，营造公平公正的竞争环境，培养公平正义的职业素养；在课堂上，教师巡视检查时随机指派若干同学为"检查员"，协助老师监督检查"守点员"是否在岗，是否认真履行了岗位职责，培养"检查员"有原则、敢履职的职业操守。课堂上，同学们通过扮演以上角色，各司其职，各负其责，共同营造出紧张、活泼、积极向上、公平正义的课堂氛围。组员完成定向找点任务时，守点员监督组员打点，检查员监督守点员守点；定点过关时，裁判监督组员闯关；教师监督检查员和裁判员。相互监督，保证公平，确保终点计时排名打分的准确有效。通过15次课的角色扮演，反复体验课程思政元素，切实将课程思政元素融入学生头脑。

总结评价：分为课上评价、个人评价、期末评价三个环节。课上评价分为对小组评价和对个人评价。以小组完成任务的平均时间快慢排出各组名次，依据名次给各组打分；个人评价主要为随堂考核，根据课堂情况汇集总结，在各角色所在组别课堂得分的基础上，分别对组员的遵规守纪情况、裁判员严格执裁情况、守点员爱岗敬业情况、检查员勇于履职情况进行扣分。（见表1）

表1　角色扣分表

好	一般	差	很差
扣0分	扣1分	扣2—3分	扣4分

期末评价，对各小组在15次课里取得的15个排名所获得的分数进行累加，得出各小组最终分数。以课上评价为基础、期末评价为依据，对每名学生进行综合评价，布控管控课堂的"经络"。（见图3）

（二）实施方法

（1）建立守点制度。每节课安排一组同学到各点位守点，负责检查其他组同学的打点过程，杜绝违漏打、跳打等违规打点现象。

课程思政融入要素：爱岗敬业，坚守岗位，不擅自离岗；认真检查打点人员的打卡纸，防止其漏打、跳打；面对违规现象时，要明辨是非，给予纠正。

（2）建立巡查员制度。教师随机指派若干位打点同学作为巡视员，在打点过程中检查守点人员是否在岗，是否严格履职。

课程思政融入要素：要明辨是非，面对守点人员的脱岗、渎职行为敢于指正，敢于履职。营造公平正义的竞争氛围。

（3）建立教师随机检查制度。教师在巡视过程中，随机抽检守点、打点同学的行为。

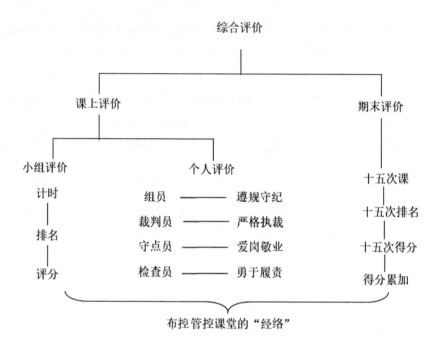

图3　布控管控课堂的"经络"

课程思政融入要素：督促学生遵纪守规，要有规则意识。在完成任务过程中，坚守规则，诚信打点，不漏打、跳打；遇到困难坚韧豁达，群策群力，团结协作；克服身体上的疲劳，克服心理上的急躁，顽强拼搏，凝心聚力，迅速完成各项任务。

（4）建立裁判员制度。在六项定点闯关任务环节中，每个小组选举出一位裁判员，在各小组交叉执裁，监督各小组在完成任务过程中的行为。

课程思政融入要素：做到铁面无私，依法依规严格执法，面对违规现象及时制止。要有正义感，营造公平、公正的竞争氛围。

（5）建立每课必考的考核机制。以小组对抗竞赛为主要考核内容。以各小组完成各项教学任务的时间快慢确定小组排名。以小组排名给予各小组对应分数。

课程思政融入要素：督促各小组在任务环节，发挥最大的体力、智力能力，克服困难，力争上游，激发各小组坚韧豁达、奋发向上的斗志。共同营造良好的竞争氛围。引导学生正确对待因身体残疾等原因不能为本组做出较大贡献的同学，要仁爱共济、立己达人。

（三）实施效果

（1）运动量及强度合理，锻炼效果明显。通过对 12 次课每个班 10 名同学的运动量及强度的抽样调查记录显示，平均运动时间 67.8 分钟，平均心率 141 次/分钟，平均运动距离 3275 米。达到了 18—22 周岁的青少年身体锻炼的靶心率区间 120-160 次/分钟的有效阈值。学生心肺功能增强，体质改善，体质测试及格率上升；掌握了定向运动技能。（见图 4）

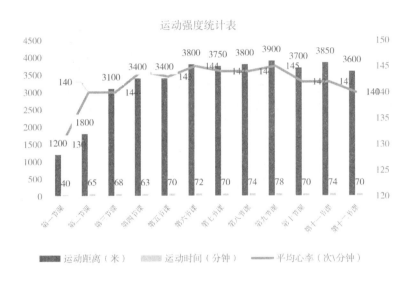

图 4

（2）教学形式多样，学生满意度高。采取了分组竞赛、角色扮演、按图索骥、团队闯关等多种教学组织形式，使课堂内容丰富多彩，学生沉浸其中，大大提高了学生参与练习的积极性，提高了课堂各项任务的完成率。学生通过对各环节的深度体验，锻炼了身体，愉悦了身心，课堂满意度较高。

（3）突出过程育人，学生的思想素质提高。通过问卷星 App，对我校 2020、2021 级 432 人发布的关于"通过《定向运动》课程的学习，在课程思政目标达成方面你觉得如何？"调查显示，对团结协作精神、规则意识、公平正义的责任意识、拼搏精神、爱岗敬业、职业道德等课程思政要素的课堂体验，收获较大，均有积极的反馈；通过对定向找点及定点任务规则的严格要求，培养学生纪律意识；通过各角色体验，培养学生公平正义的责任意识，爱岗敬业的职业道德；通过小组协作完成各项任务培养学生团结协作的精神。学生对课程思政要素外化于身，内化于心，有积极正面的评价。（见图 5）

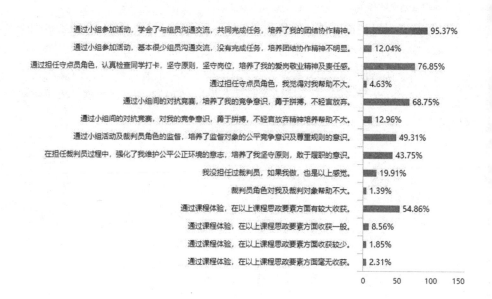

图5

五、结语

(一) 教学方法与手段极具针对性

定向运动具有计时竞赛、按图索骥的基本特点，地图的范围可大可小、设置在地图上的点标可多可少，参与者完成找点的时间可长可短，计时竞赛参与者可单人可团队，无论何种情况，参与者都是致力于完成"定向找点"的根本任务，在完成"定向找点"根本任务过程中，结合课程思政元素，创造性的加入"定点过关任务"，据此，针对性的设计了"任务驱动"的教学方法；在完成任务的过程中，根据任务内容针对性的设计了"分组竞赛""角色扮演"的教学手段。

(二) 充分发挥考核的杠杆作用

1. 分组竞赛，引入竞争机制

将学生分成人数相等、实力大致平均的若干小组，在完成"定向找点""定点过关"任务时，各小组间进行竞赛比拼，竞赛结果作为考核评价依据之一。

2. 细化考核内容

把各小组完成任务的时间作为考核内容，鼓励学生快速完成任务，不敢懈息，提高运动锻炼的强度；对角色扮演的考核，把各角色的履职履责情况作为考核内容，督促各角色认真履职。

3. 赋予监督权力，强化学生自我管理

赋予各角色监督权力，设计好监督机制，在机制保障下，实现学生自我管理。

4. 创新考核形式

随堂考核，每课必考。将期末考试成绩平均分配到每节课，以每节课考核内容为依据，对各小组进行考核评分。将期末考试压力分配到每节课，督促学生重视每一节课的学习，不敢懈怠。

5. 通过考核管控，将课程思政落实落地

通过考核杠杆作用实现课堂自我管理，在自我管理的过程中切实加深学生对课程思政元素的认识和理解。

（三）构建了"体验式"体育课程思政教学模式

1. 全过程体验

根据教学内容，对标社会主义核心价值观，凝练了公平正义、责任意识、纪律意识、爱岗敬业、职业道德等课程思政元素，通过"任务驱动""分组竞赛""角色扮演"的教学方法与手段，将课程思政元素融入教学各环节，课堂的教学过程就是课程思政的过程。

2. 多角色多次数反复体验

学生通过每节课不同角色的扮演，通过15次课参与完成四张地图、52条定向路线的定向找点任务以及10次不同内容的定点任务，多次反复体验各角色被赋予的课程思政要素。

（四）提出了"神、骨、血、肉、经"的教学设计理念

（1）紧扣课程思政、立德树人根本任务，赋予课程总的"神韵"。

（2）以"任务驱动"，两项教学内容构成课程完整的"骨架"。

（3）用"分组竞赛""角色扮演"的教学手段，设定每位学生的课堂角色，添加课程丰满的"血肉"。

（4）通过"全过程全员考核体系"，布控了串联课堂的"经络"。

参考文献

［1］杜尚泽."'大思政课'我们要善用之"（微镜头·习近平总书记两会"下团组"·两会现场观察）［N］.人民日报，2021-03-07（1）.

［2］黄超，吴月．各地各高校拓展新时代大学生思政教育的有效途径种好责任田上好思政课［N］．人民日报，2021-12-20（12）．

［3］包海丽．高校公共体育课程思政的融入机理与实践路径研究［J］．浙江体育科学，2019，41（3）：58-61，122．

［4］邓勇．基于"立德树人"下公共体育课育人体系的构建研究与实践［J］．装备制造与教育，2020，34（3）：3．

［5］常益，张守伟．高校公共体育课程思政的价值意蕴、目标指向及实践路径［J］．北京体育大学学报，2021（9）：24-32．

作者简介

邓勇（1977—），男，研究生，四川工程职业技术学院党政办副主任，副教授。

"三全育人"理念下《物流管理基础》课程思政教学改革与实践

兰琦　范静

一、引言

2020 年教育部《高等学校课程思政建设指导纲要》指出，全面推进课程思政建设，就是要寓价值观引导于知识传授和能力培养之中，帮助学生塑造正确的世界观、人生观、价值观，这是人才培养的应有之义，更是必备内容。

现代物流管理专业主要面向企事业单位培养高素质物流管理复合型技术技能人才。《物流管理基础》是现代物流管理专业学生进入大学后的第一门专业基础课，因此通过本门课程的教学，引导学生形成正确的意识形态，培养学生强烈的社会责任感、使命感，培育和践行社会主义核心价值观，引导学生深刻理解并自觉践行物流行业的职业道德和行为规范显得尤为重要。本课程教学团队以立德树人为根本出发点，把思政教育渗透至课程教学的每一个阶段，在全员、全过程和全方位"三全育人"教育理念的指导下，探索和实施了《物流管理基础》课程思政教学的新途径和新方法。

二、健全机制、校企合作，"全员参与"课程思政

四川工程职业技术学院（以下简称"我校"）《物流管理基础》课程教学团队以习近平新时代中国特色社会主义思想为指导，建立了课程思政集体教研制度，共同研究设计课程思政目标、课程思政标准，建设了课程思政案例库。教学团队教师通过积极参加政治理论学习、专题教研活动以及教育部"高校教师课程思政教学能力培训"等多种方式，筑牢课程思政教学理念，提高教师课程思政内涵融入课堂教学的水平，全面落实"立德树人"的教育教学宗旨。

同时，在我校党委的领导和系部的大力支持下，现代物流管理专业先后与苏宁物流、京邦达物流、百世物流（百世供应链）、顺丰、邮政 EMS 等物流行

业的大型企业进行合作，建立起了一套完善、成熟的校企合作育人模式，有效推进了现代物流管理专业的校外实训基地建设工作，满足了专业建设和课程建设的需要。《物流管理基础》课程教学团队由校内专任教师和企业物流专家共同组成，企业物流专家直接参与了《物流管理基础》课程标准、课程大纲、思政教学及授课计划的制定，让课程内容、课程思政目标更突出行业标准和特征。在教学实施过程中，来自企业的物流专家作为课程兼职教师，以专题讲座、实训指导等形式参与到课程教学的关键环节，为学生带来了更新、更真实的企业物流运作案例，让学生切实感受到了物流行业的高标准职业道德规范及职业素养要求。有利于增强学生的责任意识，培养学生遵纪守法、爱岗敬业、吃苦耐劳、诚实守信、严谨细致的职业品格和行为习惯。

三、精准定位、明确目标，教学"全过程"融入课程思政

《物流管理基础》是现代物流管理专业及其他经济管理类专业的大类基础课程。本课程坚持知识传授与价值引领相结合，以习近平新时代中国特色社会主义思想为指导，以培养学生成为德才兼备、全面发展的社会主义建设者和接班人为目标。注重在课程教学过程中传递社会主义核心价值观；大力推动中国传统文化中忠诚、守信等传统美德的传承和发扬；传递爱护环境、节约资源的意识和绿色物流理念；培养学生严谨细致的工作态度和创新精神。具体见图1：

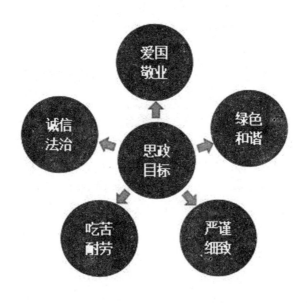

图1　课程思政目标

（一）课前任务导入，重在培养学生独立思考、实事求是、严谨细致的学习态度

教师利用课程平台发布自学任务、学习资源。学生通过爱课程SPOC平台在线学习，明确每次课的学习目标和学习任务；根据课前教师布置的相关任务，完成线上线下操作部分的准备。此环节重在通过任务的布置以及相关预习资料的发放引起学生的学习兴趣。同时每个学生都要独立思考并完成线上预习任务，这不仅能真实地反映出他们的知识准备情况，还能培养他们实事求是的学习态度。

（二）课中技能培养与思政教育并重的课堂教学设计

本课程教学团队精心设计了针对每一个教学模块的技能培养点、思政要素以及思政教学案例，在提高学生物流运作技能的同时，实现价值引领。具体课堂思政教学设计内容如表1所示：

表1　课程思政案例设计

序号	教学模块	思政要素	思政案例设计
1	物流认知	爱国、敬业、和谐、文明；爱岗敬业、吃苦耐劳	（1）在讲解物流的基本概念这一节时，回顾物流发展历程，引起学生的民族自豪感，引出中华民族传统美德：爱国、敬业； （2）结合当前社会中物流对于防疫、抗疫的重要作用讲解物流的概念； （3）在讲解物流的分类时，结合回收及废弃物物流，引入绿色物流理念，培养学生爱护环境、节约资源的美德，并引出社会主义核心价值观中的相关内容。
2	包装认知	和谐、文明、诚信；保护环境、节约资源	（1）在讲解包装这一节时，结合包装材料的类别，提出绿色包装要求，传递绿色物流理念； （2）针对当前市场中存在的大量的过度包装问题，提出节约资源、保护环境的观点，并引出社会主义核心价值观中的相关内容。

续表

序号	教学模块	思政要素	思政案例设计
3	仓储认知	敬业、诚信、忠诚、法治；吃苦耐劳、安全教育	(1) 在讲解仓储功能相关章节时，结合仓储管理人员应具备的素质和能力要求，培养学生形成敬业、诚信、和谐、文明等社会主义核心价值观，推动中华民族传统文化中忠诚、守信等传统美德的传承和发扬； (2) 讲解仓储保管的相关内容时，结合案例说明仓储安全生产的重要性，强调安全第一的原则，加强学生的安全责任意识，增强法治观念。
4	运输认知	敬业、和谐、文明；团结协作、精益求精	(1) 在讲解运输方式时，通过分析公路运输特点，引出运输存在的问题，传递绿色物流理念，培养学生保护环境、节约资源的美德； (2) 结合"一带一路"中的实际案例，讲解运输合理化和运输的作用。
5	配送认知	诚信、友善；团结协作、严谨细致、服务精神	(1) 在讲解配送相关章节时，通过分析配送运输的特征，传递绿色物流理念，培养学生保护环境、节约资源的美德； (2) 通过防疫物资的"冷链物流配送"案例，分析配送合理化。
6	装卸搬运认知	和谐、文明、敬业；吃苦耐劳、保护环境	(1) 在讲解装卸搬运这一节时，结合装卸搬运存在的问题，培养学生形成敬业、诚信、和谐、文明等社会主义核心价值观； (2) 结合社会中经常报道的快递包裹破损投诉案例，分析装卸搬运合理化的要求；培养学生良好的职业道德。
7	流通加工认知	和谐、文明、敬业；服务意识、节约资源	(1) 在讲解流通加工这一节时，结合流通加工的作用和价值，引出顾客满意度的重要性，培养学生的服务意识和服务精神； (2) 结合贫困乡村通过农产品流通加工实现增值创收、脱贫奔康的案例讲解流通加工的作用，引发学生对农业供给侧改革和乡村振兴的思考。

序号	教学模块	思政要素	思政案例设计
8	物流信息技术认知	爱国、敬业；创新精神、服务理念	（1）在讲解物流信息技术相关内容时，通过介绍各种先进的物流信息技术及大数据、云计算，传递智慧物流理念； （2）通过物流信息技术应用的典型案例，例如京东无人仓，让学生看到新技术、新工艺、新规范、新要求对于提高物流运作效率、改善人民生活品质的巨大作用。
9	企业物流实例分析	文明、和谐；全局观念、大局意识、环保意识、创新精神	（1）通过企业物流实例分析，培养学生的服务精神与服务意识，帮助学生形成敬业、诚信等社会主义核心价值观以及全局观和大局意识； （2）通过分析企业绿色物流运作实例，正确认识物流行业的发展趋势和要求，培养学生和谐、文明等社会主义核心价值观，进行"三创"教育。

（三）课后以巩固教学任务为目的的总结与反思

为了巩固教学任务，课后的总结与反思主要从以下三个方面进行：

第一、客观全面地评价教学效果。线上平台对学生学习过程进行评价，线下学生、教师共同参与，建立过程型评价和结果型评价相结合的教学评价模型，最终形成以学生学习行为数据为基础的评价结果。

第二、根据教学过程和效果反馈，及时发现教学中存在的问题。

第三、有针对性地提出改进措施。

在此环节中，教师与学生充分交流、沟通，既能了解到学生的学习问题、答疑解惑，还能及时发现学生在学习态度、心理状态等方面的一些问题，此阶段应注重教师言传身教的影响，积极向学生传递正能量，既要让学生树立起严谨科学、实事求是的学习态度，也要通过客观、公正、全面的评价体系让学生认识到自己的不足和问题，进一步激发起他们的学习热情。变教为学，以学生为主体，形成"人人乐学、积极向上"的氛围，构建"互教互学、共赢共进"的学习共同体。

四、以学生为主体、线上线下联动，"全方位"渗透课程思政

全方位育人就是实现育人的立体化，主要通过拓展育人维度，在教学平台、教学手段上实现全覆盖。《物流管理基础》课程教学团队主要从教学模式、教学平台、评价机制三个维度渗透课程思政的内涵和目的。

（一）以学生为主体的多种教学模式相结合

在《物流管理基础》课程教学中，以学生为主体的教学方法及模式主要包括"项目+任务驱动"教学、翻转课堂教学等。

在课程教学中，教学团队引入了"项目+任务驱动"教学法，对标物流管理职业技能"1+X"（中级）标准，进行课程内容的重构，完善了物流管理职业技能等级标准所要求的知识和能力结构，梳理并总结出九大教学模块和与之相对应的教学项目和工作任务。在教学中，以学生为中心，结合物流管理职业岗位工作要求，基于典型工作任务进行教学过程设计，采用线上、线下混合式教学模式，成功把技能训练与基础知识教学相结合，有效提升了教学质量。

翻转课堂这种教学模式把教学的主动权留给了学生。教师提前把课程的重点、难点录制成讲解视频供学生预习，学生梳理出自己难以理解的知识点在之后的课堂中与教师或同学进行互动讨论，通过师生、生生的交流完成对所有知识点的正确理解和掌握。在翻转课堂教学中，教师针对学情和教学目标，设计"提问—思考—讨论—总结"教学流程，引入了BOPPPS教学法（BOPPPS是"Bridging导入、Objective学习目标、Pretest前测、Participation参与式学习、Post-test后测、Summary总结"的简写），以学生为主体，有效进行了课程与思政、知识与问题、任务与活动、理论与应用的四结合，使学生自主发现问题、分析问题、协作解决问题，促进学生知识体系的构建。翻转课堂这种教学模式有利于培养学生分工协作的意识、勇于挑战的意识和开拓创新的精神。

（二）线下教学场所与线上网络教学资源的拓展

首先，本课程教学团队在我校各级领导的大力支持下，积极拓展课程思政实践教学平台。改变原有的传统教室教学模式，开发更多的线下教学场所，把《物流管理基础》的教学搬到了实际的物流活动中。例如，在讲授仓储及配送这两个物流功能时，把学生分配到我校的教学超市——艾莱克商贸有限公司及快递配送中心进行实践，既有助于学生充分理解了仓储及配送这些功能要素的合理化要求，也有助于他们通过实操活动提升物流实践技能，更重要的是，让学生亲身体会到了物流行业的职业道德要求，对于"爱岗敬业、吃苦耐劳、严谨细致、诚实守信、团结协作"有了更深刻的体会。

其次，积极拓展线上网络教学资源。本课程教学团队建设了基于爱课程教学平台的独立SPOC在线课程，通过线上平台，在现代信息技术的辅助下将《物流管理基础》的各类教学资源最大限度地提供给学生，其跨越了专业的限制，打破了传统教育的时空界限。同时，本课程教学团队通过有针对性的调查研究，对我校2020级物流管理专业学生的学习态度、知识基础、对线上学习资源的利用情况等进行比对分析，设计出针对不同学习层次和学习基础学生的《学生课程学习手册》，尊重学生个体差异，实施分层分类教学，助力学生多元成长成才，带动学生全体全面发展。课前教师发布针对不同基础学生的预习思考题目，学生通过线上教学平台根据自己的学习基础选择性地回答问题。在课堂学习过程中，教师发布分层任务，学生完成任务，并进行分组讨论，教师在此过程中注意引导学生的思路、总结归纳、进行启发；课后学生根据自己的整体学习情况完成不同难度层次的作业，并且可以在讨论区就自己还不太明白的课堂知识点以及课后拓展知识点进行学生与学生、学生与教师之间的在线交流。在教学的全过程中，充分实现了教学相长，让不同学习基础的学生都能找到最适合自己的学习资源和学习方法，做课堂的主人。网络教学资源及平台的使用，极大程度结合了学生的个性特征，提升了学生的学习热情，同时还结合了"互联网+""1+X"证书制度等职业教育发展趋势及相关技能要求，通过形式多样、丰富多彩的授课内容，把枯燥乏味的理论课打造成妙趣横生的"金课"。还可以利用线上授课方式，结合最新时政热点，与时俱进、潜移默化地增强学生的理想信念。

（三）全方位、多角度、全过程考核评价机制的应用

《物流管理基础》这门课程的考核评价方法是全方位、多角度、全过程的。全方位评价包括：线上评价、线下评价。线上评价主要由在线平台根据学生在线学习的情况自动记录学生学习过程中的每一个学习行为，并按学习资料点击观看时间及次数、在线互动讨论情况、在线学习任务完成情况等进行分类评价、打分。教师、学生、企业专家通过在线平台对学生平时作业、单元自测及半期考试、期末考试等进行综合评价，最终形成以学生学习行为数据为基础的线上评价结果；线下评价主要来自学生的线下课堂及实践表现。多角度评价包括：教师评价、学生间互评和学生自评。全过程评价包括了课前评价、课中评价、课后评价。总之，评价方式主要为线上平台对学生学习过程进行精准的评价，线下学生、教师共同参与，建立过程型评价和结果型评价相结合的教学评价模型，最终形成以学生学习行为数据为基础的综合评价结果。这种全方位、多角度、全过程的评价机制的应用，能让学生深刻感受到评价结果的客观和公正，切实体会到"一分耕耘一分收获"的意义，从而有效地培养他们的公平公正意识、竞争意识和团队合作意识。

五、课程思政教学改革成效

为了了解《物流管理基础》课程思政教学改革的成效，本课程教学团队在思政改革实施前和实施后分别进行了两次教学效果问卷调查，调研结果及学生学习成绩变化如图2及图3所示：

你能掌握本课程基本理论、知识		
	课程思政改革前	课程思政改革后
选项	比例	比例
完全相符	41.84%	63.42%
非常相符	32.65%	14.63%
基本相符	25.51%	19.51%
不太相符	0%	2.44%
完全不符	0%	0%

你的分析问题和解决问题的能力得到增强		
	课程思政改革前	课程思政改革后
选项	比例	比例
完全相符	39.80%	60.98%
非常相符	34.69%	24.39%
基本相符	23.47%	12.19%
不太相符	2.04%	2.44%
完全不符	0%	0%

本课程对你的专业能力的提高		
	课程思政改革前	课程思政改革后
选项	比例	比例
非常好	39.79%	68.29%
很好	41.84%	19.51%
一般	18.37%	12.20%
不够合理	0%	0%
较差	0%	0%

本课程学生的参与积极性		
	课程思政改革前	课程思政改革后
选项	比例	比例
非常高	44.89%	63.41%
较高	41.84%	29.27%
一般	13.27%	7.32%
不够积极	0%	0%
完全被动	0%	0%

图2　课程思政教学效果对比

综合评价本课程的学习效果		
	课程思政改革前	课程思政改革后
选项	比例	比例
完全满意	45.92%	58.54%
非常满意	35.71%	26.83%
基本满意	18.37%	14.63%
不太满意	0%	0%
不满意	0%	0%

学生期末考试成绩统计		
	课程思政改革前	课程思政改革后
	平均成绩（分）	平均成绩（分）
	2019 物流管理 1 班：76.90	2020 物流管理 1 班：86.63
	2019 物流管理 2 班：84.94	2020 物流管理 2 班：85.08
	2019 物流管理 3 班：80.03	
年级平均分	80.62	85.86

图 3　学生学习效果对比

由此可见，课程思政教学的改革有利于学生更好地掌握物流基础理论知识和物流专业技能，有利于提高学生分析问题、解决问题的能力，学生的学习成绩有了较大的提高，《物流管理基础》课程思政教学的改革取得了明显的成效。

六、结语

基于"三全育人"理念的《物流管理基础》课程思政改革是一项长期且系统的工作，我校《物流管理基础》课程教学团队建立与完善了校企合作机制、打造"全员"参与课程思政；在课程教学的全过程贯穿思政元素；对标优质课程建设要求，线上线下联动，全方位进行课程思政。在突出全员参与、全过程融入、全方位渗透三个要求下，充分挖掘"思政元素"的价值内涵，探索和实施了现代物流管理专业课程思政教学实践的新途径和新方法。

参考文献

[1] 陆舒湄."三全育人"格局下高校课程思政实践路径研究——以《大学英语》课程为例 [D]. 杭州：浙江理工大学，2020.

[2] 罗馨."三全育人"视域下大学语文课程育人的实现路径研究 [D]. 西安：西安科技大学，2020.

[3] 胡亚楠. 新时代高校课程思政建设个案研究 [D]. 桂林：广西师范大

学，2021.

　　[4] 蔡丽玲，缪桂根. 基于"三全育人"理念的《物流地理》课程思政教学改革研究 [J]. 财富时代，2020（10）：129-130.

　　[5] 姜雅琼. 基于"三全育人"理念的《农产品储运与营销》课程教学改革研究 [J]. 农业开发与装备，2021（12）：95-96.

　　[6] 李愈娜. 基于"三全"育人理念的《物流设施与设备》课程教学改革探析 [J]. 中国储运，2021（8）：102-103.

作者简介

　　兰琦（1981—），女，电子科技大学管理科学与工程专业硕士，副教授，持有物流经理资格证书，主要讲授现代物流管理专业课程，主持和参与了多项教育和科研课题，发表了多篇教育教学论文，研究方向企业管理、物流管理。

　　范静（1979—），女，同济大学经济学硕士，教授，主要担任现代物流管理专业的教育教学工作。主持完成多项课程建设、教育教学研究课题和社会科学研究课题，多次荣获市级及以上科研奖励，研究方向产业经济、物流管理。

工科专业课程思政建设策略与实践路径

——以《零件几何量检测》为例

邱红 张玉霞

2016 年 12 月，在全国高校思想政治工作会议上，习近平总书记提出教师要做"学生健康成长的指导者和引路人"①。党的十九大报告明确提出"落实立德树人，建设教育强国"②。教育部印发的《高校思想政治工作质量提升工程实施纲要》提出"'课程思政'必须要落实到课堂教学改革中"[1]。

根据习近平总书记的"三全育人"要求，落实立德树人根本任务，推进以"课程思政"为目标的课堂教学改革要求。《零件几何量检测》课程团队自 2016年以来开始打造课程思政示范课程，组建"专业教师+思政教师"团队，深度挖掘课程专业知识中所蕴藏的思想价值和精神内涵，并在实践中不断改进和完善，与思政课同向同行，协同育人，该课程于 2020 年 12 月被四川省教育厅认定为课程思政示范课程。

一、课程思政建设策略

在课程思政建设中，着力关注课程的育人价值，明确新时代人才培养要求，结合课程对应的专业人才培养方案和课程特色，在教学设计中充分挖掘课程蕴含的思政元素，逐渐完善充分融入思政思想的专业课程。

（一）课程思政建设要结合人才培养方案

长期以来，很多工科专业课授课教师认为，思政教育在工科类专业人才培养中无关紧要，课程思政教育对学生成才的影响不大[2]，将注意力完全放在课程设置与专业知识掌握、操作技能提升上，从而忽视专业课程与思想政治教育

---

① 习近平. 把思想政治工作贯穿教育教学全过程　开创我国高等教育事业发展新局面 [N]. 人民日报，2016-12-09 (1).

② 习近平. 决胜全面建成小康社会夺取新时代中国特色社会主义伟大胜利——在中国共产党第十九次全国代表大会上的报告 [J]. 前线，2017 (11)：4-28.

融合，虽然培育出了一批批工程技术人才，但是，学生的思想素质、思维高度、知识广度不够，价值判断、职业素养、创新活力方面严重不足。

育才先育人，必须将立德树人作为培养人才的首要任务。课程思政要结合工科专业群的人才培养方案和学生就业的行业要求。以《零件几何量检测》为例，课程所对应的机械制造专业群人才培养方案要求学生除了具备熟练的操作技能外，还必须具有良好的职业素养、创新能力、较强的就业能力和可持续发展的应变能力。机械制造专业群学生就业方向是航空航天工业、核工业、军工国防等高端装备制造企业，这些行业要求学生必须具有立志报国、献身国防的家国情怀，具有良好的职业道德、创新意识和精益求精的工匠精神。因此，课程设计必须将"家国情怀""职业素养""工匠精神""大国自信"等元素润物无声地融入课堂教学之中。

（二）课程思政建设要结合课程特色

不同的课程有其不同的特色，思政课程也有不同侧重。在教学设计时，既要设计知识目标和能力目标，也要根据课程特色设计对应的思政目标，以便指导课程实施中的思政实践。例如《零件几何量检测》课程内容和研究对象具有客观性、科学性，与职业知识、劳动技能联系密切，课程具有知行合一、工学结合的鲜明特色。因此结合课程特色，确定知识、能力、思政等三维目标融合达成课程总目标（详见表1）。

表1　《零件几何量检测》三维目标

三维目标	目标内容描述
知识目标	1. 掌握有关公差配合的基本术语和定义。 2. 掌握几何量公差标准的主要内容。 3. 了解机械设计中零件几何精度的设计选用方法和原则。 4. 掌握几何量检测的基本理论知识。 5. 掌握中、小型企业车间及计量室常用的测量器具的使用方法。
能力目标	1. 学会正确使用各种公差表格，并能在图纸上正确标注尺寸公差、几何公差和表面粗糙度等精度要求。 2. 能够根据工厂实际图样的精度要求，对一般零件提出合理的检测方案，选择适当的测量方法和计量器具，数据处理，判断其合格性，填写检测报告。 3. 能正确操作一些精密量仪检测复杂零件。

续表

三维目标	目标内容描述
思政目标	1. 能正确面对学习和工作中遇到的各种困难与挫折，具有健康、乐观、积极向上的心态。 2. 养成恪守职业道德与行为规范的习惯，遵守道德规范、法律法规，严格遵守国家标准要求。 3. 养成诚实守信的个人素养、主动学习和思考的习惯，善于把握时代机遇，富于创新精神，刻苦努力。 4. 培养团队合作、任劳任怨、严谨认真、踏实负责的工作态度，追求卓越、执念细节、勇于创新的工作理念，以及对职业的认同感、自豪感、责任感的"大国工匠"精神。

（三）课程思政建设要深挖课程的思政元素

专业教师与思政教师要互为补充、协同作战。结合课程内容和思政目标，紧扣专业知识和专业技能，从宏观、微观两个层面挖掘、提炼、梳理课程思政元素，将蕴含科学文化底色的思政基因提纯，让专业教学与思政教育融会贯通。

1. 宏观层面

专业课老师在思政老师的带领下重温马克思主义哲学思想，学习国家领导人的重要讲话和党的最新精神。并结合课程特色，深入学习党和国家以及业务主管部门对应的经济、政治、文化、社会、生态或党建的相关理论。从专业知识和专业技能中挖掘马克思主义理论思维；从中国革命和社会主义建设与专业发展历程中挖掘成功经验和失败教训；从岗位要求与专业技能中挖掘职业理想；从个人理想和国家兴旺中挖掘责任担当；从大国工匠成长之路中挖掘榜样价值；从专业发展前景中挖掘视野格局和努力方向；从中国社会主义现代化建设中挖掘民族自尊和文化自信。

2. 微观层面

课程思政以立德树人为根本，立德树人的"德"即"五育"中的"德"，可理解为大德、公德、私德。结合课程特色及课程涉及的学科文化、职业操守、道德规范、法律法规、思想认识和政治观念等方面，从大德、公德、私德及特色资源等角度可进一步挖掘思政元素。以《零件几何量检测》为例，具体内容详见表2。

表2　《零件几何量检测》课程思政元素挖掘微观角度例析

角度	思政元素	举例
大德	家国情怀、政治认同、法律规范等	观看《中国高铁发展史》等纪录片，增强学生的民族自豪感和国家荣誉感。
公德	优秀传统文化、社会责任、行业规范等	以三星堆出土的3000多年前用铜合金铸成的钱币的标准化来认识什么是"标准"。
私德	职业操守、工匠精神等	工件的验收必须遵守验收原则，培养学生诚实守信、不弄虚作假的职业素养。
特色资源	地方资源	通过学习三线建设者对德阳市工业和城市高质量发展做出的贡献，教导学生继承三线建设精神。
	校史资源	了解我校的发展史。秉承着工院人吃苦耐劳、坚韧不拔的品格，不断推动学校更快更好的发展。
	校友资源	学习我校优秀校友的先进事迹。鼓励学生树立远大理想，努力成为行业中的佼佼者，用技术技能成就梦想、报效祖国。
	文化资源	三星堆文化体现了古人在制造业方面的聪明才智；孝泉的"孝"文化体现了个人的责任与担当。

二、课程思政的实践路径

在教学实践中要充分利用信息技术手段，创设思政情境，为每个案例精准地找到课堂教学切入点；在讲授专业知识时不经意间自然地融入这些案例，做到有意设计、自然导出，达到潜移默化、润物无声的效果，将思政元素真正"无缝隙"地融入专业课教学中。

（一）改进教学方法

根据成果导向教育OBE，教学要以学生为中心，要强调学生学什么，达到什么样的学习效果，而不是教师教授什么。以《零件几何量检测》课程思政为例，教学方法可在四个方面进行改进：项目式教学、"线下+线上"信息化教学、情景化教学和小组合作学习。

1. 项目式教学

《零件几何量检测》课程团队大部分教师都有企业轮岗的经历，熟悉企业对学生必须掌握的理论知识、岗位技能、职业素养等一系列要求。课程团队对接企业岗位要求和课程特色，创新将课程内容构建了六个项目，每个项目有具体的专业知识要求、思政融入点和育人目标。通过任务驱动学生学习，让学生有目标地开展自主学习，有效地促进学生创造力的发展。课程六大项目及思政融合详解如表3所示。

表3　《零件几何量检测》六大项目及思政融合详解

项目	学习任务 （专业知识点）	思政融合点	育人目标
项目一： 尺寸误差检测	互换性、极限与配合的定义、国家标准、选用原则；测量基础知识	标准起源于中国——文化自信 孔与轴的配合类型——团队协作 极限配合标准——无以规矩，不成方圆 测量实践——失之毫厘，谬以千里	培养学生认真负责、踏实敬业的工作态度和严谨求实、一丝不苟的工作作风
项目二： 几何误差检测	几何公差分类、标注、检测原则和检测方法	港珠澳大桥沉管隧道安装——一丝不苟的工作作风 几何误差检测，分析检测结果——职业精神、职业素养与6S素养	培养学生严谨细致的工作态度、质量安全意识、精益求精的工匠精神
项目三： 表面粗糙度检测	表面粗糙度的定义、评定参数、表面粗糙度数值的选择、表面粗糙度的测量	粗糙度要求——精益求精的大国工匠 不合格表面粗糙度危害——质量安全意识和认真严谨的工作态度	树立中国制造就是品牌的民族自豪感；树立质量就是生命的工作态度
项目四： 圆锥检测	圆锥的基本术语及定义、圆锥公差、圆锥角和锥度的测量	通过圆锥配合的要求——大局观 给定截面圆锥直径公差要求——个人服从集体的精神 圆锥误差的检测——诚实守信，不弄虚作假的职业素养	培养学生的大局观和全局意识、总体协调思维、细致认真的工作态度
项目五： 螺纹检测	螺纹的基本参数、普通螺纹的公差与配合	影响螺纹配合精度的因素——善于综合分析问题，抓住主要矛盾来解决问题	团队协作意识，分析问题、解决问题的能力

项目	学习任务 （专业知识点）	思政融合点	育人目标
项目六： 齿轮检测	齿轮传动的要求、齿轮的精度检测	主动轮和从动轮工作——团结、和谐、友善的人际关系	培养学生与他人合作、共处的社会适应能力

2. "线下+线上"信息化教学

在《零件几何量检测》课程思政教学实践中，充分利用 MOOC 网络教学资源，开展"线下+线上"混合式学习，覆盖课前、课中和课后等教学环节[3]。上课前，教师在小程序慕课堂发布预习任务，学生先到"中国大学慕课"上进行视频学习，并记录下自己不懂的地方，将问题带到课堂上供进一步讨论学习并解决；课堂上，学生将课前收集的问题在共同研讨、合作学习中解决，老师适时给予引导、点拨；课后，老师布置习题集上的作业和"慕课堂"上的练习供学生"线下+线上"结合训练，巩固当堂所学，学生根据线上练习的反馈成绩反思知识掌握情况，促进学生知识建构逐层推进，提升学生学习兴趣和学习效果。同时，学生课前和课后的线上练习均有记录，老师及时给予在线评价，作为学生过程学习考核记录。在这种"线下+线上"的信息化教学方式督促下，学生的线上学习记录就像"个人征信记录"一样，引起学生的高度重视。

3. 情景化教学

将教学案例与教学内容的情景紧密结合，营造生动、直观的教学环境。将实验教学、学院实习工厂质检部现场检测零件项目化，以现场情境调动学生参与实践训练的积极性，拓展课程思政建设方法和途径。例如，以实验教学中"检测光轴的尺寸和验收"为例，教师将工单发给每个学生，学生根据要求确定所测量工件的极限尺寸、验收尺寸及所需的计量器具。完全由学生自主探究，制定检测方案。

情景化教学加深学生对知识的内化，培养学生的自主探究能力、团队协作能力。教师检查确认后，学生具体实施检测和验收。整个过程完全与企业要求一致，以专业知识指导实际操作，用实际操作巩固理论知识，让学生在真实场景中实现在做中学、学中做。

4. 小组合作学习

将学生分成学习小组，通过小组研讨、师生互动，实现生生、师生之间的共享、共鸣、共情，双教双学同频共振。组建学习小组时，尊重学生的意愿，五人为一组。按学习能力优、中、差搭配，将一个班级学生组建成最优化的"同组异质，组间同质"的学习小组。这样既能充分展示每个学生的优势，有利于组内成员取长补短、共同提高，又便于开展组间竞赛，公平竞争，发掘小组成员的群体智慧，实现优势互补，培养学生的组织能力、合作精神与人际交往能力。

（二）创新教学模式

根据《零件几何量检测》的课程特色，结合项目式教学法和信息化线上线下混合式教学，以学生为主体，注重学生的学习所得，将课程学习分为四个环节，以任务驱动方式，融入思政案例，通过"七学"逐步让学生在学习专业知识、形成专业能力的同时达成思政素养目标。课程团队经过多年课程思政建设实践，创新构建了"四环七学"任务驱动教学模式如图1所示。

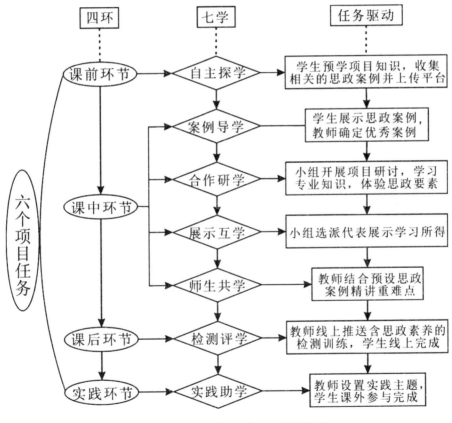

图1 "四环七学"任务驱动教学模式

"四环"即课前、课中、课后、实践等四个环节。将课内与课外相结合、线上与线下相融合、理论与实践一体化，不同环节以不同任务驱动，让学生主动参与学习和实践，让思政素养在潜移默化中形成。

"七学"即课程学习的七个步骤，以学生为中心，以小组为单位，以"学习"为核心，以任务驱动学习，以思政案例为思政融入手段，以"线上+线下"为基本方法，以立德树人为根本任务，促进学生自主学习、全面发展。

（三）拓展实践路径

《零件几何量检测》课程团队采用课堂教学、网络课程与思政案例融合育人的同时，专业教师联合思政教师协同开展丰富的课程思政主题教育实践活动，探索"主题式"实践活动的思政育人方式，丰富课程思政育人途径，拓展课程思政的空间，加深学生对思政教育思想更深层次的理解。课程团队通过实践总结提炼，形成"三大主题"课程思政实践路径（如图2所示）。

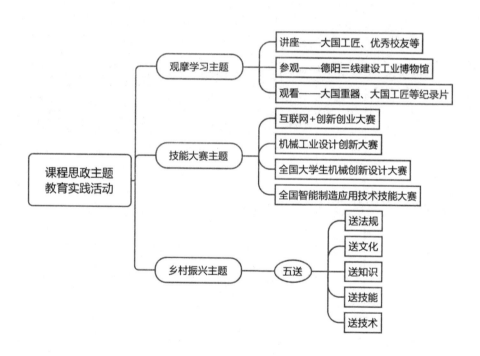

图2　"三大主题"课程思政实践路径

1. 观摩学习主题实践活动

定期邀请大国工匠、优秀校友、行业专家开展讲座，学生通过听讲座，了解工匠精神的理想信念和思想内涵，让学生们懂得要将自身进步与时代发展联系起来，秉持认真态度和品质精神，为国家建设贡献力量。组织学生前往中国三线建设研究会德阳基地（德阳三线建设工业博物馆），了解三线建设的辉煌历史和德阳工业的沧桑巨变，回望新中国工业振兴的历史，感受从"中国制造"到"中国智造"的蜕变是一代又一代工业人的初心和使命。激励学生在新时代坚守初心、砥砺前行，投身重装工业、矢志报效祖国的信心和决心。组织学生观看纪录片《大国重器》《大国工匠》等纪录片，让学生树立民族自豪感、国家强大责任感和使命感，用勤劳、坚强、勇敢和实力追赶世界的脚步。

2. 备赛参赛主题实践活动

组建学生竞赛团队，参加"互联网+创新创业大赛""机械工业设计创新大赛""全国大学生机械创新设计大赛""全国智能制造应用技术技能大赛"等竞赛活动，通过方案创意、样机制作、图纸展示、答辩等环节提高学生的创新能力和专业技能。通过"以赛促教、以赛促学、以赛促改、以赛促建"，补充"课程思政"的教学设计、教案编写、课程实施等环节。通过参赛体验，让参赛学生与压力同行，从不言放弃；与时间赛跑，不忘来时路；与梦想握手，不辜负青春；以劳动精神、工匠精神严格要求自己，将备赛、参赛的历程转化成前行的动力，把小我融入制造强国的时代洪流中，努力成长为新时代的高技能人才。

3. 鼓励学生通过所学专业助力乡村振兴

党的十九大报告提出实施乡村振兴战略。鼓励学生利用自己所掌握的专业知识和专业技能，参与乡村振兴，帮助乡村改善生活环境、提升文化水平，带动乡村与时俱进、创新发展。同时利用暑假学生的社会实践活动，学生自主选择送法规、送文化、送知识、送技能、送技术等活动，利用自己的知识和技术服务村民，承担青年学子服务人民、回馈社会的责任，为乡村振兴贡献自己的一份力量。

（四）加强思政评价

对课程实施过程开展全方位评价，让思政评价贯穿于"教与学"的每一个环节。监测教师、监测课堂，全面评价学生，关注学生获得感，过程性评价与终结性评价配合驱动思想政治教育在专业课程教学中的全面落实。

1. 全面监测教师授课的思政点

教学团队内部教师互相听课，思政教师进入专业教师课堂监测思政点的合理性和育人价值，学生评教中设定育人效果观测点，督导听课、系部评价中设置"价值引领"指标，全面导向专业教师的课程思政意识和水平。

2. 细化落实思政评价的数据化

构建立体多元多维的评价体系，将思政评价贯穿于学生学习评价全过程，形成包含思政元素的学生成绩考核数据，考核包括课堂学习、平台学习、实验操作、实践活动、期末检测等五大环节，形成充分融入思政元素的学生学期综合评价数据。具体分布如图3所示：

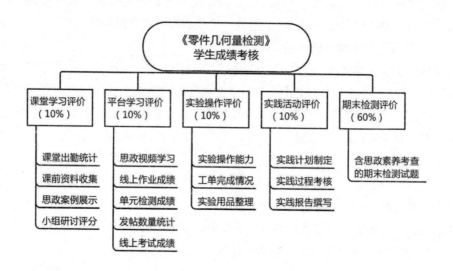

图3 《零件几何量检测》学生期末总评成绩考核构成要素

3. 密切关注学生的思政获得感

在考试考核中设计与专业知识相关的思政内容考点，检测教学过程中思政内容入脑、入心情况；教师有意识关注学生的思想素质、行为习惯，以及积极、主动、向上、向善的品质，给予学生过程性评价。

二、结语

工科专业课程中的思想政治教育是一个潜移默化的过程，将思政教育和学生综合素质培养融入专业课程教学中，符合当前全面发展的人才培养目标[4]。在专业课程的思政建设过程中，教师要不断积累教学资源、改进教学方法、探寻知识点与思政元素的融合途径；优化思政目标定位与设计思路、提升教学能力，构建与完善融入思政元素的教学模式；建立和完善涵盖思政素养的评价方式。开展多样性教学活动，在传授知识、培养技能的同时，通过言传身教对学生进行积极正面的引领，培养学生吃苦耐劳的劳动品质、精益求精的工匠精神、诚实守信的职业素养，引导学生形成正确的价值观，提升学生的职业素质和创新能力，激励学生成为未来德技双修的大国工匠。

参考文献

[1] 秦玉学，孙在丽. 新时代我国高校思想政治工作的新思考 [J]. 高教学刊，2020（33）：177-179，184.

[2] 刘治宏，杨国丽，潘磊. 课程思政在专业基础课程中的实施 [J]. 现代企业，2021（2）：108-109.

[3] 邱红. 以学为中心的"混合式"教学改革实践探索——以应用型本科机械电子工程专业《公差配合与技术测量》为例 [J]. 教育科学论坛，2019（24）：29-32.

[4] 陈波，于洪霜. 高职院校课程思政建设的探索与实践——以"管理学基础"为例 [J]. 文教资料，2020（24）：81-82.

作者简介

邱红，副教授，四川省课程思政示范课程《零件几何量检测》课程负责人；中国大学慕课MOOC《零件几何量检测》在线开放课程负责人；国家级精品课程和国家级精品资源共享课程《零件几何量检测》建设成员；获得2020年四川省教师教学能力大赛三等奖。发表相关专业文章数篇，从事《零件几何量检测》教学和企业检测服务工作多年，有着丰富的教学经验和实践经验。

张玉霞（1972—），女，大学本科，学士，副教授，中共党员。四川省高校2020年省级"课程思政"示范课程《毛泽东思想和中国特色社会主义理论体系概论》课程负责人，四川省高校2020年省级"课程思政"示范课程《零件几何量检测》课程组成员（第五），四川省高校2020年省级"课程思政"示范教学团队成员（第七）。2020年获得学校第四届教育教学成果奖特等奖（第二）。2021年和2022年连续参加四川省职业院校教师教学能力大赛，获得省级三等奖。指导学校学生参赛获奖，多次获校级"优秀教师"、"优秀共产党员"荣誉称号，2020年获学校"永好教学质量奖"。

价值引领下高职旅游英语专业课程思政实践研究

——以《客源国概况—（英）》为例

聂红 朱英 谢林

全面推进课程思政建设是落实立德树人根本任务的战略举措。高职旅游英语专业课程是课程思政的主阵地，在人才培养体系中作用重大。本文基于课程思政核心内涵，探讨高职旅游英语专业课程思政实践，阐述在"专业层面、课程层面、教学实践层面"总体布局下课程思政的实践路径，并结合马来西亚章节的思政目标，通过"激发—唤醒—树立—坚定—彰显"文化自信这一主线，诠释育人目标逐级提升的思政育人理念。

一、引言

2022年1月，国务院发布《"十四五"旅游业发展规划》，指出旅游是加强对外交流合作和提升国家文化软实力的重要渠道，在讲好中国故事、展示美丽中国形象、促进人文交流方面发挥着重要作用。高职旅游英语专业学生是讲好中国故事、展现美丽中国形象后备军中的重要力量。如何帮助学生深入理解中国传统文化和异国文化差异，尊重包容多元文化，坚定文化自信，兼具中国情怀和国际视野，在未来职业岗位自觉承担文化传承和传播的重任，推动中华文化走向世界，助力国家文化软实力提升，是旅游英语专业课程教学必须解决的命题。根据《高等学校课程思政建设指导纲要》把思想政治教育贯穿于人才培养体系，全面推进高校课程思政建设，发挥好每门课程的育人作用，提高高校人才培养质量的核心内涵①。旅游英语专业课程必须"守好自己那段渠，种好自家责任田"，同向同行，形成人才培养体系课程育人合力效应，促进人才培养质量的提高。

---

① 中华人民共和国教育部. 教育部关于印发《高等学校课程思政建设指导纲要》的通知[EB/OL]. 中华人民共和国教育部政府门户网站，2020-06-05.

二、专业层面课程思政定位与现状

（一）服务国家文化软实力提升战略

《"十四五"旅游业发展规划》提出到 2035 年我国基本建成世界旅游强国。旅游业作为国民经济的战略性支柱产业，对经济的平稳健康发展具有综合带动作用。通过文旅融合，旅游已成为传承弘扬中华文化的重要载体，在传播中华优秀传统文化、革命文化和社会主义先进文化方面作用显著。

在涉外旅游方面，我国将加强对外旅游推广，以增强旅游品牌对外宣传力、吸引力、影响力和竞争力，到 2035 年基本建成世界旅游强国，使旅游业为建设文化强国和提升国家文化软实力贡献力量。可见旅游在展示中国形象魅力、传播中华优秀文化、阐释中国制度、发出中国声音、促进人文交流合作、提升国家文化软实力等方面发挥着重要作用①。

（二）助力世界旅游强国建设使命

旅游英语专业是培养涉外旅游业发展所需人才的主力军，肩负着为建设世界旅游强国输送高素质涉外旅游急需紧缺人才的使命。通过优化课程设置、加强专业建设等，培养兼具社会公德、职业道德、个人品德，拥有深厚家国情怀、宽广国际视野、较强跨文化交际能力、批判性思维能力和涉外旅游管理和服务能力，精力充沛、能担大任的国际旅游人才，以讲好中国故事，丰富和提升国家旅游形象，推动入境旅游高质量发展，助力世界旅游强国建设。

（三）旅游英语专业课程思政现存问题

在教学中，部分旅游英语专业教师只注重课程本身的研究和学习，主观上忽视课程的思政功能，认为学生思想政治教育工作是政治理论课教师和辅导员的职责。此外，旅游英语专业教材中关于中国传统文化、职业道德素养、人文关怀、爱国情怀、家国使命、社会主义核心价值观等教学素材内容占比较小，不利于教师就地取材，实施课程思政。加之课程思政效果评价体系和方法缺失，导致课程思政功效难以评估和考量，致使教师缺乏主动实施课程思政的驱动力。

在学生层面，受旅游和外语双重熏陶，高职旅游英语专业学生积极乐观、热情开放，接受新鲜事物的能力强。但专业和英语学习的特殊性也造成部分学生对英语国家文化习俗、节日庆典掌握较好，而对中国历史、传统文化、节日

---

① 中华人民共和国国务院. 国务院关于印发《"十四五"旅游业发展规划的通知》[EB/OL]. 中央人民政府门户网站，2022-01-20.

习俗反而显得生疏的局面。加之学生人生观、世界观、价值观尚未成熟，部分学生缺乏批判性思维能力和对异国文化的辨析甄别能力，使其极易受西方文化意识形态、思维模式和价值观念的影响，从而冲击社会主义核心价值观的形成，导致部分学生理想信念动摇、价值观念扭曲、国家意识淡漠、民族归属感缺失。部分学生甚至把追捧西方生活方式、文化节日等奉为时尚，导致中华优秀传统文化节日习俗受到冷遇；学生守护传承、弘扬传播中华传统文化的意识和责任欠缺；"四个自信"尤其是文化自信意识难以树立；学生用英语讲中国故事、传播中华传统文化、宣传先进思想的能力薄弱。因此，对旅游英语专业学生进行政治引导和价值观引领显得尤为重要。

三、课程层面思政设计与路径

《客源国概况一（英）》是旅游英语专业的专业方向课程之一。课程围绕成渝地区双层经济圈建设规划和四川建设"具有国际范、中国味、巴蜀韵的世界重要文化旅游目的地"的目标，结合"旅游+英语"专业特点，旨在培养通晓客源国知识、国际视野宽广、家国情怀深厚、传承中华文脉、富有中国心、饱含中国情、充满中国味的涉外旅游人。

（一）课程思政设计

课程重点围绕"国家知识+专业任务+涉外工作"三个层面，通过国家知识学习国情，专业任务运用国情，涉外工作讲中国故事，在明确方向和重点的基础上，对教学内容进行全面梳理，深度挖掘各客源国家特色和差异，探寻各国在历史发展长河中与别国千丝万缕的联系，在对比和联系中感受中华文明的博大精深、源远流长及其对世界各国的影响；引导学生辩证地从"外国的月亮比中国圆"看到"月有阴晴圆缺"，最后认识到"月是故乡明"；通过学习客源国国情、在专业任务中运用国情，在涉外工作讲中国故事，让学生知国、懂国、爱国，坚定"四个自信"，特别是文化自信；在甄别辨析中深刻理解文明因多样而交流，因交流而互鉴，因互鉴而发展；在模拟涉外工作实践中培养"五心"服务意识；立志掌握过硬专业本领，做好传播文明、交流文化、增进友谊的使者，为中国文化走出去、提升国家文化软实力做贡献，实现课程对学生价值塑造、知识传授和能力培养的有机统一（见图1）。

（二）课程思政建设路径

通过深挖课程内涵和思政教育资源，构建课程思政元素集，探索多维度考评方式，建立多渠道持续跟踪反馈机制，建设高素质教学团队等方式，培养国

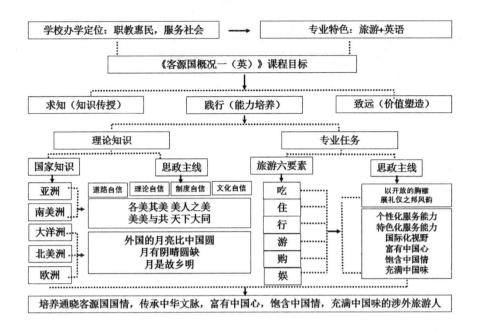

图1 课程思政建设总体设计思路

际视野宽广，个性化、特色化服务能力高强，中华文化根基稳固，家国情怀深厚，使命担当强烈的涉外旅游人才。

1. 明确课程思政目标，完善课程思政标准

根据旅游英语专业人才培养方案，结合国务院《"十四五"旅游业发展规划》和国家旅游行业相关标准，进一步完善了课程标准，寓价值观引导于知识传授和能力培养之中。以国家知识内容为基础，从课程所涉及国家、文化、历史等角度，增加课程知识性、人文性，提升引领性和开放性，将思政考核点和课程内容有机结合，培养学生更好地服务远方之朋，以开放的胸襟，展礼仪之邦风韵，让"中国故事"以仪态万方之姿迈向世界。

2. 重构课程教学内容，融入课程思政元素

按照专业人才培养方案、课程目标和标准，对课程内容进行全面重构，形成了"国家"+"任务导向"模块。教学内容有机整合为"基本国情—特色国情—文化交流互鉴—专业任务"四大版块。其中"文化交流互鉴"作为文化版块将客源国思政元素巧妙融入（见表1）；"专业任务"版块依据旅游业"吃住行游购娱"环节形成各环节服务闭环。通过重构教学内容，将"四个自信"同客源国知识紧密结合，将职业道德，个性化、特色化服务能力与专业任务紧密

挂钩，使课程思政入脑、入耳、入心、践行。

表1　教学内容与思政元素结合图

教学内容	思政案例	思政教学目标	融入方式
概述	中国旅游资源分布图	坚定中国旅游信心 建言世界旅游格局	讨论分析
泰国	微笑之国旅游魅力分析	接纳包容，理解尊重	课堂讨论
新加坡	新加坡英语、新加坡节日	文化自信	英语阅读
韩国	韩国秋夕节、景福宫	文化自信	英语视听
马来西亚	张裕葡萄酒、娘惹文化等	文化自信	英语视听
印尼	郑和下西洋	文化自信	英语视听
日本	日语、日本建筑	文化自信	英语视听与翻译
越南	越南春节	文化自信	英语阅读与讨论
亚洲项目	亚洲文明对话	文明交流，互鉴发展	英语口语
澳大利亚	澳洲山火	制度自信	英语视听
新西兰	《魔戒》系列电影	旅游融合发展	英语视听与讨论
大洋洲项目	项目设计	文化自信、旅游发展	英语口语
法国	贝聿铭与卢浮宫	文化自信，全球视野	英语听力
德国	马克思生平	理论自信	课堂讨论
英国	英式茶和习总书记访英	文化自信，道路自信	中英视听
欧洲项目	中欧美食对比项目	文化自信	项目设计
美国	"黑人的命也是命"和疫情防控	制度自信、道路自信	英语听力与讨论
加拿大	冰雪运动	道路自信，全球视野	英语阅读与讨论
北美洲项目	学校国际交流案例	传承中华文脉	项目分析设计

3. 改革课程教学模式，提高课程思政效果

坚持学生中心、产出导向、持续改进，结合旅游英语学生未来职业岗位需求，从课前任务、课中领学、课后延伸进行设计，适当采用线上、线下混合式教学组织模式，将价值引领、知识传授、能力培养与"学、教、做、评"进行有效融合，采用人机结合多维度形成性评价学生学习效果，形成了"双线+三及+四合+五维"的"2345"教学模式（见图3）。将课程思政贯穿于课前任务、课中授课、问题解答、网上互动、小组任务、课堂反馈、项目任务和作业讨论各环节，全过程落实 OBE 教学理念，切实提高课程思政效果。

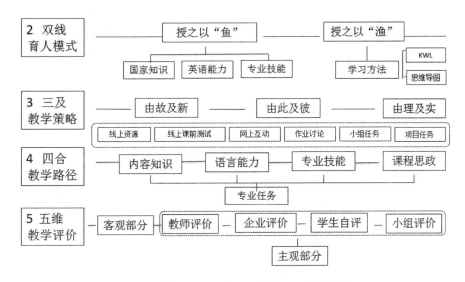

图3　"双线+三及+四合+五维"2345 教学模式

4. 优化课程考核评价，检测课程思政效果

在课程笔试、口试、任务评价中，将教学内容和课程思政考核点有机融合，突出评价的人本性、多元性和真实性，形成诊断性评价、过程性评价和终结性评价环节，以数据评价、教师评价、企业评价、学生自评、小组评价五个维度贯穿始终（见图4）。整个评价体系以学生知识和能力提高为中心，关注学生的学习效果增量。通过考评反拨，让学生通过课程学习，不仅通晓客源国国情，丰富学识，增长见识，而且知道如何把所学国家知识运用于专业服务中，提高个性化专业服务能力，能将文化自信根植于内心、外化于行，不断增强文化归属感、认同感、尊严感、荣誉感，在对外旅游工作中做好中国形象代言人。

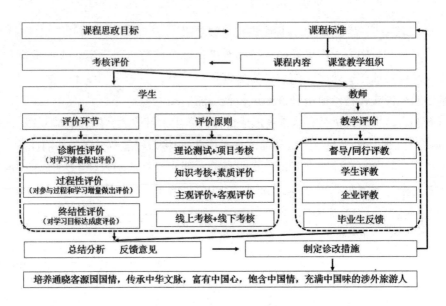

图 4 考核评价及反馈

四、教学实践层面思政路径与成效

《客源国概况一（英）》课程按入境游市场主要客源国区划构建了亚洲、欧洲、大洋洲、北美洲四个版块，并按每个版块的特色设计出围绕"四个自信"的思政重点。马来西亚属于亚洲版块，旅游资源丰富，华人占比约为四分之一，中马友好往来历史悠久。旅游业是马来西亚第三大经济支柱，第二大外汇收入来源。中国是马来西亚第一大客源国，马来西亚是中国第五大客源国，来华游客以华人为主，是中国在亚洲具有代表性的客源市场。鉴于中马交往历史与现状，马来西亚的思政重点就围绕文化自信而展开。下面就以马来西亚章节为例，阐释课程思政教学实践路径与成效。

（一）教学设计"合四为一"

在马来西亚教学设计中将国家知识内容传授、英语语言能力培养、旅游专业技能锤炼和课程思政育人四个目标巧妙融汇于马来西亚客源餐饮接待服务专业任务中（见图 5），使四个目标相互依存、互相成就。在学完马来西亚知识文化内容后，学生以小组为单位，结合该国国情特点，尤其是文化信仰、习俗禁忌等，兼顾中华优秀传统文化的对外传播，模拟真实旅游环境，针对马来西亚游客进行餐饮接待服务，达到在国家知识内容传授、英语语言能力提升、旅游专业技能锤炼过程中提升职业道德素养，进行政治思想引导、价值观念引领和四个自信培养的课程育人功效。

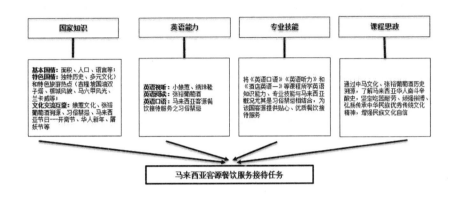

图5 教学设计"合四为一"

（二）思政理念 5C 贯穿

课程基于现代科技信息在教育教学中的应用，将教学内容合理重组，构建成"基本国情—特色国情—文化交流互鉴—专业任务"四大模块并以 5C（content 知识—culture 文化—communication 交流—critical thinking 批判性思维—confidence 自信）为主线，思政理念全程贯穿。

马来西亚章节教学从基本国情相关的地理位置、气候特点、文化习俗、重要景点等知识内容（content）模块入手，到马来西亚特色国情模块对其独特历史追踪溯源、多元文化（culture）成因分析，让学生认识到马来西亚多元文化融汇互通正是其独特历史进程中东西方文化交流（communication）而互鉴发展的结果，引导学生树立理解尊重、包容接纳不同文化的意识理念，同时带领学生对比分析、甄别鉴定文化异同，培养汲取他国文化精髓、创新发展中国文化的批判性思维能力（critical thinking），在分析马来西亚多元文化融汇互通及其历史成因过程中树立中国特色社会主义道路、理论、制度和文化自信（confidence）并将这种自信内化于心、外化于行，带入马来西亚游客餐饮接待服务专业任务中，彰显到涉外旅游工作岗位中。学生通过学习，不仅掌握了马来西亚国情知识，提升了旅游专业技能，增长了学识，丰富了见识，拓宽了国际视野，而且将文化自信根植于心、外化于行，增强了国家意识和中华民族认同感、归属感、尊严感与荣誉感。

（三）思政目标逐级提升

在教学中，通过教学引入环节、基本国情模块、特色国情模块、文化交流互鉴模块和专业任务模块对思政目标的层层推进，形成了"唤醒—激发—树立—坚定—彰显"文化自信的思政主线，育人目标逐级提升。

1. 唤醒文化自信意识

在教学引入环节，通过反映 20 世纪 30 年代马来西亚马六甲一带华人后裔峇峇娘惹生活的电视连续剧《小娘惹》剧中美食片段的展播，追溯娘惹菜与中国饮食文化的渊源，激发学生文化自信意识，顺势导入教学主题马来西亚，引导学生深入探寻，揭开这个国度的神秘面纱。

2. 激发文化自豪感

在基本国情模块，学习小组通过分享课前文化习俗禁忌自主学习探究结果，初识马来西亚文化习俗禁忌与中国千丝万缕的联系。教师因势利导，借助视频、图片，拓展讲解该国主要节日文化习俗之华人新年。通过分析马来西亚华人新年文化习俗禁忌与中国文化的历史渊源，探索中国文化对马来西亚的影响，唤醒学生的文化自豪感。

3. 树立文化自信

在特色国情模块，通过深入解析马来西亚娘惹文化的特色和基因，透过娘惹菜传承的中国饮食文化的烹饪技法、娘惹建筑保留的中国传统审美内核以及娘惹服饰上花鸟鱼虫体现的中国意蕴，剖析娘惹文化所蕴含和传递的中华文化元素和基因，透视马来西亚华人对中华优秀传统文化的坚守传承、弘扬传播，引导学生树立文化自信。

4. 坚定文化自信

在文化交流互鉴模块，通过中国最大、历史最悠久、位居"2020 全球葡萄酒与香槟品牌价值 10 强"榜单第二位、国际盛名的葡萄酒品牌之——张裕葡萄酒的品牌故事，探寻其创立缘起、发展壮大、辉煌成就背后的感人历史故事，引导学生坚定文化自信。

5. 彰显文化自信

在餐饮接待服务专业任务模块，启发学生将内化于心的文化自信外化于行，落实到马来西亚游客餐饮接待服务专业任务之中。要求学生根据所学马来西亚基本概况知识，综合运用《英语口语》《英语听力》等课程中掌握的英语语言知识能力、《礼仪》课程所学礼仪礼节和《酒店英语》中所学餐饮服务相关知识技能，结合马来西亚游客宗教信仰、文化习俗禁忌特点，提供"五心"服务，同时兼顾中国文化的对外传播，优先力荐蕴含浓厚中华优秀传统文化韵味的菜品，讲述菜品背后的故事及其蕴含的寓意，守护优秀传统文化、讲述动人中国故事，传承中华文脉，富有中国心、饱含中国情、充满中国味，彰显文化自信。

（四）思政融入精准滴灌

在教学中，深挖提炼马来西亚国家知识文化内容等教学材料和方式中蕴藏的思政元素和教育资源，通过巧妙设计，使思政元素与知识文化内容精准衔接、滴滴渗透，滋养学生心灵，涵育品行，实现政治引导和价值观引领。

1. 赏多元文化之韵，品文明互鉴之美

从学生群体兴趣和关注焦点入手，精心设计课堂教学，以马来西亚多元美食照片和视频巧妙引入，引导学生探寻多元美食背后的多元文化，深挖多元文化的历史渊源。带领学生透过历史，探寻出马六甲海峡处于东西方水运航线必经之地的重要地理位置是其引起多国垂涎和觊觎的重要原因，让学生了解马来西亚曾被葡萄牙、荷兰、英国等占领的历史事实。而殖民地的发展需要大批劳工，又使其成为华人下南洋谋生的主要目的地之一。占领者和劳工涌入的同时，也带来了其文化习俗。多国人士的汇聚，多种文化的交汇融合，成就了马来西亚文化和美食的多元，最具代表性的便是融合了中国文化和马来文化精髓的娘惹文化和美食。通过赏析多元文化美食，引导学生体悟马来西亚文化和美食多元融汇互通、创新发展的特点，品味文明交流互鉴之美。结合习近平总书记提出的"文明因交流而多彩，文明因互鉴而丰富"① 以及费孝通先生"各美其美，美人之美，美美与共，天下大同"② 的 16 字箴言，培养学生理解尊重、接纳包容、辩证看待世界多元文化的意识理念，达到精准融入、无声渗透的育人功效。

2. 感华人故土之情，塑学子家国担当

追溯中马两国长达 2000 余年的友好交往历史，分析近代华人劳工对马来西亚经济文化社会发展做出的巨大贡献，通过《远方的家——古色古香槟榔屿》、峇峇娘惹文化博物馆等视频片段，让学生了解马来西亚华人的辛酸奋斗史。通过马来西亚新春广告《我们为何用筷子》折射出的马来西亚华人对中华优秀传统饮食文化的坚守与传承、弘扬与传播，透视其对故土的满怀深情，引导学生做新时代中华优秀传统文化的传承人和传播者，在未来涉外旅游行业工作岗位中，抓住契机，讲好中国故事，传播中国文化，展示美丽中国形象，提升国家

---

① 习近平. 习近平在联合国教科文组织总部的演讲（全文）[EB/OL]. 新华网，2014-03-28.

② 费孝通. 文化与文化自觉 [M]. 北京：群言出版社，2010：195.

文化软实力。通过张弼士为代表的马来西亚爱国华人虽身处异国他乡、却不忘报效家国，积极投资兴业，践行"实业兴邦"的救国理念，创立张裕葡萄酒品牌的故事，体悟感怀马来西亚爱国华人心怀故土、报效祖国的满腔热情，引导学生怀揣家国梦想，肩负中华民族伟大复兴之使命担当。

（五）思政成效具化可测

思政成效检测具化融入马来西亚教学的形成性评价和期末终结性评价中。形成性评价以学生小组马来西亚游客餐饮接待服务专业任务、小组涉外旅游项目能否体现已有职业道德素养，考虑马来西亚游客宗教信仰、文化习俗禁忌特点，提供"五心"服务是否涵盖中国元素、具有鲜明中国特色和韵味，是否具有弘扬传播中华传统文化的意识和担当、能否彰显文化自信等作为评分依据。期末考试口语测试涵盖马来西亚人文习俗与中华传统文化的异同比较，笔试则以论述、写作等题型考查学生思辨能力和对异国文化的甄别能力，引导学生传承中华文脉，富有中国心、饱含中国情、充满中国味，做好中国形象代言人。

五、结语

将课程思政融入旅游英语专业课程教学，在知识传授、能力培养中进行思想政治引导和价值观塑造，需要持之以恒的教学实践研究、专业人才培养体系中各门课程的通力合作以及学校对课程育人体制机制的统领和把控。只有全面系统地将课程思政融入专业教育总体方案中，才能为国家、社会、行业培养出国际视野宽广、专业知识技能精湛、职业道德高尚、家国情怀深厚、使命担当强烈的国际化旅游人才和涉外旅游服务行业中国形象代言人，讲好中国故事、展示文化自信，为提升国家文化软实力和建设世界旅游强国贡献力量。

参考文献

[1] 费孝通. 文化与文化自觉 [M]. 北京：群言出版社，2010：195.

[2] 杨枫. 外语教育国家意识的文化政治学阐释 [J]. 当代外语研究，2020（6）：1-2.

[3] 刘建军. 课程思政：内涵、特点与路径 [J]. 教育研究，2020，41（9）：28-33.

[4] 邬彩霞."课程思政"教学设计研究——以国际贸易学科研究生教育教学为例 [J]. 豫章师范学院学报，2021，36（6）：81-85.

[5] 周雅颂. 经济学导论（双语）课程思政教学元素挖掘与应用实践探索

[J]. 对外经贸, 2021 (12): 157-160.

[6] 李洪修, 陈栎旭. 知识社会学视域下课程思政的内在逻辑与实现路径 [J]. 大学教育科学, 2022 (1): 28-34.

[7] 于向东. 围绕立德树人根本任务 探索思政课程与课程思政有机结合 [N]. 光明日报, 2019-03-27.

[8] 杨金铎. 中国高等院校"课程思政"建设研究 [D]. 长春: 吉林大学, 2021.

[9] 中华人民共和国教育部. 国家中长期教育改革和发展规划纲要 (2010—2020年) [EB/OL]. 中华人民共和国教育部政府门户网站, 2010-07-29.

[10] 习近平. 习近平在联合国教科文组织总部的演讲(全文) [EB/OL]. 新华网, 2014-03-28.

[11] 中华人民共和国教育部. 中共中央、国务院印发《中国教育现代化2035》[EB/OL]. 中华人民共和国教育部政府门户网站, 2019-02-23.

[12] 中华人民共和国教育部. 教育部关于印发《高等学校课程思政建设指导纲要》的通知 [EB/OL]. 中华人民共和国教育部政府门户网站, 2020-06-05.

[13] 中华人民共和国国务院. 国务院关于印发《"十四五"旅游业发展规划的通知》[EB/OL]. 中央人民政府门户网站, 2022-01-20.

作者简介

聂红(1972—), 女, 大学本科, 硕士, 副教授, 中国民主促进会会员。四川省级课程思政示范课程《客源国概况一(英)》项目组核心成员、获学校课程思政示范课程一等奖和思政示范教学团队二等奖; 2020、2021连续2年获四川省职业院校教师教学能力大赛一等奖; 2002年获四川省职业教育教学研究论文一等奖; 主参编教材10余部; 主持参与课题、课程建设16项, 含2项省社科联课题; 公开发表论文30余篇, 6篇获省市校级奖项; 指导参赛获奖8项; 多次获校"优秀教师"荣誉称号。

朱英(1981—), 女, 硕士研究生, 教授, 中国共产党党员。新加坡南洋理工大学访问学者, 外语系副主任。四川省省级课程思政示范课程负责人; 获省部级奖项7项: 四川省职业院校教师教学能力比赛一等奖、四川省职业院校外语课程思政比赛特等奖、全国课程思政优秀案例交流活动一等奖等; 公开发表论文23篇; 科研获奖5项; 主持参与科研项目11项; 主编参编教材11部; 曾获学校"永好教师育人奖""优秀党务工作者""优秀党员""优秀教师"等荣誉称号。

谢林（1968—），女，大学本科，教授，中国民主促进会会员。CHE（国际注册饭店教育导师），2009年国家留学基金会"西部计划"赴澳大利亚国立大学访学；四川省省级课程思政示范课程项目组核心成员；2020年获四川省职业院校教师教学能力大赛一等奖、学校课程思政示范团队二等奖；发表论文30余篇；主编参编教材8部；主持参与省、市、院级课题、课程建设20余项，获德阳市社科联优秀成果奖3项；学校"永好教师教育教学质量奖"获得者，多次获学校"优秀教师"荣誉称号。

高职院校大学英语课程思政的建设框架与设计方案

周莉琨 苏玉仙

习近平总书记在全国高校思想政治工作会议上指出："思想政治理论课要坚持在改进中加强，提升思想政治教育亲和力和针对性，满足学生成长发展需求和期待，其他各门课都要守好一段渠、种好责任田，使各类课程与思想政治理论课同向同行，形成协同效应。"[1] 为落实立德树人的根本任务，仅仅靠单一的思想政治理论课是不够的。课程是构成每个专业的基本元素，课堂教学是落实每门课程教学任务的主渠道。因此，课程思政作为一种教育理念和思维模式，以各类课程为传播载体，相对思政课程的显性化作用，更能有效拓展思政课程的覆盖领域，把思想政治工作贯穿到教育教学全过程，兼顾道德品质和学科知识能力的培养，提高高职学院学生的思想观念、政治观点、道德规范，实现全员、全方位、全过程"三全育人"[2] 的目的。

在课程实践中，为了全面落实立德树人的根本任务，充分发挥英语语言学科的工具性与人文性功能，避免语言教学与思政教育相分离的"两张皮"现象，四川工程职业技术学院大学英语课程基于"OBE"（Outcome based education）即成果导向的教育理念，通过搜集、分析、借鉴和参考现有高校外语课程思政方案，结合学科特点和教学实践，提出高职院校大学英语课程思政的整体建设框架和具体设计方案，在系统层面建立落实机制，在行动层面实现课程内容和方法的思政协同，达到潜移默化立德树人的目的，在教学实践中取得了一些实际效果。

---

① 习近平谈治国理政：第 2 卷［M］.北京：外文出版社，2017：378

② 王艳平.高校"三全育人"的特征及其实施路径［J］.思想理论教育，2019（9）：106-106

"OBE"教育理念是一种以成果（基于学习产出）为目标导向①，以学生为本，采用逆向思维的方式进行的课程体系的建设理念②。从"社会需要什么样的人"这一问题出发，OBE教育理念决定了高职院校的课程应定位于培养以岗位需求为目标的"德才兼备"的高素质技术技能人才。高职院校大学英语课程的教学目标即为培养学生职场涉外沟通、多元文化交流、语言思维提升、自主学习完善③等能力，同时通过教学语言技能过程潜移默化的引导，使学生形成正确的人生观、世界观和价值观。

一、大学英语与思政相融合的必然性

（一）大学英语学科内容的丰富性为思政融通提供了广阔的空间

大学英语作为高职院校各专业必修的通识基础课程，具有跨时长、教学覆盖面广、兼具语言工具性和人文性的特征。通识性与专业性、理论性与实践性、中西方文化差异性与意识形态差异性等多维度的关系，都会在课堂中得以体现，而高职高专学生正处于人生观和价值观初步形成的关键期，教师的正面引导会对其产生极大的影响。比如近两年新冠肺炎疫情是世界各国共同面临的难题，对比我国采取的较为严格的管控措施，西方不少国家以"自由"为名采取了消极的抗疫措施。如果不积极引导，学生很可能会受"个人主义"文化思维影响，产生偏激思想。相反，如果教师能在传授语言知识的同时，分析各国不同抗疫政策的政治经济、思维方式、生活方式等方面的深层次原因，学生就能对当前形势做出正确辨别和判断，坚定政治立场和主流价值取向。由此看来，"大学课程不仅仅是追问其范围的解释之学，更是规范人的价值之学"④。大学英语能有效地兼容思政建设，而课程思政的实施效度将直接影响大学生意识形态的培养和道德情操地树立，能有效地避免受错误思想影响而产生的各种思想的"倾向性"。

（二）大学英语教学与思政融合有助于学科知识的多元输入与输出

大学英语是一门外国语言文学课程，为获得地道的语言素材，教材中的文

---

① Spady WG. Choosing outcomes of significance ［J］. Educational Leadership, 1994, 51（6）：18-22.

② Kennedy KJ. Conceptualising quality improvement in higher education：policy, theory and practice for outcomes based learning in Hong Kong ［J］. Journal of Higher Education Policy and Management, 2011, 33（3）：05-218.

③ 教育部. 高等职业教育专科英语课程标准 ［M］. 北京：高等教育出版社，2021：3-4

④ 谢冉. 大学课程：回顾、反思与视角转换 ［J］. 现代大学教育，2014（1）：13-18，111.

章大部分来自以英语语言为本土语言的国家，内容主要涉及西方国家的经济、科技、历史与文化等，而关于中国文化知识的内容较少。根据对本院学生进行的问卷调查统计，能用英语基本无错误地讲述中国节日的同学仅占全体学生的47%。因此，大学英语课程不仅承载了语言文化基础知识的传授任务，更是不同价值范式和文化基因碰撞的阵地。在学习英语语言知识的同时，有目的地、潜移默化地对大学生进行基础意识形态的引导，从单一的学科知识维度向人文素养、文化多样性、社会责任感等多维度延伸，是大学英语课程思政的基本要求。

（三）课程思政融入有助于扭转英语课程中的中西文化输入的不对等性

英语的工具性决定了英语学习目的的多样性。大部分学生学习英语是为了通过大学英语四、六级考试以助力就业或通过专升本考试的实用主义目的。少部分学生想通过英语学习与世界接轨，出国深造以实现自身价值。极少数同学学习英语是为了用英语讲述中国故事、传播中国文化。因此，大学英语课程有义务并自然地引导学生用英语讲述中国故事、传播中国文化。这不仅有助于英语语言知识的掌握，还有助于学生从语言与文化、思维方式的角度理解中国文化，对中国文化产生自豪感和认同感并树立中国"文化自信"。同时通过讲述"中国故事""中国智慧"，有助于扭转文化传播的不对等状况，实现中西文化的双向传播，让世界听到中国的声音，推动中国文化走向世界。

二、大学英语课程思政的建设框架

要实现 OBE 学习产出的培养目标，落实课程思政的全覆盖，就要从思想政治的高度，全过程、全方位、全员动员地打造横向全过程良好生态环境的"面"和纵向思政维度的"点"。针对高职院校大学英语课程特点以及学生的英语基础情况，我们从系统层面分析课程思政的落实机制，提出将知识传授和价值引领有机统一的大学英语课程思政建设框架（见图1）。本框架从整体上将大学英语课程的实施划分为五条路径，分别是：环境建设、教学主线的确定、教学内容的选取、教学评价的实施以及教学反思的反哺。每条路径的实施可以分为三个维度（文秋芳，2021，2），即思政范围、主要任务和关键策略①。思政范围为路径的实施勾画出背景和活动空间，主要任务指明了方向，而关键策略提供了解决办法。整个框架的实施从思政课程单一的维度，拓宽为以大学英语课程为载体，将思想政治教育的价值范式和文化基因转化为沉浸式学习的"多维度"

---

① 文秋芳. 大学外语课程思政的内涵和实施框架［J］. 中国外语，2021，18（2）：47-52.

立体式教育，实现社会主义文化价值观"润物细无声"的引领。

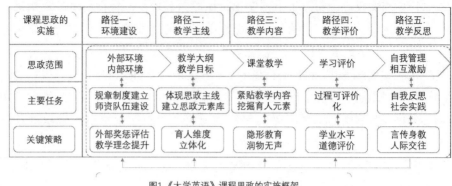

图1.《大学英语》课程思政的实施框架

图1　大学英语课程思政的建设框架

（一）大学英语课程思政的育人环境效度化

环境建设分为外部环境和内部环境，不仅包括规章制度的建立，还包括师资队伍建设。制度是保障，内容是立足点，师资队伍是关键。在"三全育人"的大背景下，细化课程思政实践的考核细则和奖惩评估的规章制度，为课程思政提供科学的制度保障。"学正为师，身正为范"，教师的价值观、思想政治教育的意识、教育方式、职业素养等自身素质的提升，直接决定了思政育人和学科知识同向同行的效度。因此，要将"全员育人"课程思政的作用发挥到最大，我们不仅对教师自身专业素养，还对教师政治立场、道德评价、行为操守等进行外部奖惩评估；对教师的行为规范化并制度化，最终形成民主、和谐、宽松的环境；鼓励教师参加"课程思政专项"建设项目或课题建设，努力打造以课程思政为引领、以课程实践为依托、以课程思政示范教学团队为核心的课程思政育人模式，充分发挥课堂育人的主渠道、主阵地作用，实现育人的辐射效应。

（二）大学英语课程思政的育人维度立体化

从OBE教育理念出发，要实现课程思政的育人维度立体化，既要根据高职院校学生的特点和未来岗位需求，提升其适应性、创新性等综合素质，又要借鉴显性思政课程的经验，挖掘课程中的隐性思政元素，找到专业内容与思政内容结合的平衡点，将其融入教学大纲、教学目标及实施方案中，形成贯穿整个课程的"全课时"思政隐形主线，继而形成大学英语课程思政教育教学规范，加强课程管理。首先，我们将大学英语课程（大学第一学年开设）按专业进行划分，将整个课程的8个学分分为两个阶段，第一阶段4学分设置通识性的思政主线，于大一上学期进行，主要坚定课程思政的立场问题，即坚定学生的理想信念，培养其社会主义核心价值观、坚定中国特色社会主义道路、传播中国传统优秀文化等；第二阶段4学分主要根据各专业职业目标要求的学习产出效果，设置独特的专业思政主线，在大一下学期进行，结合工匠精神、法治观、职业道德和职业规范，培养学生认知能力、合作能力、创新能力、科学素养。如大一上学期，我们设计了8个课时以"社会主义核心价值观"和"家国情怀"为隐形主线的新生入学教育，以兴趣引导为主，通过中西化文化对比，分析西方个人价值和中国集体价值的意识层原因和具体表象，体现我国社会主义制度的优越性。

（三）大学英语课程思政的育人内容主线化

在教学实践中，要求教师结合教学目标，熟悉教材内容，从整体上对单元话题和课程内容的进行重新梳理、认识，确定每单元和每课时的隐性思政主线，选取适合的材料进行教学，然后再延伸到项目、任务、知识点和技能点，使思想政治教育综合化、系统化、主线化。同时，运用新媒体新技术，推动思想政治工作传统优势与现代信息技术的融合，并有针对性地划分层次，建立由浅入深的思政资源共享，方便语言知识与价值观有机融合，开发教学内容中的思政内涵。比如大学英语中关于"英雄"的话题，可以结合"中国传统文化"思政元素库，将中国传统文化中射日的后羿、逐日的夸父与西方文学作品《老人与海》中的主人翁进行对比欣赏，从各自的成长过程、核心力量、文化特点、民族精神、审美意识等方面的异同进行讨论，再以讲故事、分组辩论等形式进行巩固和再现，让学生在收获语言知识之外得到人格的历练与提升。

（四）大学英语课程思政评价方式的多元化

大学英语课程思政的显性和隐性相结合的特征，不仅要体现在教学实践中，还要体现在评价方式上。教师在课堂上以显性和隐性相结合的方式将思政内容融合在教学材料中，可以通过讲述、阅读、问答等方式进行呈现，同时可以通过讨论、辩论、演讲等方式引导学生对含有课程思政内容的材料进行输出。增加形成性评价比重，采取内容兼具价值导向的测试题和主观评价相结合的方式，将学生的认知、情感、价值观等思政元素作为过程评价和动态评价的重要得分点，改教师对学生的单向评价为师生的双向评价，并使用智慧课堂加入学生的互评，形成知识引领和价值传播的"多元评价"。

（五）发挥教学反思与实践的反哺作用并常态化

教学反思有利于师生的自我管理和相互激励，对课堂教学会起到积极的反哺作用。基于此，我们要求教师在课后对照教学计划，及时对课堂中的思政点进行梳理和总结，并对思政元素库进行动态反馈和补充，以便用于下一轮教学中，形成良性循环。第二课堂活动是高职院校学生践行德育品德的主要环节和场所，单纯的课堂并不能让学生深刻领会实践的意义，只有参与过经历过，才能把握。将外语课程思政拓展到第二课堂实践活动中，不仅要求学生运用语言技能和素养，还要能结合国家、民族及未来的家国情怀、世界和平与发展等宏大主题进行合理表达。第二课堂活动可以是英语类系列活动：比如，英语写作和演讲比赛都可以引导学生挖掘爱国、爱校、爱家、尊重他人、为他人服务、与他人合作、尊重自然、爱护自然等优秀传统。学生是第二课堂活动的主体，他们既是策划人又是组织者和参与者，可以充分发挥学生的主观能动性，不仅丰富了第一课堂的教学内容，提升了学生的英语运用能力，又实现了社会主义核心价值引领，增强了学生的政治认同和价值认同，提高了其思想道德素养。

三、大学英语课堂思政的设计方案

课堂是落实思政育人的主阵地，我们在系统层面建设框架的保障下，结合OBE 学习产出对每学期、每单元、每课时的要求，合理地挖掘课程思政元素，从实践层面上细化课时安排，提出具体的课程思政教学设计方案（见图2）。思政链作为核心链，贯穿教学目标、课堂文化、教学方案、评价反思四个教学环节的始终，对每一教学环节起到稳定和支撑作用，是各教学环节承上启下的纽带，也是衡量大学英语课堂革命成功与否的关键。

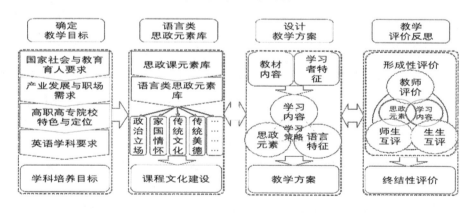

图 2　大学英语课程思政的设计方案

（一）精心挑选课程资源，明确思政目标

要做好大学英语课堂思政的教学设计，就要发挥 OBE 成果产出的导向作用, 深入理解国家社会和教育对本课程提出的要求, 深入体会社会主义核心价值观, 明确思政教育的具体要点、基本内容和基本方式, 制定既体现结合学生需求特征、课程的语言学科特点, 又体现核心思政点的教学目标, 并使之更清晰、具体。在高职高专大学英语教学目标的制定上, 我们将社会主义核心价值观、中国特色的社会主义道路、中国传统优秀文化、宪法法治、职业道德和职业规范明确体现在教学大纲, 为学生树立正确的理想信念和道德水准提出明确的目标, 强化中国文化的身份认同。

同时, 教学目标中明确要求学生能运用所学语言知识表达中国文化, 讲述"中国故事""本土故事"。要完成这一目标, 一个是做好教材的选取、材料的补充, 烘托课堂文化, 另一个则是引导学生的输出, 从以教为中心向以学为中心转换。大学英语中使用的教材种类较多, 以目前使用频率较高的几套教材为例, 为获得较为地道的语料, 教材中选用的西方文化知识的阅读材料远高于中国本土文化材料。因此, 我们要对教材进行必要的筛选, 选取中国本土文化材料较多的材料, 教师还要对教材进行适度的补充。课程目标与思政育人目标的融合, 不仅能促进学生在课堂上的表达水平, 还能促进中国文化在世界范围内的传播。

(二) 把握语言课程思政内核, 建立课程思政元素库

思政内核是课程文化建设的重要因素和内在灵魂。为从系统上和制度上凸显思政的内核作用, 我们建立通识性和各专业的语言类思政元素库, 再深入挖掘每学期、每单元、每堂课的德育内涵和德育元素, 确定课程文化基调。我们将大学英语课程文化建设定位于政治立场、家国情怀、文化素养、传统美德、法治意识、工匠精神等的培养, 并建立相应版块的思政元素库, 为课堂教学提供较为系统的材料支撑, 有效地避免重复劳动。比如政治立场版块, 收集习近平总书记的治国方略中英文版、美国探索频道播出的系列纪录片《习近平的治国方略: 中国这五年》《习近平谈治国理政》等外文文献; 家国情怀版块, 收集中国最具代表性的家国情怀名人事迹; 文化素养版块立足于传统文化的传播, 分传统节日、传统诗词、传统风俗、传统美食、传统工艺等; 传统美德分仁、义、礼、智、信、俭、忠、廉、敬等; 依据学院工科院校的背景, 将职业道德与规范融入工匠精神版块, 分敬业、精益、专注、创新四个部分。

(三) 找准课程思政的"点", 设计科学可行的教学方案

按照课程思政建设理念改革课堂教学, 把握好思政对课程的科学精神、价值取向以及伦理规范的要求, 借鉴语言思政元素库中的内容, 寻找思政元素与

专业课的精准结合点，做好课程育人"隐性"教学设计，将课程内容中的思想性和价值性表现出来，并进行科学设计。以高等教育出版社新版的《畅通英语中级教程》第一单元"运动"话题为例，可以结合中国古代"六艺"中与现代体育运动最具关联性的"射"与"御""蹴鞠"，结合中国女排、乒乓球队、羽毛球队和女子足球队取得的辉煌成绩以及运动员们的拼搏精神的点，从中华民族的伟大复兴对体育产生的翻天覆地影响入手，培养学生文化自信和公平竞争的意识。在教学环节设计上，教师可以提供奥运起源等视频资料，采取翻转课堂的形式进行课前导入；收集英语媒体的体育新闻作为课中讨论，引导学生以正确的立场和态度进行解读；采用知识竞猜、演讲等形式对所学的语言知识和隐形思政价值观进行测试和效果反馈。值得注意的是要找准课程内容、英语语言知识点与思政元素三者结合的点，设计出突出思政元素隐形传播效果的教学方案。

（四）基于 OBE 教育理念，改进课程评价方式

基于 OBE 教育理念所要求达到的思政目标和学习内容，采用形成性评价为主、终结性评价为辅，两种评价相结合的评价方式。形成性评价从单一的教师评价向双向的师生互评，以及多向的生生互评转化，避免考核的单一性和单调性。不仅要考核学习内容和语言知识，也要将思想水平、政治觉悟、道德素质和文化素养等作为显性的评价因素。充分拓展本课程思政教育的课外渠道，鼓励学生参加积极正向的比赛、活动和社会实践，从学生的输出方面引导学生正确认识中国和世界的价值观念。形成教学反思，总结归纳课程思政建设中存在的问题、造成问题的原因、建设课程思政和路径，推动本课程自身的课程思政建设文化体系。教学反思对课堂设计的反哺作为能进一步找出课堂设计的弱点并加以改进完善，同时对语言类课程思政元素库进行补充和修正。

四、结语

基于 OBE 教育理念，高职院校大学英语课程思政的建设框架从系统层面为落实课程思政提供了制度保障，课程设计方案从实践层面实现了课程内容和方法与课程思政协同的可能。两者相辅相成、相得益彰，逐步推进，在培养学生英语技能和跨文化交际能力的同时，润物无声地融入了中国传统美德、家国情怀、工匠精神、和平环保以及人类命运共同体等价值观，凸显大学英语课程的人文功能，更好地实现为党育人、为国育才的根本目标。

参考文献

[1] 高燕. 课程思政建设的关键问题与解决路径 [J]. 中国高等教育，2017

（Z3）：11-14.

［2］文秋芳. 新时代高校外语课程中关键能力的培养：思考与建议［J］. 外语教育研究前沿，2018，1（1）：3-11，90.

［3］沈轶. 课程思政融入高校《大学英语》课程有效途径探究［J］. 教育文化，2019（4）：121-122.

［4］赵继伟.“课程思政“：涵义、理念、问题与对策［J］. 湖北经济学院学报，2019（2）：113-114.

［5］李家俊.“三个结合”推进高校思政工作［J］. 思想政治工作研究，2017（9）：32.

［6］安秀梅.《大学英语》“课程思政”的功能研究［J］. 文化创新比较研究，2018，2（11）：84-85.

［7］刘晓阳. 大学英语“课程思政”的实施路径研究［J］. 吉林工商学院学报，2018（5）：126-128

［8］魏懿. 高职公共英语课程“思政”建设与实施——以上海思博职业技术学院为例［J］. 辽宁高职学报，2018（4）：58-59.

［9］杜刚跃，孙瑞娟. 高校英语教学“课程思政”有效策略研究［J］. 延安大学学报（社会科学版），2019（8）：122-123.

作者简介

周莉琨（1979—），女，大学本科，四川工程职业技术学院专任教师，副教授。参编规划或一般教材10余部，发表论文20余篇；参加“首届全国高职高专英语课堂教学课件大赛”获一等奖（2009）；参加第十一届“外教社杯”全国高校外语教学大赛（职业院校组）获三等奖（2020.10）；参加2020年度省级创新创业训练计划项目获三等奖（2020）；参加第二十五届全国教师教育教学信息化交流活动（高等教育组微课）研讨作品（2021.12）。

苏玉仙（1966—），女，本科、硕士学位，教授，外语系系主任。研究方向：高职和应用本科英语教育教学。主持省、市级教育教学改革课题5项；2017—2018年，四川省职业院校教师素质提高计划项目（国培）优秀青年教师跟岗访学项目负责人；主编出版高职大学英语教材5本，副主编教材3本；发表论文近20篇。

"课程思政+全民阅读"视阈下大学语文阅读教学的改革探索*

杨海涛　何　格　邓朝晖

　　课程思政是全员、全过程和全方位育人的重要方式，也是大学语文教学改革的基本遵循。"全民阅读推广"是国家近年来一直大力倡导和努力推进的一项工程，能为大学语文教学提供新的资源渠道。也就是说，"课程思政"和"全民阅读推广"作为国家领导人和党中央提出的新理念，指引着大学语文教学的改革与创新。为此，本研究结合"课程思政"和"全民阅读"的理念和社会背景，对四川工程职业技术学院大学语文阅读教学改革的实践探索进行理论上的总结和概括，用来揭示大学语文改革的内涵与方向，进一步认识大学语文阅读教学的现实意义。

一、教学理念更新："以阅读培育人"

　　2016年12月习近平总书记在全国高校思想政治工作会议上强调，其他各门课都要守好一段渠、种好责任田，使各类课程与思想政治理论课同向同行，形成协同效应。[1]2017年12月教育部发布的《高校思想政治工作质量提升工程实施纲要》提出，积极推动以"课程思政"为目标的课堂教学改革，实现思想政治教育与知识体系教育的有机统一。2020年5月，教育部印发《高等学校课程思政建设指导纲要》，明确了课程思政的建设目标和内容重点。自此，课程思政的工作开始在教师、教材、教法等方面展开了研究与实践。那么，大学语文课堂如何有效落实课程思政，更好地促进学生成长呢？"以阅读培育人"的教学理念的更新是一个重要的前提。

　　大学语文是实施文化素质教育的公共基础课，蕴含了丰厚的传统与现代的

＊　基金项目：四川省教育厅2018—2020年高等教育人才培养质量和教学改革项目"课程思政视阈下《大学语文》母语阅读教学模式研究"，课题编号：JG2018-994。

文化成果，体现了丰富的人文内涵，而阅读能力是最根本的语文能力。阅读可以促进人的思维与情感的发展，让学生不仅可以受到高雅的审美情趣的熏陶，得到心灵的净化和精神境界的提升，还可以获得思想的启迪和人生的智慧，正如艾德勒所言："好的阅读，也就是主动的阅读，不只是对阅读本身有用，也不只是对我们的工作或事业有帮助，更能帮助我们的心智保持活力与成长。"[2][3]由此可见，大学语文教学改革的重点是要让学生重视阅读、喜欢阅读，从阅读中获取知识和感悟，进而推动学生全面发展。

近年来，我国一直大力倡导和努力推进"全民阅读"，并于2014年开始将其写入政府工作报告，可谓是为大学语文阅读教学改革提供了良好的社会环境。2014年政府工作报告首次提出"倡导全民阅读"，接下来每年的政府工作报告提到的"全民阅读"都在一定范围上有所扩大或一定程度上有所加深。如2015年"倡导全民阅读，建设学习型社会，提高国民素质"；2016年"倡导全民阅读，普及科学知识，弘扬科学精神，提高国民素质和社会文明程度"；2017年"大力推动全民阅读，加强科学普及"；2018年"倡导全民阅读，建设学习型社会"；2019年"倡导全民阅读，推进学习型社会"；2020年"倡导全民健身和全民阅读，使全社会充满活力，向上向善"；再到2021年的"创新实施文化惠民工程，倡导全民阅读"；目前，"全民阅读"已经上升到了国家战略层面，由此展开的一系列管理和实践上的调整，为大学语文阅读教学改革科学高效地实施提供了制度保障和社会条件。

然而，现在的大学语文阅读教学，基本上还只是延续初高中单篇分析模式，绝大多数仍旧以教师讲和学生听为主，学生主动阅读或参与讨论比较缺乏，高职学生的阅读现状更是不容乐观，主要表现在阅读时间不够、阅读量不足、阅读活动少、阅读指导缺乏等方面。再加上数字化阅读的盛行，学生的阅读越来越"浅"，越来越"碎片化"，一方面影响了学生对经典作品的深度理解和思考反思；另一方面大部分学生又对"为什么读、读什么、怎么读"十分茫然。因此，在课程思政的背景下，有必要充分挖掘阅读的意义，提出"以阅读培育人"的大学语文教学理念，去探索阅读作为育人途径的实现路径。第一，通过科学合理的阅读指导，让学生有更好的方法和途径去汲取中华优秀文化的思想精华和道德精髓，以此弘扬以爱国主义为核心的伟大民族精神和以改革创新为核心的时代精神，促进学生思想道德水平的提升，实现"立德树人"的目标；第二，使高职生的阅读教育，实现从书本到生活、从被动到主动、从抽象到具体的转化，并帮助学生在知识输入与应用输出中搭建实践桥梁；第三，以阅读分享会、真人图书馆、阅读案例分析等活动引导学生在生活中"用语文"，扩展思想政治教育的情境资源和延伸语文应用能力的场景。

二、教学目标更新：整体构建育人目标

"以阅读培育人"的大学语文教学的目的在于"立德"和"树人"。由于高职阶段的学生，正处在走向独立和思想成熟的关键时期，他们极易受社会风气的影响。这一阶段大学语文教学的重点，除了要继续培养学生正确的价值观、道德意识和高尚的情操外，还要不断提高学生对文化和相关成果的敏感度，提高学生的全面素质，比如结合现实问题阅读相关文学作品，引发对道德的深层次理解和实践。因此，需要在教学大纲的核心要义和基本要求的基础上，以思政教育主题组建大学语文新的教学单元。基于课程思政和全民阅读推广的视阈，基于"以阅读培育人"的教育理念，整体构建出"树立爱国主义思想、促进学生情感的升华、培养学生的优秀品德和健康人格、提升学生认知理解能力、提升学生运用知识的能力"的育人目标。

（一）以散文阅读厚植学生的爱国主义情怀

爱国是中华民族几千年来的优良传统，也是民族精神的核心内容，是中华民族几千年来生生不息的发展动力。很多文学作品中反映的不同背景下的爱国主义思想和行为，一方面有利于学生理解和弘扬爱国主义，另一方面有助于振奋学生的民族精神，对于实现中华民族伟大复兴具有十分重要的现实意义。为此，参照《新时代爱国主义教育实施纲要》要求，精选优秀爱国主义篇目《史记·屈原贾生列传（节选）》《听听那冷雨》等，让学生通过学习《史记·屈原贾生列传》了解中国文化中根深蒂固的家国同构、爱国爱家的爱国主义情怀；通过学习《听听那冷雨》让学生感受到中华民族深厚的文化底蕴，体会到那种枝叶关情、故土难忘的家国情怀。与此同时，要让学生在阅读作品的过程中学习和掌握散文的阅读和写作策略。

（二）以诗歌阅读促进学生情感的升华

通过精讲经典诗歌《诗经·蓼莪》《爱情诗两首》《金缕曲·赠梁汾》《兼爱》等，让学生体悟亲情、爱情、友情等人类情感的美好，生发爱人之心，并培育个人的品行魅力。通过《诗经·蓼莪》，体会为人父母的艰辛，联想"孝"文化，探讨亲情和血缘关系的温暖；通过《爱情诗两首》，体会日常生活的甜蜜爱情与"生死相许"的坚贞爱情之美；通过《金缕曲·赠梁汾》，拓展联系纳兰性德与顾贞观、吴兆骞的友情故事，体会友情之美；通过精讲《定风波·莫听穿林打叶声》学习苏轼逆境时的豁达心态。融入课前故事分享、拓展阅读心

得分享、主题演讲等训练形式，提升学生口语表达能力，引导学生用优美的语言文字抒发真情实感，实现诗歌阅读策略的探索与运用。

（三）以小说阅读培养学生的品德修养

通过小说《〈世说新语〉二则》的阅读树立勤俭意识；通过《真假美猴王（节选）》的学习了解信任与诚信的重要性；推荐泛读《伊豆的舞女（节选）》《最后一片叶子》等，体会不同民族文化的魅力，汲取人类优秀文明成果。从而帮助学生明确立身原则，了解处世技巧，树立精益求精的职业精神，培养豁达乐观的人生态度。同时探究小说的阅读策略及运用。

（四）以论述类文本阅读提高学生的认知水平

通过精讲论述类文本《论语（节选）》《秋水》等，引导学生掌握对文言文基本的理解方法，体会传统儒家思想和道家思想的智慧。精讲《礼记·大同》，体会中华民族"天下为公"的情怀，深入理解习近平总书记"命运共同体"理论的深刻含义。通过精讲《都江堰》，提升学生地方文化认同感。自学《老子二章》，对比儒道思想异同，分析两种思想对现实的意义。穿插表演、欣赏等互动展示环节，传统文化分享交流环节，哲学思想思辨辩论环节。同时探究论述类文本的阅读策略及运用。

（五）以实用类文本阅读提升学生学以致用的素养

通过实用类文本的阅读，引导学生获得知识与方法技巧，学会提取信息，并能学以致用，知行合一。比如通过《非暴力沟通》认识到非暴力沟通的意义，了解非暴力沟通的方法，并能在生活中学会运用。通过《如何阅读一本书》了解阅读的层次，并掌握深度阅读的分法。同时探究实用类文本的阅读策略，引导学生在生活中加以应用。

三、教学内容更新：拓展教学内容

（一）增加非文学文本的阅读

在《如何阅读一本书》里，作者谈到了书籍的分类："主要的分类法，一种是虚构的小说类，另一种是传达知识，说明性的论说类。在论说性的书籍中，我们可以更进一步将历史从哲学中分类出来，也可以将这二者从科学与数学中区分出来。"[4][5]因此我们尝试突破教材限制，除了文学文本阅读，还适当增选了实用类文本和论述类文本的阅读，将大学语文阅读教学分为散文阅读、诗歌阅读、小说阅读、论述类文本阅读和实用类文本阅读五个单元，从而对《大学语文》的教学内容进行了拓展。

同时，引导学生对文本内容种类和文体种类有一个总体认知。引导学生以《中国图书馆分类法》（中图法）为依据，细化图书类别，让他们将借阅的课外书籍归类。注重学生文体意识的养成，了解不同文体的不同特点，引导学生找到自主理解文本的最佳路径。

增加非文学文本的阅读，旨在引导学生结合自身专业发展和日常所需，去广泛涉猎哲学、历史、社会学、实用类等不同文本的阅读。

（二）将阅读方法作为教学内容

"阅读方法"应成为重要的阅读教学内容。靳彤认为："既然阅读教学的核心目标是阅读能力的培养，既然阅读方法（即阅读技能）是阅读能力的基础，以阅读方法作为阅读课的教学内容就是理所当然的。"可见，大学语文的教学需要重视文本解读的途径、方法等阅读策略的学习和实践。而最单纯的方式是直接成为教学目标和教学内容，这里暂且称作"直接式"。作为教学内容的阅读方法还有一种教学姿态，即"支架式"，这是一种最佳姿态。

按照《如何阅读一本书》的观点，阅读有四个层次：基础阅读、检视阅读、分析阅读和主题阅读。因此我们要注重训练学生进行检视阅读，引导学生进行分析阅读和引导学生尝试主题阅读。

引导学生掌握不同文本的阅读规律和阅读方法，提高阅读能力。将阅读文本分为文学与非文学两大类。文学类文本阅读重在总结诗歌、小说、散文的文本特点，探索不同文体的阅读方法；非文学类文本又分为论述类说文本和实用类文本两类。每类文体都有不同的表达诉求，总结出不同文本的内容侧重，有利于学生阅读时更准确地把握主题。

四、教学模式更新：阅读—理解—表达

（一）阅读—理解—表达的教学步骤

通过阅读—理解—表达的路径，通过多种教学方法，促进学生素养的提升，最终实现大学语文的育人目标。

阅读是基础和输入。因此，要重视阅读方法，引导学生自主阅读，尊重学生个性化阅读。激发学生积极探索文本的深层意义，接受文本中思想文化的熏陶。在教学过程中，引导学生朗读、默读、纸质文本阅读、网络阅读，以多种方式阅读，课内课外阅读、文学作品阅读、非文学作品阅读，进行广泛阅读。

理解是阅读及运用的核心。只有通过阅读才能让学生与书籍建立联系，加深对社会环境和人生的认知，并可以感受读书与自己生活的密切关系，达成

"有意义学习"。

表达是输出。阅读的目标是既能对母语熟练运用，又能在理解的基础上与他人友好沟通。在教学过程中，引导学生提问、质疑、讨论，以及谈自己的感悟和收获来分享阅读，这是提高学生口头表达的重要途径；让学生写读后感、写小论文，可以提高学生的书面表达能力。

也就是说，在这个过程中要始终以学生的学习为中心，并以引导阅读、训练阅读为主要任务。通过阅读、理解、表达的引导和训练，提升学生的语文核心能力，促进学生思维与情感的发展，提升其适应新时代发展的文化和道德修养。

在此教学步骤上形成的阅读教学程序是：阅读策略学习—自主阅读—分享讨论—形成成果。课前是老师导读+学生阅读：老师进行导读，引导学生按照中图法分类，了解作者、时代背景和文本类型等；学生在课前自主阅读。在课中，老师进行具体阅读方法指导，引导学生深入解读，发表观点，推介讨论、查阅资料；学生进行自主阅读、独立思考和表达训练。在课后，学生进行拓展阅读和表达的训练和巩固，并形成阅读成果；老师进行阅读指导和评价等。

（二）综合使用多种教学方法

独立思考与小组讨论相结合。设立思考题，培养学生独立思考的能力，再通过小组自主学习的方式，培养学生的思辨能力和与他人合作的能力。"曲不离口，拳不离手"，朗读背诵和阅读理解是积累语文知识的基本方法，因此不仅让学生默写和朗读，也设定主题开展讨论，如以诗歌《蓼莪》为触发点谈"子欲养而亲不待"，以《拾麦穗》所展现出的"女性视角"等话题展开小组讨论。

思政案例教学法。选取、观摩、讨论和讲述思政案例。在教学的各环节都可以使用案例教学法：导入环节我们使用具有思政元素的案例引入，教学中我们观摩思政案例，观摩后对思政案例进行讨论。与此同时，课后让同学们多渠道收集相关的思政案例。

汇报交流展示法。阅读成果有读书推荐、读后感想、小论文等。展示的方法有课堂汇报、提交文档和小视频等。

课本剧表演法。将含有思政元素的案例创作成课本剧和微电影，从而在实践中实现育人目标。如课本剧《智取威虎山》的编排，既传承红色经典带给我们的革命意志，也熏陶提高学生的美商。而通过采风、剧本创作、情景剧表演可以发掘地域文化和红色文化，让学生能直观、深刻地感悟传统文化和红色文化。

五、教学改革的成效

（一）学生的阅读能力和思想道德水平有所提高

学生能坚持阅读，借阅量和借阅面有所增长。阅读笔记厚重，小论文与阅读心得有比较深刻的认识。在进行"讲好一个故事""做好一个推介""说清一个道理"训练时，能够较好地完成讲述，表现出不错的语言运用能力。同时，学生的小论文、读书笔记以及课堂表达，反映出他们能深刻理解和认同社会主义核心价值观，反映出他们对真、善、美的追求，反映出他们受到了中华优秀传统文化的浸润，拥有满满的正能量。

（二）教学改革的科研成果明显

发表论文三篇。其中核心期刊论文一篇：邓朝晖的论文《大学语文的育人功能研究》发表于中国人文社会核心期刊《西南科技大学》学报 2019 年第 5 期。杨海涛的论文《课程思政视域下的高职语文教学改革探析》和《走向深度阅读培养人文素养——高职院校整书阅读指导策略研究》分别发表于《课外语文》2020 年 10 月 30 期和《课外语文》2020 年 11 月 31 期。

（三）开设公共选修课完善阅读教学课程体系

开设选修课《〈论语〉与孔门儒学》，引导学生探讨修身和社会治理等问题；开设选修课《阅读与交流》，引导学生学习阅读策略。已尝试进行了《论语》《红楼梦》《苏东坡传》《杜甫传》《乌合之众》等书籍的整书阅读探索，并形成了部分阅读成果。

（四）阅读专题讲座广受好评

在学校开设《再造风景——文学作品策略学习》《实用类文本的阅读策略及运用》《整书阅读与策略》等讲座。讲座深受好评，学生受益面覆盖学校大部分专业。

六、结语

经学习前后调查比较，发现学生对阅读的重视程度有所提高，阅读数量有所增加，阅读范围有所扩大。学生掌握了一定的阅读策略，阅读能力有所提高。学生逐渐能将书中的内容结合自己的生活实际进行思考，普遍能有触动自己的感悟。学生阅读成果丰富，形成了大量的阅读笔记、PPT 推介、读后感、小论文等。我们将继续探索大学语文的课程思政，继续践行"以阅读培育人"的教学理念，进一步革新大学语文阅读教学模式，让阅读写作教学与听说教学融会贯通，让学生的语文素质在大学阶段有一个质的飞跃，从而更好地实现立德树人的目标。

参考文献

[1] 习近平.在全国高校思想政治工作会议上讲话 [N].人民日报，2016-12-09.

[2] 莫提默·J.艾德勒 查尔斯·范多伦.如何阅读一本书 [M].北京：商务印书馆，2018：287.

[3] 莫提默·J.艾德勒 查尔斯·范多伦.如何阅读一本书 [M].北京：商务印书馆，2018：60.

[4] [5] 靳彤.从"阅读方法"看阅读教学教什么 [J].语文建设，2020 (7)：4-9.

作者简介

杨海涛（1982—），女，四川射洪人，文学硕士，中共党员，四川工程职业技术学院基础教学部，讲师。研究方向：语文教育教学、中国语言文学。2021年获得四川工程职业技术学院第四届教学成果奖一等奖。2020年被评为四川工程职业技术学院 2019/2020 学年"优秀共产党员"。参研四川省 2018-2020 年高等教育人才培养质量和教学改革项目：《课程思政视阈下〈大学语文〉母语阅读教学模式研究》等省级课题 4 项。参与四川省第二批全省高校思想政治工作精品项目：《"思政教育主题引导"式的〈大学语文〉阅读教学改革探索与实践》。主持校级课题 1 项。发表论文近 10 篇。

何格（1991—），女，四川绵阳人，硕士研究生，四川工程职业技术学院党委宣传部干事、基础教学部语文教研室教师。2021 年全国职业院校技能大赛教学能力比赛三等奖。参编"十三五"职业教育国家规划教材《口才与演讲训练教程》。参研四川省 2018-2020 年高等教育人才培养质量和教学改革项目：《课程思政视阈下〈大学语文〉母语阅读教学模式研究》。参与四川省第二批全省高校思想政治工作精品项目：《"思政教育主题引导"式的〈大学语文〉阅读教学改革探索与实践》。

　　邓朝晖（1964—），女，大学本科，文学学士，四川工程职业技术学院基础教学部，副教授。合著《论语知识知多少》（2019 年 12 月四川大学出版社出版），论文"《大学语文》的育人功能研究"发表于中国人文社会核心期刊《西南科技大学》学报 2019 年第 5 期。主持 2018-2020 四川省高等教育人才培养质量和教学改革项目：《课程思政视阈下〈大学语文〉母语阅读教学模式研究》。主持四川省第二批全省高校思想政治工作精品项目：《"思政教育主题引导"式的〈大学语文〉阅读教学改革探索与实践》。

高职课程思政建设对策研究

——以四川工程职业技术学院为例

刘占君　文志刚

一、课程思政提出的意义

"课程思政"的提出和实践，引起了教育界的广泛关注，特别是随着国家关于"课程思政"建设一系列文件的颁布，"课程思政"成为教育界关注和研究的热点问题，高校也从开始探索实践转向全面推进。

（一）突破了传统的思想政治教育观念

《高等学校课程思政建设指导纲要》指出，"围绕全面提高人才培养质量，广泛形成课程思政理念共识，构建全员全程全方位育人大格局"。这就进一步指明，思想政治教育是所有课程的职责，而不仅仅是思想政治理论课程的职责；所有教师要牢固树立"课程思政"理念，履行思想政治教育职责，而不是固守传统的思想政治教育观念，认为思想政治教育只是思想政治理论课教师的事，或者说学生工作部门、班主任、辅导员的事。课程思政理念的提出，突破了传统的思想政治教育观念，拓宽了思想政治教育的边界，客观上要求思想政治工作主体的扩充、内容的扩展和方法的创新。

（二）促进了思想政治教育学科建设

思想政治教育学科，必须结合党的教育方针，对学科进行进一步定位，不断丰富、细化思想政治教育学科内容。课程思政理念的提出，拓宽了思想政治教育学科建设的内涵和外延，为思想政治教育学科建设提供了新的研究方向。具体来说，思想政治教育学科要将课程教学中的思想政治问题作为重点内容进行研究，并把研究成果转化为教学内容，实现学科建设与课程教学的良性互动。同时，课程思政覆盖所有课程，基于此，思想政治教育学科建设既要研究本学科范围内的思想政治教育问题，也要积极研究其他学科面临的思想政治教育共性问题，搭建思想政治教育学科与其他学科推进思想政治工作的对话交流平台，为其他学科解决思想政治教育中的现实问题，特别是课程思政问题提供学理依据、理论支撑、方法策略、路径建议，从而增强思想政治教育学科的话语权和影响力，进而更有利于实现思想政治教育学科的建设目标。

（三）拓展了各类课程建设的新方向

课程思政理念的提出，将共同的价值追求、人才培养目标、育人的职责内化到各类学科专业、各门课程的教学当中，对公共基础课程、专业教育课程、实践类课程等各类课程的建设提出了新的方向和要求，客观上就是要挖掘各学科专业和各类课程蕴含的思想政治教育元素、所担负的思想政治教育职责，形成有机融入"课程思政"要素的新的课程教育体系，从而为实现社会主义教育的根本任务奠定坚实的基础。

因此，课程思政将"立德树人"作为各类课程的核心价值，扭转了以往思想政治教育主要依靠思政课单打独斗的局面，是一种全新的教育理念。课程思政的提出，赋予了所有课程"育人"的共性价值，是对教育范式的一种改革。同时，也是思想政治教育本身的一种范式革新，共同促进了思想政治理论课与其他课程、思想政治教育学科与其他学科的共生同行。

二、课程思政建设的探索与实践

四川工程职业技术学院在推进课程思政的探索实践中，将"课程思政"建设作为学校事业发展的重要任务，高质量推动课程思政改革创新，建立领导和组织机构，打造具有高职特色、校本特色的课程思政资源，狠抓课程思政项目建设，课程思政建设稳步推进，积累了课程思政建设的实践经验和成效。

（一）课程思政建设的主要举措

1. 将课程思政建设作为学校事业发展、人才培养的重要任务

学校是教育部、财政部认定的"中国特色高水平高职学校"建设单位，是四川省教育厅认定的"四川省高水平高等职业学校"建设单位，学校将"实施新时代思想政治教育质量提升工程"作为项目建设的主要任务和内容，推动思政课和课程思政改革创新。在项目建设中，将培育思政教学创新团队、思想政治工作精品项目、思政教育名师工作室、课程思政示范课程、培育课程思政典型案例、平台建设等作为主要内容，分年度部署重点任务，分年度设置数量指标、质量指标，项目建设可评可测。通过以上举措，高质量推进课程思政建设成为共识，各项建设任务加快推进，取得了阶段性成绩。

2. 建立课程思政建设领导和组织机构

学校成立"课程思政"建设工作领导小组。随后，成立学校"课程思政教育教学研究中心"，办公室设在党委宣传部，由党委学生工作部、马克思主义学院、校团委、教务处、高等教育研究室等部门负责人和部分骨干教师担任成员。中心通过联席会议研究课程思政建设重大问题、推进课程思政重大项目、推广课程思政研究成果。自中心成立以来，制定学校课程思政研究中心年度工作计划，定期召开联席会议，研究课程思政重大问题，编写课程思政建设规划、实施方案、工作报告，发布课程思政研究课题，探索课程思政建设的一系列制度，为学校党委加强课程思政建设提供了政策建议和决策参考。

3. 打造课程思政校本资源

在平台建设方面，依托省级工程实验室、技术创新中心等产学研平台，建设"思想政治理论课教学实践基地"和"课程思政建设实践基地"。通过真设备、真生产、真产品的现场体验，使思政课具有"实境"特色，使"课程思政"具有校本元素，着力工匠精神、劳动观念、职业素养的培育，增强了协同育人效果。目前，以学校4个四川省工程实验室、技术创新中心等为代表的一大批高水平产学研平台也挂牌成为学校课程思政实践教学基地，"两弹城""黄继光纪念馆"、学校对口帮扶的扶贫村、乡村振兴示范点等成为实施学生社会实践、三下乡、红色逐梦之旅等项目的重要基地，社会实践超过20000人次。

在教学资源建设方面，立项建设"课程思政校本教学案例库"。紧贴各专业课的课程育人需求，立足学校产学研优势和专业群优势，遵循思想政治教育规律，深度挖掘提炼校史、校风、校貌、校训、教风、学风中蕴含的思想价值和精神内涵，深入挖掘专业学科行业的发展奋进故事、优秀人物事迹中蕴含的育人因素，尤其突出职业素养教育和劳动教育，撰写和开发具有课程思政元素能有机融入课程教学、能够满足高职学生特点的教学案例。目前，项目团队已经开发了16个覆盖学校全部专业群的"课程思政校本教学元素库"，转化教学案例392个。同时，与专业课教师组建"融合型"教学团队，共同开发了面向全校的《课程思政校本案例的设计与应用》课程。

4. 全面推进课程思政项目建设

立项建设"课程思政"课程，遴选一批校级"课程思政"示范课程，培育建设国家级、省级课程项目。目前，立项建设了171门"课程思政"课程，遴选出21门校级"课程思政"示范课程，建成了4门省级"课程思政"示范课程。定期发布课程思政研究课题，校企联合申报纵向、横向研究课题，取得了一批国家级、省级教学成果。

推进课程思政示范专业建设。以教研室为单位，通过政治学习、教研活动等组织开展"专业思政"教研教改，深入挖掘专业课程蕴含的思想政治元素，特别是职业意识、职业道德、工匠精神等元素，依托产学研平台和校内外实训基地，建设专业与思政有机结合的优质教学资源。目前，以国家、省、校三级7个高水平专业群建设为依托，建成了9个校级高水平"专业思政"示范专业。

推进教师和教学团队建设，实施教师双师能力提升计划、顶尖工匠培养计划，立项开展教学创新团队、技能大师工作室建设，近年来，学校教师在教师能力大赛、国家级省级技能大赛中获得优异成绩，获奖数量均位居全省前列，教师课程思政意识、能力得到了显著提升。

（二）高职课程思政建设的成效

1. 建立了课程思政建设的制度体系

一是建立党政齐抓共管课程思政建设的责任制度。党委直接领导课程思政建设，切实履行"课程思政"建设的首要职责。成立"课程思政教育教学研究中心"，通过专门队伍的直接负责，推动"课程思政"在学校的高标准建设、高效率实施；二是构建了教师协同配合制度。通过制定《"课程思政"实施方案》《"课程思政"课程建设标准》等制度，将课程思政作为课程建设作为硬指标，明确了思政课教师与专业课教师协调配合开展课程思政建设的职责和具体要求，促进了思政课教师与专业课教师利用各自优势推动课程思政教学目标的达成；三是建立完善激励约束制度。将教师的思想政治工作经历、水平、贡献作为重要标准，纳入年度考核、成果认定、评优选先、职称评定等方面，从而在制度上切实调动教师参与课程思政建设、提升思想政治教育工作水平的积极性、主动性。

2. 激发了教师课程思政建设的内生动力

学校高度重视课程思政建设，将课程思政建设作为学校人才培养的中心工作、项目建设的重要任务和内容，作为教师评优选先、成果认定、职称评定的重要依据。通过顶层设计，将课程思政建设融入学校方方面面的工作中，促使思政课教师及专业课教师主动作为，并进一步促进了思政课教师及专业课教师协同开展课程建设、科研教研，促进了相互的交流和知识互补。在推进课程思政项目建设中，思政课教师主动融入参与"融合型"教学团队，所有的思政课教师都参与到课程思政建设中，进一步提升了思政课教师的视野和课程建设水平，"思想政治理论课教学团队"被认定为高职高专唯一的省级"课程思政"示范教学团队。同时，专业课教师主动参与课程思政示范课程、在线开放课程等项目的数量实现了大幅度增长，课程建设质量、教师课程思政能力均得到了稳步提升。

3. 形成了各类课程与思政课同向同行的协同效应

通过《"课程思政"实施方案》《"课程思政"课程建设标准》等一系列规章制度的出台，从制度上保证了各类课程与思政课建设的有机融合。通过将"课程思政"建设项目有机融入学校事业发展，将思政示范课程和课程思政示范课程同步规划、同步建设，同步开展思政课教学团队和课程思政示范团队建设，实现了思政课建设与专业课建设同步，确保了各类课程与思政课建设同频共振。

四、高职课程思政建设的对策建议

高职的最大特色是产教融合、校企合作，产教融合的人才培养模式为高职"课程思政"建设注入了新的活力，客观上要求拓宽教育主体，优化教育资源，重塑教学内容和课程体系，结合学校的探索实践，高职课程思政建设要紧扣高职人才培养目标和特点，从教育理念、制度设计、要素资源、教师能力等方面进行整体设计、系统推进。

（一）紧扣高职自身特点更新课程思政理念

要摈弃传统的思想政治教育观念，牢固树立"三全育人"理念，将"三全育人"理念贯穿在教学、管理和服务的方方面面，学校的每一个部门、每一个教职员工都有育人责任，要通过专项培训、项目建设等方式，提高教职工思想认识，引导教职工牢固树立课程思政理念。高职学校要紧扣办学特色、人才培养目标，引导学生在掌握知识和技能的同时，大力弘扬工匠精神、劳模精神，特别是将工匠精神中所蕴含的精益求精、脚踏实地、追求卓越等思政要素，通过课程教学、实习实践、学生活动、校园环境氛围的营造等路径在润物细无声中传递给学生，加强劳动教育，引导学生尊重劳动、崇尚技能，帮助学生树立正确的就业观、择业观，将学生培养成新时代的高素质技术技能型人才。

（二）建立协同推进课程思政建设的制度体系

建立课程思政建设责任落实制度，要明确党政领导班子、教学单位、部门抓思想政治教育、课程思政建设职责，既要明确教师的思想政治教育职责、教师业绩中的思想政治教育质量，还要建立教师思想政治教育职责缺失的问责制度，从制度上确保学校顶层、学校中层部门、每一个教职员工的育人职责落到实处，建立强有力的协同、整合和保障课程思政建设机制，形成协同推动效应。建立完善课程思政与思政课程、思政课教师与专业课教师协同配合的制度，从制度上增强课程建设、教师能力提升的系统性，保证教师课程思政建设的协同性。要建立考核评价制度，将教师的思想政治工作经历、水平、贡献作为重要指标和依据，纳入评优选先、成果认定、职称评定、职务晋升等方面，确保教师课程思政建设的主体责任落到实处，促使教师"不得不为"，进而"积极作为"，激发教师持续提升教书育人水平的内生动力。

（三）整合优化、共建共享要素资源

推进课程思政建设，推动教学模式创新，必须整合教材、教学、教师三大关键要素资源。一要加大教材建设力度。深入挖掘专业学科行业的育人元素，突出职业素养教育和劳动教育，编写具有课程思政元素能有机融入课程教学、能够满足当代大学生学习特点的新型教材，实现教材编写的创新性、高质量；二要整合教学资源。对于高职学校来说，要通过产教融合校企合作，将企业的知识、技术、设施、设备、人才和先进的管理经验等要素资源作为教学资源。同时，围绕课堂教学，将这些资源优化整合为课件库、视频库、案例库，解决专业课老师课程思政资源短缺的难点；三要加大双师型教师建设力度。搭建教师提升双师素质实践平台、培养培训平台。鼓励教师积极参与技能大赛，通过比赛提升实战水平。建立教师、企业技术人员交流互动机制，让企业技术骨干走进课堂，让教师深入企业生产一线，围绕人才培养、企业生产、管理等方面的问题，共同开展人才培养、项目研究、技术攻关，充分利用好企业人力资源，让教师在解决企业生产和管理实际问题的过程中提高双师素质。

（四）持续提升教师课程思政能力

一是组建课程思政教学创新团队。组建专业课教师与思政课教师、党群部门管理人员、参与的课程思政教学创新团队[1]，以课程建设项目、纵向横向课题为抓手，共同开展课程建设、科研教研，激发专业课教师育人潜力，以团队建设来推动学校教师课程思政能力整体水平地不断提升；二是提升教师课程思政教学能力，加强对教师课程思政的专项培训，鼓励教师进产学研平台、进企业实践锻炼，鼓励教师积极参加教学比赛，通过以上途径，培育教师课程思政意识和能力；三是提升教师课程思政研究能力。强化教师的学科意识，思政课教师、专业课教师要将思想政治教育学科的前言问题，特别是课程教学中的思想政治问题作为重点进行研究，共同研究其他学科面临的思想政治教育共性问题，并把研究成果转化为教学内容，实现学科建设与课程教学的良性互动。同时，思想政治教学学科要积极为其他学科解决面临的思想政治教育问题及课程思政建设问题提供学理依据、理论支撑和对策建议，既促进了学科建设，也增强了教师的研究能力。

对于高职学校来说，就是要努力适应新时代高等教育改革发展的新要求，在总结、借鉴探索实践的基础上，紧扣高职教育的特点和属性，加强研究、集思广益、联系实际、积极探索、及时总结。高职学校要紧扣办学特色、人才培养目标，及时更新教育理念，抓住制度建设、要素资源建设、教师课程思政能力建设几个关键环节，切实抓好课程思政建设，从而为高职院校提高人才培养质量、培养高素质技能人才奠定坚实的基础。

参考文献

［1］孔德兰，王玉龙. 高职院校课程思政建设的问题及路径［J］. 中国职业技术教育，2021（23）：14-18.

作者简介

刘占君（1986—），女，硕士研究生，四川工程职业技术学院课程思政教育教学研究中心工作人员，专任教师，讲师。参与编写《形势与政策》（2019年版），中国出版集团研究出版社出版，发表《毛泽东思想和中国特色社会主义理论体系概论课教学方法初探》《农村生态文明建设实践及路径探析》等文章，2019年获四川省高等职业院校教师教学能力大赛三等奖，2020年获四川省高等职业院校教师教学能力大赛二等奖。

文志刚（1963—），男，四川工程职业技术学院决策咨询顾问，副教授。研究方向：思想政治教育、文化建设、基层党建。

充分发挥专业课教师在高校课程思政建设中积极作用面临的问题及对策分析

潘 劲

课程思政是一项复杂的系统工程，专业课教师是教书育人的主体，是高校课程思政成败的关键。当前，专业课教师在高校思政课建设中既存在认知误区，也面临体制障碍，已经严重影响和制约了高校课程思政深入有效地开展。本文拟从制约因素、根本遵循及有效路径等三个层面，在坚持课程思政的价值引领、保持与思政课程同向同行的基础上，对专业课教师在高校思政课建设中面临的问题及对策进行深入分析，为专业课教师积极参与课程思政建设、进一步加强和改进高校课程思政工作提供思路。

2016 年，习近平总书记在全国高校思想政治工作会议上指出："所有课堂都有育人功能，不能把思想政治工作只当作思想政治理论课的事，其他各门课都要守好一段渠、种好责任田。"[1]2019 年 8 月 14 日，《关于深化新时代学校思想政治理论课改革创新的若干意见》进一步强调："解决好各类课程与思政课相互配合的问题，发挥所有课程育人功能，构建全面覆盖、类型丰富、层次递进、相互支撑的课程体系，使各类课程与思政课同向同行，形成协同效应。"[2]2020 年 5 月 28 日，《高等学校课程思政建设指导纲要》的印发实施进一步推动了高校课程思政的建设与发展。

教师是实施教育的主体，高校课程思政的关键在于专业课教师。有感于此，笔者尝试从专业课教师在高校课程思政建设中面临的问题切入，就如何充分发挥专业课教师在高校课程思政建设中的作用做深入探讨。

一、分析充分发挥专业课教师在高校课程思政建设中积极作用的制约因素

专业课教师在高校课程思政建设中作用发挥如何，直接影响课程育人的实效性。目前，部分专业课教师仍然对课程思政存在着各种认知误区及能力偏差，严重影响和制约了专业课教师积极作用深入有效地发挥。主要表现为以下五种情况：

（一）对课程思政的理念尚未形成共识

"课程思政"理念尚未在高校中形成共识。部分专业课教师对"思政课程"与"课程思政"存在误解和曲解：一是有些人认识不到思政课程的教育教学价值，认为思政课程就是"假、大、空"，根本不知道好的思政课完全可以成为学生真心喜爱、终身受益的人生大课，更无法理解在专业课程中开展课程思政建设的意义与价值；二是有些人认为，课程思政就是要求所有课程都上成马克思主义理论课，这将扼杀学术自由，使教师丧失教学主动、学生失去鲜活个性……

这些教师不理解社会主义高校人才培养的根本目标，不了解党中央关于全过程、全方位、全员育人的重要指标，他们将教书与育人截然分开，过分强调专业课程的知识性而忽视其价值性，从而将课程思政作为不必要的包袱一推了之。这种错误认识极大地影响和制约了专业课教师参与课程思政建设的主动性和积极性，造成专业课教学与思想政治教育的"两张皮"现象，使"课程思政"与"思政课程"建设的合力难以形成。

（二）对课程思政的主体认识不清

部分专业课教师对课程思政的育人主体认识不足。他们认为：所有思想政治教育都是思想政治工作人员——主要是思想政治理论课教师、党群工作人员，也包括辅导员、班主任等——的事，与专业课教师毫无关系，自己的主要任务就是传授专业知识和实践技能，课程思政与专业课程无关，也与自己无涉。

有数据表明：高达86.8%的高校专业课教师认为，在专业教学中对学生进行思想政治教育不属于自身职责范围[3]。与此相对应的是《2018年高校师生思想政治状况滚动调查结果》统计表明：对大学生理想信念、"三观"形成和成长成材影响最大的因素是专业课教师[4]——因为专业课程的思想政治教育更能引发学生共鸣、更能感染和影响学生。

（三）对课程思政的开展敷衍应付

部分专业课教师缺乏教书育人意识，认为课程思政的开展就是占用教学时间、浪费教育资源，将会影响专业课程的学习效果，但又迫于课程思政的形势与要求，所以经常在"课程思政"中采取一些敷衍应付的做法：一是在课堂教学中，随机地点缀或穿插几条关于思想政治教育的概念、内容或要求，认为这样既不影响各类课程的教学进程，又可以完成思想政治教育的任务，是一件"简单容易"的事；二是在课程思政建设中，虽然受限于项目要求或参赛条件不得不引入思政课教师团队，但在具体实施中要么对思政课教师视而不见、引而不用，要么是对课程思政内涵的挖掘草草为之、敷衍了事。认为这样既满足了学校对课程思政的要求，又"节省"了宝贵的时间，是一个"两全齐美"的做法。

这些想法与做法，一方面不能自觉将立德树人作为首要任务，把育人的天职当作兼职，敷衍塞责，搪塞了事；另一方面也不了解课程思政的根本目的就是要通过提炼和总结专业课程所蕴含的思政元素，在专业课教学中实现知识传授与价值引领的有机统一，但其本身并不排斥或否认知识传授或技能培养。

（四）开展课程思政的能力与素养缺乏

部分专业课教师虽然认识到在高校进行课程思政建设的意义和作用，也表现出参与课程思政建设的主动性与积极性，但是在具体实践中受能力不足、素养缺乏等问题困扰，影响了课程思政建设的有效开展。主要表现为：一是缺乏必要的政治能力和综合素养，难以驾驭和处理好知识传授与价值引领的关系，无法通过聚焦家国意识与政治认同、人格养成与道德修养、专业伦理与学术志向等从而实现价值引领；二是将马克思主义基本原理、国家大政方针、思政课程知识等内容生搬硬套进各类课程之中，由于过分强调价值引领而将专业课程全部变成"思政课程"，因课程思政而去专业化、去知识化；三是无法准确把握专业课程中蕴含的思政元素，对思政元素缺乏深入挖掘和系统构建，无法实现思政元素与专业课程的有机融合；四是对教情学情了解不多，缺乏对教育教学规律、学生认知成长规律的深切把握，无法围绕学生成长成材的需要，实施有吸引力、感染力和影响力的教育。

二、明确充分发挥专业课教师在高校课程思政建设中积极作用的根本遵循

充分发挥专业课教师在高校课程思政建设中的作用，积极推进课程思政与思政课程协同育人，将立德树人贯穿高校人才培养的全过程，真正实现"教师人人都育人、课程门门有思政"的目标，既要坚持立德树人的价值引领，又要保持与思政课程"同向同行"。

（一）坚持课程思政的价值引领

知识传授不能没有价值引领作支撑，从一定意义上说，失去了价值引领，知识传授就会迷失人才培养的方向。要实现课程思政的育人目标，专业课教师必须始终坚持立德树人的价值维度，必须从以下四个方面正确处理好知识传授与价值引领的关系：

一是教学目标上，要将所有专业课程的教育教学提升到思想政治教育的高度，充分彰显高校课堂的育人功能，明确要求：专业课程必须坚持不懈地培育和弘扬社会主义核心价值观、传播马克思主义科学理论。

二是教学内容上，要正确认识和处理知识传授、能力培养与人的全面发展的关系，紧扣全面发展的人才培养目标，将正确的世界观、人生观、价值观渗透到课程教学的全过程。

三是教学过程中，要深入挖掘蕴藏于专业课程中的各类思政元素。其中，如何科学有效地挖掘、梳理、构建这些思政元素是有效实施课程思政的关键[5]。

四是教学评价上，要将贯彻党的教育方针、坚持正确政治方向、实现学生全面发展作为硬性要求，与教师评教、教学评优、岗位聘用、职称评聘、评优考核等挂起钩来，对违反或脱离这些要求的行为实行"一票否决"，确保强制有效。

（二）保持与思政课程同向同行

要坚持课程思政的价值维度，专业课教师必须正确处理好专业课程与思政课程的关系，确保专业课程与思政课程同向同行，形成协同效应。

"同向"问题是方向性问题，属于认识的一致性范畴，居于首要地位；方向不对，同行根本无法实现。课程思政与思政课程的同向问题主要分为三个层面：一是政治方向的一致性，思政课程通常正面阐述国家认同、政治认同等，专业课程要遥相呼应，只能补台，不能拆台，更不能唱反调；二是办学目标的一致性，必须围绕"培养什么人""如何培养人"以及"为谁培养人"这一根本问题，将专业课程与思政课程统一到对中国道路、理论、制度和文化"四个自信"的认同层面上来；三是文化认同的一致性，专业课程与思政课程追根溯源是一个文化认同、价值观认同的问题，两者在文化层面的统一性集中体现在社会主义核心价值观上[6]。

"同行"问题是知行合一的问题，属于实践的一致性范畴，居于核心位置；没有同行，同向就是一句空话。专业课程与思政课程的同行问题可以从四个方面来认识：一是要使专业课程在中国特色社会主义的道路、理论、制度、文化的认同与自信上始终与思政课程保持步调一致，实现同频共振；二是在厘清思政课程的核心功能和基本边界的基础上，为专业课程的设置提供空间、提出要求，使二者相互支撑、互为补充；三是思政课程建设既要为专业课程树立政治导向和教学示范等，专业课程建设也要为思政课程提供学科、理论和队伍支撑等，二者相互促进、共同发展；四是专业课程与思政课程要共享思想观念、课程建设、教学方法等资源，共同为立德树人服务。

三、探索充分发挥专业课教师在高校课程思政建设中积极作用的有效路径

要扎实推进高校课程思政教育教学改革，实现专业课程向课程思政的转化发展，一方面必须坚决走出专业课教师对课程思政的认知误区，明确教师教书育人的使命与担当，提升教师课程思政的能力与素养；另一方面也需要高校进一步加强和完善课程思政的配套建设，为专业课教师参与课程思政建设提供制度保障和平台支持。

（一）观念先行，增强专业课教师的使命意识

只有观念正确到位，专业课教师才能充分意识到教书与育人角色的双重性，才能形成强烈的使命感与责任感，高校课程思政建设的外在要求也才能最大限度地转化为专业课教师的内在需求。这就要求我们：

首先，要引导教师走出认识误区，实现观念突破，在坚持课程思政价值引领、保持与思政课程同向同行的基础上，深刻理解知识传授与价值引领的关系，充分认识课程思政的极端重要性，切实增强立德树人的神圣感与使命感。

其次，要督促专业课教师严格落实教书育人的责任，把立德树人作为首要任务，把课程思政作为本职工作，做"有理想信念、有道德情操、有扎实学识、有仁爱之心"的"四有"好教师。

最后，要求教师秉持全员、全过程、全方位的育人理念，准确把握课程思政的基本内涵、实现路径，深刻认识课程思政体系的丰富性与渠道的多样性，把课程思政全员、全过程、全方位育人的目标落到实处，确保课程思政建设落到实处、发挥作用。

部分专业课教师在开展课程思政的建设与实践后深有感触地说：专业课与思政课从来不曾被割裂，每一门课都应该求真触情并传递价值，不仅要帮助学生专业成才，更要促进精神成人[7]。

（二）素养保证，提高专业课教师的综合素养

要实现课程思政建设目标，专业课教师既要有对自身的专业知识的真知灼见，也要有坚定的政治素质和较高的综合素养，才能够在专业知识与思政元素的深入融合中实现协同育人的目标。作为专业课教师：

首先，必须有坚定的政治素质和明确的政治底线，要衷心拥护党的领导、赞同党的理论，深刻领悟马克思主义基本原理和方法，高度关注国家战略和国

际大势，明辨各种错误思潮，敢于善于与一切错误思想和观点做斗争。

其次，要有高尚道德品质和良好师德师风，能够坚持言传与身教相统一，努力将价值观教育融入专业课程教学之中，在知识传授中影响、塑造大学生正确的价值观念。

最后，需要不断提升自己的人文素养，用中华优秀传统文化、中国优秀革命文化为课程思政建设提供文化滋养和底蕴支撑，立足中华优秀传统文化的丰富性与民族性、中国优秀革命文化的独特性与生动性，提升课程思政的理论亲和力、话语亲和力和载体亲和力。

（三）能力本位，提升专业课教师的育人本领

要实现课程思政建设目标，专业课教师必须不断提升自己的教学能力和育人本领，在高校课程思政建设中切实担负起教书育人的重任。

首先，要加强教师把握教学目标和内容的能力，既紧紧围绕社会主义高校的人才培养目标，正确认识和处理知识传授、能力培养与人的全面发展之间的关系；又深入挖掘各类课程中蕴含的思想政治教育资源和元素，通过增强内容融合、创新教学方法，将正确的世界观、人生观、价值观等内容与要求有机融入专业课程教育教学全过程，在知识传播中强调价值引领，在价值传播中凝聚知识底蕴[8]。

其次，要着力增强教师研究学情的能力，遵循教育教学规律、学生认知和成长规律，尊重学生主体地位，围绕学生成长成材的需要，关注学生兴趣能力的培养，面向学生的疑问和困惑，努力实现从"教学"中心向"学习"中心的根本转变。

最后，要根据不同年级、专业学生的特点，立足人才培养目标，按照由浅入深、重点突破的原则，通过创新课堂教学模式，激发学生学习兴趣、引导学生深入思考，不断提升课堂教学的针对性与亲和力，积极构建新型的教学关系和师生关系，最终实现立德树人、教书育人的目标。

（四）融合至上，坚守课程思政的设计理念

要真正实现各类课程与思想政治教育的有机融合，专业课教师在课程设计中既要坚持思想政治工作和教书育人的一般规律，还要遵循学生成长、教学运行及专业课程建设的特殊规律，才能用最有效的方法把知识和思想传授给学生。这就要求专业课教师必须坚守好课程设计的以下基本设计理念：

第一，坚持科学取舍的理念，在课程的选择上切忌贪大求全、一拥而上，

要优先选择综合素质课、文化课等基础性课程及部分核心专业课程，先试点再推广。

第二，坚持无缝对接的理念，在找准各类课程与思想政治教育之间的契合点的基础上，建立起两者之间的内在联系，相互作用，实现有机融合。

第三，遵循循序渐进的理念，把课程思政目标分解细化并落实到人才培养的各环节中，按照由浅入深、重点突破、由点及面的理念，合理设定教学内容，既紧贴各类课程，又突出思想政治教育因素，切忌操之过急，急于求成。

第四，坚持改革创新的理念，立足学生特点和现实需要，创新话语体系，改进教学方式，用课程思政理念对原教学体系进行重构和再造，强化对重大理论和现实问题的阐释力，避免进行生硬的道德说教和理论灌输。

（五）制度保障，建设课程思政的机制平台

专业课教师作用的发挥在受限于高校教师主观认知、能力素养等因素的同时，往往还会受制于高校课程思政建设的制度、机制保障、平台支持等建设。所以，要进一步发挥专业课教师的积极作用：

首先，高校党委要担负起主体责任，在课程思政建设中发挥领导核心作用，对课程思政进行总体部署和统筹规划，切实掌握思想政治的工作主导权，通过整合校内资源将课程思政建设纳入学校教育教学改革的总体规划中；提供专项经费支持和充分条件保障，构建自上而下和权威高效的领导、管理、运行及监督考评体系，形成部门齐抓共管、全校协同育人的新格局。

其次，高校在评价标准上转变重科研轻教学、重教书轻育人的评价体系，在激励机制上把课程思政建设作为内涵建设的重要指标落实到各部门；通过以学校、系部、教师和学生为对象的评估，构建科学化、多维度的教育教学评价体系和评价标准，实现对教师教学的全过程动态监控；突出课程思政建设的要求，把教师参与课程建设情况和教学效果纳入教师评教、岗位聘用、职称评聘、评优考核之中，逐步形成以价值引领为导向的教学评价体系和教师激励机制。

最后，高校要依托教师发展中心建立完善新进教师培训、在职教师研修和个别教师诊改等教师教学发展体系，通过走出去、引进来的方式为专业课教师学习交流搭建各类平台；通过开展课程思政示范建设、参加教师教学能力大赛等专项建设，推动专业课教师结合自身学科特点和课程要求深入挖掘了各门课程蕴含的思政元素和所承载的育人功能，将相关资源、内涵和元素有机融入各门课程，真正实现课程思政建设与思政课程改革同向同行、贯通融合。

四、结语

高校课程思政是一项复杂的系统工程，横跨维度大、涵盖内容广、涉及环节多。高校课程思政的成效取决于专业课教师的积极性能否全面激活、作用是否充分发挥。我们必须立足专业课教师这一主体，贯彻落实教育部《高等学校课程思政建设指导纲要》精神和要求，持续深化对高校课程思政的正确认识，始终坚持"价值引领""同向同行"的根本指引，切实增强专业课教师的使命意识、综合素养和育人本领，在全面统筹、科学谋划中扎实推动高校课程思政实现创造性转化和创新性发展，切实发挥各类课程的育人作用，构建形成"思政课程"+"课程思政"的大格局，推动高校立德树人工作迈上新台阶，取得丰硕成果。

参考文献

[1] 习近平. 把思想政治工作贯穿教育教学全过程 开创我国高等教育事业发展新局面 [N]. 人民日报，2016-12-09.

[2] 中共中央办公厅国务院办公厅印发《关于深化新时代学校思想政治理论课改革创新的若干意见》[J]. 中华人民共和国教育部公告，2019（9）：6.

[3] 莫非. 专业课教师在高校思想政治教育中缺位问题的思考 [J]. 遵义师范学院学报，2010，12（4）：4.

[4] 邱仁富. "课程思政"与"思政课程"同向同行的理论阐释 [J]. 思想教育研究，2018（4）：5.

[5] 刘淑明，严菊芳，张丁玲，等. 论高校课程思政的实施策略 [J]. 教育理论与实践，2019，39（15）：3.

[6] 季明，吴振东. 专业课也是育人课——复旦大学从"思政课程"走向"课程思政" [N]. 新华网，2018-02-07.

[7] 高德毅，宗爱东. 从思政课程到课程思政：从战略高度构建高校思想政治教育课程体系 [J]. 中国高等教育，2017（1）：43-46.

[8] 石丽艳. 关于构建高校课程思政协同育人机制的思考 [J]. 学校党建与思想教育，2018（5）：3.

作者简介

潘劲（1969—），男，大学本科，教授，四川工程职业技术学院马克思主义学院院长、思想政治工作研究所常务副所长。近年来，在《中华文化论坛》《四川民族学院学报》《中国民航飞行学院学报》等刊物发表论文多篇，主编《形势与政策》《大学生法纪安全教育》等教材，主持四川省高等教育人才培养质量与教学改革项目、德阳市社科联课题多项，参与四川省第一批省级科技计划项目、四川省社科规划项目重点项目建设；主持课题曾获中央国家机关党的建设研究会"2016 年度课题研究成果"优秀奖。

第五篇 **05**

| 实践育人篇 |

新时代高职院校社会实践育人的路径优化策略

李 伟 王 静 魏 杨

实践育人是高职院校人才培养体系的重要环节之一。在人才培养过程中，如何整合优质教育资源，创新人才培养模式，发挥职业教育的实践育人优势，探索实践育人路径，成了高职院校人才培养过程中必须思考的重要环节。新形势下，高职院校需要把握机会，坚持以习近平新时代中国特色社会主义思想为指导①，着眼服务国家现代化建设，不断增强职业教育适应性，努力建设高水平、高层次，适应时代发展的现代化职业教育人才培养体系。

一、知行合一，充分认识实践育人现实意义

高校的根本任务是立德树人，为谁培养人，培养什么样的人，怎样培养人是高校人才培养需要解决的根本问题。坚持党对高校的全面领导，推动习近平新时代中国特色社会主义思想"三进"，不断提升新时代党建工作科学化水平，引领实践育人方向，是高校育人工作的重中之重。同时，充分发挥大学生志愿服务和假期社会实践功效，不断拓宽实践育人路径，引导和教育大学生既要坚持第一课堂理论学习，还要积极参与第二课堂社会实践，还要坚持向实践学习、向人民群众学习，不断增强学生实践动手能力和适应社会发展能力，不断提高学生综合素养。

所以，实践育人不是单军作战。充分认识实践育人现实意义，有效链接传统第一课堂，坚持实施思想成长、实践实习、志愿公益、文体活动等第二课堂育人项目，拓宽新时代高职院校实践育人的路径。

思想成长方面，除专业理论课、思想政治课程之外，学校要用好青年大学习等网络课堂，通过组织青年学生积极开展主题学习来提高青年思想水平增强

---

① 娄嘉琪. 文化自信融入高校思想政治教育路径研究［J］. 赤峰学院学报（汉文哲学社会科学版），2021，42（11）：88—90.

青年的责任意识，打牢理想信念的根基。还要做好党史学习教育，结合主题团课，使学生进一步深刻认识到中国共产党先进的政治属性、崇高的政治理想、高尚的政治追求、纯洁的政治品质。激励和动员广大青年学生传承红色基因、树立崇高理想、服务国家建设，为学生积极参与第二课堂社会实践活动奠定坚实的思想基础。

实践实习方面，以志愿公益为主体。志愿公益活动为在校大学生进行实践实习的重要平台，学校坚持与社区、乡村共建大学生实践基地，不断拓宽实践实习和志愿服务路径。通过大学生暑期三下乡、青年红色筑梦之旅、微光如阳志愿服务品牌项目等活动，进行价值引领，激励和引领广大青年学生用党的创新理论武装头脑，时刻牢记习近平总书记嘱托，坚定理想信念和精神追求，锤炼高尚品格和专业技能，积极投身社会主义现代化建设，自觉在党和人民最需要的地方绽放青春之花，为全面小康和实现中国梦奉献青春能量。

文化建设赋予了实践活动更丰富的内涵和更大的意义。文体活动方面，主办学习沙龙、读书分享会、主旋律电影观赏课、学宪法讲宪法演讲比赛、文化艺术节、体育健身节等多彩的文体活动。通过号召和组织青年大学生观看爱国题材电影和纪录片，弘扬团结、爱国、跟党走的光荣传统，切实增强政治性、先进性和群众性，最广泛地汇聚起实现中华民族伟大复兴中国梦的青春力量①。特别是我校积淀的"四个一"文化育人品牌，为社会实践育人提供了路径指引。其中学校为服务社会主义现代化建设培养八万吨模锻压机技能人才的"一个案例"更为实践育人指明了坚持服务地方社会经济发展的育人方向。

实践证明：实践育人需要不断完善和健全第一课堂、第二课堂育人体系，补足人才培养体系薄弱环节。社会实践育人应该聚焦志愿实践育人项目，创新工作方法和运营机制，打造实践育人品牌，为学生向实践学习和人民群众学习提供平台，为高素质技术技能人才成长铸魂赋能，培养社会责任感强、服务地方社会经济发展意识强的社会主义现代化建设接班人。

二、靶向施策，项目驱动育人实践

实践育人内容广、形式多。第二课堂是当前对青年大学生进行素质教育的重要载体之一，也是实践育人的重要形式。在众多的第二课堂实践活动中如何有的放矢、精准帮助学生参与活动，提升综合能力显得尤为重要。在实际育人工作中，社会实践育人应该找准痛点，聚焦一个问题、搭建一个平台、打造一

---

① 在矢志奋斗中谱写新时代青春之歌［N］.经济日报，2020-08-18（01）.

个项目，实施项目驱动。

以我校微光如阳志愿服务为例。微光如阳志愿活动聚焦社区服务、搭建服务平台、打造微光品牌，为大学生提供了深入基层、走进社区、参与治理的实践育人新舞台。

找准志愿活动痛点。微光如阳志愿服务品牌之所以搭建大学生参与社区治理平台，是因为随着社会经济发展水平的不断提高，社区治理作为国家治理能力现代化的基础工作越来越凸显其重要性。大学生作为社会实践生力军，参与社会实践的时间存在空窗期，高校也与社区亟须建立长效联动机制。

聚焦社区治理问题。微光如阳团队聚焦目前社区治理活力低、人才匮乏和当代大学生参与社会实践存在空窗期的现实问题。作为社会治理的重要组成部分，社区治理还存在较多问题，如活力缺乏，形式单一，普遍面临自治程度较低、治理人才匮乏、社会组织发展滞后、居民参与治理积极性不高、城乡建设融通性差等问题①。

打造精品实践项目。通过搭建微光如阳志愿服务平台，组织优秀青年学生精心调研，认真策划准备，建立起优质志愿者服务团队和社区实践基地，打造了"守护天使""红嘴鸥"生态卫士、"幸福中国""阅享悦读"等志愿服务项目。项目以青少年健康成长和传统文化传承等为切入点，聚焦社区活力发展，引导学生走进乡村社区，努力做到知行合一，到基层和人民最需要的地方去彰显当代大学生的青春使命和责任担当。截至目前，项目已经打造了以微光如阳为主体的系列品牌项目。

项目驱动育人实践。微光如阳志愿服务实践项目不仅助力青年学生成长成才，更营造了优良的社会氛围，吸引民众自觉参与社会服务和社区治理，产生了品牌效应，是我校育人实践的有益探索。

微光公益从成立之初，就致力于志愿服务和社区治理。微光如阳品牌志愿者服务项目引导大学生到社区去，经过十余年积淀，培育了优质志愿者，产生了良好的社会效应，广受好评。2011年，学校建立第一个校外志愿服务基地。2013年起，本校学生联合发起成立微光公益组织，形成社区服务"双引擎"思路，开展"守护天使""白马关留守儿童项目""阅享悦读"等活动百余场，筹拍公益微电影《方向盘》，成为公益组织创新社区治理和德阳社工一张靓丽的名片。活动号召10余万人次参与公益，拓宽大学生志愿服务路径和社区工作延伸

---

①　赵志虎，陈晓枫. 加强自治，鼓励多元主体参与 大力推进农村社区治理转型升级 ［J］. 人民论坛，2019（33）：62-63.

空间。中国文明网、四川日报、四川卫视等广泛报道本项目活动。大学生志愿服务从碎片化到体系化，大学生参与社区治理从"0"到"1"到"+∞"的格局正在形成。

三、创新方法，优化实践育人路径

在志愿服务平台基础上，如何探索新的更加适合大学生参与社区治理的服务路径成了项目团队亟须解决的问题。

微光如阳团队依托校友建立的"微光公益"组织，通过政府购买社会服务、共青团专项支持等，以中华优秀传统文化为切入点，聚焦青少年成长；拓展志愿活动路径，创新社区治理方法，践行社会主义核心价值观，带动群众参与社区治理实践。

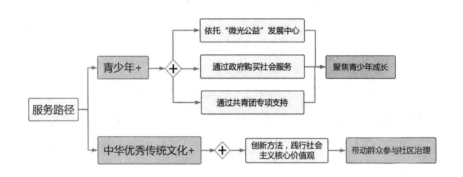

图1 微光如阳志愿服务品牌服务路径

（一）创新打造"双引擎"志愿服务路径

以"微光公益发展中心"公益组织为基础，建立大学生微光公益团队，培养专业志愿人才。打造"双引擎"服务机制，以"青少年+""中华优秀传统文化+"服务路径为切入点，通过公益活动不断提升社区服务治理实效。聚焦家庭、学校、社会联动的核心要素，建立良性循环机制。

"青少年+"找准社区治理痛点；"中华优秀传统文化+"提升服务实效。聚焦家庭、学校、社会联动的核心元素——文化和未来，帮助社区青少年成为"火种"，点燃更多健康力量，建立良性循环机制。

其中，"青少年+"模式依托微光公益发展中心聚焦青少年儿童成长，通过政府购买服务和共青团专项支持，形成可复制、可推广的大学生参与社区治理模式。

"中华优秀传统文化+"模式以中华优秀传统文化等文化亮点为切入点，创新工作方法，探索社区治理服务模式。构建优质服务平台，以社会主义核心价值观为导向，吸引更多健康力量参与公益项目，带动群众共同参与社区治理，不断为社区治理注入新鲜能量，解决社会公益组织发展相对滞后、自治程度较低、志愿服务人才不足和居民参与社区治理实践积极性不高等诸多问题。

在双引擎模式引导下，微光如阳志愿服务品牌拓宽了大学生志愿服务路径和社区工作延伸空间。为培养社区治理人才、打造大学生参与的社区服务平台奠定了基础。

（二）建立"学生—社区—校友"良性循环机制

在当前社会发展转型期，我国社区治理中还面临着诸多问题，如社区治理方式创新不足，思维理念相对落后。特别是在乡村社区治理普遍面临自治程度较低、治理人才匮乏、社会组织发展滞后、居民参与治理积极性不高等问题面前①，大学生参与社区治理实践需要做好调研，充分研判，既要细化服务内容，帮助社区解决具体问题，又要建立良性循环机制，久久为功。

为保证实践育人效果，团队建立以学生为主力军、建设社区实践育人基地、吸收优质校友资源和社会志愿资源的"学生—社区—校友"接力棒循环运营机制，为大学生参与社区治理提供人才支撑，为实践育人提供长久平台，同时确保服务水平和活动开展质量。

"微光如阳"大学生志愿者团队在志愿者培训上输送较专业志愿人才，解决志愿公益活动后劲不足、人才断层问题。以校友成立社会公益机构"微光公益发展中心"为契机，学校每年定期开展大学生志愿者培训活动，合理配备团队人才，形成人才培养梯队，为团队公益活动提供志愿人才和基础保障。与社区建立合作关系，建设实践育人基地，发动校友广泛参与，为志愿活动提供新鲜动力和社会助力，提高志愿者参与社区治理的积极性。同时，聚焦青少年健康成长和传统文化传承，优化驱动策略，联系当地青年大学生共同参与社区治理实践。巩固政府购买社会服务，适当吸引民间资本介入项目，成果化、品牌化持续推进项目运作。

基于"学生—社区—校友"接力棒良性循环机制，微光如阳社会实践活动持续运营，大学生志愿者专业素养高、校友参与度高、社区满意度高。截至目前，"守护天使"项目开展"志愿培训""成长主题活动""国学兴趣课""足

---

① 赵志虎，陈晓枫. 加强自治，鼓励多元主体参与 大力推进农村社区治理转型升级［J］.人民论坛，2019（33）：62-63.

球兴趣课""校园文化节"等活动45场，为留守儿童和青少年成长提供了积极向上的引导；"阅享悦读"项目着力开展"中国传统文化""红心向党""故事会""女童保护""小小志愿者""以茶呈礼""诗词唱诵"等活动64场，帮助青少年儿童提升阅读兴趣，培养发散思维，增强自我保护意识，树立正确的价值观。以上活动在引导青少年健康成长方面起到了积极的促进作用。所有活动已累计超过12.2万人参与，社区活动不断优化，社区治理效果和实践育人效果不断向好向上发展。

（三）形成"一品多渠"育人辐射效应

微光如阳团队在聚焦社区治理的探索和实践过程中充分调研，将实践服务内容进行细化，分类研究，共打造"红嘴鸥生态卫士""守护天使""阅享悦读""幸福中国"等多项子项目，在不同内容和平台中拓宽了实践育人路径。形成了"微光如阳"一个主品牌和若干个子项目，每个项目有机链接、互相渗透、协同育人，产生了育人辐射效应。

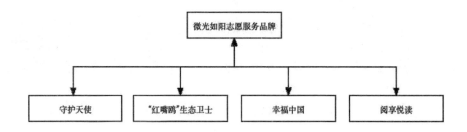

图2　微光如阳志愿服务品牌"一品多渠"结构

目前，团队通过"红嘴鸥"项目构建生态文明保护平台，提升学生生态文明意识；"守护天使"项目构建青少年儿童服务平台，增强大学生社会责任感，共同关注未成年人健康；通过"阅享悦读"平台打造书香社区，丰富文化知识，传承优秀传统文化；通过"幸福中国"平台，引导学生走进乡村，感受农村巨变。充分发挥"微光如阳"品牌影响力，各项目有机统一在微光品牌中，吸引大学生和社区居民主动参与志愿服务达10余万人次，青年大学生有效参与社区治理，取得了优秀的育人成果。

以微光如阳志愿者团队"守护天使"项目为例。

随着时代发展和科技进步，人们物质生活水平日益提高，青少年群体结构的多元化和精神需求的多样化导致青少年社会问题日益增多，为基层社会的治理和和谐社会的构建带来不和谐因素。调研显示，这些青少年学生大多数来自留守家庭，受家庭经济状况影响，父母迫于生活外出到上海或者广州、深圳沿海一带务工，将孩子留给了年纪较大的爷爷奶奶或者寄养在亲戚家中，家庭教育的缺失造成了这些孩子面临成长期叛逆、厌学等普遍性问题。针对德阳周边乡村留守儿童现状，微光如阳志愿团队聚焦乡村青少年群体问题，持续开展"守护天使"专项志愿者活动。

团队力求通过志愿服务解决乡村学校师资力量缺乏，对于学生特色兴趣课程的开展有心无力；问题学生心理教育及留守儿童心理疏导工作都由其班主任负责，没有专门的社工或者心理咨询师；由于课程压力较大，学生的课余休息时间被大大挤压，出现学生的兴趣爱好培养与发展空间较小等诸多问题。

"守护天使"项目团队凝聚专业志愿服务资源，联合社会爱心团体共同开展青少年心理健康关爱特色服务。通过培训、组织青年大学生积极参与乡村社区治理实践，对接农村社区，走进村民，以"社会工作+素质教育"的工作手法，关注留守儿童心理健康状态，培育留守儿童社会主义核心价值观。通过个案、小组工作方法，加强家庭和学校联系，提升贫困家庭儿童自我认知，引导他们改善行为习惯，树立崇高理想。通过"家书写作""故事汇""美术童年"等活动进行文化育人和审美教育，引导他们传承中华优秀传统文化，厚植爱家爱国的情怀，助力青少年儿童健康成长。

该项目服务了德阳市区及周边区市县需要帮助的未成年群体及家庭200余人次。同时，吸引同村大学生和附近村民积极参与社区志愿活动，增强社区治理意识和凝聚力，为提高社区自治、培养治理人才、构建社区社工组织奠定基础，用实际行动为社区治理贡献力量。

四、结语

实践育人是教育回归生活的桥梁，是职业教育人才培养体系改革的重要方向，是新时代对职业教育发展提出的新要求。职业教育如何让教育回归生活本真并从中汲取养分、获得力量，是一个值得关注的重要命题。而社会实践教育是实践育人的重要路径之一，高职院校必须科学认识第二课堂社会实践在实践育人实施路径中的重要地位与作用，才能更好地适应新时代新要求[⑦]。

总之，社会实践育人要以习近平新时代中国特色社会主义思想为指引，始终坚持正确方向。微光如阳志愿服务品牌作为高职院校优质实践育人平台正是在正确思想的指引下，坚定践行社会主义核心价值观，瞄准痛点问题，通过搭建平台，创新方法，建立机制，不断优化实践育人路径。从大学生参与到村民自发组织，从党和国家的关心帮助到周围村民的扶持协助，聚集和整合最优质的志愿力量，带领青年志愿者在社会实践中创新思维、奉献力量，走上志愿服务参与社区治理这一条第二课堂社会实践育人的优质路径。

参考文献

［1］娄嘉琪.文化自信融入高校思想政治教育路径研究［J］.赤峰学院学报（汉文哲学社会科学版），2021，42（11）：88-90.

［2］在矢志奋斗中谱写新时代青春之歌［N］.经济日报，2020-08-18（1）.

［3］赵志虎，陈晓枫.加强自治，鼓励多元主体参与 大力推进农村社区治理转型升级［J］.人民论坛，2019（33）：62-63.

作者简介

李伟（1987—），男，陕西汉中人，硕士研究生学历，四川工程职业技术学院基础部专任教师，讲师，合著《西夏汉文典籍丛考》（商务印书馆 2016 年 5 月出版），论文《黑水城文献〈六十四卦图歌〉的性质与占卜体例考》（《国学》第一集，2014 年 12 月出版）。参与完成项目《西夏文献论丛》获四川省第十八次社会科学优秀成果奖三等奖。

王静（1974—），男，四川江安人，大学本科学历，四川工程职业技术学院党委常委、党委宣传部部长、政策法规处处长，副教授，主持完成省级高等教育教改重点项目《新时代高职"党建+"的现代服务业人才培养模式探索与实践》和省级职业教育教改重大项目《"党建+"赋能课堂提质培优实践》，带领经济管理系党总支被中共四川省委表彰为四川省先进党组织。

魏杨（1981—），女，重庆璧山人，大学本科学历，四川工程职业技术学院经济管理系副主任、德阳市艾莱克商贸有限公司法人代表，副教授，主持完成省级在线开放课程《商务谈判》。

基于五维向度的高职院校思政课实践育人路径创新探究

彭 丽

思政课不仅是理论课，更是以实践来支撑理论的课程。习近平总书记2018年在北京大学谈到："学到的东西，不能停留在书本上，不能只装在脑袋里，而应该落实到行动上，做到知行合一、以知促行、以行求知，正所谓'知者行之始，行者知之成'。"① 这就为高职院校思政课实践育人提供了根本遵循。高职院校应该重视思政课的实践育人作用，通过实践育人活动将课堂上学到的理论转化为青年大学生的自觉行动，引导学生立鸿鹄之志，做新时代的奋斗者。

一、新时代高职院校思政课实践育人内涵分析

当前，部分教师对思政课实践育人的内涵认识，存在以下几个误区：一是忽视实践育人的目标导向，认为所有的实践育人活动都有思政课的育人功效，导致思政课实践育人活动流于形式，实践育人收效甚微；二是对实践育人概念认识不清楚，把课堂内的育人活动统称理论育人，课堂外的育人活动统称实践育人，导致课堂内实践育人活动的作用被忽视；三是育人过程中，教师作为绝对主体，把控整个育人过程，无法看到学生的身影，学生作用被忽视；四是实践育人过程中，忽视了其他教师和部门的作用，思政教师单枪匹马，没能形成育人合力。

基于以上现状分析，我们对新时代高职院校思政课实践育人的内涵进行了梳理，并重新界定，其要点归纳总结为：一是育人目标上的思想政治性。只有融入思想性和政治性的实践育人活动，才能真正体现思政课实践育人特点，实现思政课的实践育人目标；二是育人内容上的时代性。思政课实践育人的内容要围绕立德树人这一根本任务，就需要从高职院校大学生的认知模式、思维模

---

① 习近平. 在北京大学师生座谈会上的讲话 [N]. 人民日报，2018-05-03.

式和学习方式等特点着手，结合教材内容、时政热点等来选取，体现时代性；三是育人对象上的主体性。让学生真正成为实践育人的主体，让学生成为育人活动的主角，让学生在不断的实践、总结、反思中锻炼实践能力和培养创新精神；四是育人组织上的协同性。思政课教师需要与政府、企业、社会、学校等多方力量紧密协作，为思政课实践育人整合校内外实践育人资源，拓展实践育人载体，提供人财物方面的全方位保障。

基于上述新时代高职院校思政课实践育人的内涵分析，我们尝试从五维向度入手，即"育人理念"之维、"育人主体"之维、"育人模式"之维、"育人载体"之维和"育人流程"之维，整体推进思政课实践育人实效。

二、从"育人理念"维度入手，推进"三全育人"

2020 年，教育部等九部门印发《职业教育提质培优行动计划（2020—2023年）》，该行动计划指出："落实全员全过程全方位育人，引导职业学校全面统筹各领域、各环节、各方面的育人资源和育人力量。"① 这为高职院校思政课实践育人指明了方向。要提高思政课实践育人成效，就需要在实践育人过程中全面融入"三全育人"理念。

（一）协同合作，全员育人

思政课实践育人教师队伍，是学生成长成才的引路人。思政课教师要与团委、学生处和相关系部密切配合，形成以思政课教师为育人主体，其他部门辅助参与的协同育人队伍。只有不断扩大实践育人队伍，提高育人队伍的综合素质与能力，实践育人的作用才能得到最大限度发挥。首先，我校马克思主义学院成立了实践活动领导小组，由院领导和各教研室主任组成，牵头带领思政课专任教师，负责全校思政课实践育人的组织、宣传和保障工作等。其次，推动思政课教师进平台，"四川工匠"讲思政，形成"思政课教师+专业课教师"有效协同育人的机制。最后，依托校内产学研平台打造了"思想政治理论课教学实践基地"和"课程思政建设实践基地"。由专门的教师负责跟进实践教学，采取项目化管理方式，对实践活动进行全程把关，对活动立项、实施、总结进行全方位引导。聘请以我校 5 位"四川工匠"为代表的专业课实训教师作为"双实践"基地思政课导师，挖掘学校 4 个省级工程实验室在技术攻关、工艺试制中的育人因素，通过真设备、真生产、真产品的现场体验，使思政课具有"实

---

① 教育部等九部门关于印发《职业教育提质培优行动计划（2020—2023 年）》的通知（教职成〔2020〕7 号），中华人民共和国教育部公报，2020（11）：35—48。

境"特色，使"课程思政"具有校本元素，进一步培养了学生爱国爱校情感，提高了学生民族自豪感、自尊心、自信心，实现引导学生弘扬"工匠精神"、提升建成工业强国和现代化国家建设的使命感和责任感的思政教育目标。

（二）过程管控，全过程育人

要求高职院校思政课实践育人工作要贯穿学生从入学到毕业的全过程和教师教育教学的全过程。教师从学生和课程的特点入手，设计实践育人活动，实现思想理论的内化和实践的外化，促进学生成长。大一学生侧重于从理想、道德、法律等角度入手开展实践育人活动；大二学生侧重于推动开展与马克思主义中国化问题相关的实践育人活动；大三学生则侧重于从择业、就业、诚信等角度开展实践育人活动。我校马克思主义学院各教研室相互合作，从不同年级学生的特点和需求、不同课程的教学目标出发，制定面向全年级学生的实践育人活动手册，实现全过程育人。在具体实践过程中，我们设计了如下实践主题，并取得了较好成效：

实践主题	实践项目
赓续红色血脉 争做时代新人	1. 读红色经典，诵爱国名篇 2. "声"临其境悟党史，红剧配音忆初心 3. 感悟百年党史，勇担时代使命
小我融入大我 青春告白祖国	1. 致敬时代楷模，感悟榜样力量 2. 中国进行时——大学生讲思政 3. 探秘城市档案馆，百年沧桑话今昔
把握时代脉搏 读懂今日中国	1. "读懂中国"读书分享会 2. 我心中的思政课"微电影" 3. 匠心智造 技能报国
把握宏伟蓝图 勇担青年责任	1. "模拟听证"——决策热点话题体验身边民主 2. "模拟提案"——小提案汇集大智慧 3. 探究乡村振兴的"红色密码"
行走祖国大地 感悟时代变化	寒暑假社会实践项目

（三）与时俱化，全方位育人

实践育人要因材而化、因势而新和因时而进，强调育人的全方位密切配合。

265

十八大以来，我校思政课实践育人活动紧扣国家政策和教材变化，先后推出以服务纪念抗战胜利 70 周年、五四运动 100 周年、党的十八大和党的十九大、习近平新时代中国特色社会主义思想、建党 100 周年、党史学习等为主题的实践育人活动。2021 年我校以庆祝中国共产党成立 100 周年和全党全国开展党史教育为契机，充分发挥爱国主义教育示范基地的教育功能，充分利用社会资源，邀请思想政治教育实践基地合作单位：黄继光纪念馆——流动继光馆巡展小分队走进学校，为学校师生分享英雄故事，让学生足不出校就能接受爱国主义教育的洗礼。因势而新，创新思政课实践育人手段，实践育人成效显著。

三、从"育人主体"维度入手，构建教师与学生双主体互动式关系

实践育人的主体，是具体参与到实践活动中的人。在思政课实践育人的过程中，教师是实践育人的教育主体，学生是实践育人的培育主体，两者都是决定实践育人活动成败的关键因素。在实践育人过程中，教师的"教"和学生的"学"同等重要，忽视一方，另一方的作用也会大打折扣。教师不能做学生的保姆，大包大揽所有工作，而应该强调教师与学生共同参与，学生和教师都应该占主体地位。因此，应该立足教师与学生的双主体互动关系，凝聚育人的双向合力。只有学生积极参与到实践中，才能更深入地理解思想政治理论，锻炼实践能力，培养综合素质，实现实践育人的目标和效果。

在具体的实践育人过程中，我们重新构建了教师与学生双主体互动式关系，让教师和学生在不同阶段发挥不同作用。第一，在思政课实践育人主题的筛选阶段，学生是实践育人主题的探索者，教师是实践育人主题的价值界定者；第二，在实践育人方案的制定阶段，学生是实践育人方案的挖掘者，教师是实践育人方案推进的指导者；第三，在实践育人活动方案的实施阶段，学生是活动方案实施的主导者，教师是活动方案实施的把控者；第四，在实践育人活动的总结和反思阶段，学生是反思总结的主体，教师是反思总结的引导者。在思政课实践育人活动中构建教师与学生双主体关系，不仅可以增强学生的主体意识，激发学生潜能，而且可以提高学生参与实践活动的自觉性和综合素养。

四、从"育人模式"维度入手，打造线上线下耦合式实践育人模式

传统思政课实践育人面临时间受限、地点受限、实践基地受限、学生覆盖率低、学习过程监管困难、学习评价主观性强等问题。为了克服以上困难，我们在开展思政课实践育人活动的过程中，利用"云班课""慕课堂""学习通"等多种线上教学管理平台，使线上实践与传统的基于地点的实践相结合，打造

突破时间、地点限制的"线上+线下"耦合式实践育人形式，实现全过程育人。

我们在思政课实践育人的过程中，首先是根据不同年级的学生特点和课程特点，规划不同的实践育人主题、实践育人形式、实践育人内容等，提高学生的积极性和兴趣，锻炼学生的实践能力，使思政理论真正被学生内化于心，外化于行。其次是在线下实践过程中，利用线上教学管理平台发布讨论、问卷、测试、小组活动等任务，实现活动数据全记录，提高学习效率，优化学生评价。最后利用线上实践育人活动时间、地点不受限的特点，拓展实践育人的内容和形式，提高实践育人活动覆盖率。

五、从"育人载体"维度入手，构建"一体+两翼+三支撑"的实践育人形式

（一）以课堂实践为主体，强化实践育人主阵地

当前高职院校思政课实践育人受学生人数多、经费有限、场地受限等问题的影响，还是以课堂实践育人为主。课堂实践不仅方便，还不受场地的限制，是当前运用最广的实践育人形式。在课堂实践育人活动中，我们围绕理论知识的目标和内容，根据学生特点，有选择地开展课前微演讲、辩论、讨论、角色扮演、微电影比赛、视频欣赏等活动来实现实践育人。

同时，我们在课堂实践活动的基础上，选出优秀的学生和团队，鼓励他们积极参与各类比赛，实现以赛促教、以赛促学。2021年，由我校学生拍摄的微电影作品《岭上花开》在第五届"我心中的思政课"全国高校大学生微电影展示活动中取得优异成绩；2021年我校学生作品《贯彻新发展理念——创新发展》在四川省大学生讲思政课公开课展示中获得一等奖的佳绩。实践证明，课堂实践不仅能够深化学生对课堂理论知识的理解，还能锻炼学生能力，提高学生综合素质。但是不能本末倒置，过多占用理论育人的时间开展实践育人活动。

（二）校内校外两翼双飞，拓展实践育人平台

校内实践是实践育人的重要育人平台。我们从思政课程的需要出发，结合学生特点和专业特色，充分利用校内资源，开展校史馆、产学研平台、校办企业等参观考察活动。每年大一新生入学之际，思政教师会利用校史馆开展爱党、爱国、爱校教育。大二、大三时，思政教师会利用我校西门子高端装备智能制造创新中心、中科先进制造创新育成中心等产学研平台对学生开展创新创业、劳模精神、工匠精神等内容的教育。

校外社会实践是学生最感兴趣、获得感最强的实践育人形式，是高职院校

思政课实践育人的重要环节。从课程内容出发，整合校外相关资源，根据区域实际和学生特点，带领学生深入纪念馆、博物馆、档案馆、公园、工厂、农村等进行参观考察调研，帮助学生更好地开拓视野、锻炼能力。近年来，我校多次组织学生前往黄继光纪念馆、德阳市档案馆、德阳市旌南湿地公园、建川博物馆、德阳市红十字应急救护培训基地等实践基地开展实践育人活动，取得了良好的实践育人效果。

（三）"社团活动+志愿服务+寒暑假社会实践"三支撑，构筑实践育人新高地

实践育人与社团活动、志愿服务、暑期社会实践相结合，强化三个支撑，能有力的拓展思政课实践育人主阵地，充分彰显学生的理想信念、爱心善心、责任担当。2016年，我校马克思主义学院建立了服务于思政课，融政治性、学术性、思想性、实践性于一体的学生社团——听潮学社，帮助学生体察国情民情，开展实践育人活动。志愿服务是开展实践育人的重要载体。长期以来，我校思政课志愿服务活动常态化推进，培养了学生的志愿服务精神。近年来，我校思政课实践育人结合学校疫情防控、德阳文明城市创建、垃圾分类等主题，与学校相关部门、社区联合推动多个志愿服务项目，对学校疫情防控、德阳市创建文明城市等工作起到了较好的作用。2020年，我校青年志愿者总队荣获四川省"青年优秀志愿服务组织"荣誉称号。寒暑假社会实践是推动高职院校思政课实践育人工作的重要环节，是学生练就过硬本领、锻炼品德修养、担当时代责任的重要途径。每年，我校马克思主义学院都会与学生处、团委等相关部门密切合作，共同推动寒暑假社会实践活动的开展。鼓励学生深入基层、服务社会，引导学生在基层服务中了解国情、增长本领、磨炼意志。在实践过程中，我们广泛宣传动员，提高学生的参与率；紧扣时代主题确定实践主题；强化培训，提高学生能力；落实过程管理，确保实践安全；后期做好宣传，树立典型。

实践证明，通过三大支撑，不仅锻炼了学生的实践能力，还培养了学生的社会责任感，极大地增强了实践育人效果。

六、从"育人流程"维度入手，细化育人活动流程，提高实践育人成效

利用"云班课""慕课堂""学习通"等多种线上教学管理工具，拓展传统实践育人活动的空间。思政课教师根据"活动前+活动中+活动后"三个不同阶段进行调整和配置实践活动内容，引导学生深化对所学理论知识的理解。

（一）活动前准备阶段

思政课实践育人活动准备是整个实践育人活动的第一阶段，要从实践育人

的思想政治性和时代性特征出发来进行策划设计。在具体实施过程中，第一，通过调查问卷，了解学生情况，为活动开展做好学情分析；第二，根据教材内容、校内外情况、学生特点、专业特色等确定实践育人活动主题；第三，根据实践育人活动主题查找资料、确定形式、在线上教学平台上传相关资料；第四，撰写活动计划书。在这一阶段，学生是活动准备的主体，教师则发挥方向把控的作用，对实践育人活动的目标制定、内容选择、开展形式等进行宏观把控，给出合理的建议和意见，促进实践育人活动在方向上无偏差地进行。

（二）活动中实施阶段

实施阶段是思政课实践育人目标实现与否的关键环节，需要教师引导学生根据实践育人活动计划书开展实践育人活动。在具体实践过程中，一是教师作为实践育人活动的指导主体，负责整个实践育人活动的场内、场外指导；二是学生作为实践培育的主体，在老师的组织下积极参与实践育人活动的学习和体验；三是学生完成实践育人活动的线下线上任务。在这一阶段，教师作为指导主体，要随时关注育人活动的动态，发现问题及时沟通处理；学生作为培育主体，要全身心投入到实践育人活动中，深化对理论知识的学习和理解，锻炼自身的实践能力。

（三）活动后评价反思阶段

判断思政课实践育人目标是否达成的重要环节就是评价反思阶段。在这个阶段，一是利用线上教学管理平台进行实践成果的展示、评选，表彰先进，树立典型；二是利用线上教学平台的数据记录功能，实现对学生学习过程的有效管理和学习成绩的评定；三是利用线上教学平台的问卷调查功能，收集学生对实践育人活动的反馈，为后续实践育人活动的改进提供依据。在这一阶段，学生作为反思总结的主体，教师只需要发挥引导作用，引导学生做好班会的成果整理、过程回味、反思讨论、经验总结和发布共享等工作。

在具体的评价过程中，为了突出思政课教学评价的人本性、多元性和真实性，我们建立了基于线上平台的以"学习者为中心"的多元化评价体系。一是以教师和学生为主要评价主体，同时根据实践育人活动内容和形式的不同，灵活增加企业、社会组织等评价主体。二是在具体的评价过程中，设置线上平台自评、教师评价、学生自评和互评等评价形式。三是在评价方式上，综合运用诊断性评价、过程性评价、终结性评价和增值性评价等。诊断性评价指对学生的学习准备情况做出的评价，包括线上自学情况、在线自测情况、线上论坛参与情况和自学成果汇报展示情况等；过程性评价指对学生为达成教学目标、改善教学过程开展的评价，包括学生的学习情况、参与情况、互动情况、出勤情况等；终结性评价指对学生达成学习目标的程度做出的评价，包括实践育人活动成果汇报展示情况等；增值性评价则是目前最前沿的评价方式，指对学生进行纵向比较，不重结果，重进步。

总之，思政课作为落实"立德树人"根本任务的关键课程，我们需要从育人理念、育人主体、育人模式、育人载体和育人流程等维度出发，不断进行实践育人的新探索和新实践，提高新时代高职院校思政课实践育人实效，培养中国特色社会主义的合格建设者和可靠接班人。

参考文献

[1] 习近平. 在北京大学师生座谈会上的讲话［N］. 人民日报，2018-05-03.

[2] 教育部等九部门关于印发《职业教育提质培优行动计划（2020—2023年）》的通知（教职成［2020］7号），中华人民共和国教育部公报，2020（11）：35-48。

[3] 杨雅涵，潘劲. 混合空间下的高职思政课深度教学探微——以四川工程职业技术学院为例［J］. 中国民航飞行学院学报，2021，32（3）：5.

作者简介

彭丽（1985—），女，硕士研究生，四川工程职业技术学院思想政治理论课教学部讲师，研究方向：思想政治教育。

模拟法庭实践教学在高职院校大学生法治素养培育中的应用[*]

朱秘颖

在全面依法治国，建设法治中国的背景下，法治教育已经成为国民教育体系中的系统性工程。2016年6月教育部、司法部、全国普法办联合发布的《青少年法治教育大纲》，首次提出了法治素养的概念，新时代大学生的法治素养，关系到法治中国建设的进程。"思想道德与法治"课是对大学生开展法治教育的基础课程，培育大学生法治素养是课程的主要任务，教材将法治素养定义为"人们通过学习法律知识、理解法律本质、运用法治思维、依法维护权利与依法履行义务的品质和能力"②。教师围绕培养大学生掌握法律知识、养成法治意识、树立社会主义法治信仰、提高运用法律的能力四个方面开展教学活动。将实践与理论相结合，引入贴近学生生活的法治案例，通过模拟法庭创设法治实践情境，作为培育大学生法治素养的重要方式。

模拟法庭作为世界公认的法学教育模式，在我国已经明确将其作为法律人才培养的基本手段。然而，高职院校"思想道德与法治"课不是法学专业课程，将模拟法庭引入课程教学中，是辅助教学模式还是独立课程模式，应当如何定位？应该怎样应用？这是我们需要探索的重点。

一、问题提出：模拟法庭教学现状需改进

在模拟法庭引入大学生法治素养培育的基础课程——"思想道德与法治"课教学中，我们已经开展多年，但在实践中我们发现模拟法庭呈现的诸多问题与法治素养培育目标的达成尚有差距，这样的教学现状理应得到改进。

* 基金项目：2021年度学校思想政治工作研究课题"模拟法庭实践教学研究——以四川工程职业技术学院为例"。
② 本书编写组. 思想道德与法治（2021年版）［M］. 北京：高等教育出版社，2021：9.

（一）模拟法庭重表演轻教学，影响教学效果

模拟法庭需要学生掌握并运用相关法律基础知识，而教材改版后法律基础知识的内容非常少，使得模拟法庭的剧本创作难度增大，为完成任务学生从网上下载现成的剧本，按照既定剧本进行表演，有主角有配角有跑龙套的，扮演得惟妙惟肖，却没有案件分析，没有对法庭判决的法治思考，不理解台词背后的法律意义，且学生参与面有限，更多的同学只是旁观者，学习法律的积极性容易受挫。这种侧重于表演的形式化展示，更像是"活动"而不是教学，并逐步呈现模式化倾向，学生往往被模拟法庭角色扮演的新奇形式所吸引，却忽视法治理论的学习与探讨，局限了模拟法庭应有价值的发挥。

（二）教师指导能力有限，影响指导效果

模拟法庭需要教师有针对性地进行法律知识的补充和拓展，目前我们20位授课教师中只有5位是法学学科背景的，囿于法学知识的专业性要求较高，老师们往往各自为政，补充的法律知识情况不一，所以模拟法庭更多的是复制剧本式的表演。模拟法庭指导教师应掌握较为全面的法学知识，包括实体法知识和程序法知识，程序法知识的习得离不开司法实务的经验，这是我们任课教师的最大短板，制约了对学生的有效指导。

（三）学情分析不到位，影响教学设计

高职院校的学情是，文理科学生的人文学科基础差别较大，学生在初高中阶段思想政治课被应试化，涉及的法律基础知识没有真正被掌握，大学阶段必修的思政课中涉及的法治教育内容，对现在很多的理工科学生和中职生源的大学生来说，学习难度较大，他们更多的是通过角色扮演来完成模拟法庭；文管类专业的班级则可以适当拓展教学，增加难度，但这对教师指导能力提出了较高要求。在实践中怎么做到既区别于法学专业的模拟法庭实践课程又不仅仅是简单的模拟法庭表演活动，需要我们加强学情分析，而非"一刀切"地完成模拟法庭任务，需要高职院校思政课教师在教学设计上因材施教，在模拟法庭的规范化、针对性建设方面下功夫。

通过在知网以"模拟法庭""思想道德与法治"（原称谓是思想道德修养与法律基础）"法治素养"为主题进行检索，模拟法庭方面的记录有3800多条，绝大部分集中于法学专业的教学研究，思想道德与法治实践教学的记录有500多条，涉及模拟法庭的内容很少，两个主题并存的记录更少，这说明模拟法庭在"思想道德与法治"课的场域中研究不足。法治素养培育的记录不少，但与模拟法庭相结合开展具体研究的文献很少，因此，探讨应用模拟法庭培育大学

生法治素养方面的经验和方法是我们要重点研究的主题。

二、概念界定：模拟法庭作为实践教学的定位

提及"模拟法庭"，人们似乎都知道是怎样的表现形式，但是还需要在现象之上作概念性的思考，划分其定义范围，这对于不同情境下不同类型的模拟法庭地有效开展具有积极意义。

（一）广义与狭义的理解

模拟法庭，是通过分析真实的案情、划分角色、准备法律文书、提前预演、开庭审判等环节来模拟刑事、民事、行政审判及仲裁的过程，简单来讲，就是把法庭上可能会发生的事情进行模拟。按照要实现的目的的不同，模拟法庭可以划分为普法型模拟法庭、司法改革型模拟法庭和教学型模拟法庭。

普法型模拟法庭以人物表演的方式，演绎某一典型案件的审判情景，用于向社会宣教违法行为的法律后果，从而实现普法教育的目的。其表现的重点侧重于案情内容和审判结果，案情一般简单易懂，审判程序也比较简略，模拟法庭人物角色的扮演不要求一定是学习者，可以是普通群众或者真正的审判人员。

司法改革型模拟法庭，是通过模拟法庭的反复试验，发现现有庭审模式或程序中存在的问题，或者对新的法律法规进行试点落实，发现法律适用中理解上的分歧或障碍，进而研究改革的方案。模拟法庭人员主要由在职的司法工作人员担任，是更专业、更高层次的模拟法庭，现在很多律师事务所为了评估抗辩风险也会举行这样的庭前"模拟审判"。

教学型模拟法庭重过程体验，人物角色要求一定是由学习者担任，演绎的案件通常要有辩论价值，不一定要有最后的审判结果。我们所研究的模拟法庭属于教学型模拟法庭，可称为"模拟法庭实践教学"，是指在教师的指导下，以一定的案情为剧本，由学生分别扮演诉讼中的人物角色，在模拟的法庭审理环境中按照法律程序开展诉讼活动的体验式教学活动[1]。广义上是指模拟诉讼的全过程，即与诉讼有关的各阶段模拟式教学，例如刑事案件的立案、侦查，民事案件的执行等，都是模拟法庭的教学；狭义上是特指模拟法庭审判阶段的教学活动。因为"思想道德与法治"课的人才培养目标，是帮助大学生学习法治思想、养成法治思维，自觉尊法学法守法用法，具备优秀的思想道德素质和法治素养[2]，并不需要达到法学专业课程针对法律职业人才培养目标的高度，所以我

---

[1] 赵杰，潘溪，金鑫. 模拟法庭实验教程［M］. 北京：北京大学出版社，2020：1.
[2] 本书编写组. 思想道德与法治（2021年版）［M］. 北京：高等教育出版社，2021：10.

们的模拟法庭实践教学采用狭义的理解。

这里，要特别说明一下"同阶审判"与模拟法庭的区别。2019年10月德阳市旌阳区法院巡回法庭走进四川省工程职业技术学院，以同阶审判方式公开开庭审理一起毒品犯罪案件，我们有300余名学生现场旁听庭审。"同阶审判"作为法治宣传教育的实践项目，是借鉴英美法系"同阶陪审团"制度，指人民法院在部分可以公开审理的涉及青少年的刑事和涉青少年权益保护的民事、行政案件中，邀请学生志愿者参与到案件的实际审判中，举办庭前会议，让学生以原被告双方、法官、公诉人、辩护人等多种角色参与案件分析，共同探讨未成年人犯罪的原因，了解定罪量刑的原则和判后帮教的制度，学习民事案件中原被告双方当事人的权利和义务等。

"同阶审判"不是模拟法庭，而是真实的法庭审判，判决具有法律效力。"同阶审判"让青少年参与到真实的案件审理过程中，通过同龄人的视角提供自己对案件的意见，帮助法官更好地查明案件事实并依法做出裁判。青少年学生参与其中，能汲取法律知识，树立法治信仰，与模拟法庭实践教学有异曲同工之妙。

（二）模拟法庭实践教学的定位

关于模拟法庭教学究竟是课程还是教学手段，学界一直存在争议。高职院校"思想道德与法治"课模拟法庭实践教学，不是一门独立的课程，但也不是一种辅助的教学手段，而是"思想道德与法治"课实践教学的内容。以往将其作为一种教学手段存在于理论教学当中，既然是教学手段，就意味着任课教师可以选择，而大部分思政课教师因为欠缺模拟法庭的指导能力，常常选择放弃，因而模拟法庭并没有发挥其应有的作用。

将模拟法庭设置为"思想道德与法治"课实践教学的内容，通过案例选择、诉讼流程学习、庭审展示、总结评价等环节，步步推进，从基础知识的了解到最后的综合演练，构成其课程内容。高职院校的学生，若非法学专业，不会具备系统的、充足的法学理论知识，在模拟法庭实践教学中，就离不开教师的充分指导，这就需要组织教研室集体备课或邀请司法工作者来培训指导，以提升任课教师的教学指导能力。只有将其作为"思想道德与法治"课实践教学的内容而非教学手段，才能确保模拟法庭与其作为"教学型模拟法庭"的教学地位相适应。

三、策略探析：基于法治素养培育的教学设计

（一）法治素养培育与思政课教学的融合

大学生法治素养的培育与思政课教学不应是"两张皮"，而应是在高职院校思政课中的法治教育，所以法治素养的培育既要符合法治教育的一般教育教学规律，又要遵从思想政治理论课的课程理念。以高职院校思政课课程和课堂教学的视角，来思考大学生法治素养的培育，落实课程的法治教育目标，真正将法治素养培育与思政课教学有机融合起来。

目前，"思想道德与法治"课的法治教育已经改变了过去片面追求传授应用性法律知识的模式，重在引导学生培养其法治价值认同。提高用法的意识和能力成为课程的重要目标，但教材的这种调整也带来了新的困境：法治理论的理解离不开法律基础知识的掌握，这部分内容教学课时少，没有办法在课堂上补充、拓展更多的法律知识。在长期的教学实践中，我们发现，如果以模拟法庭实践教学为任务驱动，来激发学生的学习兴趣，通过学生自主学习法律基础知识来实践抽象的法治理论，模拟法庭就成为集法治知识传授、法治意识养成、法治信仰树立、用法能力培养为一体的大学生法治素养培育不可或缺的平台，所以我们必须坚持开展下去并做得更好。

如何组织学生精选案例、确定诉讼角色、准备诉讼文书、布置教室、进行演练、规范着装、开庭审理等，这些都需要规范的计划和清晰、专业的流程作为指导。为了使模拟法庭能够符合学生特点、适应学生能力，使每一位同学有所收获，我们需要根据文理科不同的学情，设计规范可行的模拟法庭实践教学计划。同时，为了真正实现学生的自主学习与教师专业的指导密切结合，还要制定能让学生清楚明白的实践手册，便于学生在手册上完成过程记录和活动总结，便于教师进行教学评价。

（二）模拟法庭实践教学的组织与实施

模拟法庭实践教学需要学生有一定的基础法律知识的储备，而我们有限的课时无法再增加课堂教学时间，那么要完成补充拓展法律基础知识的任务，可以运用翻转课堂。课下，学生自主学习，课上，学生按照老师的安排完成项目任务。运用翻转课堂教学理念，突出学生的主体地位。这种教学手段虽然可以有效解决课时少的问题，但对高职学生自主学习能力提出了较高的要求，高职学生对思政课有消极应付的惯有认知，如何将翻转课堂和模拟法庭实践教学有机地结合起来，需要教师精心组织和全程指导。

我们按照"组建学习小组——教师部署任务——学生自主学习——小组分工合作——教师跟进指导——模拟法庭展示——庭审总结"的流程，将模拟法庭实践教学分为七个环节：

1. 组建学习小组

同伴互助学习是常用的学习方式，我们通常是两个班合班教学，人数在100人左右，为了便于课堂教学的组织与课程的推进，学习小组的组建相当关键。既然模拟法庭实践教学是体验式学习，我们就按照美国心理学家大卫·库伯的体验式学习理论，采用库伯学习风格问卷，把学生按照"发散型""同化型""聚合型""适应型"学习风格偏向进行组合搭档，组建若干学习小组，每组8—10人，推选组长1人。这个环节不建议简单地按照学生寝室为单位进行分组，为最大可能实现全体同学有效的合作参与，防止"搭便车"现象，我们通过问卷测量来进行分组，更加科学合理。但是问卷分析工作量较大，需要各班科代表积极配合。

2. 教师部署任务

模拟法庭按照案件性质适用的法律不同，有刑事、民事和行政案件的模拟法庭。教师在"学习通"平台上推送三大诉讼的相关知识，要求学生自主学习，组长积极督促。因为学生自主学习的完成度不一，课堂上教师还需要结合庭审现场视频，通过PPT讲授模拟法庭的流程，加强学生的感性认识。这个环节需要教师精选知识点和庭审视频，清晰准确地部署任务。

3. 学生自主学习

教师通过"学习通"平台记录的数据，了解学生自主学习的情况，由科代表反馈到小组，组长督促落实，并做好记录，确保每位同学完成学习任务。这个环节考验并锻炼组长的管理能力，将为模拟法庭的角色分工做好组织准备。学生有效地完成自主学习，并理解了老师讲解的庭审程序，为模拟法庭的课堂展示做好了知识准备。

4. 小组分工合作

对学习小组进行项目分工。我们将模拟法庭分为材料制作、角色演绎、后勤保障三个项目组，每个项目组由2—3个小组组建，各小组组长同为项目负责人。材料制作组要精选案例、准备诉讼文书、创作剧本；角色演绎组要展示案情（现场演绎或视频拍摄）、演员培训、庭审展示；后勤保障组要布置场地、准备服化道具、协调联络等。科代表与组长需要密切配合，有困难及时与老师沟通解决，学习小组按项目完成度进行考评。在项目分工时需要平衡各组的情况，保证学生的参与度，所以教师的跟进指导非常重要。这个环节建立在小组成员在大一上学期多次合作的基础上，因此在大一下学期开展模拟法庭，小组成员间的磨合基本完成，有利于小组间的分工合作。

5. 教师跟进指导

教师跟进指导从学生精选案例开始。鼓励学生选择与大学生有关的热点案例，这样更接近大学生的生活实际。教师需要审核学生选中的案例，审核通过后开始模拟法庭剧本创作。材料制作组与角色演绎组密切配合，根据角色分工分别准备包括起诉书、公诉书、辩护词、代理词、判决书、各种证据在内的诉讼材料，根据时间限定的实际情况将收集到的资料进行再加工。教师指导学生制作PPT，在庭审时适时播放，便于旁听的同学加深对庭审过程的理解。教师应根据理工类班级、文管类班级的学情特点，采取适度介入、深度介入的分层指导策略来跟进指导，实现因材施教。

表 1　模拟法庭实践教学教师分层指导策略

教师跟进指导程度	要求	主要内容	对象
适度介入	教师预设目标和内容，由学生自行设计完成	教师辅导诉讼材料的准备、答疑解惑、审核剧本	文管类学生班级
深度介入	教师主导，学生参与设计	教师主导诉讼材料的编纂、出庭策略的设计、PPT的制作、排练的指导	理工类学生班级、中职生源居多的班级

6. 模拟法庭展示

模拟法庭的法庭设置，要尽可能真实，其空间布局和各诉讼参与人的位置都不能随意安排。后勤保障组要准备好桌椅、角色展示牌、法槌、角色服装等道具，要维护庄重的庭审气氛和肃静的旁听秩序。庭审的专业性要求庭审程序要符合法律规范，过程完整，要求展示者的语言、表情合乎角色设置，学会使用法言法语。展示环节需要一名主持人，可由科代表担任，作为连接模拟法庭与旁听同学的中间人，是组织旁听、开启审判、控制现场秩序等特定情境下群体活动的指挥者。

7. 庭审总结

庭审展示结束后，进行学生评价和教师总结。教师通过提问由旁听的同学找到诉讼争议的焦点，谈自己对判决的理解，对庭审情况、参与人员的表现进行点评，再由各小组的代表谈心得体会，在充分听取学生的意见后，教师进行全面评价，对模拟法庭的整个流程和各角色的表现发表意见，并对模拟法庭涉及的法律问题进行讲解，加强学生对相关法律知识的理解。

对模拟法庭实践教学进行过程性评价，庭审展示得分和个人得分相加构成每位同学的得分，总计100分。庭审展示得分由教师和旁听的同学组成大众评审，根据展示的效果来评分，共60分，去掉一个最高分和一个最低分，求平均分。个人得分有三种情况，组员得分由组长根据其完成项目任务的表现评分，组长得分由科代表评分，科代表得分由教师评分，共40分。最后将每位同学的总成绩按70%折算计入课程的平时成绩。

（三）模拟法庭实践教学的评估

教学评估，其意为"在教学中的评价"，是指通过评估学生的学习成果，以检核教师教学目标的完成程度①，评估具有鉴定合格、评选先进、验收成果的功能，有助于改进教师教学，促进学生学习，加强教学管理。

模拟法庭实践教学的评估，按照影响教学质量的因素为条件确定指标。从教学活动的主体——学生维度、教师维度，教学活动的客体——案例材料准备、模拟庭审过程来进行评估。学生维度，考察学生的知识习得（自主学习）、技能习得（角色演绎）、价值习得（主动参与）；教师维度，考察教师的学生培养、讲评技能、角色解读；案例材料准备考察选题的适宜度、控辩裁三方结构上的均衡性；模拟庭审过程考察角色演绎的专业性、庭审程序的规范化。

表2　模拟法庭实践教学评估指标

评估指标	评估内容及分值									
一级指标	教学活动主体 50 分						教学活动客体 50 分			
二级指标	学生维度 25 分			教师维度 25 分			案例材料准备 25 分		模拟庭审过程 25 分	
三级指标	知识习得 10 分	技能习得 10 分	价值习得 5 分	学生培养 10 分	讲评技能 10 分	角色解读 5 分	选题适宜 10 分	结构均衡 15 分	角色演绎专业性 10 分	庭审程序规范化 15 分

---

① 李坤崇. 教学评估：多种评价工具的设计及应用［M］//闫辐. 模拟法庭刑事审判概论. 北京：中国政法大学出版社，2012：63

四、结语

社会主义法治对于每个公民的关怀、对于权利尊严的彰显，不是死记硬背习得的，而是需要每一个具体的人与法治之间建立感性的联系，如何触动大学生对于法治的兴趣，如何感受到蕴涵于法律知识背后的法治精神，如何在法治实践中与法治开展内心对话，离不开法治素养的培育。大学生法治素养的形成和发展，需要在学习中升华、在内省中完善、在自律中养成、在实践中锤炼，法治实践课程的建设就是我们努力的方向。

模拟法庭实践教学契合了法治素养培育过程中，社会教化和个体主动学习相结合的辩证统一的特点，通过与案例教学相结合，与翻转课堂相配合，理论性和实践性相融合，打造以学生为中心的高效课堂，极大地调动了学生自主学习法律的兴趣，深受学生喜爱。从概念的界定、课程的定位、教学的设计与评估等方面，我们在用踏实的努力推进大学生法治素养的培育。虽然还存在一些实际的困难，例如模拟法庭专门的教室还在筹建、任课教师的学习主动性还待加强。但是我们正需要借助模拟法庭实践教学这一平台，引进和整合相关社会资源，积极与司法机关建立联系，开展"模拟法庭进校园"普法型活动，或邀请司法工作者对我们的教学型模拟法庭进行专业指导，可以与团委学生社团的法治宣传活动结合起来等等。随着硬件设施的不断完善，校外资源的引进和校内资源的整合，模拟法庭实践教学定会推进大学生法治教育的规范化，助力大学生法治素养的形成和发展。

参考文献

[1] 盛雪梅. 模拟法庭在高职法律教学中的应用研究 [J]. 现代职业教育，2017（35）：106-107.

[2] 马抗美，袁芳. 当前中国青少年群体法治素养的整体图景 [N]. 光明日报，2020-05-09.

[3] 马傅达林. 推进青少年法治教育规范化 [N]. 法治日报，2021-11-17.

作者简介

朱秘颖，1978 年 8 月生，女，汉族，硕士研究生，讲师，国家职业指导师，四川工程职业技术学院教研室主任。参编教材《形势与政策》2012 版、2014 版、2017 版、2019 版，作为第一作者发表论文 8 篇，主持课题 2 项，参与课题

13 项。2020 年获四川省职业院校教师教学能力大赛二等奖，2021 年获校级教师教学能力大赛一等奖，参与《思想道德修养与法律基础》课程建设获评省级示范课程，指导学生参加第五届四川高校大学生微电影展示活动获特等奖。

第六篇 06

心理育人篇

心理情景剧在高校心理育人中的实践与应用

牛丽丽　刘　艺　谢阳熙

一、心理情景剧的理论背景及本土化

心理情景剧源自心理剧。1921 年，维也纳精神科医生 Moreno 首次提出心理剧，并逐渐发展为一种团体心理治疗方法。心理剧是参与者通过表演，对问题情景模拟再现，从而发现现实生活情境中出现的问题，达到情绪宣泄、洞察自我的目的，并获得自我更深层的理解，进而发展出积极、健康，更具适应性的、新的反应模式。20 世纪 80 年代，作为一项新的心理治疗技术，心理剧被引入到我国，并以其主体性、互动性、体验性、情境性、高效性等特点引起了学校及诸多社会机构心理工作者的广泛关注。

心理情景剧是心理剧与我国本土文化相融合的创新产物，它以其独特的魅力逐渐被广大教育工作者所关注，并逐渐发展为心理健康教育工作的特色活动，对学生的心理健康起到了积极的作用。以"赛"促教，以"赛"促学，随着心理情景剧不断融入心理健康教育工作，为了更广泛、深入地普及心理健康知识，科学规范心理健康教育活动形式，心理情景剧大赛应运而生。在全国各高校心理情景剧大赛日渐成熟的基础上，2018 年 5 月 31 日，首届全国高校心理情景剧大赛在天津拉开帷幕，并定于每年 5 月最后一个星期五为全国高校心理情景剧大赛决赛的日子。全国高校心理情景剧大赛每年举办一届，并日趋发展成为高校心理健康服务工作的新品牌，开启了高校心理育人工作的新里程。

二、心理情景剧在高校心理育人中的实践和探索

在全面深化教育教学改革的背景下，高校心理育人工作围绕着立德树人的根本任务和"三全育人"的总体目标，把心理健康教育与学生思想政治教育相结合，"深入构建教育教学、实践活动、咨询服务、预防干预、平台保障'五位

一体'的心理健康教育工作格局"①。随着高校心理育人工作的深入发展，如何更好地凸显教育对象的主体性，更好的服务学生、服务社会，成了每一个教育工作者必须思考和面对的课题。2018 年，教育部印发了《高等学校学生心理健康教育指导纲要》，其中强调"创新心理健康教育教学手段，有效改进教学方法，通过线下线上、案例教学、体验活动、行为训练、心理情景剧等多种形式，激发大学生学习兴趣，提高课堂教学效果，不断提升教学质量"。为了更切实有效地开展学生心理健康教育工作，践行新时代中国特色社会主义教育理念，将心理情景剧融入心理育人工作中，拓宽心理健康教育的思路和途径，激发学生对自身心理现象的关注，学生在主动参与、思考、行动中培养了自省能力，获得了解决问题的方法。

以笔者所在的四川工程职业技术学院为例，在学校各级领导的大力支持下，心理健康教育中心自 2018 年起，在全校范围内开展了一年一届的心理剧剧本征集大赛和心理情景剧大赛，该项活动情境生动、互动性强、体验充分，深受学生的喜爱和广泛认可。心理情景剧完成的过程，也是学生自我教育的过程。为了编写出更生动、贴近生活的剧本，剧组成员需要大量的查阅文献资料，广泛了解心理健康知识。为求剧本的共情力，剧组成员分小组展开对身边同学的心理调查和访谈。剧本的反复推敲、排演中的用心体会、演出后的总结分享，更是一次次心灵的碰撞和人生顿悟的过程。如果说编写剧本是一项激发潜能的过程，那么，通过导演、编排、总结更能培养学生的组织和协调能力，它挑战了学生的多种可能性，认真思考、用心演绎，学会共情和包容。经过不断的理论学习、实践与探索，心理健康教育中心指导学生团队于 2020 年、2021 年分别参加了第三届和第四届全国高校心理情景剧大赛，分获三等奖和二等奖。心理情景剧以其丰富的表达形式，在校园里引起了广泛的关注，掀起了学习心理常识、解读心理现象的热潮，学生们也更加关注心理健康，进而提高了助人自助的能力。通过不断的钻研，心理健康教育中心试着将心理情景剧作为联结大学生心理健康教育的纽带，寓教于剧，并作为心理健康教育的特色工作，在理论学习和实践操作方面做了有益的探索，以此不断推进高校心理育人工作的深入和创新发展。

（一）引导剧本创作，促进主动学习

"剧本"是一部剧的灵魂。心理健康教育中心面向全校学生广泛征集剧本并形成赛制，比赛要求剧本一定要原创并贴近学生实际需要，若要创作优秀的剧

---

① 教育部. 高校思政工作质量提升工程实施纲要［EB/OL］. 2017-12-06.

本，学生需围绕着学习、交往、情绪、就业等现实存在的心理困惑、焦点问题进行设计。在剖析各种心理现象的过程中，学生必须充分学习和了解相关的心理健康知识，通过编写针对性强的心理情景剧剧本，提高学生探索学习的主动性，引导学生把心理健康知识学习同学校、家庭、社会全方位地有机结合起来，深入剧本内涵，给予观众心灵洗涤，极富教育意义。

2021年5月，我校选送了国赛作品《爱，存在》，在最初确定主题方向时，指导教师鼓励学生挖掘身边的素材，诸如原生家庭、学业困惑、情绪困扰、恋爱问题、寝室矛盾、网络安全、校园借贷等学生突出的焦点问题及现实表现，引发学生积极思考。为了更好地把握方向，在一系列的研讨过后，指导教师带领学生做问卷调查、个别访谈、文献学习，再通过向辅导员、系学生干事以及主管学生工作的各级领导广泛搜集典型案例，最终确定了抑郁症这一主题，可以说师生都深度参与了创作，编写组全体成员在塑造角色的过程中深刻体验和学习了抑郁症患者的内心世界及思维、情绪和行为反应模式。《爱，存在》讲述的是因原生家庭的矛盾，主人公林希望患上了抑郁症，她失去了前进的方向，开始旷课，日益消沉，甚至出现了自杀的倾向。在老师和同学的帮助下，林希望慢慢发现了世界的美好，并在医院接受医生的治疗中明白了，爱，其实一直在她身边围绕。该剧演绎了抑郁症学生"林希望"的心理变化历程，呼吁广大师生关注自身心理健康，关心抑郁症群体。通过指导学生创作的剧本，可以使心理健康教育由"理论"转为"生活"，使心理健康知识的学习变得更生动、更充实、更具有吸引力，帮助大学生发现、进而解决心理问题，获得自我教育和成长。

（二）提高协作意识，激发个人潜能

"角色扮演"是一部剧的核心。在一部剧中，除了演员之外，还需要导演、编剧、剧务、舞美、摄影、剪辑等，心理情景剧从剧本创作到舞台表演是一个系统的工程，各个环节都考验着团队成员的合作与分工，一个好的团队，可以加速成员间的彼此成长。学生团队的良性运作，可以促进成员间良好的人际互动，共同学习，相互支持，彼此给予，扬长补短，提高团队协作意识。同时，通过"角色扮演"，提升了成员自我觉察、自我反省和自我教育的能力，激发了学生的主观能动性，有助于开发个人潜能，促进学生人格的发展和完善。

仍以《爱，存在》为例，从团队组建到决赛展演，共历时四个月，从最开始确定剧本轮廓和走向，再到剧本的创作完成，接着甄选合适的演员，借助心理剧技术，一轮轮的排练，不断的修改和讨论，最后借助灯光、音乐等媒介，完成整部剧的拍摄。在整个过程中，参与者"因剧结缘"，大家既有分工又有合作，剧组成员需要在指导老师的帮助下，共同学习心理学相关知识，通过同伴互助的方式，相互支持、共同成长。比赛结束后，该剧的主要参与者主笔写了"幕后故事"，她提到，"最初抱着对心理学知识的好奇决定报名参加此次活动，团队组建后，我们遇到了各种困难，知识的欠缺、成员的磨合、排练的安排等，在老师的指导下，我们剧组所有成员，一起努力，不断摸索，过程中，我们不仅学到了心理健康的知识，锻炼了个人能力，也获得了难得的友谊"。

（三）演员觉察自我，观众提升意识

甄选演员是一部剧的重头戏。在海选演员时，学生们会带着各自的"目的"，或是对心理学知识感兴趣，或是对剧本内容有共鸣，抑或是对心理情景剧抱有好奇等，只要是符合剧情人设，同学们都可以参与进来。在编排中，我们发现，剧中的演员有可能正在被自身的心理问题所困，因为"目的"本身就是一种投射。在角色塑造和演绎的过程中，"演员"的心理经验和行为模式被唤醒，曾经的创伤情境被一遍遍呈现，这让学生有机会审视自己的反应模式，在反思中提升自我觉察的能力，获得自愈的可能。

演员可以获得能力的提升，观众也能从剧中获益。心理健康教育中心在全校范围内发放了一份"关于校园心理情景剧的调查问卷"，在收回的2842份有效数据中，学生表示愿意参与或再次参与心理情景剧活动的人数比例达到了79.53%，而在对心理情景剧的评价中，有75.86%的学生认为通过观看心理情景剧可以学到心理健康知识、掌握一定调节情绪的方法、提升心理自助能力。可以说，参与其中的人，无论是演员还是观众，抑或是指导者，都能从不同角度收获自我成长和发展，心理情景剧在育人方面的全面性和高效性可见一斑。通过激发学生强烈的学习热情和潜移默化的教育，引导学生关注自己、热爱生活、珍爱生命，提高社会责任感，树立家国情怀，积极主动地完成心理健康知识的意义建构，并自觉践行。

（四）重视总结分享，注重引导功能

总结分享是一部剧的重要环节。活动后的总结和分享，是一部完整的心理情景剧不可或缺的部分。观察学习是一种非常有效的学习方法，一部高质量的心理情景剧，通过剧情和人物刻画，形象生动的将主人公的心理冲突展现在舞台上。舞台上不只是冲突不断、问题重重的大学生，更多的是积极的引导、坚强的身影、成功的范例。此时，无论是参演人员还是观众，都会受到很大的启发和思考。分享时指导教师要着重引导学生探讨触动自己内心最深的情节，帮助个体进行价值判断和选择，借助心理剧技术，从心理角度分析，鼓励学生积极的应对学习和生活中的各种问题，达到自我教育与成长的目的。

在创作心理情景剧的过程中，指导教师要随时关注剧组成员的表现，如果有心理困扰的本人参与心理情景剧的创作或演出，要处理好参与者的阻抗，做好心理辅导工作，对参演人员进行及时的心理危机干预，引导参与者将内在的焦虑、恐惧、希望、怨恨投射到舞台上，在虚拟现实的情景中体验不同的角色，获得感悟，了解自己的情绪症结所在，用心理剧的技术帮助有心理困扰的学生排解不良情绪，探索自我，找到解决心理问题的方法。心理情景剧结束后，教师还要指导参与者及时"脱离"剧中身份，将所学的心理技能应用到现实生活中，并成为一颗颗火种，在人群中传递光和热。

（五）加强教师培训，全员心理育人

指导教师是一部剧的关键。校园的心理情景剧注重的是教育效果，指导教师应发挥教育引导的功能。教师通过学生自编、自导、自演的心理情景剧，引导学生在情景中触发感知觉判断，在体验和观察中获得自我成长，带领学生触摸心理学知识的本源，促进其人格的发展与完善。心理剧是一种专业的团体治疗方法，目前，学校的心理老师普遍缺少心理情景剧的专业指导知识，如束绳、替身、空椅子、镜像等心理技术和表现手法，需要心理老师不断加强理论学习，并将理论应用于心理情景剧中，使心理健康教育工作更具实效性，以达到心理育人的目的。

在心理育人这份光荣的使命面前，心理教师责无旁贷，但是仅仅靠心理教师个人的力量是绝对不够的。就一部心理情景剧而言，要想达到预期的教育效果，"后勤"是有力的保障，从剧本的创作到最终作品的呈现，需要各级领导的支持，各部门间的联动，更需要跨专业的交流与学习。面对新时期的大学生，我们要更改传统的教育思路，把更多的主动权交给学生，信任会带来力量，支持更会创造奇迹。心理育人不仅要实现全校上下的全员合力，更要逐渐形成学生、家庭、学校、社会的合力，构建安全、和谐、开放的教育生态环境，鼓励学生"立志成才、报效祖国"。

三、心理情景剧在高校心理育人中的应用

心理育人工作本着"助人自助"的原则，把心育和德育有机整合，用温暖的支持搭建信任的平台，用默默地帮助演绎润物无声的心理关怀。通过构建"五位一体"的心理育人工作格局，普及心理健康知识，提高掌握心理调节的方

法，培养学生积极正向、勇敢坚毅、豁达乐观的健康心理，使学生的心理健康、科学文化、思想道德等素质协调发展。

心理情景剧有着十分重要的应用价值，是一种较好的体验式自我教育方法，它把学生生活中的典型案例搬到舞台，展示给观众。运用一定的心理剧技术，使学生在参与、体验和分享中达到释放情绪、缓解压力和找到解决问题方法的目的。在大量的理论学习和一定的实践经验后，笔者尝试着将心理情景剧应用于心理育人体系中，在课堂教学、团体辅导、朋辈互助等方面挖掘其特有的作用，以期促进心理育人工作的深入发展。

（一）课程教学方面

就心理健康课程而言，其教学目标与其他学科有着很大的差异，授课的重点不仅仅是知识的传授，而更加注重学生积极的心理体验，通过体验式教学，形成正确的自我意识，进而提高学生的心理品质，培养学生健全的人格。而体验性恰恰是心理情景剧作为心理健康课堂教学手段的魅力所在，它将理论知识、现实问题、切身体验、解决方案融为一剧，学生可以从中有所领悟、获得启迪，进而引导学生解决生活、学习、情绪、人际交往等方面的心理困惑和行为问题。另外，就传统的教学而言，心理情景剧更注重激发学生的主动性，在授课教师的指导下，学生通过搜索身边的典型案例，创作剧本、编排演出、总结分享，整个教学过程就是自助学习、反思领悟和提高能力的过程，学生的主体地位得到最大化的提高，成为学习的主人。

"以学生为主体，以教师为主导"，在课程教学中，授课教师的作用不容忽视，为了更好地完成教学目标，教师需要分阶段给学生布置任务，并在每一个阶段给出方向引导和技术指导。教师需依据教学大纲，结合大学生身心发展的特点，指导学生编排具有针对性的心理情景剧，丰富学生的心理体验，引导学生自助、自省，自我教育和自我成长。学生在教师指导下进行心理情景剧自编、自导、自演、自评，置身于一定的情景当中，体验或扮演不同的角色，在这一过程中也提高了育人的能力与水平，做到了教学相长。在体验式教学模式下，学生参与课堂活动更加积极有热情，学生们争当主人翁、头脑风暴、创意不断。课堂上，学生不是被动的参与学习，而是主动的探索学习，以此引导学生达到自我教育的目的。

（二）团体辅导方面

心理情景剧是在心理剧的基础上在高校创新发展的产物，是一种极具吸引力的团体心理辅导方法。指导教师依据团体辅导的主题目标，引导学生通过自编、自演、体验等形式，再现生活中方方面面的心理冲突、烦恼和困惑，从中体会个体心理的变化，进而达到宣泄、释放心理压力，掌握应对和正确处理心理问题的方法，改变不良行为。心理情景剧不仅在心理问题方面有着独特的团体辅导作用，更聚焦学生的心理发展和社会适应，如职业生涯、人际关系、环境适应、亲密关系、自我整合等，它可以给参与者一个支持性的环境，团队成员之间彼此共情和给予，最终达成正向改变。

在传统的咨询服务中，因师生的双重关系，学生很容易产生阻抗，一定程度上影响了咨询的效果，而心理情景剧弥补了学生被动接受的不足，提升了辅导的效能。心理情景剧在团体辅导活动中一般包含暖身、演出和分享整合三个阶段。暖身阶段是建立关系的过程，通过暖身活动，可增强学生的信任性和投入感；演出阶段是实施教育的重要过程，结合主题，演员们或宣泄、或体验、或洞察，在教师的指导下有所领悟，学会自助；最后通过分享整合，团队成员一起修通问题困扰。团体辅导中，剧本来源于学生学习、交往、情绪、就业等问题，解决问题来自学生自身的能量，最后的分享也是学生体验后的真实感受，整个过程以学生为中心，指导教师只是引导者和推动者，从而弱化了阻抗带来的负面影响。

（三）朋辈互助方面

2022 年 1 月，笔者所在学校做了一项"关于大学生心理健康的调查问卷"，在一项"如果遇到心理困惑，你更愿意选择向谁倾诉或寻求帮助（多选题）"的选题中，选择"朋友（同学）"占 76.64%，居于首位，调查结果显示如图 1：

中国青年报社、中青校媒联合丁香医生共同发布的《2020 中国大学生健康调查报告》中显示，近九成的大学生在近一年里曾遭遇过心理困扰，在"大学生最常用的压力解决方式"的选择上，"向同学/朋友倾诉"是大学生除"转移注意力"外的首选。综上可见，当代大学生更倾向于向朋辈同伴寻求解决心理困惑的方法。

朋辈同伴因拥有相似的经验和生活方式，具有共情的基础，更容易得到朋辈的信任，而现阶段，朋辈同伴普遍缺少心理助人的知识，对他人面临的处境缺少共情的能力，心理帮助处于表面化，很难起到较好的心理援助效果。为了更好地满足学生的现实需要，建立健全高校朋辈心理互助体系有着非常重要的紧迫性和现实性，有助于促进全员全过程全方位的心理育人实效，达到心理育人的总体目标。班级心理委员和朋辈倾听员是实施朋辈互助的重要角色，他们

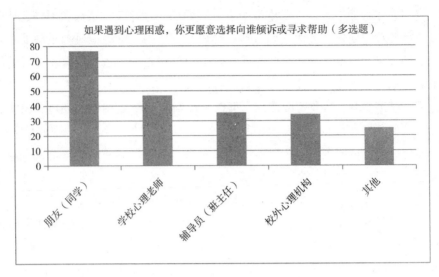

图1　"关于'如果遇到心理困惑，你更愿意选择向谁倾诉或寻求帮助'的问卷结果"

需要参与专业培训，掌握一定的朋辈互助技巧，并在同学中开展朋辈心理互助活动。心理教师可以运用心理情景剧这一学生乐于接受的培训方式和提升互助能力的有效方法，通过角色扮演，使班级心理委员和朋辈倾听员学会助人和自助的技巧，在情景中帮助他们体验人际合作与沟通，更直观的获得他人视角看问题的能力，审视自己行为的恰当性，引发思考，产生共情，达到"助人自助、助人互助"的目的。

四、结语

心理情景剧作为一种有效育人的方法，具有辐射面广、表现形式生动、受众接受度高等优点，无论是剧中参演人员还是观众都能从中受益。通过预设剧本、演员代入、舞台演绎等形式灵活地展现了学生的内在世界、情绪体验和行为反应。过程中，运用替身、角色互换、空椅等心理剧技术，进一步释放角色内心情感，通过与观众共情而审视自我，是一种高效的团体心理辅导。在当下新媒体时代，心理情景剧大有可为，通过建立平台进行资源共享，吸引更多的学生群体参与其中，使心理健康走进学生生活，提升高校心理育人的高效性，不断推进大学生思想政治教育。

参考文献

[1] 孙爱花.“三全育人”理念下的大学生心理健康教育研究 [J]. 继续教育研究，2021（6）：157-160.

[2] 杨志，张卫平.“三全育人”视角的大学生心理育人途径刍议 [J]. 现代交际，2021（11）：190-192.

[3] 黄捷畅. 心理情景剧在大学生心理健康教育应用中的作用与实践 [J]. 现代职业教育，2020（22）：12-13.

[4] 朱旭琴. 心理情景剧在大学生心理健康教育中的应用 [J]. 西部素质教育，2018，38（1）：188-189.

[5] 贾淑娟，张振华. 探析心理情景剧在大学生心理健康教育中的应用 [J]. 教育教学论坛，2017（40）：42-43.

[6] 陈树婷，周文霞，艾恒. 校园心理剧在大学生心理健康课中的应用 [J]. 教育观察（上半月），2016，5（6）：87-88.

作者简介

牛丽丽（1981—），女，讲师，四川工程职业技术学院心理健康教育中心心理辅导室主任。工作以来一直从事学校心理健康教育和教学工作，发表专业论文《“乐活”理念下的大学生心理素质培养及策略》等10余篇；主编教材《大学生心理健康教育》等2本，参编教材《高职大学生心理健康教育教程》等2本；主持和参与课题《高职院校心理委员培训体系的实践研究》等3项。

刘艺（1976—），女，2000年毕业于西南大学教育科学学院，大学本科，四川工程职业技术学院专任教师，副教授。毕业以来一直专职于心理类、教育类等公共基础及专业课程的教育教学工作。先后发表专业论文十余篇，其中，在《新闻战线》《中国成人教育》等核心期刊发表论文3篇，参与编撰大学生心理健康教育规划教材及一般教材4部。

谢阳熙（1988—），男，硕士研究生，讲师，近五年发表论文《从临床心理学角度构建校园贷恶性事件的防范和干预机制》等9篇，主持《新冠肺炎疫情后时代大学生“四位一体”生命教育模式认证体系的构建与实践》等7项课题。

新时代背景下高职院校朋辈互助式心理育人的实践探索*

谢阳熙 龙 斌 蒋显伦 牛丽丽

一、引言

大学阶段是个体成长和心理发展趋于成熟的关键时期，把握这一阶段的思想和心理发展规律，有计划、有目的地通过心理的方式实现育人，培养有理想、有能力、有担当的时代新人，正是心理育人的核心内容[1]。2017 年 12 月，教育部颁发的《高校思想政治工作质量提升工程实施纲要》将心理育人纳入"十大育人体系"，突出了心理育人在提升高校思想政治工作实效性的价值。新时代心理育人正契合解决高校思想政治教育矛盾的诉求，有利于落实高校立德树人根本任务[2]。积极有效的心理教育、心理疏导及心理干预能改善大学生的心理状况，减少心理疾病的发生，促进健康人格的形成和发展，提高大学生的社会适应能力[3]，使大学生的思想行为和心理素质符合新时代对人才培养的要求。

二、高职院校心理育人面临的挑战

新时代下，我国社会的主要矛盾已然转变，伴随着社会经济科技的高速发展所带来的多元文化和思想的冲击，当代大学生的心理发生着剧烈变化，大学生心理问题和心理需求表现出多样化、复杂化、纵深化等新特征。特别是高职大学生（以下简称高职生），他们的成长目标应该是高素质劳动者和技能型人才，但是在社会"唯学历"风气尚未破除的当下，他们的心理还面临着自卑、职业认同感低以及主客观自我的矛盾等多重心理压力[4]。过于沉重的心理压力传导至生活、学习、人际中来可能使高职生表现出各种显性的不适行为，如失

* 项目基金：四川省教育厅 高校思想政治工作队伍培训研修中心（西南交通大学）思想政治教育研究课题（高校辅导员专项）（CJSFZ19-04）研究成果。

眠、厌学、社交退缩和对职业的逃避等[5-6]，严重的可能诱发心理疾病，更甚者则可能导致自伤、自杀乃至违法犯罪等行为，新时代高职院校心理育人面临着严峻的挑战。

面对问题和挑战，高职院校教育者和研究者也在积极探索开展心理育人工作的有效手段，较多人将目光聚焦在教育者视角，尝试构建教育模式心理育人体系，在教育模式心理育人体系中，教育者是育人的主体，学生是被教育的对象和客体。诚然，从心理育人所要达到的"育人目的"来看的话，主体固然是教育者，特别是高职院校，学生本身素质基础相对薄弱，更需要从教育者层面予以直接的帮助和指导。然而，如果只是一味地将探索问题的范畴聚焦在教育者一侧，则容易忽略"育人过程"中被教育者的感受，进而混淆心理育人供给侧实效性和心理育人需求侧接受性这两个变量，导致一些成功经验和研究成果难以推广复制。从实践来看，在高职院校心理育人工作的开展中也遇到了现实性问题，一方面是伴随高职生规模不断扩大而出现的新增需求与高职院校专业心理师资队伍相对短缺导致的滞后应答力之间的矛盾；另一方面是高职生心理问题和心理需求的多样化、复杂化、纵深化的新特征与高职院校"遇到问题—解决问题"式的心理咨询和心理危机干预的传统方法之间的矛盾。有调查发现，高职生主动寻求专业心理帮助的人偏少[7-8]，大多数高职生并没有将专业心理教师作为自己成长中遇到的心理问题的优先求助对象。不难发现，在高职院校开展心理育人工作的现实矛盾中不仅反映出了心理育人过程和心理育人目的的对立，也反映出了教育者与被教育者的对立。

基于上述理由，本文以"三全育人"理念为基础，立足于朋辈互助的视角，探索在达成心理育人目的前提下同时兼顾心理育人过程，融合心理育人主客体系统的高职院校心理育人方式。

三、朋辈互助式心理育人及其意义

朋辈互助指的是学生与学生之间通过各种行为，彼此有意识地施加心理影响，使参与者的心理素质、团队合作能力向积极方向发展变化的学习活动，也是在互动活动中，促进个性成长与人的全面发展的一种学习方式与途径[9]。个体心理成长中的发展性需求要求心理育人不仅要帮助学生解决心理困惑，还要帮助其提升心理成熟度，从引领学生心理发展逐渐转化为学生内在的自主心理成长。朋辈互助式心理育人正是以朋辈互助天然带有的助人和自助属性为育人基础，它可以放大群体内部的自我教育功能，使群体成员的自我成长发展为成员间的双向成长。此外，朋辈互助还是一种朋辈群体内部的自发行为，个体在遇到困难或挫折的时候，通常都会向身边年龄相近的朋友需要寻求帮助，从而获取应对当下困难的物质和精神上的资源，这其实就是最普遍的朋辈互助[10]。现代发展心理学的生态系统理论认为，个体是在与其所生活的环境系统（其中包括事物也包括人）的相互影响下实现发展的，这些系统包括微系统、中系统、外系统、宏系统和时间系统，其中，微系统是最紧邻个体的里层系统，对个体的影响最大也最直接，而朋辈群体正是微系统的组成元素之一。系统间也存在联系并会相互作用产生下一层外围系统，构成一个以个体为中心的层层嵌套的系统模型[11-12]。生态系统理论为高职院校朋辈互助式心理育人提供了良好的视角，高职生所面临的复杂环境系统在相互作用下最终通过微系统传导到心理发展的过程中来[13]，因此，高职院校朋辈互助式心理育人更注重微系统间相互作用的结果，而这个微系统间相互作用的过程就是朋辈群体间的互助过程。

高职院校的心理育人将环境因素中的朋辈群体关系进行整合，将心理育人的多种形式与朋辈互助的模式进行深度融合，发挥其他群体和朋辈群体的合力，朋辈互助式心理育人充分体现了"三全育人"的要求，能够很好地适应高职院校心理育人工作中遇到的现实问题。

（一）适应高职生的心理特性

高职生面临着比本科生同阶段更复杂的心理压力，特别是在学习、就业等方面的不良体验往往会泛化到自我价值、自我认同等内部评价体系中来，多表现出自卑、成就动机低下、社交退缩等心理特性。相应地，他们也更迫切地需要得到来自周围的人给予的关注和肯定，而朋辈互助式心理育人的互助机制使得他们可以有更多机会得到来自身边好友等他人的关注。此外，高职生间进行朋辈互助心理育人的过程也是一个人际交往的过程，高职生以朋辈互助内容为交往载体，在互助中体验人际关系的建立与维护，有助于高职生克服社交退缩，感受朋辈人际的温暖，强化社会支持网络。

（二）充分发挥学生主体作用

高职院校朋辈互助式心理育人是在充分肯定学生主体角色的基础上开展的育人工作。值得一提的是，朋辈互助式心理育人强调的学生主体角色是将各个学生群体系统融入高职院校的心理育人框架中，而不单单是将部分学生作为心理育人开展的一种渠道或宣传途径。因此，围绕学生群体而开展的心理育人工作必然具备学生深度卷入的特征，这也避免了高职院校心理育人工作的开展浮于表面，为高职生营造了良好的心理育人氛围。高职生在深度卷入的心理育人氛围中既是教育者也是受教育者，既是施助者也是受助者，既是心理育人的组成部分也是心理育人的目标对象，在多种主体角色系统的相互作用和影响下实现个性心理的发展和成长。

（三）充实专业心理服务资源

高职生规模的迅速扩大和高职院校专业心理师资队伍发展的相对滞后造成了高职院校心理服务资源的短缺。朋辈互助式心理育人能培养一批具有相对专业化水平的学生队伍，例如班级心理委员、朋辈心理倾听员等，他们能够面向更广大的学生提供半专业半情感式的心理服务，拓宽了高职院校专业心理服务资源的外延，也是高职院校应对心理危机反应体系中的重要组成部分。经过系统训练的朋辈互助行为可以提供相对专业化的心理服务，能够更广泛地覆盖学生群体，朋辈间的特性能为高职生在遇到心理问题的时候提供一个额外可供选择的"半专业"心理支持。朋辈心理倾听中如果遇到较严重的心理问题或心理疾病则可转介给专业心理教师进一步开展专业心理干预工作，起到一定的过滤筛选作用，能够避免专业心理资源的浪费，有效缓解高职院校专业心理服务资源的供需矛盾。此外，朋辈间的心理互动也有助于及早发现学生群体中潜藏的心理问题，进而配合专业心理教师及时介入干预，避免这些心理问题酝酿发展为更严重的心理危机或心理疾病。

（四）满足差异化心理需求

高职院校朋辈互助式心理育人的基础是学生群体，是依托学生开展的心理育人，这种方式开展的心理育人必然要求"从学生中来，到学生中去"。心理育人要解决学生所关切的问题，因此要从学生的需求出发，避免由教育者给学生做决定，要紧跟新时代学生思想心理变化的趋势，丰富心理育人内容和手段。高职生不是只有解决心理问题的需要，更有谋求心理发展的需要，而在发展性需要中，每个高职生都会有不同的个性化需求。因此，通过朋辈联系的方式去了解、搜集需求，以灵活而丰富的朋辈互助去满足这些差异化的心理需求，让每个高职生都有机会实现自己的心理成长。

四、高职院校朋辈互助式心理育人的构建

高职院校朋辈互助式心理育人体系的构建围绕育人工作过程中的主客体同步展开，通过多个朋辈群体系统内部的相互作用实现帮助者和受助者双方的共同成长，其作用效果通过"求助—互助—自助"的路径得以体现。

（一）建立"师生共助"的心理育人伙伴关系

高职院校教育者应该充分意识到高职生的内在自我潜力，重视从其内部激

发心理发展的动力，不能以割裂的态度将其视为"被教育对象"，要真正与其建立平等、合作的心理育人伙伴关系。在心理育人伙伴关系中，教师依然应该占据方向引领的地位，但是要更多地依靠学生群体去完成育人工作，用这种"教师帮助—学生互助"的合作型伙伴关系取代过去被动接受型的传统心理育人关系，营造师生间的良好心理育人氛围，打通心理育人的关键通道。

一方面，专业心理教师与相对专业化的朋辈群体合力，实现专业心理干预的有效延伸。尽管绝大多数的高职院校都没有开设心理学相关专业，但是专业心理教师可以通过培训、督导等方式使特定朋辈群体具备相对专业化的水平，专业心理教师与这些相对专业化的朋辈群体共同开展包括心理咨询、团体辅导、心理问题筛查、危机干预等在内的专业心理干预，在此过程中，专业心理教师侧重于"深度和点"，而朋辈群体则侧重于"广度和面"，在专业心理干预中形成互补的合作关系；另一方面，其他各个层面的教育者诸如辅导员、班级导师、科任教师、行政人员等要将原有的教育式观念转变为以学生为中心的服务式理念，实现陪伴学生共同成长的心理育人效果。必须相信个体的内部发展动力，特别是对于高职生而言，其本身素质能力底子较薄弱，甚至还可能伴随着不少的行为习惯问题，但是，从他们更渴望获得关注和肯定这一现象不难发现，他们的内在发展动力仍然是存在的。教育者以老师的身份融入其中对他们施加影响，发挥他们的主观能动性，盘活内在的发展动力，通过朋辈群体内部相互促进，有效带动学生群体的心理成长，形成全员育人的伙伴关系。

（二）培养朋辈互助群体的"助人者"团体

高职院校要想发挥好朋辈互助式心理育人的作用就必须充分重视朋辈群体中"助人者"团体的培养，"助人者"团体要尽可能广泛地纳入各种系统性群体并建立系统间的互动联系，其内部的不同群体系统之间既有各自的分工，又可以相互协同开展工作，形成覆盖全面化、响应及时化、形式多样化、功能分级化的朋辈互助式的"助人者"团体。

首先，设立以兴趣爱好为纽带的心理社团，自发吸纳学校内志趣相投的同学，由专业心理教师担任社团指导老师，通过趣味活动、社团开课、沙龙交流等方式普及一般性的心理学知识，形成以社团活动中成长起来的骨干成员为核心的朋辈互助团体，既可以实现社团间成员的朋辈互助心理育人，也可以通过其他成员去影响更多的人；其次，充分发挥学生会生活心理部干部同学的力量，通过工作例会、学期总结、专题工作培训等方式树立其开展心理工作的专业意识和基本伦理原则，一方面以其协助专业心理教师实施全校范围的专业心理干预工作的开展，另一方面他们在工作中积累的心理学知识和辅导方法也可以帮助身边的同学和朋友；此外，不断加强班级心理委员的专业化水平，形成固定的班级心理委员培训制度，结合高校心理委员工作平台自学认证和专业心理教师分专题教学的形式开展不低于 32 学时专业培训，以学期划分培训单元，从理论知识学习到实操技巧演练再到朋辈团体训练，循序渐进地开展培训，提升其心理助人的专业素养和实践能力。以接受专业培训的班级心理委员为"点"，把心理健康知识带给所在班级的其他同学，实现心理育人"面"的扩展；最后，在班级心理委员群体的基础上进一步选拔出优秀的同学，组建更具专业化的朋辈心理辅导团队。朋辈心理辅导团队是朋辈群体中专业化程度最高的"助人者"队伍，他们是专业心理教师拓展专业干预外延的专门化手段，必须经过严格的选拔和培训。在班级心理委员中通过专业知识笔试、专业能力面试，并结合其在班级心理委员工作中的履职情况综合选拔出优秀的同学，以心理咨询技巧、心理危机干预、咨询伦理等专业领域的培训进一步深化其理论知识，以个体体验结合小型团体训练的方式帮助其加深对专业心理干预的认知和理解，以专业心理教师组织进行个案督导和团体督导的方式提升其开展专业化心理干预的能力。这样一来，各个层级的"助人者"团体都能得到与之定位相适应的专业知识技能培训以及专业指导，确保"助人者"团体能在学生群体中有效发挥朋辈互助作用，实现心理育人效果。

（三）打造朋辈互助的"多维生态"系统

高职院校开展朋辈互助式心理育人还要重视为朋辈互助打造一个融合多系统性群体的心理育人生态系统，在这个多维群体相互作用的生态系统里，各群体间的交叉影响和互动使得系统内部成员能够更有效地促进成长，更好地实现心理育人的目的。

1. 建立朋辈互助激励制度

为激发朋辈互助行为能够自发性地开展，高职院校要从制度激励的角度设计一系列专门针对朋辈互助的制度。出台专门的班级心理委员工作制度，通过强调工作的专业性、特殊性、重要性等特征而与其他班委形成独立识别的标签，进而强化班级心理委员的意义和价值，提升其在学生群体中的地位感和角色认同感。此外，以"二课堂"积分对"助人者"团体参加心理知识培训和开展朋辈互助活动进行奖励，通过线上心理培训的 MOOC 证书和线下专题心理培训学时证书以及通过考试并认真履职取得的合格证书，形成"一分+三证"的基础强化体系。以竞聘评优赋予朋辈互助荣誉感价值，开展一年一度的"校十佳心理委员"和"优秀心理委员"评选，择优申报"全国百佳心理委员"评选，在全校范围内开展宣讲活动，进一步丰富朋辈互助的荣誉体系。

2. 管理朋辈互助实践过程

朋辈互助实践过程管理机制朋辈互助式心理育人能否沿着正确的价值方向，有效、有序、可持续地开展。第一步就是要严把朋辈"助人者"团体的准入选拔制度，明确选拔标准，通过培训、考试、面试等手段进行筛选并分层，特别是对投入专业资源最多的朋辈心理辅导成员，务必要对其知识、技能、综合素养以及态度动机等进行全方位考量。此外，还要实施对朋辈"助人者"团体的考核，对其工作内容、工作效果是否达到要求进行把控，同时对其在履职过程中的态度、责任心以及能力水平等进行掌握，对存在问题的地方及时纠偏，实现实践中的动态调整。在诸如朋辈心理倾听、朋辈团体辅导等专业深化领域，专业心理教师还需要对其进行督导，甚至要在一定程度上进行接入管理，以确保朋辈互助开展的安全性和专业性。

3. 搭建朋辈互助矩阵平台

高职院校要最大限度地将学生纳入心理育人主体中来，必须要为朋辈互助行为的开展提供丰富、多元的平台，确保朋辈互助功能可以便捷地、持续地产生影响。开通心理健康在线QQ号，由接受过专业训练的朋辈心理倾听员对通过QQ提出心理困惑的同学进行专业解答，与此同时，朋辈心理倾听员对可能有较严重心理问题的求助者进行筛查后上报专业心理教师并接受督导；建立包括倾诉墙（线上）、情绪宣泄墙（线下）等匿名宣泄途径，由学生干部负责对其心理相关的宣泄问题进行情感反馈；开放沙盘心理体验室，由朋辈心理倾听员负责带领体验并提供一对一的心理咨询，由专业心理教师对宿舍内咨询个案进行督导；开展朋辈互助团体心理辅导，由专业心理教师负责领导，学生参与进行体验，并且通过心理委员组织的形式，以班级为单位开展班级团体心理辅导活动，让学生在团体心理辅导活动中实现互助成长；以心理电影观影为载体，固定周期开展观影活动，以电影的形式制造育人话题并吸引学生参与交流和讨论；组建朋辈互助读书会，以心理读物为活动载体，通过阅读进行心理层面的沟通和交流；建立《心晴家园》专报专栏，由学生干部担任审稿和编辑，刊登学生校园生活中的原创内容，鼓励学生将自己的心情用文字表达出来，同时设置多个可供情绪宣泄或展示的栏目。

4. 营造朋辈互助校园氛围

高职院校开展朋辈互助式心理育人的一大重要考量就是其覆盖面的广泛性，尽管朋辈间有着天然的近距离，但是在实践中发现，朋辈互助在向纵深群体中开展心理育人的时候也会遇到阻碍，例如，部分同学会对朋辈心理倾听员的专业能力产生怀疑。每个人都会处在特定的行为思想、认知态度、应对方式等因素交织的独特系统中，环境中的不同朋辈群体在进行互动时还需要更强的融合性。因此，要通过营造朋辈互助校园氛围加深朋辈间的相互认同，创建朋辈互助校园文化品牌，设立"3.25"（谐音善爱我）和"5.25"（谐音我爱我）朋辈互助主题日，通过校园广播、短视频创作、微电影比赛、知识竞赛等丰富的文化活动带动朋辈互助氛围的发展和流行，在宿舍建立朋辈互助阵地，设立专门朋辈互助心理工作室，将其融合在宿舍文化建设中，让学生逐步感受到围绕在身边触手可及的朋辈互助式的心理资源。

五、成效与反思

四川工程职业技术学院一直在探索和践行朋辈互助式心理育人，秉承学生中心思想围绕朋辈互助开展各种育人活动，建立了多个朋辈互助团体系统，特别是在建立了朋辈心理倾听制度以来，相对专业化的朋辈互助心理服务资源已能响应相当一部分学生的心理需求。

（一）研究对象和工具

以随机抽样的方式在四川工程职业技术学院开展朋辈互助式心理育人的团体系统中选取 300 名学生作为样本，选用信效度都具有可靠性的症状自评量表（SCL-90）进行测量，包含敌对、偏执等 9 个因子，采用 5 级计分，总分超过160 分表明检出阳性，其中任一因子得分大于 2 分则提示在该因子项上表现出症状。

（二）研究过程

研究分为两阶段进行，第一阶段是在新生入学一个月后进行一次前测调查，第二阶段是学生大二时进行的后测调查，其间学校开展了涵盖春季学期和秋季学期的朋辈互助式心理育人工作。对两次调查采集到的数据进行整理、筛选，最终得到有效数据 288 对，有效率 96%。

（三）结果分析与讨论

以测试对象总分大于 160 分作为心理问题检出标准，在前测数据中有 54 名测试对象得分超过 160 分，检出比率为 18.75%；后测数据中有 36 名测试对象得分超过 160 分，检出比率为 12.5%。通过卡方检验发现，前测数据组和后测数据组在检出心理问题情况上存在显著差异，表明在后测中，测试对象的整体心理健康水平较前测时有了较大的提升，如表 1 所示。

表1　前后测数据中心理问题总体检出情况

检出情况	数据分组		χ^2	P
	前测组（N＝288）	后测组（N＝288）		
未检出心理问题	236（81.25%）	54（18.75%）	4.12*	0.042
检出心理问题	252（87.5%）	36（12.5%）		

注：＊表示 P<0.05

将前测数据和后测数据中各项症状因子得分进行配对样本 T 检验，结果如表2所示。

表2　前后测数据中各项症状因子配对样本 T 检验

症状因子项	数据分组		T 值	P
	前测组（N＝288）	后测组（N＝288）		
躯体化	1.27±0.46	1.19±0.37	2.19*	0.029
强迫症状	1.66±0.66	1.57±0.54	1.65	0.101
人际关系敏感	1.47±0.64	1.41±0.51	1.30	0.194
抑郁	1.44±0.60	1.35±0.47	1.83	0.068
焦虑	1.33±0.54	1.26±0.41	1.56	0.121
敌对	1.32±0.49	1.27±0.40	2.00*	0.047
恐怖	1.32±0.55	1.24±0.43	1.88	0.061
偏执	1.25±0.38	1.31±0.53	1.53	0.128
精神病性	1.25±0.40	1.28±0.50	1.01	0.314

注：＊表示 P<0.05

在躯体化和敌对这两项症状因子上，前后测结果表现出显著性差异（P<0.05），表明在后测中，测试对象的躯体化情况和敌对情况较前测时明显降低。这表明后测时，测试对象的生理机理情况得到较好的改善，过度的神经性反应明显减少，其身心状态呈现出较之前更轻松的状态。而后测数据中测试对象的敌对水平显著下降则表明在朋辈关系中得到的信任可以有效帮助他们进行内在的自我控制，加快环境中的融入，有利于更好地进行朋辈互动。值得注意的是，在抑郁和恐怖两项症状因子上，后测数据组较前测数据组更低，并呈现出边缘显著效应，这表明后测中测试对象苦闷情绪较之前减少，表现出了更高的生活

兴趣和动力，还表现出更适宜的对环境的反应，害怕行为减少，安全感增加。此外，其他症状因子呈现出整体持平但略有降低的趋势。

（四）反思

尽管朋辈互助式心理育人的开展对高职生心理成长和心理健康整体水平发展上发挥了显著的效果，但是在实践中仍然有不少制约因素。高职生三年学制不利于朋辈互助骨干队伍的专业化建设，骨干成员经过大一、大二两学年的漫长培训才能逐步具备相对专业化的水平，但是却很快就要面临定岗实习和毕业，提供相对专业化服务的机会较少。此外，朋辈互助式心理育人受到人际关系的制约，例如有些同学习惯于在其生活学习中自发形成的圈子里寻求心理支持，而不少自然化的圈子具有排他性导致有效的朋辈互助被拒绝，因此还应进一步地纳入更多、更广泛的朋辈群体共同融入心理育人系统中。最后，朋辈心理倾听在应对心理问题上面的效果还未完全显现，需要进一步地推广宣传和更多的实践机会。

六、结语

朋辈互助从学生主体的视角为高职院校的心理育人提供了有价值的方法和借鉴，开展朋辈互助式心理育人对高职生的心理成长和心理健康水平都有着积极的作用。朋辈互助式心理育人并不否定教育者的主导作用，将教育者主体和学生主体进行结合才是朋辈互助心理育人的本质，未来要考虑朋辈互助模式更好地与教育者模式进行深度融合的途径和方法，实现高职院校高质量的心理育人，为国家培养更多德才兼备的高素质技能型人才。

参考文献

[1] 马建青，杨肖. 心理育人的内涵、功能与实施 [J]. 思想理论教育，2018（9）：87-90.

[2] 陈虹. 新时代高校心理育人内涵、困境与应对 [J]. 思想理论教育导刊，2019（7）：110-113.

[3] 张慧雅. 高校思想政治教育心理疏导的现状与对策研究 [D]. 电子科技大学，2021.

[4] 俞国良，王浩，赵凤青. 心理健康教育：高职院校学生的自卑与超越 [J]. 中国职业技术教育，2017（7）：28-32.

[5] 马保仙，王秀兰. 高职院校学生学习特点及对策措施 [J]. 山西煤炭管理干部学院学报，2010，23（3）：48-49.

[6] 陈惠. 对顶岗实习学生心理健康问题的研究与分析 [J]. 现代交际，

2012（02）：181-182.

[7] 王珊珊. 高职院校专业心理求助的现状及对策研究——以广东省某高职院校为例 [J]. 太原城市职业技术学院学报，2017（9）：68-70.

[8] 郑静素. 高职生专业心理求助态度及其团体干预研究 [J]. 浙江交通职业技术学院学报，2021，22（2）：82-86.

[9] 程肇基. 朋辈互助：学校育人范式转换的一种新方式 [J]. 高教探索，2015（3）：27-30.

[10] 邓文锋. 高校思想政治教育中朋辈互助的研究 [D]. 山东：中国海洋大学，2012.

[11] 卓彩琴. 生态系统理论在社会工作领域的发展脉络及展望 [J]. 江海学刊，2013（3）：113-119.

[12] 刘杰，孟会敏. 关于布郎芬布伦纳发展心理学生态系统理论 [J]. 中国健康心理学杂志，2009，17（2）：250-252.

[13] 俞国良，李建良，王勍. 生态系统理论与青少年心理健康教育 [J]. 教育研究，2018，39（3）：110-117.

作者简介

谢阳熙（1988—），男，硕士研究生，讲师，四川工程职业技术学院党委组织部干事。近五年发表《从临床心理学角度构建校园贷恶性事件的防范和干预机制》等9篇论文，主持《新冠肺炎疫情后时代大学生"四位一体"生命教育模式认证体系的构建与实践》等省、市、校课题共7项。

龙斌（1968—），男，副教授，四川工程职业技术学院学生处处长，研究方向：思想政治教育、党的建设。

蒋显伦（1973—），男，文学硕士，教授，四川工程职业技术学院专任教师。近几年发表《高职院校英语教师可持续发展路径研究》等7篇论文；主编或参编《锦绣四川——四川双语手绘旅游地图》等编著和教材4本；主持和参与《基于德性伦理下的高职院校英语教师可持续发展研究》等省、市、校课题共15项。

牛丽丽（1981—），女，讲师，心理健康教育中心心理辅导室主任，工作以来一直从事学校心理健康教育和教学工作，发表了专业论文《"乐活"理念下的大学生心理素质培养及策略》等10余篇；主编教材《大学生心理健康教育》等2本，参编教材《高职大学生心理健康教育教程》等2本；主持和参与课题《高职院校心理委员培训体系的实践研究》等3项。

第七篇 **07**

| 科研育人篇 |

"三全育人"视阈下高职院校科研育人体系构建路径探究

——以四川工程职业技术学院为例

王静　张宗书　胡小青　苏祖刚

针对当下高职院校科研育人普遍存在科研育人意识淡薄、科研育人平台缺乏、科研育人机制不健全，以及科、教、育分离等问题，本文以四川工程职业技术学院的科研育人实践探索为例，通过建立科研育人六目标，具体从学校层面，搭建产学研育人平台、制定科研育人制度、建立"产学研一体、产科教融合"的科研育人机制；从教师层面，推行"三进入、三项目、三新知识"的"333科研育人模式"；从学生层面，守住第一课堂，扩展第二课堂，丰富第三课堂的"123课堂育人途径"，不断深化产科教融合，构建"三全育人"视阈下高职院校"学校—教师—学生三个层面"的科研育人体系。

作为高等教育重要类型的高职教育，肩负着人才培养、科学研究、社会服务、文化传承与创新的重任。习近平总书记于2016年在全国高校思想政治工作会议上提出"三全育人"理念，他强调"要坚持把立德树人作为中心环节，把思想政治工作贯穿教育教学全过程，实现全程育人、全方位育人"[1]。2017年，中共中央和教育部分别出台相关文件，提出课程育人、科研育人、实践育人、文化育人、网络育人、心理育人、管理育人、服务育人、资助育人、组织育人等"十大"育人体系，其中科研育人位列第二，足见对其的重视程度。科研育人既是响应国家科教兴国、人才强国战略的需要，又是落实"三全育人"理念、实现立德树人根本任务的需要，更是职业教育的时代呼唤。在"三全育人"视阈下，积极探索高职院校科研育人体系构建及其实施路径具有较强的现实意义。

一、科研育人概念辨析

在中国知网中输入主题词"科研育人"进行检索，结果显示，题目中含有"科研育人"论文共有2481篇，1988年开始国内学者就有科研育人的文献发表，

2018 年 158 篇，2019 年 198 篇，2020 年 244 篇，2021 年 301 篇，总体上看来，关于"科研育人"的研究呈现递增趋势。"科研育人"主要从以下五方面来研究其内涵：一是词语本身的含义理解，"科研"就是从事科学研究，"育人"是指为使受教育对象身心得到全面发展；二是基于思政教育的视角，刘在洲等认为"大学科研育人的首要任务是培养学生以国家安全、国家利益至上的爱国主义精神，引导学生树立科学报国和服务人民的崇高科研理想"；三是从科研活动的视角来看，钟军等提出"高校科研育人是以科研活动为载体，围绕立德树人根本任务，高校教师运用科研活动对学生实施培养科研能力、塑造科研品德、促进全面发展的综合教育过程"；四是从科研育人机制来看，尹万东认为"高校要从顶层设计制度先行、厚植人文文化底蕴、夯实教学育人基础、紧跟行业产业走向、增强竞争竞赛意识五个方面推进科研育人"；[2]五是从科研育人路径研究来看，钟军等提出"高校科研育人的实现路径包括树立新思政观引领的科研育人理念、构建师生双主体的科研育人模式、建设形式多样的科研育人载体、健全科学的育人评价体系等"，张弛提出"走产学研一体化的科研育人路径"等。

本研究认为：科研育人是围绕立德树人根本任务，通过科研活动让学生掌握科研方法、培养科研素质、提高科研创新能力、塑造科研精神品格的促进学生全面发展的过程。高职院校搭建产学研育人平台，建立合理的科研育人机制，教师在指导学生科研活动过程中，完成科研素质、科研知识、科研能力的培养，将科研道德、科研精神、科研理想融入科研育人过程中。学生不仅提高了科学研究能力水平，而且有正确科研价值的引领。实现了科研育人的目标，培养了具备高尚道德品质、突出研究能力、敢于创新的技术技能人才。

二、高职院校科研育人现状分析

高职院校受自身发展历史较短的局限，始终把就业教育与技能教育放在突出的位置，高职学校在科研育人方面难以起到较好的育人效果，主要存在高职院校科研育人意识淡薄、教学与科研"两张皮"、缺乏科研育人平台及科研育人机制等问题。

（一）科研育人意识淡薄，主客体存在认识偏差

高职院校教师认为对学生传授知识的最好方式是课堂，认为学生能力有限，科研项目与学生无关，不会在科学研究活动中进行人才培养，更无法实现科研育人[3]。学生本身由于知识有限，自信心不足，无法完成科研项目的研究工作，

导致高职院校育人与科研分离。

（二）科研与教学融合不够，在育人上未形成合力

高职院校教师主要精力在教学，导致教师在科研活动与科研实践上投入的时间不足、所取得学术成果不多。教师重教学、轻科研导致教学和科研两种活动无法有效整合，导致科研与教学分离为"两张皮"的状态，使科研与教学两者几乎没有共同的目标，无法在人才培养上形成合力。

（三）产学研平台投入不足，科研项目无依托

高职院校在教学和实训经费投入充足，而产学研平台建设投入较少，教师缺乏进行科研的基础条件，无法实现依托平台去申报项目，科研项目数量不多且质量不高，教师无法给学生提供合适的科研项目，导致高职院校科研育人无平台、无项目、无依托。

（四）科研与育人评价各成体系，在制度设计上有缺失

高职院校科研评价和人才培养评价标准是相互独立的，学校依据学术表现评价教师的科研活动，依据专业建设、课程设置、实践教学等实现人才培养。学校虽然在科研评价机制、职称评审机制对教师的科研能力提出要求，但是普遍存在"职称科研"现象，教师开展科研活动的目的是实现职称晋升，忽略科研育人，造成科研与教学、育人分离，主要原因是高职院校科研育人缺乏制度与机制。

三、高职院校科研育人体系构建思路

（一）建立高职院校科研育人六目标

高职教育过去更多地认为是以就业为导向、技能为重点的教育，随着社会的进步与发展，更加注重人的全面发展与可持续发展，在高职院校中对学生科研素养、科学精神、科研能力的培养越来越重视[4]。四川工程职业技术学院是一所始终以"孕育国家建设之人才，开创高职改革之先河，发扬敢为人先之精神，促进社会经济之发展"为使命的高职院校，围绕"育人为本，提高质量"的根本目标，以创新的育人精神为每一位学生的求知治学、强化技能、全面发展铺设成长成才之路，所以学校十分重视科研育人。通过对学校32个理工科专业人才培养目标的分析，将高职院校科研育人目标分成六个目标：学生科研理想的树立、科研精神的培育、科研道德的塑造、科研素质的养成、科研知识的传授、科研能力的提高，具体见表1。

表1　高职院校"科研育人六目标"

科研育人六目标	科研育人目标重点	科研育人目标关键点
科研育人六目标	科研育人目标重点	科研育人目标关键点
1. 科研理想的树立	科研理想教育铸魂	科技强国、科研报国、服务人民、家国情怀
2 科研精神的培育	科研精神教育固本	追求真理、无私奉献、精益求精、实事求是
3. 科研道德的塑造	科研道德教育奠基	诚实守信、求真务实、团结协作、严于律己
4. 科研素质的养成	科研素质养成致远	善于发现、勇于探究、敢于质疑，勇敢执着
5. 科学知识的教育	科研知识教育强基	科学知识、专业知识、技术难点、学科前沿
6. 科研能力的提高	科研方法教育赋能	研究方法、科研实践、逻辑思维、创新思维

1. 科研理想的树立

科研育人的首要任务是帮助学生树立科研理想，以科研理想为教育铸魂。学生树立科研强国、科研报国、服务人民的崇高理想[5]。习近平书记提出"科技强国"战略，在科学技术快速更新的时代，国家的科学研究将影响国家的国际实力，在这个过程中的新一代受教育者将会是未来科技发展最重要的领衔人。因此，高职教育需培养自我发展与国家成长息息相关的共同体精神，坚定每一位学子用科学技术知识报效祖国的意志力，愿意为祖国发展作贡献。

2. 科研素质的养成

科研素质的养成是一个长期浸润与滋养的过程，需要教师在教育教学、科学研究、社会实践活动的过程中注重学生科研素养的培养。特别是高职学生，在学习上自信心不足，缺乏好奇心与探究精神，需要教师努力培养学生善于发现、敢于质疑、勇于探究、勇敢执着的良好科研素质，促进学生成长成才。

3. 科学知识的教育

第一课堂始终是进行科学知识教育的主阵地，教师在进行课程教学时，除对学生开展本课程教学要求掌握的必备专业知识外，还要有意识地对其加强科学知识、技术难点、学科前沿的教育。教师在指导学生科学实践活动的过程中，要不断普及科学知识、强化专业理论知识、突破技术难点、介绍学科前沿知识，学生只有具备一定的扎实的知识基础，才能更加自信地投入到科学研究中。

4. 科研能力的提高

学生科研能力的培养，需要教师通过具体的科研项目，注重学生逻辑思维与科研方法的培养与训练，教会学生使用先进的研究工具与手段，提高学生发现问题、解决问题的能力，勇于探索，敢于创新。

5. 科学精神的培育

科研育人的目标是培养学生无私奉献、精益求精、实事求是的科研精神，巩固教育的本质。科研精神是学生从事科研研究的精神引领。教师在指导学生科研实践活动的过程中潜移默化的用科研精神影响学生，注重学生真理思想的培养。

6. 科研道德的塑造

培养学生诚信、求实、协作、自律的品德，是科研的基础，也是一个人成功成才的基础，高尚的科研道德既有利于规避学术不端、防止学术失范，推动科技创新，也有利于提升学术品位。

（二）构建"产学研一体、产科教融合"科研育人体系

根据高职院校科研育人六个层次目标，经过四川工程职业技术学院的产学研育人十余年的探索，总结出从学校、教师、学生三个层面来构建"产学研一体、产科教融合"高职院校科研育人体系科研育人体系，如图1。

学校层面：学校制定科研育人制度，搭建产学研平台，建立产科教融合机制。建立科研育人制度，提高教师的科研积极性。搭建产学研平台，为教师的科研育人提供平台条件[6]。教师依托产学研平台申报项目，科研项目的数量和质量明显提高。建立产科教融合机制，企业、科研、教学协同合作，共同完成育人目标，培养能够快速适应企业发展需求、具备一定科研能力的技能才人。

教师层面：教师推行进入平台、进入企业、教学进现场的"三进入"育人模式，校企协同，教学可依，育人有方；教师推行创新项目、纵向项目、横向项目的"三项目"项目育人模式，搭建与学生沟通的科研桥梁；教师推行"三新知识"进课堂的育人模式，更新科学技术知识、升级新型科研工艺，项目按照《教学案例库建设要求及标准》转化为教学案例，或者进教材，成为活页式教材，保证教师的知识传授紧跟时代科技的发展；教师将科研目标、专业人才

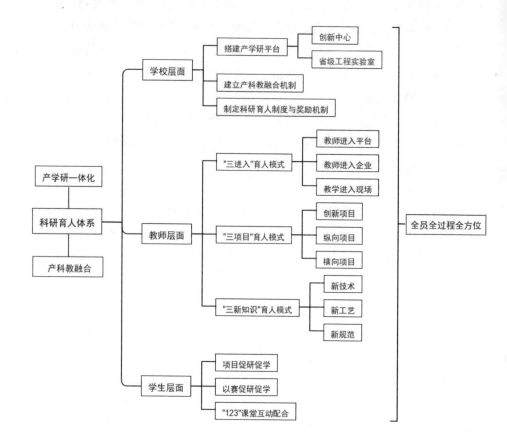

图1 "产学研一体、产科教融合"科研育人体系示意图

培养目标、企业岗位需求目标相结合，建立起能够有效培养学生的科研理想、科研精神、科研道德、科研素质、科研知识、科研能力的教学体系。

学生层面：通过"123课堂互动"，实现科研育人。一是坚守第一课堂科学知识教育的主阵地。教师在进行课程教学时，除对学生开展本课程教学要求掌握的必备专业知识外，有意识地加强科学知识、技术难点、学科前沿的教育；二是拓展第二课堂，以科研项目为载体，"项目促研促学"。学生进入科研纵向、横向项目，在实际的科研项目研究活动育人；三是学生通过参加大学生创新创业项目，在老师的指导下提升其创新能力，"以赛促研促学"的学科竞赛，学习科学知识、培养科研素质、提高科研新能力。通过"123"课堂互动，守住理论课堂，开拓实践课堂，利用网络课堂，营造科研创新氛围，增强学生的科研实践能力，提高学生的综合科研素质，实现全过程、全方位、多途径育人。

四、四川工程职业技术学院科研育人路径探究

四川工程职业技术学院，以服务行业和地方经济为目标，深化产科教融合、校企合作，不断探索科研育人的方法，加强学校、教师、学生三个层面的科研育人探索与实践，不断完善科研育人制度、搭建产学研平台、建立产科教融合机制，实现全员、全过程、全方位育人。

（一）学校层面的科研育人实施路径

1. 建立科研育人相关的激励机制

学校通过不断完善《四川工程职业技术学院职称评审办法》《四川工程职业技术学院科研奖励方案》《四川工程职业技术学院学术成果计分办法》等制度，明确科研育人是教师职称提升的一个必要条件，鼓励教师开展科研工作和科研育人活动，对教师指导学生发表论文、参与项目研究、申请专利等，都计入教师的学术计分，纳入教师的职称评审、教师年度和聘期的学术评价与考核，从制度上确保科研育人落到实处。

2. 搭建产学研育人平台

学校加大产学研育人平台建设投入，从 2010 年开始建立产学研园区，投资近一个亿，先后建立了四个省级工程实验室、四个创新中心、四个科技企业。师生依托产学研平台，利用平台的科研仪器设备设施，积极申报纵横向科研项目，开展科研与技术服务，充分发挥产学研平台的育人功能，实现产科教融合，更好的服务地方经济和产业，我校连续三年入选"高职院校服务贡献典型学校"。

3. 建立产科教融合机制

学校高度重视与企业在科学研究和人才培养等方面的合作。推进产科教融合培养人才，企业、科研、教学三者联合，企业资源、科研资源合理转化为育人资源[7]。坚持产业需求、科研目标、教育目标相统一，利用产学研平台做链接，校企协作，共同制定学生培养项目计划，改进人才培养模式，提高学生的科研素质和科研能力，实现全员全过程全方位育人。

（二）教师层面的"333"科研育人模式

"333"科研育人模式，第一个"3"是指"三进入"育人模式，即教师进平台、教师进企业、教学进现场；第二个"3"是指"三项目"育人模式，教师申请创新项目、纵向科研项目、横向科研项目，提高自身的科研能力，科研成果转化为教学案例；第三个"3"是指"三新知识"育人模式，新技术、新

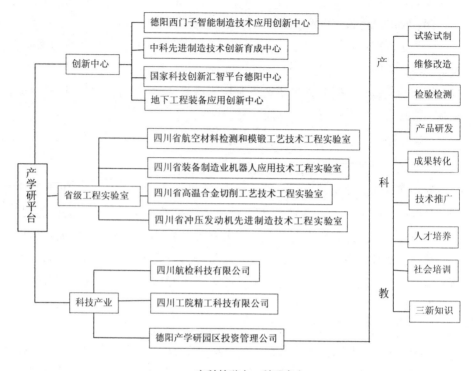

产科教融合 科研育人

图2 产学研平台架构图

工艺、新材料形成教学资源。

1. 推行"三进入"科研育人模式

一是"教师进入平台"。学校推行教师轮岗制度，专业教师进入平台锻炼的时间不少于两年，开展生产管理、技术研究和技术服务，提升工程实践能力；二是"教师进入企业"。学校有计划有目标的组织教师到企业参加实践培训，提高实践技能，了解专业动向，明确职业教育方向，更好的科研育人；三是"教学进入现场"，教师在教学过程中，组织学生到产品生产或项目研究的现场，通过引导学生现场观察或者亲身体验，促进学生对理论知识的理解，使学生明白理论知识转化为实践应用的过程，培养学生的科研实践能力。

2. 推行"三项目"科研育人模式

教师依据学校平台资源，申请创新项目、纵向科研项目、横向科研项目，把科研育人贯穿项目立项开始至项目研究结束的全过程。近三年教师累计立项厅级及以上纵向科研项目数量185项，签约"焦柳铁路隧道排水槽自动开槽机器人系统研发"等横向合作项目526项。教师参与科研项目，极大地提高了科研能力，同时将研究成果转化为教学案例，教师通过项目研究，实现项目"全过程育人"。

3. 推行"三新知识"科研育人模式

将产学研平台上汇集的新技术和新工艺服务、新材料试验试制、检验检测、成果孵化转化等"新技术、新工艺、新材料"的"三新"知识，按照《教学案例库建设要求及标准》转化为教学案例。开发典型产品库、工艺技术库、教学案例库，用于日常教学。目前材料工程系已积累109个教学案例，开发工艺虚拟仿真资源20个，编写2门核心专业课程的活页式教材。有效融合科研与教学，科研成果融入教材、走进课堂，实现科研成果全方位育人。

（三）学生层面的"123"科研育人途径

"123"科研育人途径指的是"第一、第二、第三"课堂互动的科研育人途径。第一课堂是"传统课堂"，第二课堂是"实践课堂"，第三课堂是"网络课堂"。一二三课堂互动配合，改变授课方式，实现全方位育人，培养学生自主探究的科研素质。

1. 守住第一课堂，即"传统课堂"，讲好专业课

第一课堂是科研育人的主阵地，教师应始终坚守"传统课堂"的育人阵地。学生在课堂学习过程中掌握科学基础知识和专业知识，训练科学思维，培养科学方法。学生专业知识的学习与专业技能的掌握，是学生开展科学研究的基础。

2. 拓展第二课堂，即实践课堂

一是以科研项目为载体，项目促研促学。我校教师立项的科研项目中明确了育人目标，要求吸引学生到项目中来，将培养学生作为科研项目验收的指标之一。参与项目学生，可以依据四川工程职业技术学院"第二课堂成绩单"积分认定标准，获得相应积分，积分可转化为学分。建立学生工作室，形成学生研究团体，规范管理。然后根据学生的专业基础、专业方向，把学生划分到不同的项目组，通过教师的专业引导，接受科研素养训练。学生深入参与到项目推进中，开展相应的科研实践工作，针对实际科研项目实现"研中学、做中学"。在项目探索过程中，学生掌握科学研究方法，培养自身的科学逻辑思维，提高创新思维的科研能力[8]。每年学生参与教师纵横项目近100项，完成省级大学生创新创业训练计划项目"基于SolidWorks的孔内窄槽切刀设计""时代铠磨—大型铸锻件表面智能加工探路者"等20多项，电气信息工程系项目"时代铠磨—大型铸锻件表面智能加工探路者"经过层层选拔，学生的不断努力，

荣获第五届中华职业教育创新创业大赛全国一等奖。学生参与科研项目，能够挖掘科研创新能力、增强学习内在驱动力、提高学习效率、实现学用结合。

二是以赛促研促学。学生参加具有研究性质的竞赛，与本专业的优秀学子同台竞技，促使其发现自身不足奋发向上，提升自身的竞争意识。比如学生参加巴哈比赛，团队成员需要在一年的时间内按照比赛要求学习赛车规则、仿真建模软件、焊接工艺、加工工艺等理论知识，设计制造小型越野车进行比赛。学生们经过刻苦训练，2019年、2021年均获得全国一等奖。学生参加课外竞赛活动并获得优异成绩，可以依据四川工程职业技术学院"第二课堂成绩单"积分认定标准，获得相应积分，"第二课堂成绩单"积分经学校相关部门的审核认定可转化为2学分（必修）。学生通过参与全过程的比赛，完成科研知识的学习，养成良好的科研素质，提高科研能力，实现了科研的全过程育人。

3. 丰富第三课堂，即"网络课堂"

"传统课堂"教师传授给学生的是已经成熟的专业知识，无法满足学生学科前沿知识的学习，需要开拓新的授课形式。利用现在发达的互联网信息技术、新媒体平台，学校充分利用校内外资源，为学生提供科研性质的网络课程。"网络课堂"以学生自学为主，教师引导为辅。学生可实现如何查阅、阅读文献、学科前沿探究等基本科研知识学习，养成勇于探究的科研素质，实现全方位的科研育人。

五、结语

科研育人是高校十大育人体系之一，在"三全育人"的时代背景下，本文对科研育人的内涵进行了辨析，并以四川工程职业技术学院科研育人的实践为例，建立了科研育人六目标，构建了高职院校"产学研一体、产科教融合"的科研育人体系[9]，积极探索"学校-教师-学生"三个层面的高科研育人实践路径，在科研育人上取得显著成效，对其他高职院校科研育人有一定的借鉴意义。科研育人有党的方针政策的领导、有与时俱进的产学研平台、有待攻关的科技项目、有敢于开拓的科研团队、有健全的制度保障、有创新的人才培养目标。尽管如此，科研育人是需要全校师生共同参与、坚持的工作，需要教师不断探索科研育人方法，学生积极参与教师引导的各项科研活动与实践，学校以科研为引领，优化科学研究和育人工作的方法与途径，促进产科教深度融合，为党育人为国育才。

参考文献

[1] 习近平. 把思想政治工作贯穿教育教学全过程 [EB/OL]. 人民网 中国共产党新闻网, 2016-12-08.

[2] 余燕. 高职院校科研育人特色形成策略 [J]. 昆明冶金高等专科学校学报, 2021, 37 (4): 99-104.

[3] 李登昌. 新时期高职院校科研育人现状、问题及路径研究 [J]. 科教论坛, 2021, 32 (24): 315-317.

[4] 刘在洲. 高校科研育人的内涵、特征与实践方略 [J]. 思想理论教育, 2020 (3): 106-111.

[5] 钟军, 王雁, 朱怀谦. 新时代高校科研育人的运行机理及实现路径探究 [J]. 创新创业理论研究与实践, 2020, 3 (13): 122-124.

[6] 陈志菲. 新时代高职院校科研育人体系的构建思路, [J]. 《南方职业教育学刊》, 2020, 10 (5): 13-17.

[7] 周建松, 陈正江. 高职院校产科教双融合机制的构建与实践——基于学校发展系统的视角 [J]. 中国高校科技, 2019 (Z1): 89-93.

[8] 周光礼, 马海泉. 高等教育理念的变革与创新 [J]. 中国高教研究, 2012 (8): 9.

[9] 龚娜. 高职院校科教融合的理论发展与路径选择 [J]. 《教育与职业》, 2017 (12): 4.

作者简介

王静 (1983—), 女, 就职于四川工程职业技术学院科研与社会服务处, 讲师, 发表论文:《基于教学曲线的微课教学方法研究》等。

张宗书 (1966—), 女, 就职于四川工程职业技术学院科研与社会服务处, 教授, 研究方向科研管理、乡村规划。

胡小青 (1980—), 女, 就职于四川工程职业技术学院科研与社会服务处, 教授, 研究方向: 机械设计制造及自动化。

苏祖刚 (1977—), 男, 就职于四川工程职业技术学院科研与社会服务处, 讲师, 研究方向服装设计、服装工程。

"搭平台、进项目、促技能、育人才"科研育人探索与实践

——以四川省装备制造业机器人应用技术工程实验室为例

雷　刚　胡明华　王　涛　盛　磊　陈　亮

一、引言

2019 年 1 月，国务院《国家职业教育改革实施方案》[1]中指出"把职业教育摆在教育改革创新和经济社会发展中更加突出的位置，明确职业教育与普通教育是两种不同的教育类型，具有同等重要地位"。高职教育立足于为行业和企业培养大批高素质应用型技术技能人才，随着创新驱动发展战略的大力推进，中国经济产业升级和结构调整不断加快，各行各业对技术技能人才的需求更加紧迫，高职教育的重要地位和作用愈发凸显。

高校的五大职能，育人是核心，教学和科研以不同的内涵和运作机制共同支撑起该项核心任务[2]。现代产业技术日新月异，新技术、新工艺、新材料、新方法的运用层出不穷，对人才培养提出越来越多的挑战。对于工科类高职院校，如何让教学内容、教师水平、教学手段、评价方式跟上甚至领先于产业技术变革步伐，并保持可持续发展，坚定不移走产学研一体化道路、大力发展科研与技术服务是最有效的途径。无论是国家、社会、产业对高职教育的期许，还是学校、教师和学生的发展，如何加快提高科研与技术服务能力，实现科教协同育人，必将成为高职院校未来相当长时期的一个重要课题。通过让学生跟着老师参与科研技术服务活动，培育学生正确的世界观、人生观和价值观，激发学生内生学习动力，树立科技强国理想，培养技能报国情怀，是实现高校"立德树人"的重要方法[3]。当前我国社会发展进入新时代，党和国家愈发重视科研育人的重要作用，先后在《关于加强和改进新形势下高校思想政治工作的意见》等文件中强调了科研育人的重要性，明确了高校肩负的重要使命和担当。

充分理解科研育人的时代价值，深入探究意蕴本源，探索实践途径，拓展高校育人教育途径，增强高校思想教育工作的有效性，对于培育社会主义合格接班人具有重大的时代意义[4]。

二、高职院校科研育人的机遇与挑战

我国自 20 世纪 90 年代末开始发展高职教育，历经 20 余年，从最开始的几十所发展到目前的 1500 多所，在校生规模占据高校半壁河山，办学条件、综合实力、培养质量、招生就业取得长足进步的同时，还得到广大考生及家长、产业界的广泛认可，为国家产业发展做出了不可磨灭的巨大贡献，也涌现出一批优质的示范高职和"双高"高职品牌学校，再也不是当初社会上连"高职"和"职高"都分不清的光景。很多高职学校的生产性实训装备比企业还好，教师中有大批的硕士博士，客观上具备一定的科技创新能力，可以在产品研发、新技术推广、试验试制、检验检测、技术改造、成果孵化转化等方面更好地融入区域科技创新体系，为产业界提供更好更多的服务。高职学生群体中也不断涌现出大批热爱专业、具有刻苦钻研精神、具备良好工程素养的同学。以上这些为进一步构建学生科研创新、师生共同创新、产教融合创新的协同育人体系打下了坚实基础。但由于我国高职发展总体时间较短，学校发展很不均衡，在发展科技事业以及科研育人方面还存在诸多挑战，甚至是现实困境[5-7]。

（一）部分高职院校对科学研究认识不到位、重视程度不够

受传统思想认识的影响，很多高职院校教师认为高职教育不需要科学研究，也不用去搞科学研究。加之很多高职学院建校时间短，决策层、管理层和广大教师关注的重点还是常规教学工作，就教学说教学的多，就产业说教学的少；对高职要不要发展、如何发展科技事业思考不多；对发展科技事业的目的、意义、途径、方法和举措，以及如何实现科教协调育人等研究不够；对通过大力发展科技事业，走产学研一体化发展道路，提升学校服务产业发展能力，进而促进校企深度合作、实现产教深度融合，持续提高教师能力和水平，持续推动"三教"改革，持续提高培养质量的发展路径认识不到位，其中配套的政策制定、制度建设跟不上，校内校外的力量和资源无法整合，教师的积极性没有得到充分调动。

（二）科研平台建设水平不足、层次不高

由于高职院校对科研工作在认识高度上、重视程度上普遍存在或多或少的

问题，导致绝大多数高职院校在科研平台的打造上缺乏长远规划和长期积累、急功近利、吹糠见米的现象比较突出，平台的硬投入不足，与产业联系不够紧密，领军人才匮乏，科研团队和梯队建设跟不上，没有比较稳定的科研和技术服务方向，技术研究不够深入，横向合作和对外开放成效差强人意，社会影响力小，较难培育成高层级的科研平台。但没有高层级的科研平台，又很难引进人才、获取项目、培育成果，这很容易形成恶性循环。

（三）高职院校的科研能力不足、育人教师队伍不强

教师是科研的核心，高素质科研教师队伍是科研育人的实施主体。提高高职院校教师队伍的科研能力和素质是提升科研育人的关键。长期以来，高职院校受制于对科研重视度不够、科研平台较少且水平不高、科研经费投入不足、教师常规课业负担较重等因素，高职院校教师队伍科研能力普遍较弱、参与科研项目层次较低、科研产出不足，不足以承担新时期人才培养的任务。

（三）学生参与度不够、自觉性不足

高职院校科研育人的最终目标是培育高素质高技能的学生，需要充分认识高职学生群体特点，才能有效完成育人工作。相比于普通高校本科学生，高职学生群体中学业基础差异、学习习惯差异、学习主动性差异是需要关注的重点问题，如何激发学生主动性、提升学生的内生科研动力是在科研育人实践中需要优先考虑的问题。此外，高职学生较短的在校时间也是深入参与科研活动的障碍之一。

（四）高职院校科研育人运行及考核机制不健全

如何提升各方面对科研育人的积极性，其中建立健全科研育人的长效机制、评价和考核手段是关键[8]。目前，大多数高职院校在科研育人方面缺乏相应的考核评价机制、育人激励制度，对于教师的考核仍然主要关注科研项目多少、科技成果大小、项目获奖等显性要素，对于科研项目对学生育人情况没有相应的制度要求、考核评价标准，导致教师只是专注于项目本身成果、获奖、经费情况，而忽视对过程育人、科研育人的精力投入，不能满足新时代全方位育人的要求。

三、科研育人的实践探索

如何破解当前高职院校在科研育人方面的困境，探索"因校制宜"的有效

制度和可行手段，成为目前最需要解决的现实问题。如何结合行业、聚焦产业、结合当地政府发展战略，建立高水平科研平台，培育高水平高质量项目、培养一批高水平科研教师队伍，培育积极向上的科研学习氛围，吸收广大学生进项目、促技能，激发学生的内生动力是破解高职院校科研育人难题的有效途径[9-11]。

（一）产教融合科研平台建设

2012年学院设立"智能控制研究所"，结合德阳当地装备制造业发展情况，围绕智能制造、电站装备、电力电子、嵌入式应用等进行科研项目研究，培养科研人才，积蓄科研力量，并根据研究所的实际情况，开始承接各种横向/纵向的科研项目。基于当时学院人力条件，为按时完成各项任务，研究所开始吸收部分优秀学生进入各个项目组，参与各个环节的科研工作，协助教师完成各项科研任务。在这个时期，学生主要作为项目开发中人力不足的补充，主要完成前期实验、测试验证、数据整理等技术难度较低的工作。科研育人主要体现在项目开发中采用新方法、新技术随同项目教师进入到相关的课程教学内容中，丰富教学内容，紧跟行业技术发展趋势。

例如研究所和德阳某电站设备制造企业联合开发的汽轮机应力监控系统，项目涉及电站设备、嵌入式系统、压力传感技术、高精度检测等技术。通过项目开发，提升了平台在相关产业、企业中的影响力，提高了科研教师的科研服务能力，同时嵌入式系统开发、高精度检测技术等转化为相关课程内容，体现了在学院的日常教学中，对于科研过程中的学生科研精神培养、人格培育、技能提升的促进作用相对有限。

2016年我院承建的"四川省装备制造业机器人应用技术工程实验室"（以下简称工程实验室）成立，该工程实验室依托当地政府大力支持、结合制造业转型升级行业需求、联合中国二重、德国 KUKA、SIEMENS、ABB 等标杆企业，是具有标志性的科研创新平台。该平台立足装备制造业应用，主要围绕工业机器人应用工艺开发、专用工装夹具设计、机器人性能检测与标定、创新人才培养等方面进行建设。工程实验室密切联合德阳当地大型装备制造业企业，精准定位行业痛点，主要开展大型铸锻件磨抛、大型热锻模具修复、自动化焊接、机械零件去毛刺等应用工艺技术研发。

工程实验室成立后，充分结合政府、企业资源，承担纵向横向项目课题，完成了多项重大科研项目的前期研发和后期产业化。例如通过工程实验室与中国二重、中铁二局等合作，完成了"机器人智能磨抛技术研究""大型锻件表面缺陷机器人自动消除系统的研制""铁路隧道渗水治理智能开槽机器人系统研制"等多项四川省级重点科研项目的研发工作，同时通过企业市场化推动完成了项目的产业化。通过该平台优质项目的引入，大量的教师和学生投入到了项目的开发中，教师和学生作为科研平台的双主力融入各种科研项目中，教师提升了科研育人水平，学生在实际项目中增长了技能、培育了科研精神、促进了学院科研育人工作的开展。

（二）教师科研育人能力提升

建立高水平科研团队，提升教师科研能力，是高职院校是否能够实现高水平科研育人的核心要素。结合工程实验室平台建设，利用重点科研项目为牵引，结合学校现有优质人力资源，打造一个水平较高、分工明确、人员合理的科研项目团队是改变高职院校科研底子薄、科研水平不高现状的有效手段。

例如工程实验室引入"机器人智能磨抛"项目，通过项目研究确定了主要技术内涵，确立了快速三维模型建模技术、柔性工具控制技术、机器人轨迹规划技术、打磨控制软件开发技术等关键技术领域，通过全校优化的人力资源配置，搭建了项目核心团队。通过项目开发，各相关技术领域教师科研能力得到极大提升，产生了大量高水平论文、专利、软著等成果，为科研育人提供了有力的人员支撑。同时各个项目技术又诞生了多个分支领域，吸收了更多的教师参与其中，提升了学院的整体教师科研水平，为学院后续育人发展积累了力量。

（三）培植育人土壤、激发学生内生动力

大学生进入平台、参与项目的驱动力通常可以分为以下三个层次：首先是外在环节的要求，例如学校的规章制度、学习评价要求等外部强制性因素；其次是学生受到学校科研创新氛围感染、教师价值引导、奖励激励等影响，虽然内心不一定感兴趣，但行动上和理念上认同，并积极参与各项科研育人活动，具备一定的主观自觉性；最后是原发内心驱动，学生体现出强烈的自发科研技能追求、主动积极参与各项科研活动[12]。在实践中这三个层次是不停演进和变化的，需要我们不断在校园中营造科研育人的氛围，将外界强制性要求递进为氛围感染和价值取向，同时通过学生们在进项目、促技能过程中取得的各种成绩鼓励内化为学生们的科研内生动力，从根本上解决科研育人主体的能动性。

作为学院的科研创新平台，在完成各项科研任务的同时，工程实验室也是学院新时代科研育人的创新平台，担负着学院"三全育人"体系建立的重要任务。在工程实验室的科研育人中，主要采用了以下制度和措施营造科研氛围，激发和带动学生的科研动力。

1. 围绕工程实验室"四川工匠""技术能手"建立学生工作室

要实现工程实验室的科研育人，首先需要将学生吸引到平台和项目中，依靠传统的学校强制、老师安排效果较差。目前工程实验室有多位"四川工匠""技术能手"，利用这些老师在学生中的感召力、影响力，通过各种形式的环境营造和价值引领，可以有效地影响学生们进入平台、走进项目。同时，工程实验室通过重大项目宣传、"工匠、技术能手"讲座论坛等多种活动开展，吸引学生自主自愿了解项目、走进平台。

2. 围绕工程实验室主要技术路线、技术领域建立专项工作团队

学生在进入平台后，通过指导教师和学生兴趣确定技术方向，基于学生自觉自愿进入各个专项工作团队，树立工作目标、确立有效工作任务，通过具体有效的科研工作保证学生在平台中留得住、留得稳。在各个技术团队中，依据学生年级高低、能力状况建立多级梯队，注重培养核心和骨干队员，做到"以老带新""互帮互助"，促进团队积极向上学习氛围的形成。

在工作团队的建设中，需要充分考虑高职院校学生的现实情况。目前，高职院校生源主要来自中职学生群体和普通高中学生群体，通常情况下中职学生的动手能力较强，但数学、物理、英语等基础能力相对较差；普通高中学生群体则相反，动手能力较弱，但基础能力较好。在初期学生进入团队时，指导教师需要根据学生情况，进行差异化引导，保证学生能够取长补短、优势互补。

3. 围绕工程实验室核心项目建立师生一体化攻坚技术团队

工程实验室是学院横向和纵向课题项目研发的核心力量，如何实现科研和育人的多维一体是工程实验室能否高效运行的前提。学生通过前期专项工作团队工作，已经具备了一定的科研能力，在实际项目开发中，以指导教师为主、师生一体共建项目攻坚团队是解决该问题的有效方案。学生通过与高水平指导教师耳濡目染和朝夕相处的学习、工作、生活，不仅能实现技能的快速提升，也能够从日常工作中学习、感悟到教师的精神品格，激发学生内生的动力，极大的提升科研育人效果，同时通过师生配合也能有效推进工程实验室各项项目进度，保证工程实验室各项项目的有效推进。

例如"隧道切槽机器人"项目研究中，设备的交付时间紧，而且安排在暑假八月份。为保证设备按时交付，工程实验室电气控制及装调技术团队、机械

设计及装调技术团队、柔性工具控制技术等多个技术攻坚团队师生一体战高温、迎酷暑，周末无休连续奋战两个月，共同完成了设备的高质量交付。学生们通过深度参与项目，接触并学习了各学科当前主流技术，深切感受到了一丝不苟的科研工作精神和作风，体验了科研工作的成就感和快乐感，激发了学生的内生动力，为学生优秀品格的养成提供了极好的实践经历。

4. 围绕工程实验室学生入平台、进项目建立严格的管理规章制度

为保证工程实验室科研育人能够长久持续地发展，公开、透明的规章管理制度是必不可少的前提保障，为此建立了多项规章制度。

（1）学员招募制度。工程实验室作为学院公共的科研育人平台，具有天然的开放性和包容性，实验室学员面向全校各专业学生进行公开招募。每年开学季，工程实验室在学院发布公开招募通知，由工程实验室老学员协助各项目团队指导教师进行新成员的公开招募工作，为保障覆盖广度，尽量扩大招募数量。对于入平台、进项目的学员，根据其专业研究方向进行分组，并按照年级高低进行梯队配置，形成团队建设的长效机制。由于毕业、升学等因素退出工程实验室时，实验室通过颁发进项目、入平台证书，公开表彰优秀学员等形式，认可和奖励学生的科研学习经历和过程付出，提升工程实验室在学生中的影响力和号召力。

（2）实验室指导教师管理制度。指导教师是工程实验室实现科研育人的责任主体，与学生朝夕相处，指导教师的科研能力、个人品格直接影响了育人效果的好坏。工程实验室通过严格的科研学术规范、日常行为指引、科研项目规则、育人要求规范指导教师的日常行为，并通过年度考核机制保障指导教师的动态流动。

（3）学员日常培育制度。学员通过招募进入科研平台后，指导教师需要根据每个同学的专业水平、学习能力、技能状态制定合理的学习计划，指导教师依据工程实验室总体管理要求，根据各个科研项目的实际需求，对每个学生进行差异化培育。建立考勤打卡制度，规定学员每周在工程实验室的最低工作学习时间，保证学员有足够的科研项目时间。建立项目定时考核制，教师根据学员学习和科研任务安排，提出合理有效的科研学习任务，定时进行完成情况的评价。各个团队、项目组每周、每月定时汇报学生在个项目中的工作进展、问题，及时提出解决方案；同时对于获得的各项成果，及时鼓励表扬每个学员个体，激发学生的内生科研动力，增加工程实验室科研氛围，提升科研育人效能。

四、科研育人成效

在学院的大力支持下，工程实验室的科研育人工作已经取得较好效果，每年直接加入工程实验室的学生数量超过 100 人以上，通过创新创业、科创大赛活动间接参与的学生覆盖面更广。工程实验室积极组织学生利用各自科研项目，参加各种创新创业、实践技能大赛，获得多项国家级和省级比赛大奖。其中"时代铠磨—大型铸锻件表面智能加工探路者"获第五届中华职业教育创新创业大赛一等奖，工程实验室学生工作室成员毛干毓、李智佳获"第四届全国智能制造应用技术技能大赛"一等奖，这些优异成绩是工程实验室多年探索科研育人新模式成效的集中体现。

图1　同学们在"机器人智能磨抛"项目中

图2　同学们在"隧道切槽机器人"项目中

通过工程实验室多年实践，探索出了一条"搭平台、进项目、促技能、育人才"的科研育人方法，既完成了"机器人智能磨抛""隧道切槽机器人"等多项重大科研任务，培养了一批掌握高水平技术、具有高素质科研品格的优秀科研教师，又通过大量学生入平台、进项目，使学生树立了正确的价值观和世界观，培育了严肃客观的科研精神、促进了高技能人才的培养，实现了高职院校科研育人目标。

五、结语

面对新一轮"双高建设"的实施，面向新时期高度复杂、高度集成化的技术发展趋势，高职院校需要背靠行业、面向企业搭建新型高水平科教融合平台，打破高校科研同教学的界线，实现平台吸引人、科研锻炼人、项目培育人，促进高素质、高技能人才的培养。该路径是高职院校进一步深化教育科研改革，强化内涵建设，保证高质量、高水平发展，实现"三全育人"的必由之路。

参考文献

［1］国务院.国务院关于印发《国家职业教育改革实施方案》的通知［EB/OL］. 2019-01-24.

［2］李景林，闫守轩.地方本科院校科研育人的多维困境及实现路径［J］.教育科学，2021，37（4）：90-96.

［3］刘建军.进一步重视科研在高校育人中的地位和作用［J］.中国高等教育，2015（6）：34-37.

［4］刘在洲，段溢波.大学科研育人的时代价值与意蕴本源［J］.湖北社会科学，2019（8）：170-174.

［5］莫玉婉.我国高职教育重点建设：政策变迁、路径依赖及改革趋势［J］.高教探索，2021（5）：87-93.

［6］朱善元，李巨银，杨海峰，等."双高计划"视域下科研"增值赋能"职教人才培养的策略——以江苏农牧科技职业学院为例［J］.中国职业技术教育，2020（18）：31-35.

［7］李景林，闫守轩.地方本科院校科研育人的多维困境及实现路径［J］.教育科学，2021，37（4）：90-96.

［8］韩慧仙.高职院校科研育人实施路径的探索与研究［J］.辽宁高职学报，2020，22（11）：97-100.

［9］陈志菲.高职院校"五位一体"科研育人模式与实施路径探析——以文科类高职为例［J］.柳州职业技术学院学报，2021，21（4）：56-61.

［10］龚娜. 高职院校科教融合的理论发展与路径选择［J］. 教育与职业，2017（12）：54-57.

［11］黄廷祝，黄艳，杨建宇."科研育人"新工程教育：认识、思考与实践［J］. 中国大学教学，2021（7）：33-39.

［12］刘在洲，李小平. 大学科研育人的发生学分析［J］. 现代大学教育，2020，36（5）：1-7.

作者简介

雷刚（1980 年—），男，四川泸县人，大学本科学历，四川工程职业技术学院电气系教师，副教授，四川省装备制造业机器人应用技术工程实验室总工，成都自动化协会理事，近年来主持和参与完成省市级重点科技项目 8 项，获国家发明专利授权 4 项，实用新型专利 19 项，软件著作权 3 项，发表学术论文 15 篇，获德阳市科技进步奖 1 项，四川省机械行业协会科技进步奖 1 项，主要研究方向为嵌入式及自动控制技术。

胡明华（1973 年—），男，四川自贡人，硕士，四川工程职业技术学院电气系副主任，高级实验师，首届四川工匠，四川省胡明华大师工作室领衔人，四川省紧缺领域教师技艺技能传承创新平台负责人，主持并参与多项省、市级科研课题和三十余种产品研发，获得国家发明专利授权 18 项，主要研究方向为自动化技术及应用。

王涛（1982 年—），男，四川南充人，硕士，四川工程职业技术学院电气系教师，工程师，参与并完成四川省科技计划重点研发项目 2 项，主持完成市级重点科研项目 1 项，参与市级重点科研项目 7 项，授权发明专利 3 项、实用新型专利 10 项，软件著作权 5 项，主要研究方向为工业互联网及大数据应用。

盛磊（1984 年—），男，四川宜宾人，硕士，四川工程职业技术学院电气系教师，实验师，西门子工业软件 PLM-Teconomatix、NX CAD 认证教员，参与四川省科技计划重点研发项目 1 项，德阳市科技计划项目 2 项，主要研究方向为机电一体化设计与仿真、高级机器人仿真及虚拟调试、机器人工装夹具设计。

陈亮（1990 年—），男，陕西宁强人，硕士，四川工程职业技术学院电气系教师，助教，国家级职业教育工业机器人应用与维护领域教师教学创新团队成员，完成多项省、市级科研课题，获实用新型专利 3 项，软件著作权 2 项，研究方向为机械电子工程、机械设备智能保障技术、物联网应用技术。

第八篇 **08**

| 协同育人篇 |

"三全育人"理念在高职现代学徒制校企协同育人中的探索与实践*

——以四川工程职业技术学院酒店管理专业为例

蒋 敬 张 伟

据中国旅游饭店协会发布的《中国饭店管理公司（集团）2020 年度发展报告》显示，我国饭店集团规模延续增长态势，饭店数和客房数增长率分别为 13.7%、13.9%①，需要大量高素质高技能应用型专业人才。然而毕业生却因心理落差大、难以适应酒店工作强度等原因，每年的就业人数呈下降趋势。酒店业出现人才招聘难度大、应聘人员减少、员工流失率高等"用工荒"问题。据《中国酒店人力资源调查报告（2021）》统计，档次越高的酒店，员工流失率越高。奢华型酒店（五星级及以上标准）中，员工流失率在 41% 以上的酒店占比为 12%。中高端酒店（三星级、四星级）中，员工流失率在 41% 以上的酒店占比为 6%。

由此可见，高职院校培养的酒店专业人才就业现状与酒店业的人才需求矛盾日益突出。如何解决就业难与用工荒之间的矛盾？如何引导学生正确地认识服务行业、树立正确的就业价值观？如何培养学生的职业忠诚度？现代学徒制这一职业教育新模式为解决上述问题提供了新思路：以"立德树人"为根本，通过校企协同育人，在人才培养模式改革的同时，把思想政治工作贯穿教育教学全过程，使学生兼具良好的专业素养和职业精神。本研究以四川工程职业技术学院酒店管理专业为例，探讨"三全育人"理念在现代学徒制校企协同育人中的应用和成效，总结实践中的育人经验，以期对其他专业或高职院校提供借鉴意义。

---

* 基金项目：四川工程职业技术学院教育教学课题：《"双高"背景下专业课程中思政教育的隐形融入设计》（课题编号：GG202079453）；四川工程职业技术学院教改项目：《〈现代饭店管理〉立体化课程建设》。

① 张润钢. 看清潮水奔涌的方向——对《中国饭店管理公司（集团）2020 年度发展报告》的解读［EB/OL］. 中国旅游饭店协会，2021-06-29.

一、"三全育人"理念与现代学徒制

(一)"三全育人"理念的内涵

"三全育人"是指全员、全过程、全方位育人，该理念是高校实现"立德树人"根本任务的必然要求。具体而言，"全员育人"从狭义上理解主要指高校全体教职工都应该参与到育人工作中；从广义的角度理解，育人主体还包括社会、企业、家庭、学生自身等主体。"全过程育人"是指思政教育覆盖高校育人的所有阶段。"全方位育人"是指思政教育的元素、手段、渠道多元化，从而实现育人工作的协同联动①，达到时时处处皆育人的目的。"三全育人"理念的关键点在"全"，有利于整合育人主体和资源，丰富育人载体和方式，关联不同育人阶段，从而形成"大思政"格局，达到把思想政治教育工作贯穿教育教学全过程的要求。

(二) 现代学徒制试点的实施要求

2017年12月，国务院发布《关于深化产教融合的若干意见》，明确提出"要推行校企一体化育人，坚持职业教育校企合作、工学结合的办学制度，全面推行校企联合招生、联合培养、工学交替的现代学徒制"。相较于传统的师带徒模式，现代学徒制是一种职业教育新模式，它强调校企资源优势互补，联合培养高素质技能型人才，培养的学生同时也是企业的学徒，兼具学生+员工的"双身份"；培养的地点为学校、企业"双场地"。试点需满足"双主体"育人、招生招工一体化、共同制定人才培养制度和标准、校企互聘共用教师队伍、管理制度体现现代学徒制特点等要求。

(三)"三全育人"理念与现代学徒制的契合性

1. 凝聚多方育人主体，形成"全员"育人合力

思想政治教育主体是德育工作的承担者和发动者。传统的教育观认为，教育的责任在学校，教育的主体是老师，德育工作的主力则是思政教师和学生管理队伍，并没有意识到德育工作无处不在、无时不有。习近平总书记指出："办好教育事业，家庭、学校、政府、社会都有责任。"因此，大到整个社会环境，小到一个家庭，都可以发挥育人的力量和功能。

在酒店行业中，学生们之所以对企业的忠诚度低，难以在一线服务岗位沉

---

① 梁伟，马俊，梅旭成. 高校"三全育人"理念的内涵与实践［J］. 学校党建与思想教育，2020，2（619）：36-38.

淀下来，究其原因，与酒店一线服务工作人员的社会地位认可度较低有着密切的关系。因此需要社会、学校、企业等多方育人主体形成合力，给予学生积极的引导，使他们树立正确的择业观、价值观。

现代学徒制的"双主体"育人机制从顶层设计约束了学校全体教职工和企业全体员工的育人责任，要求校企双方共同构建育人平台，厘清校、企、生三方职责所在，明确校企在协同育人过程中的权利和责任，从而激活企业育人主体功能和责任感，实现"全员"育人。

2. 联通校企育人环节，打造"全过程"育人链

高职酒店管理专业学生一般通过认知实习、教学实习、顶岗实习等教学形式了解行业企业，进行岗位实践。其间，酒店人力资源培训管理者主要带领学生们了解酒店的发展历史、品牌文化，熟悉酒店各个部门、主要岗位和工作任务。企业导师和岗位师傅负责指导实习生提升技能水平和服务技巧。尽管这些教学过程也会进行"传承历史""人本理念""职业精神"等思想政治教育，但这种教育是碎片化的，具有临时性和随机性。加之企业对学生的岗位培养以掌握技能为主，缺乏统领性的育人目标，与学校思政育人的关联性、协同性不够，无法保障思政教育的延续性。

现代学徒制实行"招生招工一体化"，学生入校的同时便成了企业的学徒（准员工），兼具"双身份"的特殊性。学生（学徒）在学校和企业间进行"双场地"交替式学习，可以根据人才培养目标和学生认知规律，选择更利于学生成长的教学地点和教学手段，交替的周期长短由校企双方共同研究制定，具有很大的灵活性。因此，学校和企业对学生（学徒）的培育不是独立分割的，而是贯穿入校至就业的整个过程，打通了课堂内外的壁垒。可见，现代学徒制联通了校企育人各环节，打造"全过程"育人链，从而保障了思政教育的延续性和完整性。

3. 整合校企育人资源，营造"全方位"育人氛围

传统教育中，学校和企业的教学资源、培训资源是各自为政的，尽管蕴含着丰富的育人契机和育人元素，但没有进行系统的整合，未能形成结构化的思政体系，因而难以实现1+1>2的育人成效。

现代学徒制通过校企联合制定人才培养方案、设置课程体系、拟定管理制度，有利于改善学校偏重理论教育、企业偏重实践教育的"两张皮"现象，避免传统高校思想政治教育脱离生产生活实际的弊病，实现专业与行业对接、课程标准与职业标准对接、校内管理与校外管理对接。通过整合校企育人资源，实现理论与实践的有机结合，使思政教育素材立体生动，学生容易接受理解，

内化于心、外化于行，更能达到"立德树人"的目的。学生基于岗位实践，激发团队合作、自主创新的能力，全方位提升综合能力，更有利于自身和企业的共同成长。通过营造"全方位"育人氛围，实现时时处处皆育人的目的，丰富了育人手段和载体，打通了"三全育人"最后一公里，使思政教育覆盖更全面。

综上所述，"三全育人"理念与现代学徒制的实施要求有很强的契合性，现代学徒制是全面落实"全员""全过程"和"全方位"育人的有效模式。以该理念指导现代学徒制校企协同育人，有利于拓展育人主体、延伸育人过程、整合育人资源、丰富育人载体，提升育人效果，推动现代学徒制这一新型职业教育人才培养模式的完善。反之，现代学徒制校企协同育人是对"三全育人"理念的生动实践，可促进"三全育人"理念的推广和发展。

二、"三全育人"理念在现代学徒制校企协同育人中的应用

（一）四川工程职业技术学院酒店管理专业现代学徒制基本情况

四川工程职业技术学院于 2018 年被教育部确立为现代学徒制试点单位。酒店管理专业联合成都凯宾斯基饭店等 3 家高星级酒店共同实施专业试点。按照校企联合招生招工的要求，组建了酒店管理专业现代学徒制班。贯彻落实校企"双主体育人""双导师培养""双场地交替授课"，充分保障学生（学徒）"双身份"，实现了"学徒"培养与企业岗位需求精准对接，凝练了"一平台+双驱动+三建设"的酒店管理专业现代学徒制人才培养典型案例，在校企协同育人方面取得了良好的效果并积累了宝贵经验。2021 年 9 月，学校现代学徒制试点专业顺利通过教育部验收。

（二）酒店管理专业现代学徒制校企协同育人的实践

1. 构建"四位一体"育人共同体，积极发挥育人合力

在"全员育声"方面，酒店管理专业现代学徒制试点项目构建了以校、企育人为主，家庭、学生育人为辅的"四位一体"育人共同体。各主体签订协议书，共担育人责任，形成育人合力。

（1）构建校企横向沟通、纵向贯通的协同育人体系。按照校企"双主体"育人的要求，四川工程职业技术学院与成都凯宾斯基饭店等 3 家酒店签订了《人才培养战略合作协议书》《酒店管理专业现代学徒制项目校企合作协议书》，明确了校企双方的职责与分工、权利与义务、组织管理、学徒薪酬管理等内容。分年度制定专业试点实施方案，组建酒店管理专业现代学徒制项目校企专班，采用校企联席会制度议事决策，保障现代学徒制试点工作落到实处。

在学校内部，建立了由分管校领导任组长，旅游管理系主任、书记任副组长，会同教务处、招就办、学生处、人事处、财务处等相关职能部门负责人组成的项目试点工作领导小组，并责成教务处负责人具体协调，定期会商和解决有关试点工作的重大问题，及时协调有关部门支持试点工作。在企业内部，主要由酒店副经理任组长，人力资源总监任副组长，人力资源部经理、培训经理、招聘经理作为项目团队主要研究成员，负责本项目企业方的具体执行。由此，不仅实现了校企高层领导的横向沟通，也建立了校企内部各部门、各类人员对现代学徒制协同育人的机制，形成了校企"全员"育人的合力。

（2）组建企业思政育人团队，实现实践育人与思政育人同向同行。为了完善企业学习工作阶段的思政育人，使现代学徒制专业课程与思政课同向同行，本项目组建了由学校思政课教授、学生管理教师和酒店企业导师共同组成的思政育人团队。学校的思政课教授每周前往酒店为学生讲授思政类必修课。学校班主任、班级导师每周前往企业召开主题班会，了解学生动态。酒店导师、带徒师傅基于岗位，培养学生（学徒）的德与技，使他们树立爱岗敬业、团结协作等职业精神；树立精益求精的工匠精神；自觉践行社会主义核心价值观。由此，校企双方发挥各自优势，实现实践育人与思政育人同向同行。

（3）积极发挥家庭、学生育人的主动性。针对现代学徒制的"双身份"特点，为了保障学生在企业学习期间的利益，按照双向选择原则，通过项目宣讲、发放"告家长书"等方式让家长知晓现代学徒制试点的意义和培育模式。在征得家长同意的前提下，企业、学校、学徒（学生）签订"现代学徒制试点三方协议"，明确三方的权力和责任，不满18岁的学生签订校、企、生、家长四方协议。由此，家庭这一重要主体也被纳入了现代学徒制校企协同育人的共同体。

学生作为学徒、企业员工，兼具多重身份，他们在项目参与中凝聚共识，在成长中相互影响，也是不可忽略的育人主体之一。由于现代学徒制班级单独建制，在企业学习期间，班委们也能像在学校一样，协助老师和企业管理者做好学徒们的日常管理工作，从而发挥学生育人的潜在力量。

2. 打造"四阶并进"育人教育链，深入推进产教融合

为了实现"全过程"育人，校企共同制定《酒店管理专业现代学徒制班招生（招工）简章》和人才培养实施方案，深入学生和家长群体进行宣讲和面试选拔，从源头就开启了校企双方协同育人教育链。按照产教融合、工学交替的模式，将三年学制划分成四个阶段，每个阶段校企协同合作，共同完成育人目标。

（1）实施1+1+0.5+0.5工学交替培养模式。在人才培养实施方案中，本项

目将三年学制划分成了四个阶段，每个阶段的培养地点、授课主体、学生身份各有侧重。大一期间，学生（学徒）主要在学校进行通识课程和专业基础课程的学习，以学生身份为主；酒店导师、技能大师到学校授课、开办讲座，将企业文化、行业文化带给学生，为学生成为一名酒店人做好思想上的准备；学生（学徒）的日常管理以学校为主。

大二期间，学生（学徒）到酒店进行实践培养、轮岗锻炼，以学徒身份为主，考核合格后成为酒店准员工；酒店导师和岗位师傅主要开展技能培养和职业引导，学校思政课教师、班级导师、辅导员定期深入企业讲授理论课、开展主题班会，协助酒店做好学生（学徒）的日常管理，开展职业理想和职业道德教育。

第五学期，学生（学徒）回到学校进行理论提升学习，明确个人职业发展目标。第六学期，回到酒店进行定岗实习，培养知行合一、基层管理的能力。学生毕业的同时也成为企业的正式员工。这种工学交替的培养模式实现了校企不同育人阶段的无缝对接，打造了"四阶并进"育人教育链。

（2）协同推进校企思想政治教育工作。现代学徒制的培育地点从学校到企业，教育者从老师到师傅，身份从学生到学徒，这三个转变要求校企思想政治工作必须高度协同，企业育人功能整体跟进。学生在"学校—企业—学校—企业"工学交替学习中，其角色也经历了"学生—学徒—准员工—正式员工"的成长路径。通过校企协同推进思想政治工作，逐步建立起学生的专业自信、职业自信、文化自信，使学生在工学交替中淬炼角色，在岗位实践中锤炼匠心，逐步从书本迈向知行合一，有助于其职业生涯健康发展。此外，成都凯宾斯基饭店为每位学生（学徒）制作了《培训与发展——通向成功的护照》个人成长记录手册，详细记录学生（学徒）岗位培养、考核情况，通过积分管理、培训、竞赛等手段，发挥了过程性激励作用。

3. 把握"两育并举"育人着力点，有效提升育人质量

在"全方位"育人方面，本试点项目充分利用校企各种教育资源和载体，以文化育人、管理育人为着力点，渗透思想政治教育，营造"全方位"育人氛围，实现育人工作的协同联动，提升育人质量。

（1）充分发挥校企文化融合育人的功能。校园文化、企业文化尽管有各自的目标，但对学生（学徒）的培养皆具有导向、规范、协调、激励和凝聚作用。本试点项目经校企联席会成员多次讨论商议，寻找育人目标共同点，发挥各自育人优势，通过多种形式促进校企文化融合，对学生（学徒）进行理想信念、行为规范、职业素养教育，发挥融合育人的功能。

一是仪式教育。在酒店管理专业现代学徒制开班典礼上，特别举行了企业导师受聘仪式、学生（学徒）拜师和敬茶仪式，培养学生尊师重教的传统美德。此外，学生（学徒）每次到达或离开酒店，成都凯宾斯基饭店的高层管理者均会亲自为他们举行欢迎仪式、送别仪式或毕业典礼，让学生在关怀中领悟以人为本的服务理念。

二是环境教育。在学校"以文育人、以文化人"理念的倡导下，旅游管理系引进优秀的酒店企业文化，通过文化建设，打造了"一廊二吧四面墙"的文化育人环境，在教室走廊、读书吧、沙龙吧、微笑墙、荣誉墙、校企合作墙、校友墙等学习、休息场所展示优秀的企业文化元素，在润物细无声中让学生从感官上初步了解企业文化，加强职业认同。

三是阵地建设。在学校，成都凯宾斯基酒店还专门打造了具有浓郁的凯宾斯基酒店品牌文化特征的"冠名教室"，作为企业导师在学校开展教学活动的重要阵地，有利于激发企业育人情怀，强化现代学徒制班学生的归属感。在企业，校企共建职工园地。学生与酒店员工共同设计企业职工文化墙、优秀员工荣誉墙、故事墙、美化员工宿舍，处处营造文化育人的环境。尤其是当现代学徒制班的同学登上荣誉榜时，对其他同学更是一种莫大的鼓励和榜样引领。

（2）校企对接管理，实现管理育人全覆盖。为了发挥管理工作者在育人中的重要作用，经酒店管理专业现代学徒制校企联席会集体商议，把育人作为管理工作的出发点和落脚点，在教学管理、师资队伍建设、学生管理、考核评价等方面，制定了30余份针对现代学徒制的管理制度。为了达到校企共商共管、分工负责的目的，分别对学校、企业、家庭、学生四大育人主体进行宣讲，强化责任分工、规范行为标准。

针对学生（学徒）日常管理的校企责任，不同的阶段有所调整。学生（学徒）在学校进行理论知识学习期间，以学校管理为主，企业为辅；在企业岗位培育期间，以企业为主，学校为辅。而对学生的考核，则由校企共同完成，注重过程性评价，实行课程考核+酒店生产实际评价相结合的方式。此外，学校和企业定期在酒店举行学生座谈会，通过谈心沟通，加强对学生的关怀，及时、全面了解学生的思想动态，实现管理育人全覆盖。

三、"三全育人"理念下现代学徒制校企协同育人成效

酒店管理专业现代学徒制试点项目通过实施全员、全过程、全方位育人，耦合了校企生三方在"培养什么人？""怎样培养人？"等问题上的契合点，真正达到了校企协同育人的目的，更好地满足了学生成才需求、教学改革要求、

行业企业发展诉求，育人成效显著。

（一）提升了学生专业素养和道德情操，树立职业理想

酒店管理专业毕业生的"就业难"其实是学生不愿意从事酒店工作。造成这一现象的原因，除了行业整体薪资水平较低之外，更在于酒店一线服务工作门槛低，高职学生的竞争优势在短期内显而易见，但缺乏持久性的竞争力。加之学生对职业的心理预期过高，因而容易造成职业认同感低。因此，应加强学生就业竞争力的培养，引导他们树立正确的职业理想。

相较于酒店管理专业传统的人才培养方案，现代学徒制项目更有助于实现课程内容与职业标准对接，教学过程与生产过程对接。不同于学校仿真性实训室的训练，通过一年半在成都凯宾斯基酒店真实经营环境中的实践性学习，学生（学徒）们更快速地掌握了技能知识和对客服务、人际沟通等实践经验，尤其是在技术水平和心理素质方面远远优于非现代学徒制班的同学。通过在不同部门、岗位轮岗学习，学生（学徒）们对酒店工作有更为全面、客观的认识，有助于形成正确的职业认知，及时调整职业期待。在企业导师、岗位师傅等职场前辈以及优秀员工的言传身教下，学生（学徒）们积极探索职业兴趣，磨炼工匠精神，在劳动教育中逐步提升了对酒店行业的价值认同。

2020年新冠肺炎疫情期间，现代学徒制班级的多名学生（学徒）成为美丽的"逆行者"，主动要求返回酒店上岗，充分显现出主人翁意识、大局意识。经跟踪统计，学校2018级酒店管理专业现代学徒制班学生毕业后初次留任率72%（非现代学徒制班为50%左右），工作半年后留任率62%（非现代学徒制班为20%左右）。这说明通过校企协同育人，提升了酒店管理专业学生的职业认同感和忠诚度。

（二）推进了学校育人模式改革与创新，助力"三教改革"

以"三全育人"理念指导现代学徒制的实施为学校人才培养模式的改革提供了新思路，为教师、教材、教法等改革和创新提供平台和资源。

1. 校企互聘，打造了一支高水平"双师型"教师队伍

成都凯宾斯基饭店聘请学校旅游管理系4名副教授为企业培训师，为企业培训搭建理论框架体系。学校派酒店管理专业骨干教师到企业进行挂职锻炼，提高实战能力；还聘请了13名现代学徒制合作酒店管理精英、职业经理人、行业带头人到学校任教或开设讲座，传授原汁原味的实操技艺和管理经验，拓展学生的视野，从企业家的角度为学生指导职业生涯发展道路。

2. 校企双元，合作编写职业教育新形态教材

依托现代学徒制试点项目，学校教师与企业资深管理人员组成教材编写团队，共同分析岗位职业标准和岗位对知识、素质、能力的要求，有针对性地将酒店先进的服务标准、生产案例、项目引入课程和教材，使思政教育更加鲜活。校企联合编写了大量的校本讲义，出版了《现代酒店管理》《茶文化与茶艺》《酒店英语》（一、二）4 部立体化、活页式等职业教育新形态教材。

3. 校企互助，教师教学能力大赛获殊荣

通过将企业、行业发展情况融入思想政治教育，弥补了传统高校思想政治教育脱离生产生活实际的盲点、断点。基于企业真实生产案例和项目，以教师教学能力大赛为契机加快教法改革，探索课程思政与思政课协同育人的路径。教师团队成长速度快，能力水平不断提升。近三年，酒店管理专业荣获四川省职业院校教师教学能力大赛获一等奖 4 项，获四川省高等学校省级"'课程思政'示范课程"认定 2 项和"示范教学团队"认定 1 项。

（三）激发了企业育人主动性和责任感，解决用工困境

在社会主义市场经济的整体调配下，人才流动现象比较普遍，因而企业不愿意投入太多时间和成本去培养基层员工。员工因能力提升或职位晋升通道受限，又加速了其离职周期，由此造成恶性循环。在现代学徒制项目的驱动下，成都凯宾斯基饭店与我校的合作从单一的顶岗实习基地迈向了战略合作伙伴关系。本着多方互利多赢的原则，德国凯宾斯基饭店集团给学生（学徒）提供了优质的集团培训资源，实训平台，将他们作为酒店未来基层、中层管理者来培养，为酒店储备了符合自身发展需要的管理人才，降低了酒店育人风险，激发了企业育人动力和责任感。同时，学生（学徒）通过劳动获得报酬，有利于提高职业荣誉感以及对专业、行业的认同感。企业指导教师在日常教育中，将行业的发展史、企业的发展史、行业现有的国际地位讲授给学生，让学生增强历史责任感和使命感，使学生有了前进的方向、目标和动力，避免和降低企业离职率，解决了用工困境。

四、结语

通过分析"三全育人"理念在高职酒店管理专业现代学徒制校企协同育人中的实践经验和成效，可以得出以下结论："三全育人"理念的全员、全过程、全方位育人内涵与现代学徒制的实施要求有很强的契合性。用"三全育人"理念指导现代学徒制，通过构建"四位一体"育人共同体、打造"四阶并进"育

人教育链、把握"两育并举"育人着力点，可以促进德育教育与人才培养模式改革同向同行，有利于更好地满足学生成才需求、教学改革要求、行业企业发展诉求，实现"立德树人"的目标。本研究成果也为完善校企合作机制、创新人才培养模式提供了一定的借鉴意义。

参考文献

[1] 张润钢. 看清潮水奔涌的方向——对《中国饭店管理公司（集团）2020 年度发展报告》的解读 [EB/OL]. 中国旅游饭店协会，2021-06-29.

[2] 杨梦璐. 高职院校酒店管理专业就业前景分析 [J]. 教育观察，2022，5（18）：48-50.

[3] 王玮. 用工年年成难题 酒店寻找突破口 [N]. 中国旅游报，2021-12-16（05）.

[4] 习近平在全国高校思想政治工作会议上强调：把思想政治工作贯穿教育教学全过程 开创我国高等教育事业发展新局面 [N]. 人民日报，2016-12-09（01）.

[5] 梁伟、马俊、梅旭成. 高校"三全育人"理念的内涵与实践 [J]. 学校党建与思想教育，2020，02（619）：36-38.

[6] 孙旭、金鑫、王旭东. 三全育人研究综述 [J]. 高教论坛，2022，02（02）：18-21+65.

[7] 谢俊华. 高职院校现代学徒制人才培养模式探讨 [J]. 职教论坛，2013（16）：24-26.

[8] 步德胜. 思想政治教育主体新论 [EB/OL]，人民论坛网，2022-02-25.

[9] 李娟."课程思政"视阈下现代学徒制"双主体"协同育人的路径研究 [J]. 党史博采，2019（12）：63-64.

[10] 梅丽娜. 产教融合背景下高职院校"三全育人"模式研究 [J]. 吉林师范大学学报，2021，9（5）：109-113.

作者简介

蒋敬（1985—），女，汉族，硕士研究生，四川工程职业技术学院党委组织部、统战部副部长，副教授。主持/主研省部级课题 10 余项，发表论文 20 余篇；任主编出版学术专著 1 部，任副主编出版教材 2 部。荣获国家文化和旅游部"2019 年文化和旅游优秀研究成果"，德阳市政府"第十一次哲学社会科学研究二级成果"等科研奖项；四川省"2021 年教学成果二等奖"，四川省"2020 年教师教学能力大赛一等奖"等教研奖项。

张伟（1969—），男，汉族，大学本科，四川工程职业技术学院旅游管理系系主任，教授。独撰或第一作者公开发表论文 20 余篇；主编"十二五"职业教育国家规划教材《新核心高职英语读写教程 1》等教材 18 部；主持科研课题和教研项目 20 余项；荣获四川省"2021 年教学成果二等奖"。

高职学生"双创"的思政价值与实践进路

——以电商专业基础课融入"青年红色筑梦之旅"为例

彭 洁 王 静

"青年红色筑梦之旅"（以下简称"红旅"）原本是第三届中国"互联网+"大学生创新创业大赛举办的同期实践活动，逐渐成熟后成为中国国际"互联网+"大学生创新创业大赛的一个常规赛道。全国师生通过"红旅"实践，探索了"沉浸式""分众式""滴灌式"的思政教育模式，客观上形成了全国最大的一堂有高度、有深度、有温度的"大思政课"。学生通过"红旅"参与创新创业（以下简称"双创"）实践和大赛，无论是结果还是过程，都具有极高的思政价值，对专业知识迁移、专业能力提升和反哺课堂教学也有非常现实的实践意义，为学校思政教育和德育实践提供了新的思路。

一、"大思政课"与课程思政

2021年3月6日，习近平总书记在看望参加全国政协会议的医药卫生界、教育界委员时指出："'大思政课'我们要善用之，一定要跟现实结合起来。"①"大思政课"的"大"，不仅仅是课堂辐射范围的"大"，也体现在情怀、格局和历史认知上，更体现了"国之大者"的"大"，是高职院校师生需要共同参与、共同学习、共同进步的新课题，以"红旅"为代表的"双创"实践和大赛是"大思政课"的有效载体。

随着乡村振兴战略的提出，全方位服务乡村振兴成为高职教育新的使命，如何提升高职教育服务乡村振兴水平，成为各职业院校的重要课题，职业院校课程思政也有了新的内容供给和路径选择。以高职电商专业基础课程《电子商务概论》为例，课程紧紧围绕使学习这门专业基础课的学生"知产品、识岗位、

---

① "'大思政课'我们要善用之"（微镜头·习近平总书记两会"下团组"·两会现场观察）[N]. 人民日报，2021-03-07.

懂任务、明方向"这个目标，紧扣电子商务项目方案策划这一核心能力，引入"红旅"项目，重点让中国梦、家国情怀、乡村振兴、经世济民、诚信服务等思政元素"如盐在水、润物无声"般融入课程内容设计、理论与实践教学环节、校本教材编写、教学资源建设、考核评价中，把服务"三农"意识、职业行为习惯、创新意识、互联网思维等融入各个任务学习环节。既使专业素养"发芽生长"，又驱动赋能"红旅"项目培育，实现全课程思政，并推动"红旅"这堂"大思政课"与专业课程的有机衔接和融通提质。

二、学生"双创"的思政价值

（一）课程思政的实效验证

大学生通过"红旅"项目参与"双创"实践和比赛，可以有效验证课程思政的实效。如《电子商务概论》课程在实际的教学过程中，依据电子商务专业人才培养方案、课程标准，对接职业岗位需求，对标教育部高等职业教育电子商务专业建设标准，对接"互联网+"大赛"红旅"赛道评分标准，引入电子商务新知识进行课程重构，形成"农产品网络零售""工业品网络贸易""消费品跨境电商"三个教学项目。每个项目基于电子商务典型工作流程设置了选品、选平台、营销推广、客户管理、物流配送等六个工作任务。根据每个工作任务的教学实际，做到"一项目、一主题、一任务、一思政生长点"，即每个项目确立一个课程思政主题，每一个项目对应六个任务，每一个任务找准一个课程思政生长点，完成本门课程思政体系构建。例如本课程教学项目之一"农产品网络零售"，其思政主题是"乡村振兴"，因此教学过程所使用的案例都与乡村振兴相关，比如课堂活动"家乡最美农产品评选活动"，目的是让学生了解"三农"，培养学生树立服务乡村振兴意识。课程主要以项目贯穿整个教学过程，综合使用案例分析法、角色扮演法、情景模拟法等教学方法落实课程思政教学。例如在项目分组时采用角色扮演法，项目组成员每个人对应一个农产品网络零售的岗位，增强职业认知，培养学生责任意识。

教师通过指导"红旅""双创"实践和大赛，反哺课程教学内容重构，让教学内容更有思政温度。在重构教学内容时，就注重课程思政点的设计，让思政点从知识点中自然生长。例如在营销推广子任务直播营销中采用视频案例：2020年4月20日，习近平总书记来到金米村调研脱贫攻坚情况，在金米村电子商务中心，习近平总书记走到直播平台前，与李旭瑛亲切交谈，鼓励他们，电商在推销农副产品方面大有可为。案例既让学生理解了直播电商对于农产品网

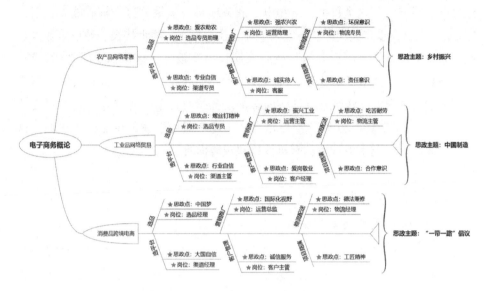

图1　《电子商务概论》课程思政体系

络零售的重要性，又让我们直观感受到人民领袖真挚的人民情怀，认识本专业基础课对"双创"实践的支撑作用，无形中增强了学生电商强农兴农的信心。

　　课程思政的效果更多需要在课外实践验证。实践性是课程思政与大学生"双创"的显著特征。课程思政基于伟大的实践活动，实践活动滋养课程思政，课程思政与"双创"实践发展相辅相成。①《电子商务概论》这门课程的项目教学任务就是引导学生关注"三农"，关注乡村振兴，并有效地在"红旅"中进入"实战"训练，在检验专业知识迁移的同时提高专业能力，接受进一步的思想洗礼，也验证课程思政的实效。

　　（二）行走的"大思政课"

　　思政课要回答关于自然界、人类社会和人自身发展的基本规律的大问题，停留在教室里、停留在"象牙塔"里是远远不够的。"大思政课"既是思政教育的创新，也是包括"红旅"在内的学校产教融合、社会实践、志愿服务等跨课堂实践育人的价值取向。2021年四川工程职业技术学院学生拍摄的微电影《岭上花开》荣获"我心中的思政课"微电影展示四川省特等奖，短短的十来分钟背后，是比电影还要精彩的故事——2000余名师生，经过不懈努力，将一

---

① 刘韧，张雪芳. 大学生创新创业课程体系与课程思政的价值统一、逻辑意蕴和实践路径[J]. 山东农业工程学院学报，2021，38（5）：109-113.

个贫困发生率高达 61.88% 的国家级贫困村变成国家 AAA 级旅游景区。全校几乎每个专业师生都有参与，扎根帮扶村培育"红旅"项目，将自己专业所长运用于脱贫攻坚和乡村振兴实践：建筑类、旅游类专业学生聚焦绿色发展，参与农旅融合设计和道路、园林等基础设施建设，帮助精准扶贫对象打造增值版"金山银山"；艺术类学生聚焦协调发展，参与文创产品设计，帮助精准扶贫对象拓展产业链、增强经济发展韧性；工商管理类学生聚焦创新发展，参与产销对接设计，帮助精准扶贫对象产业可持续运营；教育类学生聚焦共享发展，参与心理援助和青少年成长支持，帮助精准扶贫对象共享改革发展成果、和合共生。2017 年习近平总书记给参加"红旅"活动的大学生回信，期望青年大学生扎根中国大地，肩负社会发展重任；艰苦奋斗，肩负成长成才重任；融入伟大梦想，肩负民族复兴重任。回信精神也是"双创"大赛"红旅"赛道设计的初心，帮助学生在广阔的天地施展才华、增长本领，实现自身价值，"红旅"检验了课程思政的实效，更成为一堂行走的"大思政课"。

三、学生"双创"的实践进路

（一）做好课程引领"双创"实践的顶层设计

贯彻落实习近平经济思想，以真实项目为载体，"学中做、做中学"项目驱动基础理论课学习，将课程融入"红旅"，将"红旅"作为课堂延伸，改革《电子商务概论》这门专业基础课程教学模式。《电子商务概论》传统课程教学是按知识体系构建教学内容，实践教学环节也相对独立，理论教学和实践教学、专业教学与创新创业教学"两张皮"现象都很严重。课程引入学校对口帮扶点农产品网络零售、校企合作单位工业品网络贸易以及学校创新管理中心消费品跨境电商三个不同项目，将教材基础理论有机融入实践项目，进行教学适应性改造，不同程度、不同层次引领学生参与"双创"实践，推动"红旅"落地，提高学生的学习兴趣和学习动力。

用"三教"改革目标作为"双创"实践顶层设计的逻辑起点，经过建设，形成"1255"课程引领"双创"实践模式，即

一计划：实施课程思政建设计划。依托学校"课堂革命"项目，以《高等学校课程思政建设指导纲要》为指导，结合近三年电子商务人才需求调研报告，以课程思政目标为核心修订人才培养方案，完善课程标准中课程思政矩阵图，丰富课程思政案例库，改革课程考核评价方式等工作，全面推进课程引领"双创"实践工作。

双协同：党支部与教研室协同增强教师团队的思政意识，促进教学内容与思政元素相互融合，增强"双创"知识中的精神力量[①]。专业思政和课程思政协同，深挖"双创"与课程中的思政元素，提升教师团队的思政能力。在条件成熟的情况下，建立师生融合型党支部，实现党支部和教研室双轮驱动，安排优质师资担任学生"双创"团队指导教师，从组织上保障"双创"实效，推动"红旅"项目落地。

五评价：采用课堂表现评价、项目实施评价、项目结果评价、期末评价、增值评价五种方法进行育人效果评价。在项目实施评价和增值评价中，增加参与"红旅"的实效贡献、结果产出、思想提升考核点，评价"双创"实践效果。

五育人：树立以德智体美劳五育并举统领课程建设和"双创"实践的目标。"五育"并举的客观需求决定了学校教育在坚持理论性的同时还必须重视实践性。理论作用于实践并在实践中发展创新才有生命力，科学的理论在实践中才能绽放智慧的光芒，通过家国情怀养成、职业技能训练、工作任务引入、真实项目实践等手段，把思政教育、专业教育与"双创"实践有机结合起来，以实现创新能力、创业素养和思想政治素质等在学生身上的相互融通与统一建构，将学生培养成高素质技术技能人才。

（二）找准思政元素融入项目培育的科学落点

课程思政内容"无痕"融入课程教学，增强了思政教育的亲和力和感染力。习近平总书记近年来对于电商推动乡村振兴、中国制造、"一带一路"倡议等社会经济发展的相关论述是电商基础课程融入"红旅"思政教育资源的重要来源之一。此外，课程拥有省级精品资源共享课的专业建设成果、省级高等教育教学改革项目及省级职业教育重大项目成果、中国（德阳）跨境电商综试区人才孵化基地、电子商务课程思政资源库等，也有效支撑了内容供给。精选的课程思政内容贯穿项目选择、课堂引入、知识点融入及评价思考等各个教学环节，通过案例分析、言传身教、小组角色扮演等形式，将服务乡村振兴的家国情怀、创新创业精神，经世济民、德法兼修的职业素养入脑、入心、入行，增强了思政教育的亲和力和感染力，潜移默化地培养了服务乡村振兴、诚实守信的电商从业者。

在科技赋能的同时，增强思政教育的针对性和时效性。《电子商务概论》专

---

① 马睿．"课程思政"理念下职业院校思创融合实施路径研究［J］．南方职业教育学刊，2021，11（4）：74-79.

业基础课主要针对电子商务专业大一新生和非电商专业学生开课，课程通过指导学生利用网络零售平台开展选品分析、平台比对、营销推广、客户服务、物流配送等真实岗位任务体验，培养学生责任意识；指导学生使用 XMind 制作项目策划思维导图，解决学生思维碎片化的问题，提高分析问题和解决问题的能力；利用 i 博导电子商务实践平台开展电子商务基本技能训练，强化学生专业基础技能；指导学生延伸课程内容学习，培育"双创"项目，实现德技并修。电商与科技不可分割，科技日新月异，电商发展一日千里，学生在真实体验中，深刻感知科技革新给人民生活带来的获得感和幸福感，深刻感知科技革新助力中国走进世界舞台中央的自豪感，其思政教育非常有针对性和时效性。

教学相长，促进学生知行合一，增强思政教育的开放性和系统性。思政教育是开放性的教育，同时也具备科学系统性，只有受众知行合一才能促成目标的达成。以学生为中心，依托学校对口帮扶点真实需求为任务驱动，搭建基于超星学习通的线上线下理实一体教学平台，以聚焦问题为导向，充分应用"激活旧知""示证新知""应用新知"和"融会贯通"的教学设计模式，把教学实施分为课前准备、课中探究和课后拓展三个部分，将"双创"精神、职业素养培养贯穿思政教育全过程，激发学生服务"三农"的热情与动力，提高学生职业思维和素质。项目结束后，课题组利用问卷星对学生进行教学实施过程和学习效果情况的调查，学生对教学过程的评价正面而积极。学生通过从课程学习到项目实践，全程接受思政教育。

（三）培优"双创"项目反哺教学的循环机制

构建"以学生为中心"的项目教学多元化增值评价体系，全面掌握从学习到实践到项目落地的过程数据，反哺教学改革。在跨课堂实践中，选拔优秀专业教师指导组建"产业扶贫""科技中国""电商兴农""幸福中国"等小分队，组织学生走进"红旅"赛道，近年来课题组师生在《农产品网络零售助力罗圈岩乡村振兴》《微光·如阳——大学生参与的社会公益组织创新社区治理探索者》《"荷"你奔康——农旅融合赋能秦巴山区（罗圈岩）乡村振兴》等项目中实现课堂成果的转移转化。遵循成果导向（OBE）的职业教育理念，突出教学评价的人本性、多元性和真实性，采用项目评价与答辩评价相结合的考核方式，以学生、教师、企业专家为评价主体，对教学过程和结果进行信息反馈，便于教师全面掌握学习过程数据，全面总结得失，形成典型案例，再回到课堂反哺教学改革。

四、结语

习近平总书记强调，青年是国家和民族的希望，创新是社会进步的灵魂，创业是推动经济社会发展、改善民生的重要途径。党和国家要求全社会都支持青年、特别是青年学生参与"双创"实践，跑出中国创新的"加速度"。青年学生通过"红旅"赛道投身创新创业，扎根中国大地参加"双创"实践和比赛，运用自己所学知识，服务"三农"、服务乡村振兴、服务社区治理，不仅在专业能力提升、方法能力提升、社会能力提升、个性能力提升等方面得到进一步体现，更能在结合现实中认识国情、民情、社情，胸怀"国之大者"，接受思想洗礼，主动成长为堪当民族复兴大任的时代新人。立德树人的路径创新，远不止一个方案，"双创"只是其中之一，中国和世界的舞台足够大，期盼青年学生明大德、立大志、成大才、担大任，在大舞台上展现出彩人生。

参考文献

[1] "'大思政课'我们要善用之"（微镜头·习近平总书记两会"下团组"·两会现场观察）[N]. 人民日报，2021-03-07.

[2] 刘韧，张雪芳. 大学生创新创业课程体系与课程思政的价值统一、逻辑意蕴和实践路径 [J]. 山东农业工程学院学报，2021，38（5）：109-113.

[3] 马睿. "课程思政"理念下职业院校思创融合实施路径研究 [J]. 南方职业教育学刊，2021，11（4）：74-79.

[4] 周群华. "互联网+"背景下高校"双创"教育的局限与实践进路 [J]. 创新创业理论研究与实践，2021（18）：3.

[5] 刘韧，张雪芳. 大学生创新创业课程体系与课程思政的价值统一、逻辑意蕴和实践路径 [J]. 山东农业工程学院学报，2021，38（5）：109-113.

[6] 姜春英. "互联网+"视域下创新创业教育融入高职思政课路径探究 [J]. 职教论坛，2015（35）：31-34.

[7] 朱丽. "课程思政"融入创新创业教育的价值耦合与路径探索 [J]. 吉林工程技术师范学院学报，2020，36（5）：4.

作者简介

彭洁（1981—），男，四川江油人，本科学历，四川工程职业技术学院副教授。主持完成省级精品资源共享课《电子商务概论》建设，参与省级职业教育教改重大项目《"党建+"赋能课堂提质培优实践》。

　　王静（1974—），男，四川江安人，大学本科学历，四川工程职业技术学院党委常委、党委宣传部部长、政策法规处处长，副教授。主持完成省级高等教育教改重点项目《新时代高职"党建+"的现代服务业人才培养模式探索与实践》和省级职业教育教改重大项目《"党建+"赋能课堂提质培优实践》，带领经济管理系党总支被中共四川省委表彰为四川省先进党组织。

基于工程实践的"三创"人才培养探索与实践

——以巴哈项目为例

雷　雄　高东璇　周大翠

一、引言

目前大学生适应社会、创新意识以及实践能力不强，创新型、实用型、复合型人才紧缺。因此，如何提高大学生的学科交叉能力、实践能力和创新创业能力，适应我国经济体制转型、产业结构转型升级和高新技术发展的需要，培养出企业和社会需要的创新型、实用型、复合型人才是当前深化教育改革的主要问题。

全国大学生巴哈汽车大赛首次比赛于 2015 年在山东潍坊举行，截至目前，已经举办了六届，该赛事主要面向职业院校和本科院校，适合职业院校和本科低年级学生参与小型全地形越野汽车设计和制作。这是一个全新的高素质技术技能型人才培养平台，巴哈项目"三创"内涵如图 1 所示。巴哈大赛的成功举办，引起了社会各界的广泛关注与积极参与，在开设汽车专业的本科院校、职业院校，组车队、造巴哈、跑比赛蔚然成风。

二、高职学生"三创"人才培养存在的主要问题

（一）创新创业人才的培养缺乏系统性与完整性

大学生的"三创"教育工作是一项系统工程，它与学校的"三创"课程体系、师资团队、创新和创业实践基地、双创类竞赛、校园文化建设等高度相关。传统教学多以理论教学为主，学生缺乏创新创业意识与工程实践能力。通过学生自己设计、制作、驾驶赛车参加全国巴哈大赛，全方位培养学生工程实践能力。"准工厂、实车间"，培养了学生综合知识的运用能力、基本工程的实践能力和创新意识，激发了学生专业研究与探索的兴趣和潜能。

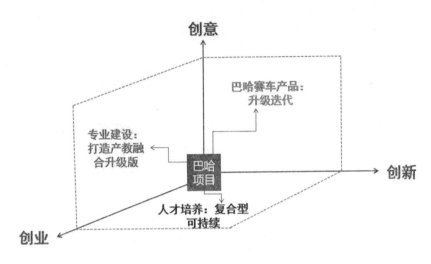

图1 巴哈项目的"三创"内涵

（二）创新创业教育与专业教育融合程度不高

目前，创新创业教育存在创新创业教法陈旧、教学理念落后、人才培养模式单一、教学安排脱离实际等问题。在人才培养的全过程中，老师主要强调学生如何掌握专业技能，而忽视学生创新创业新思维的培养与提升，这样导致学校培养的学生与行业企业的实际需求严重脱节，如此培养的学生将不能满足社会的需求。只有学校有效将双创教育与专业教育深度融合，才能培养出具备扎实的专业能力和"三创"能力的复合型人才，才能有效解决供需矛盾。

（三）学生创新创业精神与实践能力不足

目前的创新创业教育还停留在创新创业技巧的培训上，讲授企业管理知识，多数高校不是围绕创新创业实践能力来构建创业课程体系，搭建的实践平台形同虚设。部分高校的创新创业课程是由专业课教师或是辅导员采用课堂教学的方式对学生进行双创教育。而创新来自实践，尤其是大学生基于专业知识的创新。

三、基于工程实践的"三创"人才培养途径

针对以上存在的问题，坚持开展教学模式改革，充分利用第二课堂积分等形式培养学生工程实践和创新创意创业的能力。做到课程思政常态化，将社会主义核心价值观、工匠精神等思政元素引入到工程实践训练与团队管理中。将大赛训练常态化，完善管理机制，制定一系列制度保障后备人员输送机制等，

是完善高校功能、培养现代工匠的有效途径。

（一）工学结合，积极探索教学模式改革新思路

认真执行校企合作培养机制，在企业生产经营实践中，学生能够接受企业文化和创业精神的影响，达到实践和知识与行动相结合的效果，实现职业素养与专业技能的深层次融合。促进巴哈项目优质资源与实验、实践教学深度融合和充分共享，推动教科研协同发展，培养学生敢于创新的精神和乐于实践的能力，提高教育教学质量。五年来，巴哈项目根据汽车工程学科特点，协调各种资源，实现学科与专业的交汇，搭建了功能多样、资源优化、开放高效的跨学科领域的工程实践平台，为学生自主学习、自主实验和创新活动创造了条件。指导教师向团队成员传授科研理念、科研文化和科研价值，让学生了解最新科技前沿，培养学生的科研思维与学术道德，增强学生的科学研究和科技创新能力。

推行"三个进入"，提高教师工程实践能力、学生实战能力和创新意识。以科研项目和技能大赛为载体，推行教师进入平台、学生进入项目、教学进入现场。通过素质拓展课程及创新创业教育示范课程，学生进队即进项目、进课程，过程评价与结果考核相结合，按照《工程素质提升课程学分认定实施办法》记学分，实现学分互换，在具体的生产、科研和技术服务经历中，培育学生的创新意识。制定如图2所示的递进式全过程工程能力训练系统图。

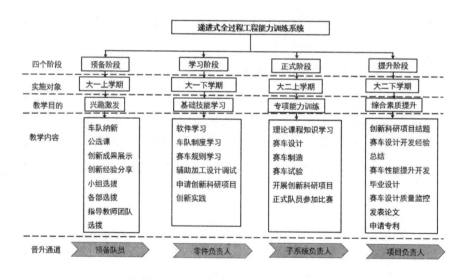

图2 递进式全过程工程能力训练系统

（二）内外联动，构建创新创意创业保障平台

巴哈项目搭建实践平台，提升团队创新创意创业能力。凝聚学科特色和教学优势，为更好的发展三创教育提供沃土。指导教师科学设计创新、创意、创业项目，打造具有创新创业意识的多元化指导团队，构建"专业教师+就业导师+企业导师"的"三师"教学指导团队。

坚持工程实践教育与三创教育的融合，结合学生兴趣挖掘与专业相关的创新、创意、创业教育资源，开设创新创业教育示范课程，将《大学生巴哈赛车技术》的技术成果与创业项目引入课堂，不断更新和充实课程的教学内容，发挥问题探究式、项目讨论式、操作课、比赛课等多种教学方法的作用，促进双创教育育苗，充分调动更多相关专业学生参与"三创"教育活动的积极性。

（三）将课程思政融入团队管理全过程

从中国特色社会主义新时期的实际出发，坚持以人为本、立德树人，牢牢把握培养学生德、智、体、美、劳全面发展的根本要求，始终把德育工作摆在正确的方向上。挖掘车队管理和实施全过程中所蕴含的思政元素，将团队管理覆盖专业知识及思政教育内涵有机对应，将"家国情怀、使命担当、工匠精神、精益求精"根植于人才培养全过程，做到"思政进人心、润物细无声"。

（四）整合学校优势资源，培养复合型人才

实施产教融合，打造高端技术技能型人才培养高地、实施多样化人才培养模式改革计划。全方位、立体化、渗透式的工程实践能力养成体系，第一阶段——学会做人；第二阶段——文化修养；第三阶段——技能强化；第四阶段——角色转换；第五阶段——走向社会；第六阶段——迎接挑战。

与北交新源公司、北京汽车、长安汽车、吉利汽车等企业开展合作，校企共同制定人才培养方案。根据汽车专业人才培养目标，与企业专家共同协商，以培养企业实际岗位为落脚点，为培养复合型汽车专业人才，提供支撑。实施学生技能大赛培育、选拔和学分认定，健全管理机制，将教、训、练、赛有机结合，促进学生职业素养和技能水平的稳步提升。

四、取得的成效

（一）形成了"德育与智育双保障，项目与成果双驱动"的人才培养新理念

坚持立德树人，把思想政治工作融入巴哈赛车项目人才培养全过程，不断提高学生思想觉悟、道德品质以及职业素养；学生通过项目实践，加强对专业

知识的理解，不断提升专业素养、动手能力、思维能力和应变能力，实现德育与智育的双重保障。在巴哈赛车项目实施过程中，经过四年的积极探索、经验积累及不断创新，在全国巴哈大赛中获得诸多成果和荣誉，通过项目和成果的双重驱动，彰显了人才培养的特色和成效。

（二）构建了"创新创业教育与专业教育融合"的人才培养新模式

依托巴哈赛车项目，建立专业实践训练、创新创业训练、创业实践相衔接的创新创业实践训练平台，丰富专业教学内容，培养学生实践操作与创新能力，不断激发学生的兴趣、创意以及潜能[13]。通过参加国家级、省级和校级的"大创"项目、"互联网+"大赛和"挑战杯"比赛等系列活动，支持团队成员以兴趣驱动的创新创业实践训练，不断探索"双创+专业"人才培养模式。基于该专创融合人才培养模式，团队参加了六年（七场）全国大学生巴哈汽车大赛，近三年连续获得一等奖（季军、亚军、亚军），是所有参赛院校中唯一一支连续三年挺近前三名的职业学院。孵化的创新创业项目《丘陵山区农用多功能全地形车开创者》荣获第六届中国国际"互联网+"大学创新创业大赛铜奖，《全地形越野赛车个性定制先行者》荣获第五届四川省"互联网+"学生创新创业大赛金奖。

（三）科教融合，师生组建了学习共同体，实现研究性教学、探索式学习

以巴哈赛车为项目载体，跨专业、跨学科、跨年级组建师生团队，采用教师总体设计与指导、学生实际操作与执行的模式，指导老师带领团队学生深入真实的赛车研发和制作项目进行研究；以学生发展为中心，加强科研同教学的结合。教师和学生在"研—教—学"的过程中组建探究性学习共同体，进行专业知识与技能的创新、传授、传播和传递，共同进步与提高。

（四）以实际工程实践项目为导向，锤炼学生可持续发展能力

在课程内外，全员、全过程、全方位的工学结合，德育为先的育人模式下，学生的学习能力与创新素养得到了全面培养与提升，学生德、智、体、美、劳得到了全面发展，高素质技术技能创新人才的培养目标得到了有力保证与实现。以真实工程实践项目为依托，进行方案总体设计、系统设计、零部件设计、零部件加工工艺设计、零部件加工、系统组装、整体调试等全流程项目化实践，学生的学习思维、自学能力、创新能力及动手能力均得到了很大的提高。车队毕业生基础理论扎实，专业技能强，综合素质高，受到了用人单位的普遍好评。近年来长安新能源、威马汽车、北交新源等多家企业主动与车队建立长期的用

人关系，学生在工作岗位很快被重用。2021 年专升本率 100%，就业率年均 100%，近三年雇主满意度年均 97.9%。

五、结语

本成果具有很强的针对性和系统性，在工程实践训练方面迈出重大步伐，取得了重大的人才培养效益，促进了人才培养质量的提高，为学校在创新型人才培养和教学模式改革提供了参考。在工学结合、产教融合对人才培养模式产生深刻影响的大背景下，在多所中高职兄弟院校应用推广，对打造技能型人才培养特色的创新、创意、创业教育体系，培养学生"三创"能力，提升人才培养质量，助推职业教育高质量发展，具有较强的现实意义和应用推广价值。

参考文献

[1] 孙方红，王金莲，刘伟，等. "赛场市场"相融合，提升学生创新创业能力 [J]. 教育现代化，2018，5（5）：47-49.

[2] 雷雄，周大翠，苏嘉豪，等. 面向全国巴哈汽车大赛的小型越野赛车设计与制作 [J]. 摩托车技术，2019（2）：45-48.

[3] 段春争，杨春，姜开宇，等. 基于创新项目驱动的机械国际班工程训练课程教学模式的研究和实践 [J]. 教育教学论坛，2017（23）：148-150.

[4] 高有堂，王东云，薛冬梅，等. 融入学科竞赛知识体系和元素的课程体系研究与重构 [J]. 教育教学论坛，2021（39）：5-11.

[5] 刘辉. 对大学生创新创业教育与实践的几点思考 [N]. 中国教育报，2016-10-13（7）.

[6] 王景丽. 应用型本科高校大学生创新创业人才培养模式研究——以郑州工程技术学院为例 [J]. 教育与教学，2017，34（5）：116-120.

[7] 许广永. 我国大学生创业实践能力不足及改进建议 [J]. 创业研究，2015，28（16）：12-13，15.

[8] 李增军. 提升高职生的核心素养关键能力 [N]，光明日报，2018-12-27（14）.

[9] 冯秀芬. 职业院校学生工匠精神培养的有效途径 [J]. 现代职业教育，2019（31）：232-233.

[10] 余锋，孙晨. 职业技能和职业精神的协同与融合 [J]. 黑龙江教育学院学报，2019，38（7）：59-61.

[11] 李毅超. 地方院校工科三创教育模式的改革与实践探索——以福建工

程学院为例［J］．齐齐哈尔师范高等专科学校学报，2020（3）：18-20．

　　［12］兰壮壮，马琳，谭茹．课程思政视域下高中化学新旧版教材栏目设计比较研究——以人教版必修教材为例［J］．中学化学教学参考，2021（9）：41-44．

　　［13］凌镜．创新创业教育与专业教育如何融合发展［N］．中国教育报，2017-04-11（10）．

作者简介

　　雷雄（1989—），男，硕士研究生学历，四川工程职业技术学院讲师。主要从事新能源汽车技术和职业技术教育。主持《面向全国大学生巴哈汽车大赛越野车设计与制作》德阳市科技计划项目1项，学校科研重点项目3项，学校在线开放课程《大学生巴哈赛车创新设计与应用实践》1门，发表论文《基于Hy-perMesh的赛车支架轻量化研究》等6篇，获得德阳市优秀科技论文二等奖1篇，授权国家专利5项，主持和参与横向课题6项。

　　高东璇（1982—），女，硕士研究生学历，四川工程职业技术学院讲师。主要从事新能源汽车运用工程的教学与研究工作。第一指导教师指导结题省级创新创业训练项目2项，主持线下课程《汽车发动机构造与维修》，第一作者发表论文8篇，核心期刊2篇，第一发明人授权实用新型专利6项。

　　周大翠（1988—），女，硕士研究生学历，四川工程职业技术学院讲师。主要从事智能网联汽车技术。发表论文《基于3D打印的巴哈赛车后立柱轻量化分析》等3篇，授权国家专利2项，主持和参与学校科研重点课题3项，荣获四川省职业院校教师教学能力大赛二等奖。

创新创业实践教育 高职学校培养高端技术技能人才的孵化器*

王会中 费国胜 李海鹏 伍晓亮

一、高职学校培养高端技术技能人才的背景及探索

目前，高职学校人才培养的一般要求是培养学生掌握某一岗位群所需要的操作技能，并在此基础上具有一定的现场技术应用能力和现场组织能力。在建设创新型国家的时代背景下，当代大学生一方面将工作在技术日新月异以创新为驱动的高质量发展时代，另一方面身处在竞争日趋激烈并加速变革的社会环境中，时代对当代大学生的能力和素质都提出了更高要求。习近平总书记指出"新时代中国青年处在中华民族发展的最好时期，既面临着难得的建功立业的人生际遇，也面临着'天将降大任于斯人'的时代使命"[1]。时代需要更高素质的人才，作为新时代中国青年的高职学生，不但要有学以致用的实践能力和社会适应能力，还要有较强的终身学习能力、创新创造能力和时代赋予的担当精神，能够在实现中华民族伟大复兴的征程中建功立业、人生出彩。

高职学校如何培养时代需要的高端技术技能人才呢？近几年来，笔者团队进行了有益探索，即通过指导我校学生参加全国大学生机械创新设计大赛，并将在机械创新设计大赛中的实践作品转化为创业项目，参加"互联网+"等各类创业比赛，使一批学生从创新创业比赛的备赛和参赛过程中迅速成长，不仅在专业能力方面快速提升，同时在学习能力、应变能力等方面得到长足发展，具备了应对复杂工作局面应具有的高级综合职业能力的素质和潜力。无疑，创新

* 基金资助项目：

1. 2018 年度四川省教育厅科研项目"工程素养视域下高职院校工科学生创新实践能力培养的探索与实践"（项目编号：18SA0143）

2. 2019 中国高等教育学会职业技术教育分会课题"高职院校高素质技术技能人才实践创新能力培养的路径探索"（课题编号：GZYYB2019048）

创业实践教育成了高端技术技能人才培养的孵化器。

二、团队近几年来创新创业实践教育的成绩和成效

自 2016 年以来，笔者团队指导学生分别以"零钞熨叠机""斜列跨越式无避让增位停车装置""侧方飞跃式无避让停车装置""多功能起座椅""自动升降折叠式如厕助力装置"等作品参加第七届、第八届和第九届全国大学生机械创新设计大赛获全国一等奖 3 项，参加第三届全国大学生创新方法应用大赛获全国一等奖 1 项，参加第二届全国机械工业设计创新大赛获金奖 1 项，参评"2020 好设计奖"获创意奖 2 项。

进一步地，以这些作品作为项目指导学生参加第四届、第五届、第六届、第七届"互联网+"大学生创新创业大赛，获省赛金奖 1 项、银奖 2 项、铜奖 2 项；参加 2018 年"挑战杯—彩虹人生"全国职业学校创新创效创业大赛获全国三等奖 1 项；参加 2020 年"挑战杯"四川省大学生创业计划竞赛获铜奖 1 项；参加"创客中国"四川省创新创业大赛暨首届"创客天府"创新创业大赛获优秀奖 1 项；参加首届四川省中华职业教育创新创业大赛获二等奖 1 项。

同时，团队以创新作品和项目为载体申报德阳市科技支撑计划项目"大量零钞（纸币）自动化整理关键技术及应用"、四川省教育厅科研项目"工程素养视域下高职院校工科学生创新实践能力培养的探索与实践"和 2020 年度省级创新创业训练计划项目"'马桶电梯'——一种贴合人体结构的电动升降'如厕'起坐座椅"立项并结题；近几年来基于创新作品技术方案，师生共同申请实用新型和发明专利 11 件，其中已经授权 7 件（含 3 件发明专利）；团队以"无避让复式小型停车库"项目获全国高职高专校长联席会议 2019 年高职学校技术研发与应用成果展"优秀成果奖"、以"专创融合培养制造类创新型工匠的探索与实践"项目成果获学院第四届教育教学成果奖特等奖、以"专创融合培养制造类高职人才的教学改革与实践"项目成果获 2021 年四川省职业教育教学成果奖一等奖。

2018 年 10 月，获奖作品"无避让停车装置"入选"2018 年全国大众创业万众创新活动周"成都主题展，项目团队在现场为包括领导和大中学生在内的观众做了精彩汇报，展示了我校创新实践育人的风尚；2021 年四川省教育厅杂志《当代职校生》第 1、2 期以"智能助老机械设计——让梦想照进现实"为题对我校在第九届全国大学生机械创新设计大赛中取得 2 项全国一等奖和 2 项好设计创意奖的优异成绩进行了报道；2021 年 4 月获奖团队成员朱果还接受中国教育电视台 CETV4"双高 100"栏目采访。

近几年来，团队直接指导参赛学生 100 余人次，直接获奖学生达 80 余人次，这些参赛学生通过创新创业实践教育，无论是"专升本""考研"或直接就业，都具有明显的竞争优势，同时这些参赛学生就业后在工作中又具有良好的职业表现和未来可期的职业发展前景，这些参赛学生中有的在省级技能大赛中获得一等奖及以上优异成绩、有的已经开始创业并取得初步成功。

为了让创新创业实践教育惠及更多学生，在总结几年来创新创业实践教育经验的基础上开设创新工匠班，制定了教学方案和教学计划，开启了"成建制"地培养创新型技术技能人才的实践。

三、高职学校培养高端技术技能人才的动因

高等工程职业教育姓"工"、姓"职"又姓"高"，无论是学生、家庭或是社会对其能力都有较高的标准，学生的成才既有内生动力又有外部压力。

（一）实践能力是高素质技术技能人才的基本要求

以培养面向一线工程技术的高素质技术技能人才为目标的高职学校工科教育首先是工程教育，工程的基本特性就是实践性，工程教育的基本任务就是要培养学生的工程实践能力。观察能力、分析能力、动手能力、工匠精神、工程思维是高职学校工科学生工程实践能力的基本内涵，高职学生的工程实践能力就是以勤学多练、熟能生巧为手段，以掌握某一岗位群所需要的操作技能为目标，突出在实践中解决问题的能力，即应"具备某一岗位群所需要的操作技能和组织能力，善于将技术意图或工程图纸转化为物质实体，并能在生产现场进行技术应用指导和组织管理，解决生产中的实际问题，拥有与技术应用能力相适应的基础理论知识和专业知识"[2]。

（二）创新型技术技能人才是高职人才培养目标的时代要求

在建设创新型国家的时代背景下，技术创新已成为时代主旋律，"互联网+"、人工智能、云计算和大数据已渗透到生产生活的各个方面，简单重复劳动的工作岗位越来越少甚至会逐渐消失，随着科技的飞速发展和智能化时代的加速到来，即使面向一线的技术技能岗位也愈来愈具有"新型、精湛、系统、复杂"等特点，产业的换代升级导致的高端关键产品零部件所呈现的特殊性，使技能操作高端化，"创新成为技能操作的一部分"。同时，与智能化相关的工作系统正趋向于一系列特点：工作过程去分工化，"技术技能人才的操作覆盖范围大大扩充"，基于岗位过分专业化的传统单一技能难以胜任；人才结构去分层化，"技能型人才是操作型人才，也是技术型人才"；工作方式研究化，"研究也

是其操作的常规性工作"[3]，高技术和智能化生产系统对高职所培养的技术技能人才提出了更高、更紧迫的需求，只有具有学习能力、应变能力、创造能力等创新素质的应用型人才才能适应这种复杂的技术技能岗位，集技术与技能于一身的创新型技术技能人才需求越来越多。

十九大报告提出要"建设知识型、技能型、创新型劳动者大军"[4]，《中国教育现代化 2035》明确提出"强化实践动手能力、合作能力、创新能力的培养""加强创新人才特别是拔尖创新人才的培养，加大应用型、复合型、技术技能型人才培养比重"[5]，为新时期我国高职教育高规格人才培养指明了方向。"在'双高计划'背景下，职业教育的'高等性'被重新定位，区别于普通高等教育侧重科技研发与理论创新，高职教育的'高等性'侧重技术技能的升级与创新"[6]。高职教育所培养人才的"创新性"与高职教育的"高等性"一脉相承。

（三）"双创"背景下对职业能力提出更高要求

"大众创业、万众创新"是我国增强经济发展内生动力、促进经济转型升级的重要举措，同时也对职业人的职业能力提出了更高要求。从事工程技术工作更多看重实践能力和创新素质，而创业行动则更多需要商业思维、策划能力、团队合作、表达能力、学习应变能力等社会能力，以及意志、担当、执行力、领导力等非智力因素，也就是更多需要能够处理复杂问题的高级综合职业能力，如跨部门跨领域的组织协调与规划决策能力。

还应该看到，在经济全球化、科技日新月异、产业快速迭代的当下，即便不从事创业方面的工作，由于生产方式、工作模式、生活形式快速演化，社会竞争日趋激烈，也需要培养学生更好的社会适应能力，包括建构的挫折抗压能力、积极的冲突化解能力、主动地参与文化和强烈的担当意识等，"通过理解、认同和承担责任使职业行动遵循伦理规范及批判建构的价值观"[7]。

因此，高职教育不但要培养应用型、创新型高素质技术技能人才，还要进一步培养具有高级综合职业能力的复合型高端技术技能人才，为我国经济建设和国家发展培养一支综合素质高、能力全面的技术技能人才大军。

四、高职人才实践创新能力培养存在的问题与不足

我国职业教育理论可追溯到黄炎培最早提出的"手脑并用""做学合一"的职教理念，近二十年来我国高职教育通过示范引领，大力推行校企合作、产教融合培养模式，在培养学生素质和能力方面取得了长足的进步，但学生实践创新能力薄弱，职业素质亟待提高仍是当前职业教育亟须解决的问题。

（一）理论知识学习有余、实践不足

目前高职学校理论课程的教学方式仍是以课堂讲授为主，验证性实验操作为辅，实践操作主要是让学生了解一下过程；学生分散学习各门课程，不同课程之间缺乏融会贯通，存在的主要问题是学生不能将各部分知识在应用场景中串联起来，不知道如何对所学知识进行综合应用。学生的理论知识学习有余而实践不足，大多数学生没有机会参加基于工程项目的实践创新训练，少数学生能够通过参与老师的研究项目接触到部分工程实际，但也只能简单的了解，基本上还是以老师为主，学生为辅，不能形成真正的实践能力，其结果是只有纯粹的理论知识，在面对实际工程问题时茫然不知所措。

（二）基于岗位过分专业化的技能训练存在的缺陷

一些高职学校基于岗位职业素质的基础理论在课堂教学的基础上推行基于岗位技能的实践训练教学模式，学生的岗位技能扎实过硬，但这种基于岗位过分专业化的学习也会束缚学生的创造力，限制其眼界，学生自学能力和"触类旁通"解决问题的通用能力比较缺乏，也即实践创新能力薄弱，职业素质亟待提高，学生岗位横向迁移和纵向迁移发展受限，职业生涯可持续发展的后劲不足。

（三）工程实践创新项目教学模式（EPIP）的成效与不足

一些高职学校探索形成工程实践创新项目教学模式（EPIP），其在培养高职学生实践创新能力上取得一定成效，并以"鲁班工坊"的形式走向海外[8]，其核心是基于校企合作背景在课堂教学和课程体系中引入"高仿真型工程项目"培养学生的动手实践能力和创新能力[9]，但仍存在诸多问题：如企业参与项目开发得不到相应回报、参与需求不够强烈等原因导致的企业参与不够问题；校企合作开发的工程实践创新项目标准不明确、评价标准也不客观导致项目在教学过程中出现标准过高或过低的问题；工程实践创新项目之间缺乏层次性、逻辑性、系统性和工程性导致知识点不能有效衔接，不能有效地对学生的综合素质、职业能力及工程能力进行培养问题[10]。另外，"高仿"项目源于对已有项目的提炼和改造，其解决方案已形成基本"定式"，与真实工程项目仍有差距，缺乏真实项目特有的开放挑战性，对学生创新能力的培养有限。

五、高职高端技术技能人才如何"炼成"

高素质技术技能人才是高职人才培养的必然要求。以"立德树人"为根本，应当从职业素质和职业能力两个维度"塑造"高职人才。职业能力按基本能力、专业能力、发展能力结构具有层次递进性，其核心是实践创新能力。基本能力是以工程素养为基础的操作性、工具性的工程"复现"能力；专业能力是以工匠精神和实践能力为核心的职业胜任能力，是高素质技术技能人才通过接受专业教育或培训而获得的专业核心技术技能和与之相应的工程"实现"能力；发展能力是在基本能力和专业能力的基础上以创新能力为核心的可持续发展能力，包括学习能力、迁移应变能力和创造能力，通过层次递进的能力建构培养懂技术精技能、能创新有担当、德技并修的高素质技术技能人才；并进一步发展为能够处理复杂性问题的高级综合职业能力，如跨部门组织协调能力、跨领域规划决策能力等，使高职人才培养进入高端模式。

因此，高职学校创新创业实践教育培养高端技术技能人才的基本思路是：根据高等职业教育的高等性、工程性、职业性，从新时代高职人才培养的高质量要求出发，关注人的可持续和全面发展，通过分析当前高职人才实践创新能力培养的薄弱环节，提出以立德树人为根本，按照"三全育人"思想，以职业素养为基础，以职业能力发展为主线，以实践创新能力为核心，培养高素质技术技能人才，并进一步发展培养具有高级综合职业能力的高端技术技能人才。具体地：一是以丰富多彩的校园文化活动熏陶进行文化育人和形式多样的职业"情景"进行环境育人；二是工程"复现"能力通过工程通识素养课、工具性操作技能等课程"习得"；三是工程"实现"能力在创新师资团队指导下通过实训课和实践创新项目课程"练得"；四是创新发展能力通过完成真实的创新项目、学科竞赛等具有开放挑战性的典型任务"悟得"；五是以创新项目为载体参加创业大赛，通过创业实战培养具有高级综合职业能力的高端技术技能人才。其中，开放挑战性的创新创业"实战"至关重要，"实战"项目只有既定目标和科学方法与流程而没有预设答案和解决方案的定式，在具有不确定性的探索前行中内化专业能力、磨炼意志品质、建构积极向上的人生价值观，实现职业能力升华。创新创业实践教育是学习、是探索、是生动的思政教育，因此既是实践育人，也是"三全育人"实践。

如何通过创新创业实践教育培养高端技术技能人才？简言之，一要遵循职业能力发展规律，层次递进地进行职业能力培养；二要按照"做中学"原则，以开放挑战性的创新创业"实战"培养高端技术技能人才，可以说"实战"是孵化高端技术技能人才的关键一招。

六、创新创业实践教育精彩回顾和学生感悟与成长

（一）校徽在第八届全国大学生机械创新设计大赛决赛闭幕式上熠熠生辉

2018年7月第八届全国大学生机械创新设计大赛决赛在浙江工业大学举行，

我校以"斜列跨越式无避让增位停车装置"作品首次参加国赛现场决赛，从486件入围决赛的作品中脱颖而出获得国赛一等奖，主办方浙江工业大学对赛事组织做出了精彩演绎，在闭幕式上不但有获奖院校校旗招展，还有校徽在大屏幕上熠熠生辉的"高光"时刻——仅仅3秒钟，我们仍然抓拍到了！我校作为高职学校与来自全国的113所高校同场竞技，并取得了优异成绩，得到了应有的尊重，我们无比欣慰和激动！这一刻我们所有的付出都是值得的！

（二）第九届全国大学生机械创新设计大赛省赛黎明前的"黑夜"

"自动升降折叠式如厕助力装置"项目省赛获奖非常"惊险"，正式比赛时间是2020年9月20早上9：30，可是我们最为核心的部件——三节电动推杆是定制的，19日还在远在江苏常州厂家手里，而且直到19日下午5：00厂家才把该部件调试好的视频发给我们，并立即安排专人晚上10：30从上海浦东坐飞机送到成都，20日凌晨4：00团队成员从成都双流机场接机回来、马上十万火急地进行安装，开始试机还好——正常，可是早晨6：30推杆出问题了，我们的正式比赛时间是早上9：30，我们立即断定这个定制的推杆在短时间内根本无法修复——不能用了，马上拆下来启用备用方案。

怎么就有备用方案呢？原来我们在19日上午就预感到定制的推杆基本上到不了货，于是立即驱车到成都买了张升降桌，用其"升降腿"来"改做"电动推杆，当然这个"改制"也是煞费苦心，总算找到改制可行方案，备用方案终于在20日凌晨1：30团队成员出发去双流机场接货的时候调整完毕！备用方案凝聚了团队的智慧和勇毅。

从20日早晨6：30开始重新安装备用方案，至8：00启用备用方案的作品从组装厂家出发，8：55运抵比赛场地，9：30安装完毕，刚好比赛开始！当然比赛结果是完美的、顺利获得省赛一等奖并被推为参加国赛！稍有闪失，这个奖就跟我们失之交臂！也就不会有后来的国赛一等奖和好设计创意奖。

（三）第八届全国大学生机械创新设计大赛参赛学生感悟与成长

第八届全国大学生机械创新设计大赛获奖项目"斜列跨越式无避让增位停车装置"团队学生负责人邓茂林同学在赛后总结中写道"参加本次比赛我们受益匪浅。一个项目包含了多个专业的知识，并非一人所能完成，需要不同专业的成员团结协作才能完成，团结协作是一种凝聚力。在创造中不断尝试、耐心摸索，只有经历多次的失败才能达到理想的终点。比赛前几周是我收获最多的时候，我们每天熬夜加班最终取得好成绩，我们很享受整个过程。这次比赛和各高校学生同台竞技也认识到了自己的不足，只有不断学习才能变得更好，付出和收获是成正比的，遇到困难时一定不能退缩，我们一定可以克服困难"！

　　之后，进一步地以该作品为载体参加"互联网+"等多项创业比赛，团队成员的高级综合职业能力得到进一步开发。应该说团队学生负责人邓茂林同学是付出最多、收获最大、成长最快的，该同学顺利升本毕业后就职于某上市公司从事车间管理工作，他说"我用了半年时间基本熟悉了工作业务，现在车间各种工作我都有负责，不管是协调人员还是做持续改进、质量改进、精益六西格玛项目，都能够很快上手，这得益于我在大学期间的竞赛经历。这些经历让我能够清晰地分析问题的因果关系，进行项目策划和团队组建，完成项目从立项到结项全过程。刚去公司的第一个月，同事就让我代表车间在全公司范围内作项目汇报，我对此并未感到紧张，而是从容地完成了汇报，后来，我每个月的工作内容就有了部门各类总结以及汇报。今年，公司组织了一场年会，我也担任了公司的主持人，对我来说我从来没有过主持的经历，不过我有的是多场项目路演的经历，使得我自信的接下了主持人这个活儿，最终也圆满地完成了公司年会主持任务。同时，也因为我承担的系列工作，在2021年年底，公司从近两年招聘的100多名员工中评选出了10名"明日之星"，而我有幸就是其中之一。"邓茂林同学入职不足一年即表现出了优异的职业适应能力和良好的职业发展前景。

　　（四）第九届全国大学生机械创新设计大赛参赛学生感悟与成长

　　获奖项目"自动升降折叠式如厕助力装置"团队成员旷嘉玲在赛后总结中写道："越努力，越幸运……除了那一纸荣誉证书对我们的肯定，除了为母校争光的使命，更重要的是自己学到的知识能真正投入实践，感性地认识了以往所学的知识、锻炼了真正能够运用的技能。而且特别重要的是，我们拥有了这样一个解决问题的思维方式和流程：从生活实践中找到需求，再由需求转换成问题，根据问题求最优解，再将这个理论上的最优解落实到具体方案中，形成一个可行的技术方案，这种思考过程促成了方案从无到有的生成；接着是方案实施，在对模型进一步优化的基础上进行详细设计，形成技术文件，然后加工、检验、试装和改进，最后进行装配、调试等，在这个过程中铸就了我们真正的行动力。"

　　获奖项目"多功能起座椅"团队成员唐鑫在赛后总结中写道："通过这次比赛使我深刻理解了'纸上得来终觉浅'的道理……我们唯有不断尝试，耐心摸索，经历过多次的失败才能达到理想的终点。……奖杯、荣誉并不是我们获得的最宝贵的东西，而是从每一次的失败中汲取的'营养'，获得的成长……比赛表面上是一件件参赛作品的比较，实质是思维和思想的比拼。在比赛中，能够使自己在思想认识上得到提高、在思维习惯上得到改善则是最大的收获。"

2021 年 4 月获奖团队成员朱果接受中国教育电视台 CETV4 "双高 100" 栏目采访时说道："最深刻的是在工厂里的记忆，它相当于是帮我建立了一种实践学习体系，……开始我们只是学习了一些机械设计和制造的理论知识，……在这个比赛当中才能够按自己的想法呈现出来和做出来。……通过这次比赛点燃了我的兴趣、激发了我的使命担当……我想要见证这个时代的发展，并且为这个时代贡献自己的力量。"

七、结语

通过创新创业实践教育培养高端技术技能人才，就是按照"三全育人"思想，以人为本，关注人的可持续发展，遵循职业能力发展规律，以职业素养为基础按照层次递进的方式逐步提升学生的基本素质、专业实践能力、创新发展能力以及高级综合职业能力，特别是以开放挑战性的创新"实战"培养懂技术精技能、能创新有担当、德技并修的高素质技术技能人才，并进一步以创业"实战"培养具有高级综合职业能力的高端技术技能人才，让更多的学生能够在各自的工作岗位上贡献自己的力量，在强国之路上实现人生出彩。

高职学校通过创新创业全过程实践教育，不仅是专业能力的内化，更是意志品质的磨炼、精神风貌的蜕变，从而实现职业能力的升华。创新创业实践教育既是实践育人、也是"三全育人"实践，通过创新创业实践教育使学生能够锻炼成为不怕困难、勇于拼搏、敢于担当的新时代社会主义接班人。

参考文献

[1] 习近平. 在纪念五四运动 100 周年大会上的讲话（2019 年 4 月 30 日）[N]. 中国青年报，2019-05-01（1）.

[2] 丁金昌. 高等职业教育人才质量观的探究 [J]. 中国高教研究，2011（1）：68-69.

[3] 张改清. 智能化工作模式下职业教育人才培养变革探究——深化产教融合、校企合作新路径探索 [J]. 中国职业技术教育，2018（22）：66-71.

[4] 习近平. 决胜全面建成小康社会夺取新时代中国特色社会主义伟大胜利——在中国共产党第十九次全国代表大会上的报告 [EB/OL]. 新华网，2017-10-27.

[5] 新华社. 中共中央、国务院印发《中国教育现代化 2035》[EB/OL].

教育部，2019-02-23.

［6］杨勇，商译彤．"双高计划"下高职教育高质量发展的逻辑、向度与路径［J］．职业技术教育，2020，41（16）：6-11.

［7］姜大源．职业教育的技术教学论［J］．中国职业技术教育，2007（19）：01

［8］吕景泉，汤晓华，史艳霞．工程实践创新项目（EPIP）教学模式的研究与实践［J］．中国职业技术教育，2017（5）：10-14.

［9］高夕庆．以工程实践创新项目培养创新型技能人才［C］//中国职工教育和职业培训协会秘书处．中国职协2017年度优秀科研成果获奖论文集（一二等奖），2018：1791-1797.

［10］李建雄，文婷．工程实践创新项目教学模式实施中存在的问题与对策［J］．职业技术教育，2019，40（29）：40-42.

作者简介

王会中（1968—），男，大学本科，工程硕士，四川工程职业技术学院专任教师，高级工程师，从事机械设计与制造、CAD/CAE及创新方法应用等方向的科研、教学和技术服务，以第一发明人拥有授权国家专利22件，其中授权发明专利10件，近5年主持省市级课题3项，获2020好设计.创意奖2项（国家奖励办公室备案号0283），获2021年四川省职业教育教学成果奖一等奖1项。

费国胜（1987—），男，研究生学历，工学硕士，四川工程职业技术学院专任教师，讲师，从事机械设计与制造、3D打印等方向的教学、科研和技术服务，近年来主持科研项目5项，发表论文6篇，授权国家专利6项。

李海鹏（1980—），男，研究生学历，工学硕士，四川工程职业技术学院专任教师，工程师，从事机械设计与制造、几何量计量检测技术等方向的科研、教学和技术服务。近5年参与横纵向科研课题和教育教学课题研究6项，参与省级在线精品课程建设1项，参编教材1本，获授权专利3项，获2020好设计.创意奖1项（国家奖励办公室备案号0283），指导学生参加全国大学生机械创新设计大赛获得国赛获一等奖1项。

伍晓亮（1987—），女，研究生学历，工学硕士，四川工程职业技术学院专任教师，讲师，从事机械设计与制造、金属切削加工、图像处理等方向教学与科研。作为团队负责人，获四川省职业院校教师教学能力大赛二等奖、三等奖各1项；指导学生参加"互联网+""挑战杯"等大学生创新创业大赛获银奖2项、铜奖1项。